EINE UNBERÜHRBARE ERZÄHLT

Viramma,
Josiane & Jean-Luc Racine

Eine Unberührbare erzählt

Ein Leben am Rande des
indischen Kastensystems

Aus dem Französischen von Ilse Rothfuss

Frederking & Thaler

Die Deutsche Bibliothek – CIP-Einheitsaufnahme
Ein Titeldatensatz für diese Publikation ist bei
Der Deutschen Bibliothek erhältlich

UNESCO Collection of Representative Works

Titel der französischen Originalausgabe, erschienen in der Buchreihe
Terre Humaine: Une vie Paria. Le rire des asservis: Inde du Sud.

Nachwort: Under the banyam tree: Speaking from the ground
übersetzt aus dem Englischen
Mit freundlicher Genehmigung des Verlages der indischen Ausgabe

www.frederking-und-thaler.de

Übersetzung aus dem Französischen von Ilse Rothfuss

Ouvrage publié avec le concours du ministère français
chargé de la Culture – Centre national du livre

Text und Fotos: Viramma, Josiane & Jean-Luc Racine
Lektorat: Daniela Weise, München
Herstellung und Satz: Büro Caroline Sieveking, München
Kartographie: Margret Prietzsch, Mammendorf
Umschlaggestaltung: 2005 Werbung, Monika Neuser, München
Druck und Bindung: GGP Media, Pößneck

Printed in Germany

ISBN 3-89405-434-4

INHALT

VORBEMERKUNG

In einer Reihe von Gesprächen, die zwischen 1980 und 1990 geführt wurden, hat Viramma, eine Paria aus einem Dorf in Südindien, Josiane Racine ihre Lebensgeschichte auf Tamil erzählt, ihrer gemeinsamen Muttersprache.

Die Gespräche wurden übersetzt, geordnet, mit Anmerkungen versehen und kommentiert von Josiane und Jean-Luc Racine und stellen den folgenden Bericht dar.

Weil Viramma selbst sich als Paria bezeichnet und sieht – ein Ausdruck, der heute, im Zuge der Emanzipationsbestrebungen, verpönt ist und dem allgemeineren Wort für Unterdrückte, Dalit, Platz gemacht hat –, wurde das Wort im Text beibehalten, ebenso wie der Ausdruck »Unberührbare«.

Die Namen der politischen Figuren und berühmten Persönlichkeiten wurden übernommen, desgleichen Kastennamen und die Namen der indischen Städte und Metropolen, wohingegen die Namen der Menschen und Dörfer, die in Virammas Bericht Erwähnung finden, geändert wurden. Jede Ähnlichkeit dieser fiktiven Namen mit tatsächlich existierenden Menschen oder Orten ist daher unbeabsichtigt und rein zufällig.

1
WIE DAS KÖNIGREICH DER GÖTTER AUF ERDEN

Mein Großvater väterlicherseits, Samikkannu, war *adimai*[1] beim Swara Reddi. Er war ein aufrechter Mann, ein harter Arbeiter und seinen Herren treu ergeben. Er war Landarbeiter, aber er verstand sich auch auf Zauberei. Er konnte die Leute mit einem Zauber belegen und Dämonen zähmen. Er war bei allen gefürchtet und geachtet. Mit seiner ersten Frau Kannima, der Tochter eines Fuhrmanns aus Karai, hatte er fünf Kinder. Die Dämonen haben ihm drei genommen: Nur mein Vater und meine Tante Adi haben überlebt. Eines Tages ist mein Großvater zu einem berühmten Zaubermeister gegangen, um von ihm mächtige Mantras zu lernen. Als er zurückgekommen ist, hat er die Tochter seines Zaubermeisters mitgebracht, und sie war schwanger ... Meine Großmutter hat den Mund gehalten, und sie war nie feindselig gegenüber der Neuen. Nur Gott weiß, ob sie Angst hatte, dass Großvater sie mit einem Zauber belegen würde, wenn sie aufmuckte. Sie lebte ruhig weiter wie bisher, zog ihre Kinder auf, dann die ihrer Rivalin, die einen Sohn und eine Tochter hatte. Die Kinder wuchsen zusammen auf und wurden nun ihrerseits als *adimai* beim Reddi verdingt.

Eines Tages ist ein Freund von Großvater Samikkannu zu ihm gekommen und hat gesagt, dass in der Kokosplantage in Madras, in der er arbeitete, noch Leute eingestellt würden. Da hat Großvater ein kleines Kleiderbündel für jeden seiner Söhne geschnürt, und diese sind bei Sonnenaufgang mit dem Freund davongegangen, ohne dass es jemand merkte. Großvater meinte, dass es eine einmalige Gelegenheit war und dass seine Söhne in der Stadt mehr verdienen würden. Am nächsten Tag erzählte er dem Reddi, dass seine Söhne zu Verwandten in einem fernen Dorf gegangen seien. Er tat sein Bestes, um die Arbeit der Jungen mit seinen beiden Frauen und seinen beiden Töchtern zu machen, aber sie kamen trotzdem nicht über die Runden, denn zu jener Zeit verdienten die Frauen fast nichts und die Mädchen noch weniger. Das Leben wurde hart in Velpakkam. Aber zumindest waren der Himmel, die Wolken, das Wasser, die ganze Natur auf unserer Seite. Wasser gab es damals in Hülle und Fülle! Dreimal im Jahr kam der Monsun, die Erde war fruchtbar, und alles wuchs, ohne dass wir uns groß darum kümmern mussten. Nur deshalb konnte Großvater die paar Landstücke, die er besaß, weiter halten, nachdem seine Söhne weg waren.

Großmutter brach diese Trennung das Herz. Sie weinte und jammerte ohne Unterlass und wollte, dass ihre Jungen wieder zurückkommen, zumindest ihr Sohn Nadesan. Tag und Nacht grübelte sie darüber nach, wie sie sie zurückholen könnte, und schließlich kam sie auf die Idee, mit ihrer Schwester zu sprechen, die in Ranganam lebte. Sie machte sich mit Tante Kanikkai[2] auf den Weg dorthin. Ihre Schwester versuchte sie zu trösten und schlug ihr vor, Nadesan mit der Tochter einer Verwandten von ihr zu verheiraten, deren Mann auch in Madras arbeitete. »Ihre Tochter ist schön, hell wie eine Tamilin, sie ist gesund und kräftig und kann arbeiten wie ein Mann«[3], sagte sie zu ihr. »Nadesan wird sich Hals über Kopf in sie verlieben, wenn er sie sieht, und er wird nicht mehr das Herz haben, seine Frau und sein Dorf zu verlassen.« Großmutter hörte ihrer älteren Schwester aufmerksam zu und kehrte voller Zuversicht nach Velpakkam zurück.

Frauen sind sehr geschickt, wenn es darum geht, Heiraten zu arrangieren. Kurze Zeit später kam Nadesan auf Besuch ins Dorf. Großmutter rief alle Männer zusammen und teilte ihnen ihre Pläne mit. Und tatsächlich, mein Vater wollte nicht mehr nach Madras zurück. Er nahm seine Arbeit beim Reddi wieder auf und rackerte sich ab, um das bisschen Land der Familie zu halten. Es war verlorene Mühe, denn Großvater musste sich für die Heiraten der Kinder verschulden, und Papa musste die Felder verpfänden und schließlich ganz hergeben.

Die Zukunft lag jetzt allein auf den Schultern der Kinder, der neuen Generation. Meine Mutter Pattu hatte sieben Kinder, die am Leben blieben, drei davon in Ranganam geboren. Bei der Geburt meines Bruders Muttu erhielten wir die Nachricht vom Tod meines Großvaters mütterlicherseits, Panderi, der seit seiner Abreise nach Madras vor vielen Jahren kein Lebenszeichen mehr gegeben hatte. Ein Freund, der mit ihm in einer Sari-Lagerhalle in Madras arbeitete, hat uns die Nachricht überbracht und gesagt, dass der Besitzer der Lagerhalle ihn beerdigt hätte. Meine Großmutter hat also ihren Mann fast gar nicht gekannt, und meine Mutter hat ihren Vater nicht gekannt. Nachdem ihre Pflichten als Ehefrau erfüllt waren, hat meine Großmutter nach dem Tod von Großvater Panderi ihre Schwiegerfamilie verlassen. Sie hat ihren Gold*tali* zurückgegeben und ist nach Korakkuppam, ihrem Heimatdorf, zurückgekehrt, wo ihre Brüder ein weniger armseliges Leben führten. Nachdem meine Großmutter weg war, ging meine Mutter nicht mehr zur Entbindung nach Ranganam zurück. Ihre Schwiegermutter Kannima liebte sie wie ihre eigene Tochter und ließ sie zu sich kommen: Auf diese Weise bin ich bei ihr geboren, bei meinen Großeltern väterlicherseits, in Velpakkam.[4]

Es war in einer Nacht des Monats *markaji*, einer Nacht des Wachens und Fastens, in der die Schauspieler uns bis zum frühen Morgen wach halten. Obwohl ihr die ganze Nachbarschaft Vorhaltungen machte, hatte meine Mutter, den Bauch groß wie Pillaiyar, unbedingt dabei sein wollen. Aber sie konnte nicht lange bleiben. Der Mond war kaum aufgegangen, da fingen ihre Wehen an. Als meine Großmutter, die neben ihr saß, sie schnaufen sah wie ein Ochse, stand sie schnell auf und rief alle Frauen zusammen. Gemeinsam brachten sie meine Mutter recht und schlecht nach Hause zurück. Großmutter und Tante Kanikkai bereiteten das Nötige vor: heißes Wasser, Tücher, Rizinusöl, Kurkuma, Wolfsmilch und die Sichel. Und dann warteten sie, während sie meiner Mutter über die Stirn strichen und ihr Mut zuredeten.

Der Tag brach an. Man konnte die Handglocke und die Trommeln des Tempels von Perumal im Dorf drüben hören, und das Geräusch der Seilwinden und Wassereimer: die Leute dort nahmen ihr rituelles Bad. Das Fasten war gerade zu Ende gegangen. Hier im *ceri* machten sich die Männer nach der durchwachten Nacht fertig, um auf die Felder zu gehen. Vor dem Haus blieben sie stehen und fragten, wie es ginge. Es genügte, meinen Vater neben der Tür sitzen zu sehen, den Kopf zwischen den Knien, um das Geschlecht des Kindes zu erraten, und die Männer gingen weiter und sagten: »Nadesan hat schon wieder ein Mädchen!« Die Frauen hörten das durchdringende Schreien und wussten Bescheid: »He!«, riefen sie gutmütig. »Wieder ein kleines Mädchen geboren!«

Großmutter dagegen tröstete sich, so gut es ging, und sagte, dies sei kein Tag wie jeder andere, und der Monat *markaji* sei zwar unheilvoll, aber dieser besondere Tag stehe dennoch unter einem guten Vorzeichen:

ein Festtag von Perumal. Eine Geburt an diesem Tag sei glückverheißend, obwohl es heiße, dass die vierte Tochter der Familie nur Glück bringt, solange sie im Haus bleibt; nach ihrer Heirat fällt aller Reichtum der Schwiegerfamilie zu. Die Ihren stürzt sie ins Elend, die vierte Tochter, wenn sie heiratet: Es ist, als ob sie das Haus leeren würde!

Aber sei's drum, ich bin an einem Glückstag geboren, an dem wir die Götter anbeten, und ich wurde nach einem Gott benannt: Viramma.[5] Wir Parias nehmen oft Götternamen, weil wir unsere Zeit nicht damit verbringen können, uns zu reinigen, rituelle Bäder zu nehmen. Aber indem wir die Namen der Götter aussprechen, können wir uns mehrmals am Tag reinigen. Heißt es nicht auch, Sinnamma[6], dass sich Gottes Güte auf uns herabsenkt, wenn wir ihn bei seinem Namen rufen, und dass es eine glückbringende und verdienstvolle Handlung ist, den Namen Gottes zu sagen?

Bei uns, den Armen, währt Enttäuschung oder Unglück nicht lange, wie sollten wir leben, wenn wir unser Elend immer wieder durchkauen würden? Die Enttäuschung über meine Geburt war daher schnell vergessen, und ich wurde sehr gut in der Familie aufgenommen.

Meine Kindheit war wie das Königreich der Götter auf Erden. Natürlich, wenn ich sie mit der meiner Tochter Sundari vergleiche, war sie ein wenig kurz; wir gingen nicht in die Schule, als ich ein kleines Mädchen war. Aber ich werde immer eine glückliche Erinnerung an meine Jahre in Velpakkam haben. Wir haben Stunden damit zugebracht, Spiele, Lieder, Geschichten zu erfinden, wir haben alles aufgesammelt, was wir nur finden konnten, um Spielzeug daraus zu machen. Unsere Tage fingen später an als die der Erwachsenen; wir standen lange nach der Sonne auf, wenn unsere Mütter vom Brunnen zurückkamen. Zu dieser Zeit, wenn die Männer auf den Feldern waren und die Frauen im Haus, war es still im *ceri*. Und dann plötzlich füllte es sich mit dem Geschrei der Kinder. Sobald wir wach waren, stürzten wir aus den Häusern, um auszumachen, was wir mit dem Tag anfangen wollten, welche Orte wir erkunden, welche Wege wir entdecken wollten. Aber unsere Mütter machten dem Palaver ein Ende und schickten uns weg, um uns zu waschen, während sie selber die Kleinsten sauber machten. Bei mir gingen fast alle arbeiten. Meine Großeltern haben bis zu ihrem letzten Tag auf den Feldern geackert, um die Familie zu ernähren. Mama ging morgens zum Reddi, um den Stall zu säubern und andere Arbeiten zu machen, wenn es nötig war. Meinen kleinen Bruder, der noch nicht abgestillt war, vertraute sie Sarda an, unserer ältesten Cousine, die auch einen Säugling hatte und die beiden Babys stillte, ohne einen Unterschied zu machen. Mama gab ihr eine Schale *kuj* und etwas *karunai*, damit sie mehr Milch hatte, und manchmal legte sie selber die beiden Kleinen an.

Unsere Morgenwäsche war schnell erledigt: ein wenig Wasser ins Gesicht, über die Arme und Füße und ein wenig Asche, um die Zähne zu putzen. Dann schlangen wir eine Schale Wasserreis oder Hirsebrei hinunter. Die kleinen Brüder gingen nackt. Ich zog mir, genau wie meine Schwester, nur einen Rock über die Hüften. Mit einem Stock in der Hand, unsere Karren aus Kokosnussschalen hinter uns herschleifend, zogen wir von Haus zu Haus, um unsere Freunde abzuholen, die sich mit ihren Schätzen zu uns gesellten: Essgeschirr, Murmeln, Seile, Kieselsteine, kleine weiße Muscheln. Und auf ging es! Wir hielten bald hier an, bald dort, kletterten auf Bäume, stahlen Früchte, pflückten Kornähren, andere Pflanzen, wir sammelten Kieselsteine und sangen und plapperten dabei.

Die Jungen gingen an der Spitze, sie waren immer schneller als wir. Nach und nach verloren wir sie aus den Augen. Wir Mädchen blieben zusammen. Wir gingen durch die Felder, und wenn Hirsezeit war, hielten wir an und pflückten ein paar Ähren. In Velpakkam war sie prächtig, die Hirse, dicke Kugeln, ganz rund und schön gelb. Die einen hielten ihre Röcke auf, die anderen rissen die Ähren ab und warfen sie hinein; wir stahlen höchstens ein Dutzend Ähren von jedem Feld. Wenn wir mit Pflücken fertig waren, kletterten wir auf einen Hügel, der nicht weit weg war, und versammelten uns im Schatten eines großen Banyanbaums. Dort setzten wir unsere Lasten ab und liefen wieder zum Fuß des Hügels hinunter, um Linsen zu pflücken. So verflog der Morgen, ehe wir es recht merkten. Der Schatten wurde spärlicher, die Hitze bleiern. Unsere knurrenden Mägen sagten uns, dass es Zeit fürs Mittagessen war. Ein paar von uns kehrten ins *ceri* zurück, um etwas zu essen zu holen, und vergaßen auch nicht, ein bisschen Salz und eine Schachtel mit zwei Streichhölzern mitzubringen – gerade so viel, dass die Eltern nicht merkten, dass wir sie genommen hatten. Der *kuj* wurde in kleine Töpfe gefüllt, und wir mussten von Haus zu Haus gehen und für jeden etwas holen. Die, die unten am Hügel geblieben waren, schälten die Linsen, dann gingen sie damit auf den Hügel hinauf zu den übrigen angehäuften Schätzen. Von dort oben konnten wir die anderen aus dem *ceri* zurückkommen sehen, beladen mit kleinen Töpfen, die sie übereinander gestapelt hatten. Wir riefen uns Dinge zu, johlten und schrien und bewarfen uns mit Spitznamen, und das Echo schickte uns komische Wörter zurück, über die wir uns vor Lachen fast am Boden wälzten. Wenn wir endlich wieder versammelt waren, stellten wir die Krüge auf den Boden und setzten uns mit gekreuzten Beinen im Kreis um sie herum. Bevor wir anfingen, überzeugten wir uns, dass jeder etwas zu essen hatte, denn es kam vor, besonders in kargen Jahreszeiten, dass manche Eltern ihren Kindern nichts geben konnten. In solchen Fällen teilten wir miteinander. Wer es konnte, gab ein wenig *kuj* ab. Nicht umsonst, Sinnamma, heißt es immer, dass wir Parias, ob Kinder oder Erwachsene, wie die Raben sind. Und das nicht nur wegen der Farbe! Wie die Raben sind wir immer in der Gruppe. Wie die Raben essen wir nie allein. Wenn ein Rabe etwas findet, ruft er seine Freunde, um mit ihnen zu teilen. Bei uns ist es genauso.

Nachdem wir den *kuj* verschlungen hatten, die Mahlzeit beendet war, spielten wir »Teeparty«. Es war unser Lieblingsspiel, und das Schönste daran waren die Hochzeitsfeiern. Ich wollte immer der Bräutigam sein und Kirti die Braut. Die Trauungszeremonie, das war etwas! Jeder kannte seine Rolle: Zuerst die Blumen für die Plattform, auf der das Brautpaar sitzen würde. Gelbe Chrysanthemen gab es das ganze Jahr über, und je nach Jahreszeit mischten wir sie mit roten Flamboyant-Blüten oder mit wildem, süß duftendem Jasmin. Kitteri, Rukkumani und Nilamma waren Meisterinnen darin. Sie kannten sich aus mit Girlanden und Zöpfen. Sie verstanden es, Formen, Farben und Düfte zusammenzustellen. Wir bewunderten ihr Talent, und manchmal riefen wir die Eltern, um ihnen ihre Kunstwerke zu zeigen. Kasturi, Nayaki und Pachamma trommelten auf den Töpfen und sangen dazu. Nagamma war der Priester, und die anderen kümmerten sich um das Festmahl. Ein paar sammelten das Reisig, legten es zwischen die Steine und zündeten mit den Streichhölzern, die wir in den Häusern stibitzt hatten, vorsichtig das Feuer an. Inzwischen schälten andere die Hirse, die wir unterwegs gepflückt hatten; ein Stockschlag auf die Ähre, und die Körner kullerten auf den Boden. Die Vorbereitungen waren von lautem Lachen und Singen begleitet, so wie wir es von den Erwachsenen kannten. Mit der Mahlzeit, die am Schluss der Zeremonie kam, kehrte wieder Ruhe ein, und wir verteilten die Hirse und die Linsen auf Korallenbaumblätter.

Die Sonne ging jetzt langsam unter. Wenn wir sie zwischen den Kokospalmen sehen konnten, mussten wir uns auf den Heimweg machen, Hirse knabbernd oder mit einem leeren Topf auf dem Kopf. Meistens hielten wir am Teich an. Wir ließen unsere Kleider und Töpfe am Ufer und rannten um die Wette ins Wasser, so wie die Weißen es am Meer machen, tauchten unter, kamen ein Stück weiter vorne wieder hoch, bis unsere Augen so rot wie Zaunrüben waren.

Manchmal gab es Ärger beim Baden, wenn die Jungen, die morgens mit uns aufgebrochen waren, so wie wir bei Sonnenuntergang zurückkehrten und den Weg über den Teich nahmen. Diese Dreckskerle schnappten unsere Röcke, kletterten auf einen nahen Banyanbaum und lachten uns aus. Ganz verschämt zuerst, flehten wir sie an, und hielten uns dabei die Hände vor den Schritt. Vor allem die Großen wollten sich nicht nackt zeigen und bettelten die Jungen an, ihnen ihre Kleider zurückzugeben. Dann packte uns allmählich die Wut, und wir warfen Kieselsteine und bombardierten diese Nichtsnutze mit Schimpfnamen. »He! Kuhhirte! Dreckiger Monatslappen!« – »He, Safttrinker! Warte nur, bis ich meine Eltern hole!« – »Schwule! Was habt ihr hier zu suchen? Was geht euch das an, wenn wir nackt baden, ihr Hurensöhne!«

Wütend kletterten sie von ihrem Ausguck herunter, um uns zu verprügeln, aber mit vereinten Kräften schafften wir es immer, einen oder zwei von ihnen zum Wasserrand zu schleppen und unterzutauchen. Dann warfen uns die Jungen unsere Röcke zu, zerschlugen unsere Töpfe und galoppierten davon wie die Esel.

Oft kamen wir vor den Eltern nach Hause. Die Männer brachen gleich nach ihrer Rückkehr wieder auf, den *soman* bis auf die Knöchel heruntergelassen, den *tundu* um den Kopf geknotet. Auf zur Palmweinbude! Ihr Tagwerk war beendet, und es hielt sie nicht zu Hause. Oft mussten die Frauen ihnen nachlaufen, um ihnen Geld abzubetteln. Für sie gab es noch viel zu tun, angefangen beim Einkaufen. Wir Kinder liefen hinter ihnen her, wenn sie auf den Markt gingen. Ein Markt, das ist immer interessant, sogar der im *ceri*, wo es nur ein paar kleine Buden ohne große Auswahl gab. Aber die Frauen stellten sich zu den Händlerinnen, hielten ein Schwätzchen und kauften uns manchmal einen Kuchen, einen *vadai*, einen *murukku*. Lange konnten sie nicht verweilen, weil sie schnell das Abendessen zubereiten mussten, die einzige richtige Mahlzeit des Tages: Reis, eine gute, kräftige Sauce, Gemüse. Wir kleineren Mädchen hatten die Aufgabe, die Gewürze zu mahlen, gelben Bockshornklee, Kümmel, Chili, der einem die Hände verbrannte.

Was habe ich nicht für Dummheiten in der Küche gemacht! Eines Tages habe ich nicht aufgepasst und mich nackt auf den Mahlstein gesetzt, in dem wir die Chilis zerstampft hatten. Ayo! Mein Hintern und meine Möse brannten mir wie Feuer, Sinnamma! *(Viramma lacht.)* Meine Mutter, außer sich vor Wut, hat mich verprügelt und mir zum hundertsten Mal gesagt, dass ich mich nicht auf den Mahlstein setzen darf, weil dieser Stein heilig ist. Lakshmi wohnt darin, und es ist eine Beleidigung für die Göttin, wenn man seinen Hintern auf sie setzt! Das schreckliche Brennen hielt die ganze Nacht an, aber diesmal hatte ich endgültig begriffen. Worte nützen nichts, Sinnamma, wenn man klein ist; man lernt nur, was man am eigenen Leib erfährt.

Verbrennungen und Dinge, die in Flammen aufgingen, darüber könnte ich viel erzählen! Wir sind nicht immer mit unseren Müttern zum Markt gegangen. Oft, wenn sie von der Arbeit zurückkamen, machten sie schnell Feuer, stellten Wasser für den Reis auf, der lange kochen musste, und liefen allein zu den Läden, nachdem sie uns angewiesen hatten, auf das Ganze aufzupassen. Wir kamen uns sehr wichtig vor; eine richtige Mahlzeit kochen, mit richtigen Zutaten, das war etwas anderes als unsere Teepartys. Aber bald wurde es uns langweilig, und die Versuchung war groß, zu den Freundinnen zu laufen, anstatt das Feuer zu hüten. Wenn ich bedenke, wie viel Reis ich auf diese Weise verdorben habe! Meistens war es eine Nachbarin, die, alarmiert von dem Brandgeruch, die Katastrophe entdeckte, das Feuer löschte, um Schlimmeres zu verhindern, und loslief, um Mama zu alarmieren, die dann vom Markt zurückgerannt kam. Sie tobte ihre Wut an mir aus, dann bereitete sie eine einfachere Mahlzeit zu: *kanji*, mit Tamarinden-Chutney gewürzt. Das gab ein schönes Theater, Sinnamma, wenn die Männer halb betrunken nach Hause kamen und etwas anderes zum Abendessen vorfanden, als man ihnen angekündigt hatte.

Der gute Wille reichte nicht immer. Das Schlimmste passierte eines Abends, als ich Mama wirklich helfen wollte. Sie war noch mit Großmutter auf den Feldern und erntete Chilis beim Reddi. Ich hatte mir vorgenommen, das Essen fertig zu machen, ehe sie zurückkam. Reisig und Holz waren genug da, und ich machte mich daran, den Reis aufzusetzen. Aber das Feuer wollte nicht brennen! Überall Rauch, ja, der mir in die

Augen biss, aber keine Flammen! In meiner Ungeduld griff ich zum Petroleum. Mama nahm es manchmal, wenn es schneller gehen sollte. Ich öffnete die Lampe und goss den halben Inhalt über das Reisig. Als ich das Streichholz daranhielt, paff!, schossen die Flammen hoch, und das Palmstrohdach, das erst vor ein paar Monaten neu gemacht worden war, brannte lichterloh. Verzweifelt stürzte ich aus dem Haus und rief um Hilfe. Aber großer Bruder Sinnatambi und großer Bruder Kannan hatten das Feuer bereits entdeckt. Im nächsten Moment war das halbe *ceri* auf den Beinen, und die ersten Eimer wurden herumgereicht. Die Schreckensnachricht verbreitete sich noch schneller als das Feuer; Mama ließ ihre Ernte im Stich und kam in heller Panik angerannt. »*Ayo! Ayo!* Ist sie verbrannt? Ist sie verbrannt? Oh, meine Kleine, mein Kind, meine Tochter!« Ich drängte mich durch die Menge zu ihr hin, und als sie mich heil und unversehrt vor sich sah, verwandelte sich ihre Angst in blanken Zorn; sie war die leibhaftige Kali, die Donner und Blitze schleudert. Sie stürzte sich auf mich, prügelte mich und überließ mich meinen Tränen. Mir tat alles weh. Ich flüchtete hinter das Haus von Kitteri und rührte mich nicht vom Fleck. Ich schwor mir, dass ich nie wieder etwas Gutes tun würde, wenn ich so teuer dafür bezahlen musste! Dank der tatkräftigen Hilfe der anderen war nur unser Dach abgebrannt, aber die Nachbarn hatten in aller Eile ihr Dachstroh abnehmen müssen, um zu verhindern, dass sich das Feuer im ganzen *ceri* ausbreitete. Papa und sein Freund Irsin einigten sich mit den anderen: Sie würden zusammen die Dächer der Nachbarn wieder herrichten, was sie einen ganzen Arbeitstag kostete. Um unser eigenes Dach zu ersetzen, würden wir Geld leihen müssen … Großmutter, die die Dinge nie sehr tragisch nahm, holte mich schließlich aus meinem Versteck und brachte mich nach Hause zurück. »Viramma ist nichts passiert«, sagte sie immer wieder zu Mama, »und das ist die Hauptsache, nicht wahr?« Wir waren alle erschöpft von der ganzen Aufregung, und keiner hatte Hunger. An jenem Abend wurde ich ohne Essen schlafen geschickt.

Wenn wir früher ins *ceri* zurückkamen, ging es mit neuen Spielen weiter: Himmel und Hölle, Pferd, Abklatschen, versteckte Hand, aber nie Knochenwerfen, denn das bringt Unglück, wenn man am Abend etwas aufhebt, und es verleitet die bösen Geister dazu, ihrerseits alles aufzulesen, was im Haus herumliegt. Rundtänze gehörten zu unseren Lieblingsspielen. Stundenlang sangen und tanzten wir.

Das *ceri* war immer voller Lärm, Singen und Rufen. Kinder plappern und streiten, und alles ist voll Leben bei uns, während im Dorf, im *ur*, alles ruhig ist und jeder bei sich zu Hause bleibt. Die Kinder aus dem *ur* durften nur zu bestimmten Zeiten spielen. Viele Dinge waren ihnen verboten, und sie kannten die Umgebung des Dorfes nicht. Nur die Kinder der Kudiyanar gingen ab und zu aus dem Haus; ihre Eltern waren Landarbeiter, so wie unsere.

Wir gingen damals nicht in die Schule. Es gab wohl eine im *ur*, aber die war nicht für uns. Unser Leben bestand aus Spielen und Geschichten. Unser Schulmeister, das war auf seine Weise Großvater Munissami, der Großvater von Kitteri. Was für ein Erzähler! Es gab auch andere, und wir warteten ungeduldig darauf, dass die Männer aus der Schenke zurückkehrten und uns bis zum Abendessen Geschichten von Königen und Königinnen erzählten. Aber von allen Erzählern im *ceri* war mir Großvater Munissami der liebste. Er verstand es, uns zum Lachen zu bringen, und erzählte uns immer wieder dieselbe Geschichte, wenn wir ihn darum baten. Jede Geschichte dauerte mehrere Tage, und jeden Abend sagte er zu mir: »He, Enkelin von Kannima! Sag mir, wo wir gestern stehen geblieben sind!«

Ich wiederholte getreulich den letzten Satz vom Vorabend, und er erzählte weiter. Er lehrte uns auch Lieder und Rätsel. Ich kann mich noch an einige erinnern. »Tausende und Abertausende von Schafen, die auf einem endlos weiten Feld weiden. Was ist das? – Die Sterne des Himmels.« »Ein Brahmane, der seine drei Streifen auf dem Rücken trägt. Wer ist das? – Ein Eichhörnchen.«[7]

Einmal habe ich Minatchi, der Tochter des Reddiar, eines der Rätsel von Großvater Munissami gestellt: »Meine Eltern sind die Sonne und das Meer, und sie haben mich in jedem Haus gelassen. Wer bin ich?« Sie wusste keine Antwort darauf, und ich wollte ihr die Lösung nicht verraten. Sie hat sich bei ihrer Mutter beschwert, die meine Mutter gerufen hat. Ich wurde geschimpft, weil ich mein geringes Wissen vor unseren Herren ausbreiten wollte, die doch viel gebildeter waren als wir. Gedemütigt wie ich war, warf ich ihnen von der Stalltür aus, hinter der ich mich versteckt hatte, die Antwort zu: »Es ist das Salz!«

So viele Geschichten kannte Großvater Munissami! Er wusste genauso viel wie ein Schulmeister, aber wir gingen freiwillig zu ihm. Er war unermüdlich, und wir Kinder waren wie verzaubert von seinen Worten, vom Klang seiner Stimme. Unsere Köpfe steckten voller Träume, wir spürten weder Hunger noch Müdigkeit ... Meistens war es die Mutter von Nayaki, die uns mit ihrem Gezeter auf die Erde zurückbrachte: »*Ayo!* Diese Teufelinnen, diese Lochkrapfen! Ist es zu fassen? Sie stehen mit der Sonne auf, als ob sie arbeiten müssten, und jetzt, bei Nacht, sind sie immer noch hier, mit ihren Spielen und ihren Geschichten!« Sie schüttelte ihre Tochter, und alle gingen nach Hause. Da endlich packte uns der Hunger, als ob wir tagelang nichts gegessen hätten. Wir machten uns über unsere Schale Reis her und waren schließlich satt, noch ehe wir unsere Portion aufgegessen hatten. Noch ein paar Ermahnungen von unseren Müttern, und im nächsten Moment schliefen wir wie die Toten. Wir reisten in eine andere Welt, eine sehr schöne Welt, die uns Großvater Munissami Abend für Abend ausmalte.

So vergingen unsere glücklichen Kindheitstage, die Zeit des Spielens und Lachens. Auf einmal waren wir ein junger Mann, ein junges Mädchen geworden. Es war keine Frage des Alters oder der Größe, sondern des Geldes, denn alles hing davon ab, was die Familie besaß. Die älteren Kinder fingen im Allgemeinen früher zu arbeiten an. Sie mussten die Kleineren hüten oder etwas Geld nach Hause bringen. Wenn wir zu viel herumstreunten, zu weit von zu Hause weg, war die Zeit nicht mehr fern, wo wir mit auf die Felder mussten, damit wir unter den Augen der Eltern waren und eine Arbeit erlernten. Dann hieß es: »Hört zu, Kinder, das Leben besteht nicht nur aus Singen und Lachen. Ihr könnt nicht ewig so weiterspielen. Ihr müsst lernen, eure Hände zu gebrauchen. Eines Tages müsst ihr fort, um euer Leben anderswo zu fristen, und dann sollen die Leute von euch sagen: Seht nur, was für eine gute Arbeiterin! Hände hat sie, die etwas einbringen, und nicht nur einen Mund, den man stopfen muss!«

Wir hatten keine Lust, unsere Spiele aufzugeben und zu arbeiten, und sträubten uns. Aber einmal auf den Feldern, fanden wir uns damit ab. Die Anfänge zogen sich lange hin. Wir schauten zu. Wir versuchten es selber. Wir lernten! Erst später wurden wir bezahlt, aber es war fast nichts: vier *anna*, eine viertel Rupie. Dafür mussten wir Auberginen, Bohnen, grüne Linsen, schwarze Linsen pflücken, Maniok ausgraben und Chilis pflücken. Die Grundbesitzer sahen uns nicht so gern, denn sie fürchteten, dass die Arbeit liegen bleiben oder dass wir etwas kaputt machen könnten. Trotzdem war es ein so gutes Geschäft für sie, wenn sie uns halbwüchsige Gören mit vier *anna* abspeisen konnten, dass sie uns am Ende immer einstellten. Wir Kinder hielten uns mit Naturalien ein wenig schadlos. Aber während der Arbeit war es unmöglich, auch nur ein einziges Körnchen zu stehlen. Der Groß-Reddiar hatte seinen Spitznamen »Eulenauge« nicht umsonst. Er sah alles, kam jedem auf die Schliche. Wenn wir die Felder verließen, mussten wir unsere Röcke ausschütteln, unsere leeren Töpfe zeigen, beweisen, dass wir nichts genommen hatten.

Eines Tages wollten Nagamma, Nayaki und ich ein paar Erdnussküchlein machen. Hätten wir uns die Erdnüsse kaufen sollen, wo wir doch unsere Tage damit verbrachten, die des Reddi zu ernten? Wir hatten ausgemacht, dass jede von uns ein paar Erdnusshäufchen beiseite schaffen und mit Erde bedecken sollte. Als die Arbeit zu Ende war, stellten wir uns zur Kontrolle an, nahmen unsere vier *anna* in Empfang und machten uns auf den Heimweg. Allerdings gingen wir nicht sehr weit. Als wir sahen, dass der Groß-Reddi das Feld verlassen hatte, kehrten wir auf dem Tamarindenweg zurück, nahmen eine Abkürzung über das Feld des Gounder, und wie drei emsige kleine Ameisen hielten wir eine zweite Ernte, die unsrige diesmal, und ließen kein Versteck aus. Die Erdnuss-Wülste um unsere Taille wurden immer dicker. Vor lauter Freude, dass der Streich gelungen war und dass wir Eulenauge überlistet hatten, konnten wir uns das Lachen nicht verkneifen. Unser Gekicher war weithin zu hören. Der Reddiar, der mit Subramanian Gounder und Ramalingam Naicker bei ihren Feldern stand und redete, schickte seinen Buchhalter, um nachzusehen, was los war. Wir drei sammelten wie verrückt, ohne nach links oder rechts zu sehen, als die weiße Gestalt des Buchhalters plötzlich vor uns auftauchte. Vor Schreck brüllten wir so laut, als ob uns der leibhaftige Budam erschienen wäre, und wir blieben wie angewurzelt stehen, anstatt die Flucht zu ergreifen. »Was macht ihr da?«, schrie der Mann, und ohne Zögern packte er uns an den Zöpfen und schleifte uns Kopf an Kopf zum Reddi hin. Wir waren in Tränen aufgelöst und wollten sofort alles zurückgeben, was wir gestohlen hatten, und sogar unseren Lohn, Hauptsache wir wurden nicht geschlagen. Aber unser Zittern konnte den Reddi nicht erweichen. Er befahl dem Buchhalter, die Erdnusswülste von unseren Hüften abzumachen und jeder von uns zwei Ohrfeigen zu geben. Wir ließen es über uns ergehen und warteten auf weitere Schläge, aber der Reddi knurrte nur: »Und jetzt haut ab, ihr kleinen Miststücke, und lasst euch nicht noch einmal erwischen!« Wir nahmen die Beine in die Hände und rannten zum *ceri* zurück, wo alle schon, ich weiß nicht wie, auf dem Laufenden waren. Die Bande von Kuppamma hat sich halb totgelacht über uns, die anderen auch. Um ihr Gesicht zu wahren, kamen unsere Mütter heraus und gaben uns ein paar Ohrfeigen; es war mehr zur Strafe, dass wir nicht aufgepasst hatten, nicht, weil sie uns den Diebstahl vorwarfen. Mir tat der Kopf weh, und alles brannte. An jenem Abend habe ich nichts zu essen verlangt und bin auch nicht zu Großvater Munissami gegangen. Ich ging schlafen, mit dem festen Vorsatz, dass ich bei der nächsten Erdnussernte ein bisschen geschickter sein und endlich diese verflixten Küchlein machen würde!

Als wir älter wurden, wurden unsere Arbeitstage länger, und wir kamen in die Reisfelder. Wir lernten das Auspflanzen, das Unkrautjäten. Wir sahen zuerst bei der Arbeit zu, dann stiegen wir, mit der Erlaubnis des Besitzers, ins Reisfeld hinunter und versuchten, bis zu den Schenkeln im Schlamm stehend, es unseren Müttern gleichzutun. Nie hat uns jemand dafür bezahlt. Wir waren viel zu langsam, um eingestellt zu werden. Aber nach und nach näherte sich unser Tempo dem der Erwachsenen an.

Was für eine Schufterei, das Reisfeld! Wir sangen, um die Zeit herumzubringen, um die Müdigkeit und die schmerzenden Hüften zu vergessen.

Die Beine im Schlamm, welche Plage,
Ellamba ellan!
Hab Erbarmen mit uns, oh Henker!
Ellamba ellan!
Es ist die Stunde unseres kärglichen Mahls,
Ellamba ellan!
Geschwind haben wir ausgepflanzt,
Ellamba ellan!
Eine Reihe *paddy* auf jeder Spanne,
Ellamba ellan!
Mit schmerzenden Knien und müden Gesichtern
Ellamba ellan!
Haben wir die drei *kani* bepflanzt.
Ellamba ellan!
Kannima geht zum Markt,

Ellamba ellan!
Drei Scheffel Hirse kaufen
Ellamba ellan!
Und getrocknete Chilis.
Ellamba ellan!
Damit wir uns stärken nach all der Plage,
Ellamba ellan!
Es fehlen noch die gerösteten Erdnüsse.
Ellamba ellan!

Wir erzählten uns auch lustige Geschichten, und das Mundwerk der Klatschbasen lief wie geschmiert im Reisfeld! Oft steuerten wir unser eigenes Repertoire zu den Liedern bei, die alle kannten, und das Ganze endete in einem entsetzlichen Durcheinander. Unter der Palme, von wo er seine Leute überwachte, stand der Grundbesitzer von seinem Seilbett auf und scheuchte uns mit Regenschirmhieben …

Auf diese Weise, Sinnamma, haben wir arbeiten gelernt. Wir hätten lieber weitergespielt und länger geschlafen, so wie vorher. Wir wären gern unser Leben lang Kinder geblieben, und wir sagten uns, wenn nicht dieser verfluchte Magen wäre, der ständig gefüllt werden muss, könnten wir unbeschwert und glücklich leben. Unsere Ausbildung bekamen wir damals auf den Feldern. Heute ist die Schule dafür da. Sie holen die Kinder, geben ihnen Bücher und Stifte und sogar noch das Mittagessen dazu; die Lehrerinnen hüten die Kleinen, während die Mütter bei der Arbeit sind. Trotzdem gibt es nur wenige Jungen aus dem *ceri*, die bis zum Schluss hingegangen sind: Der Erste ist Karuppan. Seine Mutter hatte nur diesen einen Sohn, also konnte sie ihn seine Ausbildung fertig machen lassen. Er ist jetzt in der Fabrik von Pondy und verdient sehr gut. Unseren Anban haben wir auch recht und schlecht in die Schule geschickt, bis er neun oder zehn Jahre alt war. Aber dieser Dummkopf wollte nicht bleiben; er konnte die Schläge nicht ertragen … Also haben wir ihn auf die Felder geschickt. Wir haben keinen anderen Sohn, und wir hatten gerade Miniyamma verheiratet. Jemand musste die Kleinen hüten, und ein junger Kuhhirt wird immer gebraucht. Für die Schule braucht man Zeit und Geduld. Wenn man die hat, kann man reich werden. Aber arme Leute wie wir, die von der Hand in den Mund leben, können es sich nicht leisten, ihre Zeit in der Schule zu verbringen. Auf den Feldern zu arbeiten, das zahlt sich sofort aus. So dachten unsere Eltern, und deshalb haben sie uns früh zum Arbeiten geschickt. Heute steht uns die Schule offen, das Essen wird gestellt. Und so sind unsere Kinder zwischen der Schule und den Feldern hin und her gerissen. Sie lernen weder das eine noch das andere: Wenn wir sie zuerst auf die Felder schicken, haben sie nicht die Zeit, regelmäßig in die Schule zu gehen; und wenn wir mit der Schule anfangen, ist es schwer für sie, auf die Felder zurückzugehen. Sie werden größer, sie gehorchen nicht mehr, und eines Tages gehen sie und suchen in der Stadt Arbeit und lassen ihre Eltern im Stich, die so viel erduldet haben, um sie großzuziehen … So geht es in unserer Paria-Kaste, und das Sprichwort ist nur zu wahr: »Eine Spanne vorwärts, eine Elle zurück.« Wir haben die Schulen, hier in unserer Reichweite, aber wir können sie uns nicht zunutze machen. Zu meiner Zeit hatten wir keine Wahl. Der Weg war vorgezeichnet, wir brauchten ihm nur zu folgen. Von früh an die Arbeit auf den Feldern und im Haushalt lernen: Das war unsere Aufgabe, und sie zahlte sich sofort aus.

Wenn ich nach der Feldarbeit ins *ceri* zurückkam, war mein Tag noch nicht zu Ende. Ich folgte meiner Mutter zum Reddi und half ihr, den Stall sauber zu machen und den Hof zu kehren. Während sie den *paddy* siebte und die Gewürze zerstampfte, wusch ich das Geschirr und schöpfte Wasser. Ich ging gern mit Mama zum Reddi, weil es dort immer etwas zu entdecken gab. Minatchi und Janaki, die Töchter des Reddi, mochten mich gern: Ich vertrieb ihnen die Langeweile und ließ mich von ihnen herumschikanieren. Ich habe den Hund für sie gemacht, ich bin auf allen vieren gelaufen, während sie lachend, mit einem Stock in der Hand, hinter mir herjagten. Oft baten sie mich, eine Geschichte zu erzählen; ich kannte viel mehr als sie.

Eines Tages verlangte Janaki, die Ältere, dass ich eine Dämonengeschichte erzählen sollte. Ich wusste, dass sie Angst bekommen würde, und wollte nicht. Aber sie schlug mich und drohte mir, sie würde ihrer Mutter erzählen, dass ich abends beim Wasserschöpfen einen Krug zerbrochen hatte. Ich gab nach und erzählte ihr die Geschichte von den Boten des Murugan, die in den Meerrettichbäumen wohnen, ihren Lieblingsbäumen. Ich erklärte ihr, dass man nicht in die Nähe eines Meerrettichbaums gehen darf, wenn die Sonne im Zenit steht oder nachdem sie untergegangen ist. Janaki fragte mich, ob der Meerrettichbaum bei den Klos auch bewohnt sei. Natürlich war er das!

Mama, die mit ihrer Arbeit fertig war, holte mich ab, und wir gingen ins *ceri* zurück. Am nächsten Morgen ließ die Frau des Reddiar Mama zu sich rufen und schimpfte mit ihr. Janaki hätte Krämpfe bekommen, Fieber. Sie hätte die ganze Nacht geschrien. Mama fiel auf die Knie, versprach, dass sie mich schlagen würde, dass sie mich nicht mehr mitbringen würde, und fragte, welche Geschichte ich erzählt hätte. Als sie hörte, dass es die von dem Geist war, der in die Meerrettichbäume steigt, war sie erleichtert und beruhigte ihre Herrin, indem sie ihr erklärte, dass dieser Dämon kein Unheilbringer, sondern ein Bote des Murugan sei. Sie erbot sich, auf der Stelle den großen Bruder Mani zu holen, der mit Geistern und Dämonen umgehen konnte: Die Klänge seiner Trommel und ein geeignetes Mantra würden das Mädchen wieder gesund machen. Sie lief zum anderen Ende des Dorfs, in die Nähe des Teichs, zum großen Bruder Mani. Er machte sich gerade fertig, um zur Arbeit zu gehen, aber er war ein einfacher, bescheidener Mann, immer zu Diensten, selbst für uns. Er ließ sich nicht bitten, sondern ging ins Haus zurück, legte seine Sanar-Werkzeuge ab, nahm seine kleine Trommel, die wie eine Sanduhr geformt war, und machte sich mit Mama auf den Weg zum Haus des Groß-Reddiar. Er wurde in den Hinterhof geführt, und das Kind wurde zu ihm gebracht. Großer Bruder Mani hatte keinerlei Mühe, Janaki zu heilen, die nach den letzten Lobgesängen wieder wohlauf war. Die Frau des Reddi gab dem großen Bruder Mani ein kleines Maß Reis, das er freudig entgegennahm, und alle gingen nach Hause zurück. Ich schlief noch. Ein paar Ohrfeigen weckten mich auf. Ich brach in Tränen aus. Mama hatte sich wieder beruhigt und machte sich eine Portion Betel, um sich von der Aufregung zu erholen. Ich ging weinend zu ihr und sagte ihr, dass es nicht meine Schuld sei; ich hatte die Geschichte nur erzählt, weil ich erpresst worden war. Mama antwortete mir, dass es besser sei, ein paar Ohrfeigen von Janaki oder ihrer Mutter einzustecken, als mit unseren Herren über Geister zu sprechen. »Diese Kinder kommen nie aus dem Haus«, sagte sie. »Sie wissen nichts über die Natur, und sie fürchten den bösen Blick. Du hättest nicht mit ihnen darüber reden dürfen!«

Sie hatte Recht. Janaki und Minatchi kamen nie vor die Haustür, nicht einmal bis zum *tinnai*. Sie lebten eingesperrt in ihrem großen Haus, die Armen! Freundschaften mit Altersgenossen, die Gegend erforschen, gemeinsame Spiele, die Geschichten von Großvater Munissami, das alles war ihnen verwehrt. Das ist das Los der Kinder von denen, die oben sind.

Ihre Eltern meinen, sie könnten sie mit Spielzeug und teuren Dingen glücklich machen, aber das interessiert sie überhaupt nicht. Das habe ich gemerkt, als ich zum ersten Mal eine Puppenhochzeit erlebt habe.

Es war wie eine richtige Hochzeit: ein blumenbedeckter *pandal*, Feuerwerk, ein Wagen mit Girlanden und Jasmingebinden, Musiker, Frauen und Mädchen in goldbestickter Seide, Kurkuma, Rosenwasser, Tabletts mit Geschenken, Süßigkeiten, ein Festmahl für die Gäste. Wir waren überwältigt von dieser Parade, von so viel Prunk, nur für eine Puppenhochzeit. Wir drängten uns näher an den Wagen heran, auf dem die Puppen waren, aber unsere Kleider und unser Schweißgeruch verrieten uns, und wir wurden weggejagt. Schließlich haben wir uns in einem Zedrachbaum versteckt, der gegenüber dem *pandal* stand. Wir hingen wie die Affen im Baum und konnten alles mit ansehen: endlose Zeremonien, geschäftige Damen, der Brahmane, der in seiner Ecke murmelte und die Riten durchführte, und die Männer, die in der Mitte des *pandal* saßen, Betel kauten und redeten. Manche Kinder saßen herum, andere folgten ihrer Mutter, aber alle machten den Eindruck, als ob sie sich entsetzlich langweilten. Wir sahen ihnen an, dass es nicht lustig war, mit den Erwachsenen Puppe zu spielen. Alles war zu perfekt, zu gepflegt.

Unsere Puppen waren nicht so schön. Sie stammten vom Töpfer von Viramangalam, oder es waren Puppen aus Medizinholz, die beim Draupadi-Fest gekauft werden, um Wunden und Abszesse zu heilen. Viele von unseren Puppen hatten keine Arme und Beine mehr, aber wie viel Freude machte es uns, mit ihnen zu spielen!

Unsere Verzauberung schwand dahin, diese Puppenhochzeit war wirklich zu eintönig. Wir blieben nur noch, weil wir auf das Essen warteten. Die Küchengerüche ließen unsere Mägen knurren. Erst ganz am Schluss wurden die Almosen an die Armen verteilt. Nachdem wir unseren Anteil in Empfang genommen hatten, kehrten wir ins *ceri* zurück und teilten miteinander, was wir bekommen hatten.

Dort erfuhr ich dann auch, dass die Puppenhochzeit kein Spiel für Kinder war. Ein Bewerber für Janaki hatte sich präsentiert, aber die Begegnung war ohne Folgen geblieben, was ein schlechtes Omen war. Die Puppenhochzeit sollte die Dinge wieder ins Lot bringen, so dass bald eine echte Hochzeit folgen würde … Das ist eine Tradition bei den Kasten über uns, vor allem bei den Reddiar.[8] Es ist teuer, aber es wirkt, denn Janaki wurde noch im selben Jahr verheiratet!

2
WIE EIN BLITZ AUS HEITEREM HIMMEL

Ich war noch ein kleines Mädchen, unschuldig und glücklich, ohne Brüste, als meine Familie mich zu verheiraten beschloss. Große Schwester Ellamma, eine von meinen älteren Kusinen, war einer Familie aus Karani gegeben worden. Als sie hörte, dass meine künftigen Schwiegereltern eine Schwiegertochter suchten, ließ sie ihnen sagen, dass sie in Velpakkam, ihrem Heimatdorf, ein passendes junges Mädchen kannte. Große Schwester Ellamma hatte meine Mutter immer sehr gern gehabt und wollte ihr ihre Zuneigung beweisen, indem sie diese Heirat arrangierte. Es war ein Freudentag in unserem Haus, als sie kam und die Nachricht überbrachte: Ich sehe noch meine Mutter vor mir, wie sie auf dem *tinnai* steht und weint vor Freude, während große Schwester Ellamma sie tröstet. Der Antrag erschien Mama verlockend. »Ellamma geht es gut dort«, sagte sie. »Viramma könnte auch glücklich werden in Karani, und wenn es Probleme gibt, ist Ellamma da und kann sich um sie kümmern. Meine *pujas* waren nicht vergeblich, das ist ein Geschenk von Periyandavan.«

Sie ging gleich zum großen Markt von Selvipatti und brachte ganz frischen Fisch und eine große Ration Palmwein mit, um ein gebührendes Festmahl zu kochen. Als Papa von der Arbeit kam, ging Mama schnell aus dem Haus und wies ihn an, sich die Füße zu waschen und schnell wieder zurückzukommen, denn große Schwester Ellamma sei da, mit einer großartigen Nachricht. Papa sagte seinen Freunden, die zur Schenke aufbrachen, dass ihn ein Besuch zu Hause festhielte, und befolgte Mamas Anweisungen. Mama ließ ihm von Großmutter erklären, wie sie sich die Sache dachte. Großmutter tat es mit gedämpfter Stimme. Ich wusste, dass sie von mir redeten, aber ich verstand nur ein paar Worte: »Sie wird glücklich sein ... Sie wird gut arbeiten ... Ellamma ist da und kann auf sie aufpassen ... Karani ist nicht weit, wir können sie oft besuchen ...«

Ich dachte, sie wollten mich zum Reddiar von Schwester Ellamma arbeiten schicken, wo ich mehr verdienen würde und Kost und Unterkunft bekommen würde.

Ich zog Nayaki, meine beste Freundin, in eine Ecke, erzählte ihr die ganze Geschichte und ließ sie versprechen, dass sie kein Wort weitersagen würde, nicht einmal ihren Eltern. Am nächsten Morgen waren natürlich alle mehr oder weniger auf dem Laufenden und wollten wissen, was los war. Meine Eltern blieben auf der Hut, sagten, dass noch nichts entschieden sei, dass nur Erkundigungen über mich eingeholt worden seien. Wenn das Ganze mit einer Ablehnung endete, wäre das ein harter Schlag für den Ruf ihrer Tochter! Mama war jedoch zuversichtlich, denn sie wusste, dass sie sich auf große Schwester Ellamma verlassen konnte. Und meine künftige Schwiegermutter in Karani dachte dasselbe. Sie zog den Iyer zu Rate, der einen Glück bringenden Tag für einen Besuch in Velpakkam festlegte. Die Dinge nahmen Gestalt an.

Mir wurde unterdessen erklärt, was eine Heirat bedeutete. Ich würde das Haus verlassen, meine Familie, meine Freunde, mein Heimatdorf, um für fremde Leute zu kochen und zu arbeiten. Von nun an würde ich nur noch diesen Leuten gehören, ich würde ihre Tochter werden, und ich könnte meine Eltern nur mit ihrer Erlaubnis besuchen. Das war zu viel für mich kleinen Hüpfer. Ich schluchzte Tag und Nacht. Ich flehte meine Mutter an, mich doch nicht zu verheiraten. Ich wollte auch brav sein. Ich würde meine Zeit nicht mehr mit Spielen verplempern, sondern hart arbeiten, ich würde viel Geld nach Hause bringen. Ich bat auch Nayaki und meine anderen Freundinnen, mit meiner Mutter zu reden und sie dazu zu bringen, dass sie ihr Vorhaben aufgab. Eines Abends, als meine Mutter von den Feldern nach Hause kam, brach sie ihrerseits in Schluchzen aus. Eng umschlungen standen wir da und weinten heiße Tränen. Mama war sich im Klaren darüber, dass ich noch ein Kind war und nichts von dieser ganzen Angelegenheit begriff, aber sie wusste selber nicht, wie sie es mir erklären sollte. Sie sagte, ich sollte mir an ihr ein Beispiel nehmen. Auch sie hatte ihre Mutter verlassen, um nach Velpakkam zu gehen; sie hatte dort Kinder bekommen und war glücklich, auch wenn wir nicht immer genug zu essen hatten. Das ist eben das Los der Frauen. Der Abschied ist schrecklich, du glaubst, dass alles zu Ende ist, dabei fängt es mit der Heirat erst richtig an. Du wirst eine Frau, und du blühst auf und wirst zum Licht des häuslichen Herdes.

Diese Worte brachten mich zum Nachdenken und machten mir ein wenig Mut. Meine Großmutter redete mir auch gut zu. Sie sagte, dass ich nicht gleich nach der Zeremonie nach Karani geschickt würde; sie würden mich noch eine Weile zu Hause behalten. Ich wusste, dass ich mich auf ihr Versprechen verlassen konnte, und das gab mir die Kraft, die Vorbereitungen für den ersten Besuch über mich ergehen zu lassen.

Aus einem alten Sari meiner Mutter wurde ein Halbsari für mich geschneidert, und ich ließ mich darin einhüllen, obwohl ich lieber wie früher im Rock und mit nacktem Oberkörper gegangen wäre. Fast jeden Tag kaufte Mama Kokosöl für mich, in dem sie Karissa- und Acalypha-Blätter einweichte, um meine Haare zu schwärzen, die mit Jasmin geschmückt wurden. So verging die Zeit; ich arbeitete weiter auf dem Feld, ging mit meinen Freundinnen spazieren und hörte Großvater Munissami zu, bis zu dem Abend, als man mir sagte, dass die Familie meines künftigen Ehemanns mich am nächsten Tag besuchen würde. Das hätte mich nicht überraschen dürfen, aber die Nachricht traf mich wie ein Blitz aus heiterem Himmel. Die Älteren versuchten mich zu trösten. Sie redeten sanft mit mir. Sie gaben mir Ratschläge: »Du musst lächeln … Gib ein kleines bisschen Salz hinein … Nimm nur wenig Kalk …« Aber ich verbrachte eine schreckliche Nacht. Ich stellte mir furchtbare Dinge vor. In dem Alter versteht man nicht, was verheiratet sein bedeutet. Ich wusste nur, ich würde von meinen Lieben getrennt sein, und das war für mich wie eine Entführung. Als wir noch klein waren, wurden wir vor Kidnappern gewarnt, und jetzt sollte ich gekidnappt werden mit der Einwilligung der ganzen Familie! Ich würde nicht umgebracht werden, sondern sie würden mich arbeiten lassen und »eine Frau aus mir machen«. Was war das überhaupt, eine Frau? Mein Dasein als kleines Mädchen genügte mir vollkommen. Zum ersten Mal in meinem Leben lag ich die ganze Nacht wach. Ich hörte die ersten Krähen schreien, ein Zeichen, dass der Tag bald anbrechen würde. Der Himmel war noch schwarz, kein Mond, keine Sterne, keine Wolken, keine Blitze. Es war, als ob er mit mir fühlte. Ich habe diesen schwarzen Himmel die ganze Nacht angestarrt. Als sich der erste Lichtschimmer zeigte, bin ich eingeschlafen.

Der Besuch war erst für den Nachmittag angesagt. Meine Großmutter sorgte dafür, dass ich lange schlafen durfte. An diesem Tag ging niemand auf die Felder. Mama und einige Cousinen liefen geschäftig herum, bereiteten *idli*, *uppuma* und *vadai* mit Meerrettichbaum-Blättern zu, Gewürzmolke, Kuchen. Ein großer Krug Wasser und ein kleiner Becher wurden am Hauseingang hingestellt. Alles war fertig, als ich aufwachte. Alle hatten sich gewaschen, sorgfältig gekämmt und anständig gekleidet. Ich wusch mich gründlich und zog den nagelneuen Unterrock an, den ich zu *Dipavali*[1] bekommen hatte. Mama holte die hübschen Armreifen aus buntem Glas hervor, die sie auf dem Markt gekauft hatte. Große Schwester Ammayi kämmte mich lange. Sie machte mir einen dicken Zopf aus tausend kleinen Zöpfen und band zwei gute Hände voll doppeltem Jasmin sehr fest hinein. Dann wurden mir das Gesicht und die Arme gepudert. Meine Augen wurden mit einer Paste geschminkt, die Mama extra für mich zubereitet hatte, und schließlich wurde mir mit derselben Paste ein *pottu* auf die Stirn gemalt. Ich war bereit.

Meine Freundinnen waren da, halb nackt, nach Schweiß riechend, und bewunderten mich. Nachbarn und Schaulustige schlenderten vorüber. Plötzlich hörten wir die Kinder draußen schreien: »Sie kommen! Sie kommen!« Mein Vater stürmte mit großen Schritten aus dem Haus, drängte sich durch die Menge, und als er auf dem Platz ankam, brachen die Jungen in schallendes Gelächter aus, entzückt, dass ihnen der Streich gelungen war. Mein Vater jagte ihnen nach, wedelte mit wütendem Gesicht seinen Schal herum, ließ sie schließlich laufen und kam zurück, um mit den anderen Männern vor dem Haus zu palavern. Eine Weile später kam Onkel Ponnussami und kündigte die Besucher an. Papa und die Familie gingen ihnen entgegen. Ich verschwand im Haus und verkroch mich in eine dunkle Ecke. Mein Herz klopfte wild.

Mama breitete Matten auf dem *tinnai* aus, während die Gäste sich die Füße und Hände wuschen. Die beiden Familien nahmen Platz. Der *tinnai* war zu klein für so viele Leute! Die Unterhaltung begann. Männer und Frauen redeten über dies und jenes: über den Weg nach Velpakkam, über das Land hier und dort ... Es wurde nach Verwandtschaftsbanden zwischen den Familien geforscht und schließlich eines gefunden, denn große Schwester Ellamma war eine Nichte meines Halbonkels väterlicherseits, die einen Cousin aus ihrem Klan geheiratet hatte. Schließlich sagten sie, dass sie mich gern sehen würden.

Mama rief mich vom *tinnai* aus und bat mich, Wasser mitzubringen. Ich kam mit gesenktem Kopf aus meinem Versteck und stellte einen drei viertel vollen Becher neben die Person, die man mir gezeigt hatte. Ohne den Blick zu heben, setzte ich mich neben Großmutter. Stille kehrte ein. Ich fühlte alle Augen auf mir, wie sie auf den ersten Blick zu erraten versuchten, was ich für eine Schwiegertochter sein würde: eine gute, die fähig war, in der neuen Familie zu leben, ohne sich aufzulehnen, oder eine schwierige, die beim ersten Tadel gleich davonlaufen würde? Die Frau, die meine Schwiegermutter sein würde, bat mich in beiläufigem Ton, den Betel zuzubereiten. Die Augen weiterhin gesenkt, an die Ratschläge denkend, die ich bekommen hatte, nahm ich ein schönes Blatt, brach den Stiel ab, gab ganz wenig Kalk darauf – ein Zeichen für Fügsamkeit – und streute ein bisschen Betelnusspulver und zerstoßenen Tabak darüber. Dann faltete ich das Ganze sorgfältig zusammen und reichte es mit beiden Händen meiner künftigen Schwiegermutter. Ein zufriedenes Murmeln stieg von den Besuchern auf. Ich war verlegen und wusste nicht, was ich tun sollte, und so flüchtete ich in mein Versteck zurück. Mama folgte mir ins Haus, legte die Hände vor dem *sulam*[2], der in den Boden gesteckt war, zusammen und warf mir ein strahlendes Lächeln zu. Dann brachte sie das Essen. Unsere Gäste lobten die Vielfalt und Schmackhaftigkeit der Dinge, die ihnen vorgesetzt wurden. Die Bewirtung und das Mädchen entsprachen offenbar ihren Vorstellungen. Nachdem sie sich leise miteinander beraten hatten, ließen sie durchblicken, dass ich ihnen gefiele, dass ihnen die Angelegenheit günstig erscheine und dass man sich wieder sehen müsse, diesmal in Karani, um ausführlicher über die Hochzeit und die nötigen Formalitäten zu reden. Jetzt brachte Mama das Beteltablett. Die Besucher bedienten sich, dann standen sie auf. Sie grüßten mit zusammengelegten Händen und machten sich auf den Rückweg, zufrieden mit ihrem Besuch.

Kaum waren sie weg, strömten die Nachbarn und Freunde auf unseren *tinnai* und stellten tausend Fragen. Großmutter, die nur darauf gewartet hatte, erzählte die Begegnung lang und breit und ersparte ihren Zuhörern nicht die winzigste Einzelheit. Es gab schmeichelhafte Kommentare, dann zogen sich alle zurück. Im Haus herrschte eitel Sonnenschein, immer wieder wurde gesagt, dass ich dort in guten Händen sein würde.

Schon am nächsten Morgen fingen die Hochzeitsvorbereitungen an. Zuerst mussten das nötige Geld für die Zeremonie und die Mitgift beschafft werden. Papa lieh sich eine große Summe, indem er die zwei Parzellen, die Großvater besaß, verpfändete. Lange versuchte er vergeblich, die Zinsen abzubezahlen, vom Geld selbst ganz zu schweigen. So musste er das Land aufgeben. Auf diese Weise haben wir unsere Felder verloren. Aber ich konnte mich nicht beklagen. Für mich wurde alles gekauft, was sich gehörte: die Ohrringe, der Schmuck für die Nase, zwei goldene Armreifen, Silberkettchen für die Fußknöchel, Messinggeschirr, eine Aussteuerkiste, Kleider und noch viele andere Dinge: Meine Schwiegermutter hat nichts auszusetzen gefunden an meiner Aussteuer.

An einem Mittwoch im Monat *kartikkai* begab sich meine Familie nach Karani, eine ungerade Zahl von Verwandten aus meinem Klan, neun im Ganzen, anständig gekleidet, die Frauen mit Blumen im Haar und einem *pottu* auf der Stirn. Der Empfang ließ nichts zu wünschen übrig. Die beiden Familien redeten in Ruhe miteinander und einigten sich auf die Mitgift, die Verteilung der Kosten für die Zeremonien, die aufeinander folgen würden, und das jeweilige Datum. Ich weiß nicht, ob unsere Abgesandten meinen Verlobten zu sehen verlangt haben. Bei ihrer Rückkehr gaben sie jedenfalls bereitwilliger über die Ehebedingungen Auskunft als über meinen künftigen Mann. Ich hätte gern mehr über ihn gewusst, aber ich traute mich nicht, nach ihm zu fragen.

Das Eheversprechen[3] fand in unserem Haus statt, aber die Kosten trug die Familie meines Ehemanns, die mit einer riesigen Menge Auberginen, Früchten vom Meerrettichbaum, Kartoffeln, Bittererbsen und anderem Gemüse ankam. Ein Koch war für diesen Anlass eingestellt worden, aber sonst halfen Verwandte und Freunde mit. Als die Mahlzeit beendet war, wurde es Zeit, den Betel und das Eheversprechen zwischen den beiden Familien auszutauschen. Meine Eltern sagten zu ihnen: »Unsere Tochter gehört euch, euer Sohn gehört uns.« Und sie antworteten: »Unser Sohn gehört euch, eure Tochter gehört uns.« Von jetzt an gab es kein Zurück mehr, es sei denn, der Vorsteher des *ceri* genehmigte die Auflösung des Eheversprechens.

Der Iyer von Karani setzte ein wenig später die Daten für die Verlobung und die Hochzeit fest, die immer sehr dicht aufeinander folgten; die Hochzeit würde an einem Montag des Monats *tai* sein.

Bis dahin waren es nur noch ein paar Wochen. Den ganzen Monat *markaji* waren meine Eltern mit den Vorbereitungen beschäftigt. Damals waren sie noch nicht so bitterarm, und sie haben ihr Bestes getan, dank der Anleihe beim Groß-Reddi und ihren geringen Ersparnissen. Ich wurde mit Schmuck behängt, und alle Leute wurden gut empfangen und bewirtet. Das sagen die Leute heute noch, in Karani und Velpakkam! Aber es ging nicht ohne Mühe! Großmutter legte alles auf die Seite, was sie bekommen konnte, vom Reisig bis zu den Gewürzen. Papa ging weniger oft in die Schenke zum Trinken. Nach seiner Arbeit auf den Feldern ging er Palmyra-Palmwedel holen, und mit seinem Freund zusammen stellte er Kornschwingen, Körbe, Beteldosen, Fächer her. Bei der Baumwollernte legte Mama ein paar Pfund auf die Seite, um Kopfkissen für mich daraus zu machen. Papa und Großvater kämmten die Baumwolle sorgfältig, damit sie seidenweich wurde. Sie füllten zwei dicke Kopfkissen damit, aus einem Tuch, das bei Sinnatambi bestellt worden war, dem Weber von Palayam. Auf dem Markt von Selvipatti wurde eine Aussteuerkiste mit leuchtend bunten geometrischen Mustern gekauft.

Mit diesen Dingen verbrachten die Erwachsenen ihre Zeit in jenem *markaji*. Ich dagegen arbeitete und spielte weiter wie bisher. Wir machten uns einen Spaß daraus, meine Hochzeit zu spielen, und wir bogen uns vor Lachen.

Aber die Wochen vergingen, und der Freitag des Monats *tai*, an dem die Verlobung stattfinden sollte, kam heran. Diesmal ging das Essen auf unsere Kosten. Mama bereitete sieben Sorten Gemüse vor, außerdem *sambar*, *idli*, *payasam* und Molke mit Koriander und Ingwer. Wir hatten noch ein wenig Zeit, denn die Gäste mussten das Ende der unheilvollen Stunde[4] abwarten, ehe sie sich auf den Weg machten. Endlich kamen die Frauen mit ihren Geschenkkörben auf dem Kopf. Großmutter und die Frauen aus unserer Familie gingen hinaus, um sie zu begrüßen. Die älteren Schwestern meines künftigen Ehemanns waren gekommen, und sie zeigten lächelnde Gesichter. Nachdem sie uns begrüßt hatten, stellten sie ihre Last in der Mitte des Hauses ab. Die Körbe waren gut gefüllt. In einem waren ein Sari, eine Bluse, ein Rock, Armreifen, ein Spiegel, ein Kamm, *kungamam*-Paste. In den anderen drei Bund Betel, drei Bananenbüschel, drei Posten Betelnuss, Blumen, Kokosnüsse, Kurkuma, eine Öllampe, ein Beteltablett.

Nachdem sie sich alles genau angesehen hatten, ordneten unsere Frauen die Geschenke auf Bananenblättern an. Sie zündeten die Öllampe an und ließen mich dreimal um die Gaben herumgehen: Alle verneigten sich vor dem Gott unseres Klans und vor den Ahnen. Als alles sorgfältig aufgeräumt war, wurde den Gästen das Essen serviert. Wie beim ersten Mal waren sie mit der Mahlzeit sehr zufrieden, und Mama wurde gelobt.

Sie wiederum bedankte sich für den hübschen Sari und die mitgebrachten Geschenke, und sie überreichte den Gästen ein Tablett mit einem *soman*, einem *tundu* und einem Hemd, fünf Bananenbüscheln, fünf Posten Betelnuss. Schließlich gingen die beiden Familien auseinander, um am übernächsten Tag wieder zusammenzukommen, dem Vorabend der Hochzeit, zur Abwendung des bösen Blicks.

Die Zeremonie zur Abwendung des bösen Blicks sollte ebenfalls bei uns zu Hause, auf Kosten der Meinen, abgehalten werden. Diesmal mussten wir tief in die Tasche greifen. Zum ersten Mal würde mein Verlobter da sein. Fünfzig Personen mussten bewirtet werden, und zwar gut bewirtet werden. Die Eltern des Mädchens müssen viel mehr Mahlzeiten stellen als die des jungen Mannes, und jede Mahlzeit muss besser sein als die vorige.

In den Tagen vor einer Hochzeit leben wir vegetarisch. Weder Fleisch noch Fisch noch Eier, nur Linsen. Wie heißt es doch immer? »Keine Hochzeit ohne Linsen!« Man braucht rote Linsen für den *sambar*, grüne für den *payasam*, Kichererbsen mit Kokosnuss und Zucker, und vor allem grüne Linsenpaste für das Bad der Brautleute, das macht die Haut weich und lässt sie glänzen. Meine Eltern hatten für die Hochzeit mehrere Maß grüne Linsen, die sie selbst angebaut hatten und die ich mit meinen Freundinnen geerntet hatte, auf die Seite getan. Beim Reis reichten unsere Vorräte nicht. Wir mussten einen ersten Sack beim Reddi leihen und einen zweiten beim Fuhrmann im Dorf, der uns gut kannte. Meine Mutter, große Schwester Nettappakkam, meine Cousinen Suriya und Vanaroja, meine Tanten – die ganzen Frauen der Familie hatten an dieser Mahlzeit mitgewirkt.

Ich selber würde zum ersten Mal den Mann sehen, den ich am nächsten Tag heiraten sollte, und ich hatte Angst. Meine Freundinnen lachten mich aus, und das machte die Sache auch nicht besser. Wie beim ersten Besuch seiner Eltern saß ich noch in meinem dunklen Winkel, als der Verlobte eintraf. Ich wollte ihn nicht sehen, diesen Mann, der mein Meister, vielleicht sogar mein Peiniger sein würde: Ich brach in Schluchzen aus, wenn ich daran dachte. Aber andererseits, wie sollte ich meine Neugier bezähmen? Nach und nach fand ich den Mut, die geflochtenen Palmblätter der Wand etwas beiseite zu schieben. Er saß auf der Plattform, die für die Zeremonie aufgebaut war, weiß gekleidet, mitten in einer lärmenden Versammlung. Ich war ganz überrascht, als ich sein sanftes, lächelndes Gesicht sah. Er musste ungefähr im selben Alter sein wie mein jüngster Onkel. Für ein kleines Mädchen wie mich war er ein Alter. Aber nicht das Alter zählt, sondern der Charakter ... Der erste Eindruck war ziemlich gut ... Man würde ja sehen! Ich trocknete meine Tränen an meinem Rock ab, als ich meine Mutter rufen hörte: »Viramma! Viramma! Wo bleibst du denn?« Ich sprang aus meinem Loch wie eine Maus, und meine Cousinen kleideten mich an.

Dann wurde mir ein Zeichen gemacht, dass ich hinausgehen sollte, und große Schwester Sarda führte mich an der Hand bis zur Plattform. Mit gesenkten Augen bewunderte ich die *kolam*, die meine Cousinen und Freundinnen gezeichnet hatten; der Boden war damit bedeckt. Noch nie hatte ich das Haus so sauber, so schön geschmückt gesehen. Doch, vielleicht bei der Hochzeit meines Bruders, aber damals war ich noch ganz klein, und ich konnte mich nicht genau erinnern. Ich musste dreimal um die Plattform herumgehen, mit einem weißen Tuch verhüllt, das der Wäscher uns geliehen hatte. Dann musste ich mich neben den Bräutigam setzen. Ich zitterte wie eine Alte vor Aufregung und Schüchternheit. Mama flüsterte mir etwas ins Ohr, aber ich verstand nichts von dem, was sie sagte. Ich nehme an, sie ermahnte mich, dass ich mich beruhigen und tapfer sein sollte. Gegenüber von uns lag der Stampfer von einem Reismahlstein, ein kleines Tablett mit brennendem Kampfer, Blumen und ein großes Messingtablett mit kleinen Schälchen voll Öl, Sandelholz, Kurkuma, grüner Linsenpaste.

Die Mutter des Bräutigams machte ein Zeichen, dass wir beginnen sollten. Mama, die hinter mir war, flüsterte mir zu, was ich tun sollte. Ich nahm das Öl und rieb damit die Stirn, die Hände und Füße meines künftigen Ehemanns ein. Dann machte ich dasselbe mit der grünen Linsenpaste und dem Sandelholzöl. Ich nahm das kleine Tablett mit dem Kampfer und führte das *alam* aus, indem ich die Flamme um den Bräutigam kreisen ließ. Jetzt war er an der Reihe, mir die Stirn, die Hände und die Füße mit Öl, grüner Linsenpaste, Sandelholzöl und Kurkuma zu betupfen. Dann wurde das Beteltablett herumgereicht: den Älteren zuerst, danach den Freunden und Eltern und schließlich den Jungen. Jeder nahm sich seinen Teil und noch eine Banane dazu. Mein Bräutigam stand auf. Ich ebenfalls. Wir warfen uns vor dem brennenden Kampfertablett zu Boden, dann trennten wir uns, um unser Bad zu nehmen. Während der Zeremonie hatten die jungen Mädchen, meine Cousinen und Freundinnen, die Hochzeitsgesänge angestimmt. Sie sangen weiter, bis das Essen serviert wurde. Meine Mutter, große Schwester Ellamma und andere verheiratete Frauen nahmen mich mit. Sie wuschen mir die Haare mit *sikakai*, rieben meinen Körper mit grüner Linsenpaste ein, dann mit Kurkuma, und wuschen mich ab. Der Bräutigam wurde unterdessen von den Männern seiner Familie gebadet. Als das Bad beendet war, führten wir ein zweites *alam* mit dem Kampfertablett aus, dann war es Zeit für das Mahl.

Die Frauen servierten das Essen auf Bananenblättern: *idli*, *vadai*, Molke, verschiedene Gemüse, köstliche Ingwer-, Tamarinden- und Koriander-Chutneys. So gut aßen wir nicht alle Tage! Unsere neuen Verwandten waren sehr zufrieden mit der Mahlzeit und stolz auf uns. Das war wichtig, denn es erleichterte die Beziehungen zwischen den beiden Familien. Wir konnten erhobenen Hauptes nach Karani gehen, nachdem wir unsere Pflichten so gut erfüllt hatten, dank der Güte von Periyandavan, der meinen Eltern die Mittel dazu gegeben hat, auch wenn sie lange und hart dafür rackern mussten. Ein Fest ist nur dann gelungen, Sinnamma, wenn es über das Gewohnte hinausgeht und alle das sagen. Leider kann nicht jeder so viel bieten, und daraus kann Neid und Groll entstehen, der bis in den Tod hinein dauert, und manchmal noch darüber hinaus. In diesem *kaliyugam*, Sinnamma, regiert das Geld, selbst bei den Armen! Was ist das *nalungu*? Es ist die Zeremonie, die die künftigen Eheleute vor dem bösen Blick bewahren soll. Aber was bleibt davon in der Erinnerung? Dass viele Leute da waren, dass viel Geld ausgegeben wurde, dass das Essen hervorragend war … Auf diese Dinge achten die Leute, darüber wird nachher geredet: Der ursprüngliche Sinn der Zeremonie ist vergessen. Ich habe an die Riten geglaubt, und ich habe sie mit ehrlicher Überzeugung ausgeführt. Ich habe keine Fragen gestellt, ich habe mich damit begnügt, das *nalungu* zu leben, den bösen Blick zu verjagen. Aber was soll ich sagen, später habe ich es genau wie alle anderen gemacht!

Am nächsten Tag war die Hochzeit. Früh am Morgen machten wir uns bereit, nach Karani zu gehen. Blumen wurden in meine Zöpfe geflochten. Der fünffache goldene Ohrschmuck wurde mir an die Ohren gesteckt; vierzehn Armreifen – zwölf aus Glas, zwei vergoldete – wurden mir über jeden Arm gestreift, Silberringe über die Zehen, und große Schwester Ellamma hat mich geschminkt. Am Vorabend hatte sie mir schöne Mangofrüchte auf meine Handflächen und kleine Blumen auf die

Innenseiten meiner Finger und Füße gemalt, mit einer Hennapaste, die stundenlang eingeweicht worden war. Als ich am nächsten Tag die Paste ablöste, hoben sich die Bilder schön rot von meiner dunklen Haut ab. Große Schwester Ellamma hat mir auch die Augen geschminkt. Sie hat mir einen Schönheitsfleck auf die Wange gemalt und schließlich einen schwarzen *pottu* auf die Stirn.

Während ich mich anzog, bereitete Mama die Aussteuerkiste vor. Sie legte ein Schälchen für das Öl hinein, einen kleinen Messingtopf für das Wasser, ein Beteltablett, eine Öllampe, Kokosnüsse, Bananenbüschel, neun Reismehlfladen, in Bananenblätter gewickelt, Reis, Palmzucker. Die Kiste wurde auf den Kopf von großer Bruder Sami gesetzt, der sie bis Karani trug. Großer Bruder Maciyan trug einen Korb mit einem Krug Molke, einem dicken Kürbis und der Hochzeitsmatte.

Und so machte sich der Zug auf den Weg! Die Musiker vom *ceri* an der Spitze, dann die Träger, gefolgt von den Frauen: Mama, Großmutter, große Schwester Ellamma, die Cousinen. Ich kam dahinter, vor Papa und den Onkeln. Das ganze *ceri* begleitete uns zum Tempel von Mariamman, wo wir eine Kokosnuss aufschlugen und uns niederwarfen. Die Freunde und Nachbarn kehrten hier um, nachdem sie uns eine gute Reise und eine schöne Hochzeit gewünscht hatten. Es war sehr früh am Morgen, die Sonne würde bald aufgehen, und wir mussten uns beeilen, um vor der unheilvollen Stunde in Karani anzukommen. Im Dämmerlicht erriet ich alle Felder, die wir überquerten, und ich zählte einen nach dem anderen die Namen der Besitzer auf. Ich wusste das alles auswendig. Die Ernte war gerade eingebracht worden. Die Felder waren leer, die Natur traurig. Traurig wie ich. Aber was sollte ich tun? Mir war gesagt worden, es sei zu meinem Guten, dass ich so von der Erde weggeschickt wurde, auf der ich geboren war, um zu fremden Menschen zu kommen. Und ich fing leise an zu weinen, während um mich herum alle von Hochzeit redeten.

Nach mehreren Stunden Marsch tauchte endlich das *ceri* von Karani auf. Sie hatten dort schon mit dem Pflügen angefangen, und manche Felder waren bereits eingesät. Das war komisch, dieses Gefühl von neu erwachendem Leben. Dort, wo der Weg zum *ceri* abzweigte, fingen unsere Musiker zu spielen an. Der Klang des *senai* war berauschend, und die Schläge der Trommel rissen mich aus meinen Gedanken. Wir hielten vor dem Tempel des *ceri* an, wo wir uns hinsetzen mussten. Ich saß in der

Mitte, umringt von den Meinen. Ein paar Augenblicke später kamen die Schwiegereltern und ein paar von ihren Verwandten, um uns zu begrüßen, und brachten drei Krüge mit einem Sud aus Zwiebeln und Palmzucker und drei Tabletts mit Betel. Sie nahmen uns gegenüber Platz. Der Vorsteher des *ceri*, der sie begleitete, stand auf. Er nahm einen Topf, dann ein Tablett und reichte sie meinem Vater. Dann drehte er sich zur Seite des Bräutigams um und gab auch hier dem Familienoberhaupt einen Topf und ein Tablett. Dann legten die Väter der Brautleute jeder einen Fünf-Rupien-Schein auf das dritte Beteltablett und reichten es dem Vorsteher des *ceri* mit dem dritten Topf zusammen. Indem er es entgegennahm, erkannte er die freiwillig geschlossene Verbindung zwischen den beiden Familien an.

Mama machte jetzt die Aussteuerkiste auf. Sie nahm neun Reispfannkuchen, Palmzucker und elf Bananen heraus und schälte sie. »Nehmt hier zum Zeichen des Bündnisses, Bündnisses, oh Bündnisses!« Dann teilte sie das Ganze in drei gleiche Teile auf, einen für jede Familie und einen für den Vorsteher des *ceri*. Nachdem die drei Teile entgegengenommen waren, trank jeder einen Schluck von dem Sud, während die Musiker sehr laut spielten, um das Ende der Zeremonie zu verkünden. Die Kinder, die da waren, stürzten sich auf die Krüge und forderten mit lautem Geschrei ihr Recht zu trinken. »Hierher! Hierher!«

Nachdem so das Ehebündnis besiegelt war, empfing mich meine neue Familie im *ceri*. Der Hochzeitszug, mit den Musikern und Trägern an der Spitze, ging einmal um das Viertel herum. Alle standen in ihren Türen, und die Frauen sangen die Willkommenslieder:

Oh junges Mädchen ohnegleichen,
Er hat dich selbst empfangen,
Schöngeschmückte.
Eine Girlande aus Jasmin und Blüten vom Heuschreckenbaum
Hat er dir geflochten,
Er hat dich reich mit Rosenwasser gesalbt,
Mit Sandelholzöl und mit Moschus,
Nachdem er dich geschmückt hat,
Nachdem er deinen Hals und deinen Haarknoten
Mit einer Girlande aus frischem Champaka geschmückt hat.
Er hat dir den *pottu* auf die Stirn gemalt,

Er hat dir das Diadem aufgesetzt,
Er hat dir den Gold*tali* umgelegt,
Dir, der Lotusblüte auf seinem Wagen.

Die Kinder schrien vor Freude. Und ich war auch ein Kind, noch vor wenigen Wochen hatte ich genauso geschrien wie sie. Jetzt war ich das seltsame Tier ... Ich wäre am liebsten zu ihnen gelaufen. Ich war beinahe neidisch auf sie.

Ich ging mit gesenktem Kopf, schwerem Herzen, den Tränen nahe. Aber ich war die Einzige in dieser trüben Laune. Ringsumher herrschte strahlende Feststimmung, die Straßen waren gekehrt, mit Kokosblättern bestreut, der Himmel war blau, wolkenlos ... Wir näherten uns dem Haus. Ein *pandal* war davor aufgebaut. An den Eingangspfosten waren Bananenbaum-Stämme festgebunden, zusammen mit ihren Stauden, mit Palmyrafrüchten und Kokospalmen.

Meine Schwiegermutter erwartete mich am Eingang des *pandal*. Die Musiker und Träger entfernten sich. Ich wurde bis zum Eingang gebracht, wo dreimal das *alam* mit dem brennenden Kampfer ausgeführt wurde. Von den Frauen meiner Familie begleitet, betrat ich das Haus, mit dem rechten Fuß zuerst, wie es sich gehört. Ich wurde herumgeführt, und ich steckte die Hand in jedes Schälchen, in alle Reis-, Salz-, Wachsvorräte, um mich an mein künftiges Heim zu gewöhnen und es in Besitz zu nehmen. Dann wurde das Essen serviert, ein vegetarisches Festmahl. Alles war gut. Die Männer aßen zuerst, dann die Frauen. Als das Essen fertig war, wurde ich in den seidenen Hochzeitssari gehüllt und neu gekämmt, meine Augen wurden frisch geschminkt, die Blumengirlande, die in meinen Zopf eingeflochten war, ausgewechselt.

Wieder gingen wir um das *ceri* herum, die Musiker an der Spitze, und hielten bei der blumengeschmückten Hochzeitsplattform an. Die Matte, die großer Bruder Maciyan mitgebracht hatte, wurde ausgerollt. Alles Nötige war da: der Mahlstein mit dem Stampfer, das Beteltablett, der Weihrauchkessel, ein Tontablett, die kleine Messing-Öllampe mit dem Bild von Kamatchi, die große Öllampe auf Füßen, Reisfelderde, Palmen, Hirseschösslinge, zwei Wasserkrüge. In die Mitte eines kleinen Fleckchens Erde war ein Bobaumzweig gesteckt worden. Um den Zweig herum verstreut lagen Weizenkeime, eine Kokosnuss, von dicken Jasminbüscheln umrahmt, mit Kurkuma und *kungamam* bedeckt. Der Gold*tali* war auf einen gelben Faden aufgezogen, daneben lagen zwei kleine Armreifen, ein Teller mit gekochtem Reis und ein Schälchen Öl.

Der Iyer saß rechts vom Bobaumzweig. Er murmelte, dann hielt er inne und machte ein Zeichen, dass wir anfangen könnten. Er nahm eine Hand voll Reis und gab sie dem Bräutigam, der sie an meine Stirn und meine Schenkel führte und an mich weiterreichte. Ich machte es genauso und legte den Reis in den Teller zurück: Diesen Reis würde der Priester behalten. Der Iyer besprengte uns mit Sesamöl und Mangoknospen, um noch einmal den bösen Blick abzuwenden. Er zündete das Kampfertablett an, warf sich davor nieder und befahl uns, es gemeinsam in die Hand zu nehmen und dem Bobaumzweig und den anderen Gegenständen, die dort lagen, darzubieten. Dann nahmen wir wieder unsere Plätze auf der Plattform ein. Der Iyer streifte die beiden Armreifen über die Handgelenke des Bräutigams. Er reichte mir den Stampfer des Mahlsteins, den ich in meinen Sari nehmen musste. Ich begriff die Bedeutung dieses Rituals nicht, und die Neckereien ließen mich zögern. Ich hörte die Leute lachen und sagen: »Ach, was ist sie für ein Kind! Sie ist noch unschuldig!« Wieder standen wir auf und gingen dreimal um den Bobaumzweig herum. Dann kehrten wir auf die Plattform zurück. Die Trauungsrituale waren erfüllt; der *tali* wurde mir um den Hals gelegt. Die Musiker spielten jetzt mit aller Kraft. Die Leute redeten, lachten. Der Iyer rezitierte das *jaya mangalam*. Mein Herz schlug im Rhythmus der Trommel, pada, pada, pada … Halb in Trance spürte ich, wie ein Fuß sich auf meinen Schenkel stützte, Hände mir den *tali* um den Hals legten und die Schnur mit drei Knoten festmachten. Der Klang des Muschelhorns übertönte den Lärm. Ohne recht zu wissen, wie mir geschah, warf ich mich vor dem brennenden Kampfer nieder. Wir waren verheiratet.

Ich musste nahezu wiederbelebt werden, ehe ich ein drittes Mal um den Bobaumzweig herumgehen konnte. Ich ging mit leerem Kopf. Ich weiß nicht mehr, was ich gedacht habe, aber ich war zu aufgewühlt, um irgendeine Regung zu zeigen. Meine ältere Schwägerin ging mit dem Kampfertablett vor uns her. Wieder musste der böse Blick abgewendet werden. Vor jedem der Hauptpunkte führten wir das *alam* aus, indem wir uns niederwarfen, ehe wir auf die Plattform zurückkehrten. Die Gäste und Eltern zogen jetzt an uns vorbei, um das Geld zu bringen, das sie dem Brautpaar schenken wollten. Eine letzte Prüfung stand uns noch bevor: wer von den beiden Brautleuten das Geldstück finden würde, das in einem der enghalsigen Hochzeitskrüge versteckt war. Der Sieger durfte das ganze Geld mit nach Hause nehmen. Ich tat so, als ob ich mich an dem Spiel beteiligen würde, aber ich wollte das Geldstück gar nicht finden: Ich ließ den Bräutigam gewinnen. Danach wurde der Bobaumzweig ausgegraben, die Frauen räumten die Plattform ab und kehrten den *pandal* aus. Das Essen wurde serviert, ebenso üppig wie die erste Mahlzeit. Als alle satt waren, mussten wir noch das Kornwachstums-Ritual ausführen, ehe wir nach Velpakkam zurückkehren konnten.

Ein neuer Korb wurde mir gereicht, gefüllt mit einer Mischung aus zehn Getreidesorten, einer Kokosnuss, einer Betelnuss, Blumen und Bananen, einem Krug Wasserreis mit einer Prise Salz, drei gerösteten Chilis und einem Bananenblatt. Ich setzte den Krug auf meinen Kopf, nahm den Korb auf die Hüfte und ging zu meinem Angetrauten. Er war hinter dem Haus. Beim Stall war ein kleines Fleckchen Erde freigelegt und in vier winzige Parzellen aufgeteilt worden. Ich stellte den Korb und den Krug ab und säte das Getreide in zwei der Parzellen ein. Der Bräutigam säte in die anderen beiden ein. Er schlug eine Kokosnuss auf, bot die Bananen und Blumen der Erde dar und zündete den Kampfer an. Beide warfen wir uns nieder. Er stand auf, wusch sich die Hände. Ich goss in seine offenen Hände den Wasserreis, um an die Pflichten der Ehefrau gegenüber ihrem Ehemann und an die täglichen Pflichten eines jeden der beiden zu erinnern. Er trank den Reis, während sich um uns herum die Kinder vor Lachen bogen und nur darauf warteten, dass sie sich über die Reste hermachen konnten. Ich wusch den Krug aus und füllte ihn mit Wasser. Das eine Ende meines Hochzeitssaris rollte ich auf dem Kopf zusammen und stellte den Krug darauf. Der Bräutigam nahm den Korb, und wir gingen mit den Musikern an der Spitze zum Haus zurück. Meine Schwiegermutter stand auf der Schwelle und führte ein weiteres *alam* zu unserem Empfang aus. Ein zweites Beteltablett wurde vorbereitet, mit drei reichlichen Portionen, je eine für die beiden Familien und eine für den Vorsteher des *ceri*. Wir bekamen einen Korb mit einem Maß *paddy*, einem Bananenbüschel, drei Kokosnüssen, Betel und Betelnüssen. Dann gaben sie uns die Hochzeitsmatte zurück und eines der Kopfkissen, die wir mitgebracht hatten. Meine Familie und ich verabschiedeten uns von meiner Schwiegerfamilie. Dann traten wir mit dem Bräutigam den Weg nach Velpakkam an. Das Orchester ging uns voraus. Als wir am Abend ankamen, wartete das ganze *ceri* auf uns. Viele waren, sobald sie die

Musiker gehört hatten, auf die große Straße geeilt, um uns zu begrüßen. Mein Mann blieb sieben Tage bei uns, ehe er nach einem letzten Festmahl, dieses Mal nicht vegetarisch, nach Karani zurückkehrte.

Ich blieb noch zwei Monsune in Velpakkam. Von Zeit zu Zeit machten Mama und ich einen Besuch bei meiner Schwiegerfamilie, morgens hin, abends zurück. Nichts hatte sich wirklich geändert. Ich war immer noch ein Kind. Meine Freundinnen hatten fast vergessen, dass ich verheiratet war, oder taten jedenfalls so als ob. Wir spielten weiter wie bisher. Eines Nachmittags, als ich mit meinen Freundinnen im Teich von Pakkanur badete, verlor ich meinen Gold*tali*. Ich merkte es nicht einmal. Als ich ins Haus zurückkam, entdeckte Mama meinen leeren Hals und war ganz außer sich. Ein halber Sovereign, für den sie sich in Schulden gestürzt hatte, so schnell verloren! Ich wurde geschlagen, aber das brachte den verlorenen *tali* nicht zurück, und es kam nicht in Frage, mir wieder einen goldenen zu kaufen. Aber die Sache musste meiner Schwiegerfamilie erklärt und der Verlust irgendwie ersetzt werden: Meine Mutter wollte neue Messinggeräte kaufen, um die Aussteuer zu vervollständigen.

Abgesehen von diesem Zwischenfall wurde ich verwöhnt, denn jeder wusste, dass ich bald gehen würde. Wenn ich im Unterrock und mit nacktem Oberkörper aus dem Haus ging, sagten die Alten im *ceri* zu Mama: »He, Pattu! Die Betelnüsse sprießen! Da steht uns bald der *puttu* ins Haus, wie?« Ich begriff nichts von alledem, und es kümmerte mich auch nicht. Ich war glücklich mit den Meinen in meiner vertrauten Umgebung, und der Gedanke, dass ich sie verlassen musste, war mir ganz aus dem Kopf gekommen. Von Zeit zu Zeit mussten wir allerdings bestimmten Verpflichtungen nachkommen. Am ersten *Dipavali* nach der Hochzeit mussten wir dem Ehemann Geschenke und Kleider schicken. Meine Eltern waren in Sorge: Diesmal mussten sie zum Geldverleiher gehen, denn der Groß-Reddi würde ihnen nichts mehr geben, nachdem er erst vor ein paar Monaten eine große Summe für meine Hochzeit vorgestreckt hatte. Aber ich, ich wollte Knallkörper zu *Dipavali*, so wie alle Gören! Mama stieß einen tiefen Seufzer aus und sagte zu Großmutter: »Wie soll sie leben da unten? Sie ist noch ein Kind!« Großmutter fuhr sie an und sagte, dass sich das ganz von selber geben würde.

Die Wochen vergingen. Hin und wieder kam die Rede darauf, dass ich bald gehen musste. Alle warteten auf ein Zeichen, ich wusste nicht, welches. Und eines Tages war es da ...

3
EINE FRAU WERDEN

Es war am Nachmittag. Mit einem guten Teller Sagosuppe im Bauch, das Seil und das große Küchenmesser in der Hand, machte ich mich auf, um mit Rukkumani und ihrer Großmutter Subbu Feuerholz zu sammeln.

Wir hatten kaum das *ceri* verlassen, als ich plötzlich etwas meinen Schenkel hinunterrinnen fühlte. Etwas Kaltes. Ich hob meinen Rock und entdeckte voller Entsetzen Blut – frisches Blut. Die Angst packte mich. Ich hatte mich nicht geschnitten, ich hatte mich nicht aufgekratzt. Ich war mit Sicherheit krank, wenn ich so blutete, aber es tat mir nirgends weh. Doch Großmutter Subbu war gar nicht erschrocken, als sie die Sache sah. Im Gegenteil, sie sagte mir, es sei ein glückliches Ereignis und sie sei stolz, dass sie es miterleben dürfe. Wir machten kehrt und gingen zum Haus zurück. Ich lief zu Mama, um ihr meinen blutbeschmierten Schenkel zu zeigen. Sie war ein wenig überrascht und vor allem glücklich. Sie rief Tante Kanikkai und sagte ihr: »Sieh dir meine Tochter an! Ich bin ihre Mutter, ich darf das nicht sehen. Und sag meiner Schwiegermutter Bescheid.« Tante Kanikkai hob meinen Rock und trompetete: »Viramma hat ihre Regel! Wir werden *puttu* essen!« Ich begriff immer noch nichts, aber die Leute um mich herum, das sah ich wohl, waren glücklich. Es würde ein Fest geben, und wieder würden sie eingeladen sein. Für meine Eltern war die Freude mit Sorgen gemischt, denn sie mussten Geld beschaffen und alles tun, damit die Zeremonien so verliefen, wie es sich gehörte.

Ich wurde sofort ins Haus gebracht und durfte keinen Fuß vor die Tür setzen, bis die Vorbereitungen für das rituelle Bad fertig waren. Großmutter, die für ihr Alter noch sehr munter war, nahm die Sache in die Hand und führte alles zügig durch. Bei ihrer großen Erfahrung und als Älteste in der Familie konnte sie ungefragt Entscheidungen treffen, ja, gelegentlich sogar den Männern im Haus Befehle erteilen. Wieder einmal zeigte sie, wie unersetzlich sie war, indem sie sich um die Einladungen und das Bad kümmerte.

Sie trottete zuerst zu dem Reisfeld, das Onkel Krishnan pflügte, der Halbbruder meines Vaters, der damals in Velpakkam war. Sie erzählte ihm die Neuigkeit und bat ihn, vier oder fünf Palmen zu unserem Haus zu bringen und so schnell wie möglich eine Hütte daraus zu flechten, damit ich abgesondert werden konnte. Normalerweise macht das der Onkel mütterlicherseits, aber weil Mama keine Geschwister hatte, fiel Onkel Krishnan diese Aufgabe zu.[1] Großmutter lief weiter auf den Feldern und im *ceri* herum und benachrichtigte alle, die an den Riten teilnehmen mussten. Sie verteilte Betel an Kannan, den Trommelspieler, und an sieben verheiratete Frauen der Familie. Außer Atem und durstig von der Nachmittagshitze kehrte Großmutter kurz bei uns im Haus ein, trank einen kleinen Becher Wasser und lief wieder los, einen Krug auf dem Kopf, einen auf der Hüfte, um in Begleitung von Muttamma und Tante Konakkali das Wasser für das Bad zu holen.

Mama bereitete inzwischen die Stärkung zu, die man den Mädchen elf Tage lang von ihrer ersten Regel an geben muss: einen Sud aus grünen Linsen, Reis, Palmzucker, Sesamöl und Eiern; er kräftigt die Gebärmutter und stärkt das Gehirn und verleiht den Frauen die Kraft, ihr Leben lang mit Krankheit und Erschöpfung fertig zu werden, außerdem soll er zu gefahrlosen Schwangerschaften und Entbindungen verhelfen. Als die Zubereitung fertig war, weihte Mama sie dem Gott unseres Klans. Wir waren allein, jede in einem Winkel des Raums. Ich nützte die Gelegenheit, um zu fragen, was das alles zu bedeuten hatte. Mama erklärte mir, dass ich jetzt eine richtige Frau war und bald mit meinem Mann leben würde. Mir wurde eiskalt; die Neuigkeit sträubte mir die Haare. Ich wehrte mich, aber vergeblich. Mama sagte mir, wie wichtig diese Sache für mich war, und sie fing wieder mit den Reden an, die sie vor der Hochzeit gehalten hatte. Ich brach in Schluchzen aus. Diesmal war es aus und vorbei! Niemand konnte mir versprechen, dass sie mich nach der Zeremonie noch eine Weile zu Hause behalten würden, so wie bei der Hochzeit. Ich war so glücklich mit den Meinen! Ich hatte sogar vergessen, dass ich verheiratet war! Meinen Mann hatte ich praktisch seit zwei Jahren nicht mehr gesehen, und jetzt fing alles so brutal wieder an … Mama sagte mir, sie würde mich regelmäßig in Karani besuchen, und gleichzeitig herrschte sie mich an, dass ich gefälligst mit meinem Geheule aufhören sollte, an so einem glücklichen Tag!

Da kam Großmutter herein. Sie drückte mich an ihre magere Brust und bedeckte mich mit Küssen. Während sie meine Tränen trocknete, fand sie tröstliche Worte: »Komm, mein Zicklein, mein Zuckerplätzchen, meine Himmelskönigin, meine Kokosknospe. Komm und reinige dich mit ganz frischem Wasser, mein Goldstück, meine Perle, mein Rubinchen …« Sie nahm mich am Arm und führte mich hinters Haus, in die Nähe des Stalls, wo die sieben verheirateten Frauen, die sie hatte kommen lassen, auf mich warteten. Ich musste mich auf die Erde setzen, und die Frauen begossen mich eine nach der anderen durch ein Sieb, das über meinen Kopf gehalten wurde. Sie rieben mich mit Kurkumapaste ein, dann wuschen sie mich mit viel Wasser ab. Von dem Augenblick an, als ich zu den Frauen kam, schlug Kannan seine Trommel in einem regelmäßigen Rhythmus, um die bösen Geister zu vertreiben. Er trommelte immer schneller, während ich meine letzte Waschung bekam. Danach wurde ich ins Haus zurückgebracht, und ich warf mich vor der brennenden Öllampe nieder. Jede der Frauen flößte mir diesen Sud ein, den ich kaum hinunterbrachte! Unterdessen trennte Kalimuttu, der Wäscher, den ganzen *tinnai*, wo ich die nächsten Tage leben würde, mit den Palmflechten ab, die Onkel Krishnan gemacht hatte. Er ließ nur einen engen Durchgang frei und zwei Löcher, so groß wie Zitronen, als Fenster. Die Sonne durfte nicht in meinen Verschlag kommen. Sie ist ein männlicher Gott, der in dieser Zeit unheilbringend wirkt; sie kann die Frauen unfruchtbar machen! Ebenso durfte ich in den elf Tagen auch keine Männer sehen. Kalimuttu bekam seinen Lohn: ein Maß Reis, eine Banane, Betel, Betelnüsse und vor allem meinen beschmutzten Unterrock! Ich war wütend, dass ich auf diese Weise einen ganz neuen Unterrock verlor, den ich zu *Dipavali* bekommen hatte. Manjamma, die Tochter des Wäschers, würde ihn nur zu gerne an sich raffen!

Ein alter, viermal gefalteter Sari wurde mir zwischen die Beine geschoben und mit einem Faden an der Taille festgebunden, dann musste ich in meinen Verschlag gehen. Die Frauen, die mich gebadet hatten, bekamen jede ein Stück Kurkuma, Betel, Blumen und eine Banane. Kannan erhielt eine Rupie, Betel, eine Banane und Blumen.

Alle gingen zufrieden davon. Ich war in meinem Käfig. Mama und Großmutter warteten auf die Rückkehr meines Vaters. Sobald er die

Neuigkeit erfuhr, ging Papa zum Reddi, um das Geld von ihm zu leihen, das ihm sein Herr in diesem Fall nicht verweigern konnte: Ob Paria oder hohe Kaste, ein Mädchen muss sich reinigen, wenn es heiratsfähig wird, denn die bösen Geister werden von dem starken Geruch der Regel angelockt. Sie lauern dem Mädchen auf, und wenn die Riten nicht erfüllt werden, wie es sich gehört, ergreift der böse Geist Besitz von ihr. Wir bekommen sie oft genug zu sehen, solche besessenen Mädchen! Jeder weiß das, und der Reddi hat das Geld ohne Zögern vorgestreckt. Die Armut ist kein Vorwand, nicht zu tun, was getan werden muss, und wir wissen, dass wir in solchen wichtigen Momenten auf den Reddi zählen können ...

Mit den fünfzig Rupien in der Hand ging Papa nach Karani, um meinen Schwiegereltern die gute Nachricht zu verkünden und unsere Verwandten und Freunde zur Kurkumawasser-Zeremonie einzuladen, die auf den elften Tag gelegt wurde. Er bekam eine Erfrischung und etwas zu essen, dann führten ihn meine Schwiegereltern schnell zum Iyer, um mein Horoskop erstellen zu lassen. Sie brachten Mani Iyer ein Tablett mit Betel, Betelnüsse, Kampfer, eine Banane und einen Rupien-Schein mit. Er war zu Hause und ließ die Besucher eintreten, um sie vor den Neugierigen abzuschirmen, die sich bereits versammelt hatten. Er fragte nach dem Tag und der Stunde meiner Geburt und dem Tag und der Stunde meiner ersten Regel. Papa sagte es ihm und wartete ängstlich auf das, was folgen würde. Man weiß nie, was die Zukunft bereithält. Wenn das Horoskop Schwierigkeiten erwarten ließ, wenn irgendein Unheil auf mich oder meine Familie lauerte, würden wir noch mehr Geld brauchen, um die Rituale zu bezahlen, die die Bedrohung abwenden sollten. Mani Iyer fand schnell die beiden Sterne, die mit den angegebenen Tagen und Stunden übereinstimmten. Er befragte das Horoskop und konnte alle beruhigen: keine Unvereinbarkeit, alles stand zum Besten, die Zeit der Not würde mit meiner Ankunft in meinem neuen Heim ein Ende nehmen. Die Stunde meiner ersten Regel war Glück verheißend, sowohl für mich als auch für meine Familie. Ich würde eine Frau von robuster Gesundheit sein und Mutter vieler Kinder. Papa war glücklich und stolz, als er die Vorhersagen des Iyer hörte. Er, der sich unter den Seinen immer bescheiden im Hintergrund gehalten hatte, fühlte sich auf einmal ganz großartig und wichtig bei dem Gedanken, was für ein kostbares Geschenk er meiner Schwiegerfamilie machte. Er bestand darauf, dass die

Zeremonie des elften Tages in Velpakkam abgehalten wurde und nicht in Karani, und kehrte ins Dorf zurück. Unterwegs hielt er auf dem Markt von Tirulagam an, um zu kaufen, was in den nächsten Tagen gebraucht wurde: Spiegel, Kalkdosen, Spangen, Blumen, Bananen, Zucker, Betel, Kurkuma, *kungamam*, ein Stoffbeutel. Er hielt auch in der Schenke an der großen Straße an: Ich sehe ihn noch vor mir, mit Palmwein angefüllt bis über die Augen, wie er stolz und ohne die kleinste Einzelheit auszulassen von seinem Besuch beim Iyer erzählte, während Mama und Großmutter ihm ganz gerührt zuhörten.

Ich war also elf Tage lang isoliert. Ich durfte niemanden in meinem Verschlag empfangen, nicht nach draußen gehen, außer zu meinem täglichen Bad, nicht ins Haus gehen, nicht das allgemeine Geschirr berühren. Ich verbrachte meine Zeit mit Schlafen und Grübeln und versuchte mir auszumalen, was mit mir geschehen würde. Am Abend kam eine kleine Schar von Jungen und Alten, darunter die Großmutter von Arayi und die von Nagamma, setzten sich in die Nähe des *tinnai* und sangen lustige und unanständige Lieder, begleitet von lautem Gelächter. Singend brachten sie mir bei, was mich erwartete und wie sich mein Mann meines Körpers »bedienen« würde. Ich war froh, dass ich in meinem Verschlag vor allen Blicken geschützt war, denn ich schämte mich, so etwas mitanzuhören. Jeden Abend fand jemand ein neues Lied, aber einige kehrten häufig wieder, vor allem das von Kuppu, das alle im Chor mitsangen:

Oh reizendes Mädchen, du hattest deine erste Regel,
Wann hast du sie gehabt, Töchterchen?
Sag mir, was du fühlst,
Schäme dich nicht, wenn du es entdeckst!
Mädchen, jetzt, wo du heiratsfähig bist,
Muss sich dein Krapfen
Mit krausen, mit weichen Haaren bedecken.
Am ersten Tag wirst du Brühe essen,
Am fünften Tag wirst du *puttu* essen;
Am elften Tag nimmst du ein Kurkumabad.
Oh kleines Mädchen, danach gehst du weg
Mit deinem Mann, zu ihm.
Es werden dir viele gute Dinge geschehen,
Dein Mann tut, was er tun muss.

Er wird deine schönen, festen Brüste streicheln,
Das wird dir guttun, kleines Mädchen.
Er wird sein Ding in deine hübsche Möse stecken,
In das obere Loch wird er es tun,
Wie gut wird das sein, wie köstlich!
So wird er dich schwanger machen,
Und durch dasselbe Loch wird dein Kind herauskommen
Und deine hübsche Möse segnen, oh sanfte Kleine …

Alle lachten, und ich weinte in meiner Ecke, tief unglücklich darüber, ein Mädchen zu sein. Die Vorstellung, dass das Kind durch dieses Loch herauskommen würde, drehte mir den Magen um. Der Stimmenlärm konnte mein Schluchzen nicht übertönen, und da brachte Großmutter die Alten zum Schweigen.

Ich kannte viele Lieder, und einige hatte ich selber gesungen, als Nilamma, Nagamma und Kasturi isoliert waren. Eines hat mir damals besonders gefallen *(Viramma lacht)*:

Er steigt auf den Hügel von Annamalai und bemerkt …
Er steigt auf den Berg Klitoris und sieht …
Mit beiden Händen deine Brüste pressend, oh Geliebte,
Dringt er in deine kraushaarige Möse ein,
Er hat dir wehgetan, als er in das obere Loch eindrang,
Aber wie gut das tut, oh Geliebte, wie gut das tut!
Du bist heiratsfähig, du bist herrlich, oh Geliebte,
Wie herrlich das ist!

Ich habe gelacht, als ich damals dieses Lied sang, genau wie die anderen es vor mir gemacht haben. Ich fand sie unanständig, diese Lieder, aber nie hatten sie mir bis dahin Angst gemacht. Warum diese Veränderung? War es wegen meinen Freundinnen, die alles über meinen Zustand wissen wollten: »Was für eine Farbe hat das, die Regel? Und aus welchem Loch kommt es heraus?«

War es nur, weil die Tage vergingen und ich bald meinem Mann zugeführt werden sollte? Ich weiß nicht, aber für mich war der Augenblick der Geschlechtsreife, abgesehen von der körperlichen Seite, das Zeichen zum Aufbruch, die letzte Episode der Hochzeitszeremonie.

Während unsere Alten unanständige Lieder sangen, taten meine Mutter und Großmutter ihr Bestes, um in elf Tagen eine Frau aus mir zu machen. Sie achteten sorgfältig auf meine Ernährung, die vegetarisch war, denn Fleisch und Fisch geben der Regel den starken Geruch, der die bösen Geister anlockt! Sie ließen auch bestimmte Früchte oder Gemüsesorten weg, wie zum Beispiel das Mark des Bananenbaums oder gebratene grüne Bananen, weil sie die Regel färben und Flecken hinterlassen, die bei der Wäsche nicht herausgehen. Wir Paria-Frauen sind oft nachlässig, aus Sparsamkeit, aus Armut, und laufen in schmutzigen Kleidern herum, wir achten nicht so sehr darauf, was wir essen, und deshalb ziehen wir mehr als andere die Dämonen an. Meine Mutter hat das gewusst und daher streng die Verbote beachtet. Ich wurde verwöhnt, gut ernährt, gut gepflegt, jeden Tag gebadet. Meine Geschwister, die nicht begriffen, warum ich so verhätschelt wurde, waren neidisch auf mein Essen und meine Leckerbissen zwischendurch. Jeden Tag bekam ich eine Portion *puttu* aus *ragi* oder Reis, mit Zucker und geraspelter Kokosnuss. Bei der speziellen Kost für Mädchen, die ihre erste Regel bekommen, spielt *puttu* die wichtigste Rolle. Er kräftigt die Hüften, die Gebärmutter und alle Organe, und wenn man wissen will, ob ein Mädchen heiratsfähig ist, braucht man nur zu sagen: »Hat deine Tochter *puttu* gemacht?« Er ist das Zeichen für die Geschlechtsreife, und am Tag der Reinigung wird an jeden Gast ein Tütchen *puttu* ausgeteilt. Die Suppe aus grünen Linsen ist auch ein sehr gutes Stärkungsmittel, das zahlreiche wohltuende Wirkungen hat, und Mama versäumte es nicht, mir davon zu geben.

Es wurde also viel Zeit auf meine Mahlzeiten verwendet. Mein Vater bestand darauf, dass es in diesem Punkt an nichts fehlen durfte, und irgendwie schaffte er es immer, das nötige Geld aufzutreiben. Nie wurde ich so verwöhnt wie in diesen elf Tagen! Es war ein seltsamer Augenblick in meinem Leben: Einerseits wurde ich verbannt, isoliert, weil ich unrein war; und andererseits wurde ich unablässig umsorgt. Ich spürte, dass meine Familie mich so gut pflegte, um mich der Kindheit zu entreißen, um mich in das richtige Erwachsenenleben zu stoßen. In diesen elf Tagen mussten sie eine Frau aus mir machen.

Für Mama waren es auch die letzten Tage, in denen sie ihr Kind noch umsorgen konnte, und sie sah die Trennung mit großen Schritten auf uns zukommen. Immer wieder sagte sie: »Iss gut, meine Tochter. Du musst Kräfte sammeln, damit du das schwere Leben und die viele Arbeit bestehen kannst. Bald kann ich nicht mehr an deiner Seite sein; genieße, was ich dir noch Gutes tun kann.« Ich verstand allmählich ihre Gefühle und warum sie sich so viel Mühe gab. Ich brach nicht mehr in Tränen aus wie vorher. Ich hörte auf ihre Ratschläge: »Gehorche deinen Schwiegereltern, sie sind von jetzt an deine Götter. Gehorche deinem Mann, der dein Meister ist. Sei ihm treu. Sei nicht hochmütig, fordere niemanden heraus, halte deine Zunge im Zaum und erwirb dir einen guten Ruf. Das ist schwierig, weißt du, und es kommt nicht von allein!« Ich hatte Zeit in meinem Verschlag, das alles zu verdauen, und so bereitete ich mich nach und nach auf den großen Tag vor.

Am zehnten Tag meiner Abgeschiedenheit gingen Mama und Großmutter, den Betel in der Hand, im *ceri* herum und luden erneut die sieben Frauen ein, die mir morgen, am Tag der Reinigung, das rituelle Bad geben würden. Die Musikanten waren benachrichtigt, alle Verwandten zu dieser »Zeremonie des Kurkumawassers« eingeladen, die auf den nächsten Tag, am Mittwochmorgen um zehn Uhr, festgesetzt war, nach der unheilvollen Stunde.

Am Morgen des elften Tages riss Kalimuttu, der Wäscher, den Verschlag ab, in dem ich eingesperrt gewesen war, bereitete die Plattform vor, die für die Riten nötig war, und nahm alles an sich, was ich in diesen elf Tagen berührt hatte: die Matten, mein Kopfkissen, mein Geschirr, die Palmen. Meine gesamte Schwiegerfamilie war angereist, beladen mit Tabletts voll Bananen, Betel, Kokosnuss und Blumen; außerdem brachten sie einen goldbestickten Sari mit, eine Bluse, einen Unterrock, *kungamam*, Kurkuma, einen Kamm und einen Spiegel. Unsere Musiker hatten am Dorfeingang auf die Gäste gewartet und sie mit großem Getöse bis zu unserem Haus gebracht. Die mitgebrachten Tabletts wurden den Frauen meiner Familie überreicht, die sie in einem Kreis in der Mitte des Hauses aufstellten und Kampfer auf einem kleinen Tablett anzündeten. Alle warfen sich davor nieder.

Köche waren gekommen, um die Mahlzeit zuzubereiten, während die Frauen eine große Menge *puttu* für alle Geladenen im Dampf garten. Dann gaben mir Mama und die sieben Frauen das rituelle Bad. Zuerst wurde ich mit einer Paste aus grünen Linsen eingerieben. Dann wurde ich abgespült und mit Kurkuma eingeölt und noch einmal gewaschen. Ein paar andere Frauen – die, die mich für die Hochzeit geschminkt hatten – kleideten mich an: Sie zogen mir die neuen Kleider an, die meine

Eltern mir gekauft hatten, und trockneten meine Haare mit Räucherwerk. Jede der Frauen bekam danach eine Rupie, eine Banane, Betel, eine Kalkdose, einen Kamm und einen Spiegel, die Papa vor elf Tagen auf dem Markt von Tirulagam gekauft hatte. Unterdessen überreichten meine Eltern meinem Mann einen *soman*, einen Schal und Betel. Dann servierte Mama den Gästen *vadai* mit Gewürzmolke.

Ich war bereit. Tante Kanakkali führte mit mir das *alam* aus, und ich ging ins Haus. Mein Onkel Krishnan trat mit seinem Tablett vor, während die Musiker zu spielen anfingen. Mein Mann und ich mussten uns auf die Plattform setzen. Onkel Krishnan führte das *alam* aus und stellte sein Tablett vor uns ab. Es waren zehn Rupien darauf. Meine Eltern gaben ihm im Tausch dafür ein anderes Tablett mit zwanzig Rupien darauf: Der Onkel muss immer doppelt so viel zurückbekommen, wie er gegeben hat. Darauf hat er Anspruch, denn er ist derjenige, der für die Eltern einspringen muss, wenn sie sterben oder nicht mehr für ihre Kinder sorgen können. Dann sind die Gäste nacheinander vorgetreten und haben uns mit Reis beworfen, um uns ihren Segen zu geben, und uns ihre Geschenke überreicht – meistens Geld. Jeder bekam ein Tütchen *puttu* und eine Banane, die Frauen außerdem noch Blumen und eine Dose *kungamam*. Das Fest ging im engeren Familienkreis mit einer guten vegetarischen Mahlzeit und Palmwein für die Männer zu Ende.

Die Stunde der Abreise rückte heran. Meine Aussteuerkiste mit dem Geschirr, den Matten und den Kleidern war bereit. Mama war ganz aufgelöst. Sie hatte rot geweinte Augen, wich meiner Schwiegermutter keine Sekunde von der Seite und bat sie immer wieder, sich um mich zu kümmern. Die Leute vom *ceri* waren vor dem Haus versammelt, um zuzusehen, wie mich meine Mutter meiner Schwiegermutter übergab … Mama kam zu mir und wiederholte noch einmal ihre Ratschläge. Ich war traurig, dass ich sie in einem solchen Zustand sehen musste. Ich selber konnte nicht mehr weinen. Ich hatte keine Tränen mehr. Ich war ernst geworden, meine Fröhlichkeit von früher war dahin.

Die Musiker stellten sich an der Spitze des Zuges auf. Das Zeichen zum Aufbruch wurde gegeben. Ich ging fort. Meine Großeltern, meine Eltern, meine Brüder, meine Schwestern, meine Freundinnen hatten Tränen in den Augen. Das ganze *ceri* war da, voller Rührung.

Der Zug machte sich auf den Weg nach Karani. Diesmal war es für immer. Jetzt brach ich auch in Tränen aus …

4
DIE KLEINE KRÄHE, DIE NICHT FLIEGEN KONNTE

Der Weg nach Karani war mir inzwischen vertraut. Ich hatte meine Orientierungspunkte. Ich wusste, dass wir nach dem Pinangpalmen-Gehölz nach links gehen und auf die große, mit Tulpenbäumen gesäumte Straße kommen mussten. Dort drüben, in Sichtweite, war eine Schenke, die den Weg zum Dorf markierte.

Die Musikanten fingen gleich am Eingang des Dorfs zu spielen an. Wie üblich kamen die Kinder als Erste angerannt und riefen: »Da ist die Verheiratete! Sie ist ein kleines Mädchen! Wir können mit ihr spielen!« Diese Rufe beruhigten mich ein wenig, und ich hob meinen Kopf, der schwer vor Kummer und Blumen war. Ich war es nicht gewöhnt, den Blumenzopf auf dem Rücken zu tragen, die Ohrringe, die Kettchen, die an den Haaren befestigt waren, und den Anhänger, der mir über die Stirn fiel. All das wog schwer, es ärgerte und störte mich, wenn ich mich umsehen wollte. Die Kinder waren ungefähr in meiner Größe. Immerhin war es tröstlich, dass ich von den Kindern meines neuen Dorfes so nett empfangen wurde. Ich war froh darüber, und ich sagte mir, dass ich zumindest Freunde haben würde, denn obwohl ich so schüchtern wirkte, war ich ein fröhliches Mädchen, das gern lachte und leicht Anschluss fand. Und schon stellte ich mir vor, welche neuen Spiele ich erfinden würde, welche Geschichten erzählen, und die Ratschläge von Mama und Großmutter waren vergessen. Du glaubst nicht, wie unschuldig ich damals war, Sinnamma!

Je mehr wir uns dem *ceri* näherten, desto mehr Neugierige liefen zusammen, um uns anzustarren, und gaben ihre Kommentare ab: »Ach, sie ist noch ein Kind!«, sagte die eine. Eine andere: »So eine große Frau für Manikkam! Sie ist rund wie ein Kreisel! Eine richtige *ujakku*!« Und die dritte: »Ach, es geht – sie hat schöne Züge, auch wenn sie so dunkel ist.«

Dann kam eine Frau aus einem Haus, mit einem vorbereiteten Kupfertablett für das *alam* in der Hand, und sie reichte es meiner Schwiegermutter, die damit drei Kreise um mein Gesicht machte. Dann durfte ich ins Haus gehen, nachdem ich ermahnt worden war, mit dem rechten Fuß zuerst über die Schwelle zu treten.

Alle setzten sich auf den *tinnai* oder dorthin, wo Platz war. Die Frauen hatten sich um meine Schwiegermutter geschart, die von dem Empfang erzählte, der ihr in Velpakkam zuteil geworden war. Als ich sah, dass alle in das Gespräch vertieft waren, nahm ich schnell meine Blumen und den Schmuck ab und zog meinen Halbsari aus. Ich schlug meinen Rock über die Taille hoch und stahl mich durch die Menge hinaus, um zu den Kindern zu laufen, die am Eingang des *ceri* spielten. Niemand bemerkte meine Abwesenheit.

Ich stieß auf eine Schar junger Mädchen, die mich mit dem Ausruf empfingen: »Da ist die Frau von dem Alten!« Ich war traurig, als ich das hörte. Ich hatte wieder einmal vergessen, dass ich verheiratet war. In Velpakkam hätte ich ihnen sofort die gebührende Antwort erteilt. Aber hier, in Karani, war ich plötzlich schüchtern geworden, und ich senkte zerknirscht den Kopf, ohne etwas zu sagen. Da kam eines der Mädchen auf mich zu, nahm mich bei der Hand und sagte zu mir: »Komm, sei nicht böse, du sollst unsere Freundin sein, ja?« Ich nickte mit dem Kopf. Ich mischte mich unter die Mädchen, und sofort wurden mir eine Menge Fragen gestellt:

»Warum haben sie dich verheiratet? Warst du böse?«

»Oh, nein! Ich war nur zu groß, um zu Hause in Velpakkam zu bleiben. Kennt ihr ihn, den Alten?«

»Welchen Alten? Großer Bruder Manikkam?«

»Ja.«

»Ah ja! Wir lachen ihn immer aus, weil ihm ein paar Zähne fehlen. Wir nennen ihn den ›Zahnlosen‹. Wenn er richtig wütend ist, läuft er uns nach und bewirft uns mit Steinen!«

»Was, ihm fehlen Zähne? Das habe ich gar nicht gemerkt. Warum nennt ihr ihn den Alten?«

»Weil er schon graue Haare hat.«

»Und ihr? Seid ihr nicht verheiratet? Keine von euch?«

»Doch! Kanima, Sakkamma und Danamma … Ihre Männer sind dort drüben bei Kannan und singen …«

»Also, was ist – wollen wir Himmel und Hölle spielen?«, warf eines der Mädchen ein. Und alle riefen im Chor: »Ja!«

Und wir hüpften, rannten, schrien, lachten ... Es war gut, ich war zufrieden mit meinem ersten Abend im neuen *ceri*, als ich plötzlich jemanden meinen Namen rufen hörte. Ich erkannte die Stimme sofort – es war meine Schwiegermutter. Aber ich war so außer Atem, dass ich ihr nicht antworten konnte. Ich lief zum Haus, ohne mich von meinen neuen Freundinnen zu verabschieden. Ich kam schweißüberströmt dort an, mit zerzaustem Haar und nackten Knien, denn ich hatte vergessen, meinen Rock wieder herunterzulassen.

Die Frauen lachten schallend, als sie mich sahen: »Was für ein Aufzug! Große Schwester hat wirklich ein braves und sittsames Mädchen für ihren Sohn gefunden! Kaum ist sie hier, da springt sie herum wie ein entflohener Esel! Wie soll Manikkam mit einem Mädchen leben, das Flöhe im Hintern hat?« Ich zitterte, als ich diese unfreundlichen Kommentare hörte. Ich huschte wie ein Mäuschen an der Wand entlang und kehrte mit gesenktem Kopf ins Haus zurück. Ich kauerte mich in eine dunkle Ecke und weinte bitterlich. Meine Schwiegermutter war mir nachgegangen und rief: »He, Töchterchen! Wo bist du denn? Bist du da? Im Dunkeln?« Und dann fügte sie, halb streng, halb schmeichelnd, hinzu: »Aber warum weinst du denn, kleiner Dummkopf? Vergieße keine Tränen, wenn die Nacht hereingebrochen ist, das bringt Unglück! He, Kacimma! Gib ihr etwas zu essen, es ist spät; wir haben uns zu lange beim Schwatzen verweilt.«

Große Schwester Kacimma, meine ältere Schwägerin, nahm mich bei der Hand, trocknete meine Tränen und brachte mir zu essen. Ich hatte keinen Hunger. Ich war sehr müde, ich wollte schlafen. In Velpakkam schlief ich oft ohne Essen ein. Hier wurde es nicht gut aufgenommen: »Wir werden am Essen sparen, wenn das so weitergeht«, sagte meine Schwiegermutter immer wieder. »Aber unsere Linie endet hier, und morgen wird es niemand geben, der uns den *kuj* ausschenkt!«

Damals begriff ich nichts von dem, was sie mir sagen wollte, und ich ließ sie reden, während ich meinen kleinen Hungerstreik fortsetzte.

Die Frauen in meinem neuen Haus waren nett zu mir. In unserer Kaste fangen die Schikanen der Schwiegermutter und ihrer Töchter gegen die Schwiegertochter erst später an, wenn sie zur Frau wird. Aber auf jeden Fall ist es gar nichts im Vergleich zu dem, was sich bei den Reddiar abspielt! Erst neulich haben sie beim Groß-Reddi einer der Schwiegertöchter, die zum zweiten Mal ein Mädchen bekommen hat, das Leben zur Hölle gemacht! Was konnte sie dafür, die Arme? Man sucht sich das Kleine nicht aus, das man im Bauch hat. Isvaran bestimmt, und was will man machen – man muss es nehmen, wie es kommt. Anjamma, die Frau des Barbiers, die die Botengänge macht, hat es mir gesagt … Das arme Mädchen hat es ihr schluchzend erzählt. Anscheinend wird sie nicht einmal mehr zum Essen gerufen, und für ihr Baby muss sie ganz alleine sorgen. Übrigens sehe ich sie, wenn ich den Stall auskehre. Sie sieht immer so traurig aus, die Arme … Bei uns ist das anders – wir arbeiten draußen, und wenn wir unsere Geschichten auf dem Feld erzählen, mischen sich alle anderen Frauen ein, sagen, wer Unrecht hat, die Schwiegermutter oder ihre Schwiegertochter, und die Sache ist erledigt. Oder im *ceri* selber gibt es einen tüchtigen Streit, und damit hat es sich. Ganz anders als bei den Reddi. Da spielt sich alles im Verborgenen ab, mit Gesten, Worten, Launen und spitzen Bemerkungen. Sie zeigen sich die kalte Schulter, und das oft ein Leben lang. Oder es endet übel. Allein hier in Karani haben sich seit meiner Ankunft im Dorf zwei Schwiegertöchter umgebracht, und das war nicht einmal bei den Reddi. Eine hat sich in einen Brunnen gestürzt. Ihr Unglück war, dass sie keine Kinder hatte. Ihre Schwiegermutter und ihre Schwiegerfamilie haben so lange mit dem Finger auf sie gezeigt, bis die Arme schließlich im Brunnen endete.

Die andere hat sich in der Küche mit Petroleum übergossen und lebendig verbrannt. Im Krankenhaus konnten sie nichts mehr tun. Da haben sie die Sache vertuscht und erzählt, ihr Nylonsari hätte Feuer gefangen, als sie am Reis vorbeiging. Aber unsere Männer, die bei der Beerdigung getrommelt haben, hörten die Leute vom Krankenhaus sagen, dass es Selbstmord war. Sie war aus einer bescheidenen Familie, und ihr Vater hatte die versprochene Mitgift nicht bezahlen können. Deshalb wurde sie beschimpft und schikaniert. Das arme Kind konnte es nicht ertragen und hat beschlossen, sich zu verbrennen. Nur weil diese Leute aus einer höheren Kaste sind, heißt das noch lange nicht, dass sie besser zu leben verstehen, Sinnamma. Sie führen sich manchmal auch wie Tiere auf. Ich will nicht behaupten, dass wir Parias vollkommen sind, aber bei uns findet sich immer jemand, der einen verteidigt, und wir halten besser zusammen. Es gibt auch Leute, die sich umbringen, aber das kommt selten vor, und wenn, dann mehr wegen Ehebruchsgeschichten. Manchmal kann es sogar ein Mann sein. Obwohl ich in den Nachbar*ceris* noch nie von so einem Fall gehört habe. Diese Dinge erfährt man meistens im Krankenhaus …

Um auf meine erste Nacht in Karani zurückzukommen – meine Schwiegermutter war sehr nett zu mir. Sie hat mir die Haare gemacht, als ob ich ihre eigene Tochter wäre. Nach dem Abendessen bin ich wieder in Tränen ausgebrochen, weil ich Angst hatte, im Dunkeln zu schlafen. Meine Schwiegermutter hat mir versprochen, dass sich alle bald niederlegen würden und dass ich nicht allein sein würde. Sie hat eine Matte auf dem Boden ausgebreitet und ein weißes Laken darübergelegt. Sie hat die Öllampe näher an das Kopfende meines Lagers gerückt und gesagt: »Leg dich nur schlafen. Ich setze mich vor die Tür und kaue ein wenig Betel. Du brauchst keine Angst zu haben. Jetzt schlaf gut.«

Draußen hatten sich zwei Frauen zu meiner Schwiegermutter gesellt und schwatzten mit ihr. Ich hörte sie lachen und singen. »Das wird heute ein Fest für Manikkam sein«, sagten sie … Viel mehr hörte ich nicht von ihrer Unterhaltung. Ich war beruhigt, weil ich nicht allein war, und so erschlagen von der ganzen Anstrengung und Aufregung, dass ich sofort einschlief.

Ich schlief tief und fest, als ich plötzlich spürte, wie jemand meinen Arm nahm. Entsetzt brüllte ich: »*Ayoyo! Ayoyo!* Er fasst mich an! Er erdrückt mich!« Meine Schwiegermutter richtete sich sofort auf und flüsterte mir zu: »Schrei nicht so, Mädchen, du weckst noch alle Leute auf.« Und ich rief: »Ich habe einen Schatten gesehen! … Jemand ist hinausgerannt!« Sie beruhigte mich, indem sie mir sagte, dass niemand da sei und dass ich einen Albtraum gehabt hätte, und ich schlief gleich wieder ein. Aber nicht lange danach wollte mich wieder jemand ersticken. Ich habe so laut gebrüllt, dass das Gewicht sofort von mir wich. So sehr ich mich auch anstrengte, ich konnte nichts in dieser kohlschwarzen Nacht erkennen. Ich sah nur leuchtende, zitternde Pünktchen durch meinen Tränenschleier, so wie wenn man sich die Augen reibt, bis es wehtut. Nichts rührte sich um mich herum. Ich hatte Angst, und ich blieb wach. Nach und nach konnte ich einen weißen Fleck neben mir erkennen.

Ich hob den Kopf, um genauer hinzusehen. In diesem Augenblick strich eine raue Hand über meine Haare. »He, Viramma! Warum hast du Angst?« Da erkannte ich die Stimme meines Mannes und seinen weißen *soman*, den ihm meine Eltern geschenkt hatten. Ich brach von neuem in Tränen aus und murmelte: »Ich will nach Velpakkam zurück, ich will zu meiner Mutter zurück, ich sage ihr alles, was mir hier angetan wird ...«

»Sei still! Sei doch still, kleiner Dummkopf. Morgen sehen wir weiter.«

Du kannst dir denken, Sinnamma, dass ich in dieser Nacht kein Auge mehr zugetan habe. Ich habe gewartet, bis die Sonne aufging, dann bin ich aus diesem Loch geflüchtet und habe mich schnell unter den Meerrettichbaum gesetzt. Dieser Meerrettichbaum, Sinnamma, das ist eine lange Geschichte. Seit jenem Tag ist er mein Vertrauter geworden, und noch jetzt, wenn ich ein Problem habe, gehe ich zu ihm und rede mit ihm, erzähle ihm meinen Kummer, und er tröstet mich. Am Freitag zünde ich Kampfer für ihn an, so wie für den Dreizack. Er ist ein Gott für mich.

Da saß ich also unter diesem Baum. Die Männer, die mit ihrer Hacke über der Schulter vorbeigingen, blieben vor mir stehen und sagten: »He, was ist das denn? Eine frisch Verheiratete!« Aber sie wagten es nicht, Fragen zu stellen. Schließlich kamen auch die Frauen mit ihren Krügen vorbei. Tante Konakkali, die Neugierigste und Geschwätzigste, fragte mich: »Was ist mit dir, Töchterchen? Ist deine Hochzeitsnacht schon zu Ende?« Ich begriff nicht, was sie sagen wollte, aber ich antwortete ihr sofort: »Der Sohn des Hauses hat mich heute Nacht am Arm gezogen, Tante.« In diesem Augenblick kam meine Schwiegermutter heraus und wandte sich an die Frauen: »Habt ihr das gehört?« Alle lachten schallend. Oh, Sinnamma, was war ich empört darüber! Ich konnte es nicht glauben, dass Frauen, die im Alter meiner Mutter waren, über das, was mir zugestoßen war, auch noch lachten!

»Nein! Ich kenne den Weg nach Velpakkam. Ich gehe gleich heute Morgen zu meiner Mutter zurück und erzähle ihr, was passiert ist, und dann werdet ihr sehen, ob sie diesen Mann in Ruhe lässt! Sie wird ihm die Hand abschneiden. Mein Vater wird ihn in zwei Hälften hacken!«

»Ja, ja. Dein Vater und deine Mutter sind große Helden. Wir zittern alle vor ihnen. Aber jetzt geh und wasch dich erst einmal!«

Natürlich verbreitete sich die Nachricht wie ein Lauffeuer im *ceri*. Die Neugierigsten von allen waren meine Freundinnen, die mich endlos ausfragten; und ich antwortete auf alle ihre Fragen. Mit dem Erfolg, dass ich nicht nach Velpakkam zurückkehrte, wie ich es angedroht hatte, sondern mit den Mädchen spielen ging.

So verflossen die ersten Tage. Ich ging spielen. Ich kam nur zu den Mahlzeiten zurück. Beim geringsten Tadel brach ich in Tränen aus, und jede Nacht stieß ich meinen Mann zurück. Meine Schwiegermutter war geduldig und setzte mich nicht unter Druck. Sie redete mir gut zu, immer wieder, aber ich hatte nur meine Spiele im Kopf. Ich konnte meine Angst, einem Mann gegeben zu werden, nicht überwinden. Es war zu grausam! Meine Schwiegermutter hatte auch große Schwester Ellamma gebeten, mit mir zu reden, aber ich wollte nichts hören. Die Frauen hatten Mitleid, wenn sie mich sahen, und sie sagten: »Jeder kennt sie im *ceri*, nur ihr Mann Manikkam nicht. Wie kindlich sie ist, wie unschuldig! Ach! Wir mussten alle einmal da durch. Es ist das Los der Frauen …«

Meine Schwiegermutter hatte schließlich genug von meinen Marotten. Sie verbot mir die Spiele draußen. Dann musste ich ihr bei den Arbeiten im Haus helfen. Meine Freundinnen streunten derweil in der Gegend herum.

Meine Schwiegermutter, die inzwischen ziemlich gereizt war, sagte zu mir: »So kann es nicht weitergehen. Deine Eltern haben nicht so viel Geld für deine Heirat ausgegeben, nur damit du hier mit deinen Freundinnen spielst!« Von diesem Tag an wurde sie streng mit mir und schalt mich, wenn sie mich beim Spielen erwischte. Um mich im Haus zu halten und zu beschäftigen, schüttete sie ein Maß Reis und ein Maß Linsen zusammen, die ich verlesen musste. Dann setzte sie sich dazu und gab mir Ermahnungen. Sie rief mir alles in Erinnerung, was mir schon meine Großmutter und meine Mutter gesagt hatten.

Eines Tages sagte sie ganz ruhig: »Dein Schwiegervater und ich werden getrennt von euch leben. Wir teilen diesen großen Raum in drei kleine auf. Dein Mann und du, ihr werdet auf der linken Seite sein; wir in der Mitte; Marimuttu und seine Familie rechts. Von jetzt an gibt es drei Töpfe Reis. Jeder kocht seine Mahlzeiten selber.«

Es war wie ein Donnerschlag, Sinnamma! Ich habe meine Schwiegermutter mit Tränen in den Augen angestarrt. Sie, die bis jetzt so nett zu mir war, die wie eine Mutter zu mir war, wurde auf einmal hart und streng. Ich hatte niemanden mehr, dem ich mich anvertrauen konnte. Große Schwester Ellamma riet mir, meiner Schwiegermutter und meinem Mann zu gehorchen. »Sei folgsam«, sagte sie, »der Name deiner Mutter wird darunter leiden, wenn ihre Tochter sich nicht in ihr neues Leben bei ihrer Schwiegerfamilie einfügt.« Ich fühlte mich schrecklich einsam, und ich litt sehr darunter. Große Schwester Ellamma erklärte mir, dass ein Ehemann der Beschützer seiner Frau sei, dass sie ihm nach der Heirat gehöre und ihm also zu Willen sein müsse. Immer wieder wurde mir das vorgehalten. Aber in dem Alter, Sinnamma, genügt es nicht, dass man etwas nur hört, um es zu verstehen. Warum sollte ich diesem Wüstling gehören, der mich damals, in jener ersten Nacht, angefasst hatte, anstatt meinem Vater und meiner Mutter, die mich großgezogen hatten? Ich fragte mich, ob meine Eltern mich an diese Leute in Karani verkauft hatten? In meiner Familie, Sinnamma, wurde nämlich ein Cousin meiner Mutter an die Agenten verkauft, die Kulis für die Teeplantagen in Ceylon eingekauft haben. Meine alte Tante hat es ihrem Mann nie verziehen, dass er ihren Sohn verkauft hat, und noch dazu für fast nichts! Die Händler hatten zahlreiche Vergünstigungen versprochen und Geld, das nie jemand gesehen hat, und der Sohn ist nie zurückgekommen. Diese Geschichte ist mir im Kopf geblieben, und ich fühlte mich oft in derselben Lage; ich sagte mir, dass meine Eltern mich vielleicht hatten loswerden wollen. Aber warum dann die ganzen Zeremonien, warum die Feste, Musiker, Geschenke? Tränen, Kummer – ich war untröstlich.

Noch am selben Nachmittag machten sich mein Schwiegervater und seine Söhne, alle drei im Lendenschurz und Turban, an die Arbeit und zogen die Lehmwände hoch, die das Haus in drei Wohnungen aufteilen sollten. Ich half den Frauen beim Umziehen. Die Nachbarn, die vorüberkamen, blieben natürlich stehen und machten ihre Bemerkungen: »So weit musste es kommen, ist es zu glauben? Ach, kleines Mäuschen, du kannst nicht immer nur mit Puppen spielen! Deine Eltern haben nicht umsonst so viel Geld ausgegeben, um dich zu verheiraten! Komm, gib endlich nach, du wirst gar nicht genug davon kriegen können, glaub mir. Das kennt man doch.« Und alle lachten …

»Du bist noch so jung, und dein Mann ist schon alt. Nütze es, denn die Zeit für diese Dinge geht schnell vorüber.«

Vom Dach oben rief eine Männerstimme herunter: »Die Frauen von heute sind viel verstockter als zu meiner Zeit.« Es war mein Schwiegervater, und es war das Erste, was ich von ihm gehört habe!

Am Abend hatte ich keinen Hunger. Meine Schwiegermutter zwang mich, ein paar Hände voll Reis zu essen. Dann breitete sie die Matte aus und legte wieder das weiße Tuch darüber. Sie hieß mich schlafen gehen, während sie selber sich nebenan, in ihrer Wohnung, niederlegen wollte. Sie sagte mir, ich müsse keine Angst haben, mein Mann würde bald zu mir kommen. Damit schloss sie die Tür hinter sich und ging weg. Sinnamma, diesmal habe ich nicht protestiert. Diesmal hatte ich eine neue Stufe überschritten. Jetzt wartete ich mit klopfendem Herzen.

Der Mann kam endlich. Ich machte sofort die Augen zu. Ich hatte mich zusammengerollt wie eine Krabbe, den Kopf zwischen den Händen. Er hielt die Lampe an mich heran. Ich blieb reglos wie ein Kadaver. Er brummte etwas und legte sich neben mich. Schnell riss er seinen *soman* herunter, und genauso schnell zog er mich aus. Es war ein demütigendes Gefühl, so nackt zu sein. Er klebte sich an mich wie ein Blutegel und packte mit festem Griff meine Brüste. Ich erstickte unter seinem Gewicht. Ich zitterte. Ich war schrecklich nass, als ob ich gepisst hätte. Endlich ließ er eine meiner Brüste los, nahm seinen Schwanz, der hart war wie ein Zuckerrohr, und stieß ihn oben zwischen meine Schenkel hinein, die er mit den seinen auseinander hielt. Es war, als ob ich zerrissen würde. Er brüllte wie ein Löwe und stieß wild mit seinen Hüften, und ich erduldete es stumm.

Selbst heute noch, Sinnamma, in meinem Alter, zittere ich, wenn ich an meine erste Vereinigung denke; es ist eine so schlimme Erinnerung geblieben. Die Reddi sind zivilisierter, bei ihnen läuft es nicht so ab wie bei diesen Tieren von Parias. Ich weiß, wie sie es bei den Reddiar machen. Sie schmücken ein Zimmer mit Jasmin und Girlanden, und dorthin werden Tabletts mit Früchten gebracht, mit *jilebi*, *laddu*, *Mysore pak*, *bonda*, *uppuma* und zwei Gläsern Mandelmilch mit Safran. Ein weißes Laken wird auf dem Bett ausgebreitet. Die Älteren führen die Brautleute in ihr Zimmer und schließen die Tür. Die Jungen haben den ganzen Tag, um miteinander zu reden und vertraut zu werden und sich auf sanfte Weise zu lieben. Bei uns ist es zu roh, zu brutal. Aber wir haben auch nicht den Platz oder die Zeit, um es so zu machen. Aber es war so schrecklich für mich!

Als mein Mann sich beruhigt hatte, habe ich geweint und zu ihm gesagt: »Nein. Es ist unmöglich, dass meine Eltern so etwas erlaubt haben. Ich will zu mir zurück. Ich will alles meiner Mutter erzählen!« Und er: »Beruhige dich, Mädchen. Dein Zuhause ist hier. Du wirst mit mir leben. Und ich mache dich glücklich, du wirst sehen. Es hat nur wehgetan, weil es das erste Mal war. Das nächste Mal geht es besser.« Diese Worte hat mein Mann mir im Dunkeln zugeflüstert, und ich wusste nicht, was ich denken sollte. Aber ich weinte weiter, weil es so brannte. Außerdem hatte ich ein ganz komisches Gefühl: Mein Körper fühlte sich so klebrig und schmutzig an. Mein Mann war zerknirscht, dass ich solche Schmerzen hatte. »In dem Eimer draußen ist Wasser. Geh dich waschen«, sagte er zu mir. Weil er mich nicht allein lassen wollte, ging er auch mit aus dem Haus und wartete auf dem *tinnai* auf mich. Ich nahm den großen Eimer und schüttete mir das ganze Wasser über die Möse. Das hat mir gut getan und den Schmerz etwas gelindert. Ich trocknete mich nicht einmal ab, um die Frische noch ein wenig länger zu behalten, sondern zog gleich meinen Unterrock und mein Hemd an. Ich nahm es meinem Mann sehr übel, dass er so roh zu mir gewesen war, und obwohl er immer wieder rief, ich sollte mich neben ihn legen, verkroch ich mich für den Rest der Nacht in einen Winkel des Zimmers.

Als ich aufwachte, war ich allein im Haus. Mein Mann war weggangen, um das Feld des Groß-Reddi zu pflügen. Ich hörte große Schwester Ellamma fragen: »Was macht die Kleine?«, und meine Schwiegermutter antwortete: »Geh zu ihr und sieh nach, ob sie sich anständig benommen hat!«

Große Schwester Ellamma, meine Schwägerin Kacima und Tante Nettakkali kamen herein: »Ei, wo ist denn unser kleines Wespchen?«

»Ah, da ist sie ja – in ihrem Winkel, wie üblich.«

»Oh, seht nur – das Tuch ist bei den Töpfen!«

Sie stürzten sich auf diesen Stofffetzen, und ich fragte mich, was daran so kostbar sein sollte. »So viel Getue wegen diesen paar Tröpfchen!«, sagten sie, dann gingen sie hinaus, und Tante Nettakkali rief meine Schwiegermutter. »Große Schwester, dein Sohn muss sehr zufrieden gewesen sein. Es ist vollbracht! Man kann der Kleinen nichts vorwerfen. Aber gib zu, dass sie ein rechter Dickkopf ist. So lange hat sie ihren Kopf durchgesetzt!«

So also wurde es im anderen *yugam* gemacht, im *yugam* der Unschuldigen. Heutzutage ist mit all dem Schluss bei uns. Es existiert noch bei den Reddiar. Bei den Kudiyanar verschwindet es auch. Die Armut zwingt sie, auf den Feldern zu arbeiten, so wie wir. Sie treffen sich heimlich und kommen vor der Heirat zusammen. Man kann sie nicht mehr daran hindern, Sinnamma! Auf dem Land gibt es tausend Orte, wo man sich vereinigen kann. Und außerdem, in diesem *kaliyugam*, wo die Mädchen mehrere Jahre nach der ersten Regel abwarten, hat das nicht mehr so viel Bedeutung. Als ich meine Tochter verheiratet habe, hat die Schwiegerfamilie sich weitaus mehr für ihre Mitgift interessiert als für ihre Jungfräulichkeit, Sinnamma! Die Zeiten ändern sich … Ich habe es in meinem Leben oft bedauert, dass ich die Ratschläge meiner Mutter nicht genug befolgt habe, als ich klein war. Aber was will man machen? Wenn man jung ist, ist man ungeschickt und nachtragend.

Weil ich jetzt in einer getrennten Wohnung lebte, musste ich für meinen Mann alles selber machen: ihm zu essen geben, das Wasser für sein Bad heiß machen, ihm seine Mahlzeit auf die Felder bringen, Betel für ihn zubereiten. Es gab keinen Zwischenträger mehr. Alles, was meine Schwiegermutter gemacht hatte, fiel jetzt mir zu. Wohlgemerkt, Sinnamma, nicht die Arbeit schreckte mich ab, sondern dass ich sie für einen Unbekannten machen musste, der mir nachts wehtat und tagsüber verschwand. Aber es gab keine andere Möglichkeit, als ihm zu gehorchen. Wenn ich mich weigerte, würde es Schläge setzen – ich würde keine Schmeichelworte hören! Also schmollte ich, zeigte ihm ein böses Gesicht, lachte nie, rächte mich auf meine Weise. Ich will Ihnen ein Beispiel erzählen. Wir waren sieben Mädchen, die ihren Männern das Essen auf die Felder brachten. Alle rollten ein Ende ihres Saris über den Kopf und stellten ihren Topf mit *kuj* darauf. Ich sagte mir, dass dieser Folterknecht so etwas nicht verdient hatte, und ich kam mit dem Krug auf meinem blanken Kopf daher: Damit hatte ich ihm den Respekt verweigert, und so ärgerte ich ihn jedes Mal. Am Abend nützte er dann jeden Vorwand – es war nicht genug Salz im Reis, oder sein Waschwasser war nicht warm genug –, um mich zu beschimpfen: »Syphiliskranke, schlecht gefickte Hure, du! Sieh dir diese Fotze an!« Ich schämte mich und fing an zu weinen. Die Leute kamen und beruhigten ihn, indem sie zu ihm sagten: »Reg dich nicht auf, Manikkam! Sie ist doch bloß ein kleines Mädchen!« Und er antwortete: »Oh nein! Ihr wisst nicht, wie unverschämt sie ist!« Und dann erzählte er, was ich ihm am Morgen angetan hatte. Ich war gedemütigt, aber zugleich auch stolz auf meinen Streich.

Ich hatte noch ein anderes Mittel, um ihn zu ärgern. Wenn ich ihm den *kanji* brachte, stellte ich den Topf neben ihn auf den Boden, setzte mich ein Stück weit weg, mit dem Rücken zu ihm, und scharrte mit meiner großen Zehe in der Erde. Das brachte ihn zur Weißglut, und er schrie: »Alle Frauen haben ihren Männern den *kanji* gebracht, sie haben ihnen das Essen vorgesetzt, sie bleiben neben ihnen, während sie essen! Und jetzt seht euch an, wo diese Velpakkata[1] sitzt! Drei Meter von mir weg!« Alle lachten und riefen: »He, Manikkam! Die Waage neigt sich nicht nach deiner Seite! Du weißt nicht, wie du sie nehmen musst! Gib ihr eine tüchtige Tracht Prügel, dann wirst du sehen, dass sie auf den rechten Weg zurückfindet!« Ich funkelte sie wütend an und brummte: »Was geht das euch an, elendes Büffelpack!«

Ich wagte es nie, zurückzuschimpfen, wenn mein Mann mich beleidigte. Ich hatte Angst, dass er mich schlagen würde: Was sollte ich kleines Würmchen gegen einen Mahadisvaran[2] ausrichten? Aber ich wütete gegen alle, die meinen Mann gegen mich aufhetzten: »Man sieht schon, dass es euch nirgends wehtut, solche Sachen zu sagen. Die Zunge soll euch im Mund verfaulen!« Niemand war mir böse. Aber wohlgemerkt, das alles habe ich mir nur auf dem Feld, unter jungen Leuten, herausgenommen. Im *ceri*, vor den Alten, hätte ich so etwas nie gemacht: Dort habe ich meine Leidensmiene aufgesetzt.

Wenn ich von den Feldern zurückkam, stellte ich meinen Topf ab, nahm einen Korb und ging Feuerholz sammeln. Ich trödelte nicht mehr herum wie früher, denn ich hatte Angst, dass meine Schwiegermutter mich schelten würde. Ich spielte auch nicht mehr mit meinen Gefährtinnen, und ich sah sie selten. Sie zeigten mir die kalte Schulter und beachteten mich schließlich gar nicht mehr. Das war hart. Ich schloss mich dann einer Gruppe von Mädchen an, die verheiratet waren wie ich, und später vor allem Kannima und Anjalai. Die eine war aus Manigappakkam, die andere aus Murungappakkam. Aber ich sah sie nur, wenn ich das Essen auf die Felder brachte. Und so fühlte ich mich allein und verlassen. Die Älteren lasen mir die ganze Zeit nur die Leviten. Ich hatte genug davon.

Am häufigsten sah ich letzten Endes meinen Ehemann, der mich zu zähmen versuchte. Oft kam er vor den anderen ins *ceri* zurück. Er rechtfertigte seine Anwesenheit mit irgendeiner Arbeit, die er machen musste, wenn die Leute zu ihm sagten: »He, Manikkam, du kannst wohl nicht mehr ohne dein Haus und deine Frau sein?« Dann sagte er: »Nein, nein, ganz und gar nicht!«, und kam herein. »*Aye!* Mädchen! Komm aus deinem Versteck!« Ich sagte: »Nein! Ich komme nicht!«, und ich seufzte und stöhnte und rührte mich nicht vom Fleck. Er wurde wütend und beleidigte mich: »Willst du, dass ich dir die Haut vom Rücken reiße, wie?

Dann bleib nur in deinem Eck! Wenn nicht, dann komm sofort aus deinem Loch, Hündin! Bin ich dir etwa nicht gut genug? Brauchst du einen Maharadscha, einen Sohn von Manmadan?«

Wie gesagt, Sinnamma, habe ich nie geantwortet, wenn er sich so aufgeregt hat. Ich wusste, dass ich ihn provozierte, indem ich es an Respekt fehlen ließ und seine Annäherungsversuche immer wieder zurückwies. Aber ich kochte vor Wut, wenn er mich so beleidigte. Ich hätte ihn am liebsten geschlagen! Unter uns, Sinnamma, es ist gar nicht so schwer, einen Mann zu schlagen ... In unserem *ceri* gibt es eine Frau, die das dauernd gemacht hat, und zudem hat sie noch getrunken. Das Paar war das Gespött des ganzen Dorfs. Ihn haben die Leute einen Schlappschwanz geheißen, und sie eine Patrakali. Bei uns Parias ist das wahrhaftig kein Kompliment, wenn man Patrakali zu einer Frau sagt! Vor Kali fürchten sich alle anderen Götter! Sie ist allein. Sie treibt sich bei den Begräbnisscheiterhaufen herum, dazu verdammt, Leichen zu essen! Die Koratti[3] zum Beispiel lassen sich nichts gefallen! Wenn der Ehemann den Arm hebt, hebt die Frau den Fuß! Aber das sind andere Kasten, Nomaden. Unsereins muckt nicht auf. Wir leben in einer Kolonie[4] und haben unsere Regeln.

Im Grunde genommen, Sinnamma, war mein Mann nett. Er wollte mich kennen lernen, sich mit mir anfreunden. Ich war diejenige, die nichts begriff. Ich war zu jung, und jedes Wort, jede Geste sah ich als Angriff an. Gleichzeitig, während ich in meiner Ecke stöhnte, beobachtete ich ihn: Er war schön, sein Gesicht sanft. Sein großer, kräftiger Körper, auf dem die Schweißperlen glänzten, ließ mich nicht kalt. Es gab mir etwas, wenn ich ihn so sah ... verursachte mir Gefühle ... Er hatte ein gutes Naturell: Mit seinen Freunden lachte er, tauschte Scherze aus. Er kannte viele Lieder, lustige und Liebeslieder, die im Wechsel gesungen wurden. Ich war die kleine Krähe, die nicht fliegen konnte und die sich nicht traute, sich ins Leben zu stürzen. Er, der älter war als ich, tat das Seine und warf mir Korn hin, wie man bei uns sagt, um mich zu zähmen.

Am Abend kochte ich Reis für zwei Mahlzeiten: zuerst für das Abendessen und den Rest für den nächsten Morgen – damals konnten wir uns das leisten. Ich richtete den Reis auf einem Messingteller an, den mein Vater mir als Mitgift gegeben hatte. Mein Vater, der damals in Madras arbeitete, hatte mich nicht mit leeren Händen weggeschickt: ein Krug für das Wasser, Messingteller, eine Öllampe, ein großes *puja*-Tablett, ein kleiner Ölkrug, Kopfkissen, eine Matte ... All das gehörte zu meiner Aussteuer. Mein Vater war zivilisiert, und er hat die Dinge gut gemacht.

Ja, ich habe immer eine gute, kräftige Tamarindensauce mit Auberginen oder gesalzenem Fisch gemacht. Ich konnte kochen, und auf diesem Gebiet ließ ich es an nichts fehlen. Dann habe ich das Zimmer ausgekehrt, ich habe Wasser fürs Bad zum Kochen gebracht, und ich habe drinnen bei der Tür gewartet. Er hat sich nicht unterwegs aufgehalten, und er kam nie mit leeren Händen zurück. Er hat immer etwas mitgebracht: geröstete Kichererbsen, *murukku*, *vadai*. Er hat auch Betel für den Abend beim Schnauzbärtigen gekauft. Sobald ich ihn gehört habe, bin ich zum Fenster gestürzt. Er hat in der Tür auf mich gewartet, weil er hoffte, dass ich hervorkommen und ihn begrüßen würde. Aber ich rührte mich nicht vom Fleck. Dann hat er ganz sanft gesagt: »*Aye!* Hier. *Aye!* Hier, nimm das!« Ohne mich umzudrehen, habe ich geantwortet, ich hätte keine Kühe mit ihm gehütet, und was er sich herausnehme, die ganze Zeit *aye* zu mir zu sagen. Da wurde er wütend und hat geschrien: »Willst du wohl nehmen, was ich dir gebe, oder soll ich dir den Rücken durchbläuen?« Ich sagte, ich hätte keine Lust auf das, was er mir geben wollte, und ich hätte ihn außerdem um nichts gebeten. Dann stand ich stöhnend auf und holte mir die Leckereien. Aber ich zierte mich und aß sie nicht gleich, sondern legte sie auf den Boden. Und da ging es wieder von vorne los: »Warum willst du nicht essen, was ich dir bringe, störrischer Esel, du?«

»Nein! Ich habe keine Lust! Ich habe keinen Hunger. Ich esse es später. Was? Muss ich es sofort essen? Hab ich nicht das Recht, es später zu essen?«

Meine Weinkrämpfe waren verschwunden, und auf diese Streitereien freute ich mich beinahe, denn sie brachten uns allmählich einander näher. Meine Schwiegermutter und die anderen, die mir meine Verstocktheit vorwarfen, sahen es nicht gern, wie mein Mann mich verwöhnte und wie unverschämt ich obendrein zu ihm war. Natürlich hörten sie alles, was bei uns geredet wurde, durch die Trennwand hindurch, und ich begriff schnell, dass wir unser Gezänk für die Nacht aufheben mussten, wenn wir alleine waren.

Nachdem mein Mann gebadet hatte, trug ich ihm sein Abendessen auf. Während ich dann selber aß, machte er seine Runde, um mit seinen Eltern oder mit den Jungen im *ceri* zu schwatzen. Ich wusch schnell das Geschirr ab und räumte die Geräte weg. Dann breitete ich die schöne

Matte aus, die ich zur Hochzeit bekommen hatte, und legte mich hin, um auf ihn zu warten.

Mein Mann verweilte sich auch jetzt nicht lange. Er kam bald zurück und streckte sich neben mir aus. Ich stand sofort auf, um ihm die Beine zu massieren, und er bat mich dann, ihm eine Geschichte zu erzählen. Ich war glücklich darüber, umso mehr, als ich viele kannte und weil es mich besänftigte: Endlich hatte ich das Wort, und ich genoss es, wenn mir jemand zuhörte. Während ich ihm Geschichten erzählte, zog er mich an sich, und bald lag ich neben ihm ausgestreckt, Bein an Bein. Es machte mich überhaupt nicht verlegen. Ich fühlte mich wohl. Mein Mann streichelte meinen Körper mit seinen rauen Händen. Seine Bewegungen waren angespannt, aber nicht brutal. Wir liebkosten uns lange, sehr lange. Sinnamma, ich weiß nicht, wie ich Ihnen das alles sagen soll. In diesen Momenten war er bereit, alles zu tun. Einmal, um ihn dafür zu bestrafen, dass er am Anfang unserer Ehe so brutal gewesen war, habe ich ihn meine Fußsohlen und meine Zehen lecken lassen! Das hat mir gleichzeitig sehr gut getan. Ich habe mit ihm entdeckt, dass die Ohren und Kniekehlen Stellen sind, an denen man Lust verspürt. Und nicht nur das. Ich habe seine haarigen kleinen Eier bewundert und seinen großen Schwanz, hart wie ein Zuckerrohr, mit der violetten Eichel oben. Ich war immer sehr aufgewühlt in solchen Momenten, und ich hatte Gefühle, die ich nie zuvor gekannt hatte. Er sagte mir, während er mein Schamhaar streichelte: »Du bist mein Berg Tiruvannamalai und sein Docht!«[5] *Ayo! Ayo!* Sinnamma! Was haben wir nicht alles für Sachen gemacht, als wir jung waren! Seine Lieblingsstellung war »die Kokosnuss schälen«![6] *Ayo!* Sinnamma. Ich schäme mich, Ihnen all das zu erzählen, aber was soll ich sagen, jeder macht das ... Am Ende waren wir glücklich, befriedigten einander. Ich fühlte mich wohl bei ihm. Man hatte mir gesagt, dass ich glücklich sein würde mit meinem Mann, aber meine erste Erfahrung war so grausam gewesen, dass ich danach sehr misstrauisch war. Und außerdem, was nützen die Ratschläge der anderen – davon begreift man nicht viel. Nichts geht über die eigene Erfahrung, Sinnamma! Und von jener Zeit an ist die Liebe zwischen uns entstanden. Auf jeden Fall ist für mich seitdem mein Mann das teuerste Wesen in meinem Leben geworden ...

5
DER GÖTTLICHE KNÜPPEL

Sinnamma, von da an ging alles gut zwischen uns. Ich war jetzt gern verheiratet. Ich wartete voll Ungeduld auf die Rückkehr meines Mannes. Ich schätzte seine Gesellschaft. Er war gut und sanft mit mir. Es war beinahe zu schön, und auf dem Land darf man den bösen Blick nicht vergessen. Als sie sahen, dass bei mir alles gut ging, ließen mich die Frauen aus meiner Schwiegerfamilie immer öfter für sich arbeiten. Wie sollte ich es ablehnen? Gewürze mahlen, jeden Tag acht Krüge Wasser holen, die Neffen hüten: All das warf mich bei meiner eigenen Arbeit zurück, und wenn mein Mann nach Hause kam, war ich bald hier, bald dort beschäftigt, während meine Schwägerin am Brunnen schwatzte. Wenn die Arbeit nicht fertig war, gab es böse Gesichter, oder ich wurde als Faulenzerin beschimpft. Ich sagte nichts, denn ich erkannte, dass es Eifersucht war. Meine Schwägerin hatte nicht dieselbe Beziehung wie ich mit ihrem Mann, der alt war und sich nicht für sie interessierte. Er war die ganze Zeit mit den anderen Männern des *ceri* beim Trinken und Diskutieren. Für sie waren die schönen Jahre zu Ende. Meine Schwiegermutter hingegen fühlte sich von ihrem Sohn im Stich gelassen. Mein Mann sah wohl, dass ich unter der Eifersucht dieser beiden Frauen zu leiden hatte, aber der Arme war in einer schwierigen Lage. Ich verstand ihn gut: Für wen sollte er Partei ergreifen? Für seine Familie oder für die neu Hinzugekommene? Ich ertrug alles und war niemandem böse, denn nachts, bei meinem Mann, konnte ich wieder Freude und Mut schöpfen. Ich, die anfangs so empört gewesen war, dass meine Schwiegermutter uns in einen getrennten Raum verbannt hatte, konnte jetzt von Glück sagen, dass wir ein Zimmer für uns hatten. Sie wissen ja, Sinnamma, dass ich es nicht darauf angelegt hatte, sondern dass es durch meine Unschuld und Einfalt so gekommen ist: Ich bin wirklich nicht berechnend.

Nachts redete ich nie mit meinem Mann über meine Probleme. Wir »machten es« lieber. Ich hatte eine wunde Möse, denn ich brauchte lange, bis ich befriedigt war. Ich schüttete mir reichlich Wasser darüber, um das Brennen zu lindern. All das gab mir die nötige Geduld für den Tag. Manchmal trafen wir uns auf dem Weg, der zu dem Brunnen hinter dem Aiyanar-Tempel führt – früher war dort der Brunnen der Parias, mitten im Kaktusgestrüpp. Wir kauten Betel, er fasste mich bei der Hand oder knetete eine meiner Brüste. Er warf mir ein Küsschen zu und ging schnell weg, ehe uns jemand entdeckte ... Ich liebte diese Nächte, wo wir nackt waren wie bei unserer Geburt, mit unseren Schnüren um die Taille.[1] Ich lauschte seinem keuchenden Atem. Ich war zufrieden ...

So verging die Zeit in meinem neuen Dorf. Ich kannte allmählich alle und fühlte mich im *ceri* zu Hause. Manchmal ging ich ins *ur*. Ich kannte keinen dort, außer der Mutter des Schullehrers, die auch von Velpakkam stammte. Eine neue Paria im *ceri*, wen interessiert das schon, Sinnamma? Aber beim Groß-Reddiar wussten sie, dass ich die Frau von Manikkam war. Ich ging mit meiner Schwiegermutter den Stall ausfegen und die Kuhfladen aufsammeln. In meiner Schwiegerfamilie sind sie seit Generationen *adimai* beim Reddiar. Eines Tages, als meine Schwiegermutter krank war, schickte sie mich, um an ihrer Stelle die Arbeit zu machen.

Sinnamma, damals war ich jung und gesund. Meine Hüften und Schenkel waren glatt wie Bananenstämme. Ich war klein und schwarz wie eine Krähe, aber meine Rundungen waren anziehend. Für eine Paria war ich gar nicht so schlecht, und das sagten alle, auch im *ur*: Ich hörte es im Vorübergehen. Wenn ich vom Reddi zurückkam, hielt ich immer bei Pajani Gounder an, dem Vater des Schullehrers, um seine Frau nach den neuesten Nachrichten aus Velpakkam zu fragen oder die Jungen vom *ceri*, die dort unten bei ihren Eltern arbeiteten. Sie bat mich dann immer, kleine Arbeiten für sie zu machen: »Hier, Velpakkata, kehr mir ein wenig den Hof aus«, sagte sie, und sie gab mir eine Hand voll Kichererbsen oder warf mir eine Münze hin.

Neben ihr ist die Amtsstube: nur durch eine gemeinsame Wand getrennt. An jenem Tag war ich hübsch frisiert, mit Blumen im Haar, ich hatte mir einen schönen *pottu* aufgemalt, ich war sehr sauber. Der Beamte saß an einem Tisch beim Fenster. Als er mich vorübergehen sah, machte er mir Zeichen, dass ich hereinkommen solle. Ich sagte mir, er ist ein Chef, ein Sir, ein Beamter, und dass ich ihm Respekt schuldete und stehen bleiben musste. Vielleicht wollte er, dass ich den Gehsteig oder den Hof kehrte. Ich ging in das Zimmer hinein, bedeckte mir die Schultern mit dem Sari und legte respektvoll die Hände zusammen. Und was muss ich sehen, als ich die Augen hebe? Seinen Schwanz! Und was für einen dicken! Er hielt ihn in einer Hand, und in der anderen ein paar Münzen. Ich stieß einen Schrei aus. Ich zitterte am ganzen Körper, und ich wusste nicht, wie ich mich aus der Affäre ziehen sollte. Von ihrem Hof aus beobachteten die Mutter des Schullehrers und ihr Mann die Szene, und sie waren gespannt, ob ich das Angebot annehmen oder das ganze Dorf alarmieren würde.

Wir Paratchi-Frauen stehen in dem Ruf, sehr leichtsinnig zu sein und uns für jeden hinzulegen, der nach uns pfeift. Es stimmt auch, dass unsere Jungen oft schon vor der Ehe Beziehungen haben. Ich kenne sogar einige, die hinterher noch herumschlafen. Aber das muss unter uns bleiben! Wir arbeiten auf abgelegenen Feldern, junge Burschen kommen vorbei ... Doch das heißt noch lange nicht, dass wir alle Huren sind. Die Herren vom *ur* reden viel von der Unreinheit der Unberührbaren, aber trotzdem sind sie scharf auf unsere Löcher. Mit uns machen sie alle ihre Schweinereien, man könnte meinen, dass unsere Säfte besser schmecken als die ihrer Frauen! Im Krankenhaus ist es dasselbe. Alle machen sie sich an uns heran, vom Arzt bis zum Besenkehrer. »*Aye!* Wie wär's mit dir – kommst du mit?« Die Ärzte fassen uns an die Brüste, unter dem Vorwand, dass sie unser Herz abhören wollen. Andere ziehen einfach ihr Paket heraus und verlangen, dass wir hinfassen. Das ist schon mehr als einer von uns passiert. Wir werden dort ständig belästigt. Aber wir trauen uns nicht zu schreien oder einen Skandal zu machen; sie würden uns Lügnerinnen heißen, sie würden unsere Namen aus der Krankenhauskartei streichen, und wir würden nicht mehr behandelt werden.

Das wäre was, wenn wir so zivilisiert wären wie Sie, immer sauber und schön! Aber keine Sorge, wir können nicht so lange schön bleiben wie Sie. Solange wir jung sind, ja, da sind wir stark wie Tamarindenkörner, aber nach den Kindern ist es vorbei. Mit jedem Kind verliert man Blut, und dann ist da noch die ganze Arbeit, die wir machen müssen. Auspflanzen, Unkraut jäten, ernten, das Vieh versorgen, Kuhfladen aufsammeln, acht Wasserkrüge schleppen, dann die Hirse zerstampfen und verlesen, den *paddy* trocknen, ihn in die Reismühle nach Tirulagam schleppen, und die ganze Arbeit im Haus und im *ur*. Eine Paria verliert sehr früh ihre Kraft und ihre Schönheit. Die Frauen der Reddi dagegen müssen nur schlafen, essen und kleinere Arbeiten in der Küche machen: Sie können sehr sauber, zivilisiert bleiben. Wenn wir am Abend nach Hause kommen, sind wir müde und verschwitzt. Wir nehmen uns nicht die Zeit, uns zu waschen, wir legen uns hin, wie wir sind. Im *ur* waschen sie sich mehrmals am Tag. Wir haben nicht dasselbe Leben! Und trotzdem wollen sie mit uns schlafen!

Um auf meinen Beamten zurückzukommen, dieser Eselsficker hat mir eine Höllenangst eingejagt, mehr als alles andere. Sie dachten alle, dass ich sein Angebot annehmen würde. Ich hatte die Gounder nicht gesehen, die mich von ihrem Hof aus beobachteten, aber ich bin sofort schreiend herausgerannt, ohne es zu wagen, die ganze Geschichte zu erzählen. Die Mutter des Schullehrers rief mich und fragte mich, was passiert sei, aber natürlich sagte sie mir nicht, dass sie mich gesehen hatte. Ich sagte zu ihr: »*Ayo!* Mutter! Mutter! Der Beamte hat mich gerufen; ich bin hineingegangen, weil ich gedacht habe, dass man einem Amtsvorsteher vom *ur* gehorchen muss, und was hat er mir gezeigt? Seinen Schwanz und ein paar Geldstücke!« Ich brach in Schluchzen aus. Sie tröstete mich und sagte: »Geh, Velpakkata, du hast dich gut benommen. So sind sie, die Leute aus der Stadt, die zu uns aufs Land kommen. Bleib nie stehen, wenn ein Mann dich ruft!«

Ich kehrte tief beschämt ins *ceri* zurück, und da traf ich unterwegs auf meinen Mann, der betrunken war und ein Messer in der Hand hielt. Und er grölte los: »Der kommt mir nicht lebend davon, der Hurensohn! Ich bringe ihn noch heute Abend um, diesen Safttrinker! Er hat es gewagt, meine Frau zu rufen, damit sie seine Frau sein soll! Ich werde mit ihm reden, wahrhaftig, meine alten Latschen werde ich ihm ins Gesicht schlagen, der Dreckskerl, der Mutterficker, der Schwesternficker!« Die Nachricht hatte sich schnell verbreitet, und mein Mann, entsetzt über das, was mir zugestoßen war, und wütend, dass es ausgerechnet seiner Frau passieren musste, war in die Schenke gegangen, um sich Mut anzutrinken und diesem Kerl alles vor die Füße zu spucken, was er auf dem Herzen hatte. Früher hatte ein Paria keinerlei Rechte: Er ist vor seinen Herren auf dem Bauch gekrochen. Er konnte keine Forderungen stellen, so wie heute. Stattdessen hat er sich betrunken und Beleidigungen am Eingang des *ur* hinausgebrüllt. Und genauso hat es auch mein Mann gemacht. Niemand nahm das ernst: Es ist nur das Gefasel eines Betrunkenen, hieß es dann, und damit war die Sache erledigt. Heutzutage, wenn wir es wollten, würde es anders ausgehen, weil die Männer von der Partei immer bereit sind, uns zu helfen. Wohlgemerkt, das ist nicht umsonst, sie bekommen alle unsere Stimmen. Aber die Wahlen, Sinnamma, das ist eine andere Geschichte ...

Ein paar ältere Männer hatten meinen Mann beruhigt – darunter der Vater von Malliga, der damals der Vorsteher des *ceri* war: »Lass den Mann in Ruhe, er hat deine Frau ja nicht einmal angerührt! Und selbst wenn er etwas gemacht hätte, weißt du wohl, dass wir nichts gegen ihn ausrichten können, das ist einer von denen da oben.«

»Ah, nein!«, fuhr mein Mann hoch, »das sind keine Argumente! Dieser Schwanz da ...«, er hob seinen *soman* hoch, »dieser Schwanz da hat keine Angst vor ihm! Wir werden sehen, ob er ihm auch nur ein Haar ausreißen kann!«

Aber die Leute redeten ihm weiter gut zu, lachten jedoch gleichzeitig, als sie sein Zeugs im Freien sahen. Damals war er jung und rebellisch wie alle in seinem Alter. Wenn man älter wird, weiß man es besser und sieht ein, dass es keinen Sinn hat, gegen diese Leute zu kämpfen ... Im *ceri* wurde an diesem Abend jedenfalls viel gelacht, nicht über den Amtsvorsteher, der seinen Schwanz gezeigt hatte, sondern über meinen Mann, der es ihm heimzahlte, indem er den seinen zeigte!

Am nächsten Tag hat dieser Hurensohn von Amtsvorsteher dasselbe mit der Tochter von großer Schwester Tacimma gemacht, eine Kudiyanar, die ich gut kannte, denn sie arbeitete auch auf den Feldern. Sie hatte keine Angst und hat gleich einen großen Aufruhr gemacht. Das waren jetzt zwei Skandale: einmal mit einer Frau vom *ceri* – mit mir – und ein zweites Mal mit einer Frau vom *ur*. Und der Skandal im *ur*, das ist was anderes! Zu jener Zeit war der Vater des Groß-Reddi *kambattam*, und er hatte Macht. Wir sind zu ihm gegangen und haben uns bei ihm beschwert, und er hat diesen Kerl sofort versetzen lassen. Wir haben ihn nie wieder in der Gegend gesehen. Anscheinend war er ein Muslim: Diese Leute können nie genug kriegen[2] ...

Als ich beim Wasserholen die Neuigkeit erfahren habe, bin ich ins *ceri* zurückgerannt und habe jedem, der es hören wollte, erzählt: »Denkt nur, der Amtsvorsteher ist versetzt worden, wegen mir!« Ich war so stolz, Sinnamma, ich dachte, sie würden mir gratulieren. Aber nein, keineswegs! Die Eifersüchtigen haben die Sache gegen mich gekehrt. »Das ist nur, weil du so kokett bist, deshalb ist dir das passiert«, bekam ich zu hören. Dabei hatte ich noch alles, was mein Vater mir als Mitgift und Aussteuer gegeben hatte, und meine Schwägerinnen bedienten sich, wie es ihnen passte!

Bei uns Armen dient die Mitgift der Schwiegertochter vor allem dazu, die Mädchen im Haus zu verheiraten: Was soll man auch anderes machen, wenn man keinen *anna* hat? Aber zum Glück für mich waren die beiden Schwestern meines Mannes schon verheiratet, und so konnte ich meine Aussteuer selber behalten und hatte noch ganz neue Kleider... Die anderen waren eifersüchtig, weil ich gut mit meinem Mann stand und weil er mich verwöhnte. Die Mädchen tuschelten und lachten jetzt, wenn sie mich sahen. Die Alten sagten: »He, was sagt ihr? Früher hat sie Angst vor ihrem Mann gehabt, die Velpakkata, und jetzt kann sie nicht genug kriegen von seinem Schwanz!« Es tat mir weh, das zu hören, dass ich so ausgestoßen wurde.

Trotz allem war ich glücklich in meinem neuen *ceri*. Ich dachte immer weniger an Velpakkam und an die Meinen. Das alles erschien mir so fern, obwohl es erst einen Monsun her war, seit ich sie verlassen hatte. Ich war mir klar darüber, dass ich nur durch meinen Mann so glücklich war und dass er mir viel im Leben bedeutete.

Er war auch glücklich. Sinnamma, ich schäme mich, es Ihnen zu sagen: Er hat schon alle seine Zähne verloren, unsere Kinder sind verheiratet, aber er begehrt mich immer noch! Wir haben auch viel miteinander geschlafen ... Er ließ mich nicht mehr los und verlangte ständig nach mir. Ich sagte ihm: »Hör auf, dich wie ein brünstiger Esel aufzuführen: Du wirst noch deine ganze Kraft verlieren, und ich auch.« Sinnamma, in unserem *ceri* gibt es Männer, die sich jämmerlich dahinschleppen und nicht einmal die Kraft zum Arbeiten haben. Panderi ist so ein Kerl. Er liebt die Frauen, jeder weiß es, und er hat so viele Liebschaften, dass er jetzt vom »schlechten Wasser« geschwächt ist. Seine Glieder sind geschwollen, und sein ganzes Blut ist ihm gestockt. Einer seiner Söhne ist auch so: Es heißt, er hat die Syphilis, und das geht nur weg, wenn dein Kopf mitgeht![3] Der Arme, er darf weder Fleisch noch Fisch anrühren. Seine Mutter hat wirklich jede Medizin ausprobiert. Schließlich hat ihr der Heiler Nadar aus dem *ur* geraten, *ninuri*-Saft zu nehmen. Auch im *ur* richtet die Krankheit bei den Kepmari Verwüstungen an: Diese Leute sind viel unterwegs. Sie reisen durch fremde Länder, gehen nach Bombay, nach Delhi. Keiner weiß, mit wem sie schlafen, und so fangen sie sich die Syphilis ein. Mani, der Sohn von Ramamurti Kepmari, sieht normal aus: Er ist nicht abgemagert oder so, aber es war nicht zu übersehen, dass er seit einiger Zeit o-beinig geht. Anjalai, Pakkiam und ich haben zueinander gesagt: »Ah, seht nur! Der Kerl hat die heiße Pisse am Leib!« Zwei Tage später hat mich der Kleine vom Barbier geholt, und als ich hingegangen bin, ist seine Mutter, große Schwester Anjamma, aus dem Haus gekommen und hat mich beiseite genommen und zu mir gesagt: »*Aye,* Viramma, ich brauche weiße Lorbeerblätter und *ninuri*.« Ich habe gefragt: »Ist es für jemand bei euch zu Hause, große Schwester?« Sie hat geantwortet: »Nein, es ist für Mani, den Sohn von Ramamurti Kepmari. Er hat die Syphilis. Seine Eichel ist, scheint's, ganz rot, ganz zerfressen, und sein Schwanz ist völlig eingeschrumpft: Er hat es meinem Mann gezeigt. Nadar behandelt ihn. Er hat ihm Rizinusöl gegeben, mit Kreuzkümmel erhitzt, um es auf seinen Schwanz zu tun, und jetzt sucht er *ninuri*, weiße Lorbeerblätter und Wolfsmilchknospen für eine Salbe, die Mani drei Tag lang nehmen soll.« Als ich das hörte, sagte ich mir, dass ich doch einen guten Blick dafür habe ...

Sinnamma, hier sagt man, dass aus der Syphilis, wenn es schlimmer wird, die »große Krankheit«[4] werden kann. Deshalb habe ich auch zu meinem Mann gesagt, als wir allmählich in die Jahre kamen und er mich bedrängte, dass wir während meiner Regel miteinander schlafen sollten: »Was führst du dich auf wie ein läufiger Straßenköter? Bin ich eine Hure? Was ist los mit dir? Ich bin immer bei dir. Wenn du mich willst, können wir es machen. Hast du keine Angst, dass du verrückt wirst, in deinem Alter? Schön wirst du aussehen mit einem steifen Hals und geschwollenen Füßen! Glaubst du, dein Bauch füllt sich von selbst, wenn du in dem Zustand bist? Beruhige dich ein wenig, mein Alter. Was quälst du dich so? Geht es etwa um Hirse oder *ragi*, dass du Angst hast, es nimmt dir jemand was weg? Du weißt, dass hier keine rote Ameise hereinkommt, wenn ich es nicht will. Gibt es jemand, der schöner ist als du? Oder denkst du, dein Ding ist krumm, und das vom Nachbarn gefällt mir besser?«

Ich war selbstbewusster geworden, und ich rede gern so grob, auch heute noch, sogar mit den Jungen oder mit Älteren, einem Onkel oder Cousin zum Beispiel: »Warte nur, Dreckskerl! Warte, dass ich dir meinen Saft ins Gesicht werfe! Hol dein Paket heraus und komm mit nach draußen. Ich werd's dir zeigen, du! Hab ich nicht einen ganzen Stall voll Kinder geboren?« Die Jungen verbergen ihren Kopf in den Händen vor Scham, wenn sie mich hören, und sagen: »*Ayoyo!* Diese Frau ist wirklich eine Schande! Sie hat einen Sohn und Enkelkinder, und selbst jetzt noch, in ihrem Alter, redet sie schmutzig!« Und wir lachen von Herzen darüber, die anderen Frauen und ich!

Sinnamma, ich habe den Verkehr mit meinem Mann schon lange eingeschränkt. Es war sehr gut am Anfang, aber wer hat am Ende dafür bezahlt? Ich natürlich. Für ihn war es nichts: Er ist auf mich draufgestiegen, und die Sache war erledigt. Aber ich, ich hatte hinterher jedes Mal ein Kind im Bauch, so dass ich weder stehen noch sitzen noch liegen konnte. Was hatte ich nicht für Schwierigkeiten! Die Alten hatten Recht, wenn sie mir sagten: »Lass dich nicht dauernd nehmen, Velpakkata! Du verlierst deine Schönheit und deine Kraft ...« Und es stimmt – das ganze Blut, das man bei jedem Kind verliert! Den Männern ist das egal. Sie essen gut, sind stark wie die Knüppel, die die Wächter der Götter in den Händen halten.[5] Sie ficken munter drauflos, ohne Angst, aber wir, wir müssen an die Folgen denken, und, Sinnamma, da verzichten wir lieber... Selbst den reichen Frauen geht es nicht anders: Ob reich oder arm, Kinder werden durch dasselbe Loch geboren, und man verliert genauso viel Blut. Obwohl natürlich die anderen länger leben werden, bei dem, was sie essen. Ich dagegen, Sinnamma, ich glaube nicht, dass ich es lange machen werde, nach so vielen Kindern: Ich habe wirklich zu gar nichts mehr Kraft.

Die Männer im *ur* wissen sich zu beherrschen, auch wenn sie erregt sind. Nehmen Sie zum Beispiel den Schullehrer, der hat nur einen Sohn; der kleine Gounder hat zwei Kinder, der Groß-Reddi hat drei. Aber sie können sich eine Familienplanung leisten: Sie haben Geld, ihre Reissuppe ist gesichert. Bei uns ist das anders: Der Bauch ist voll an dem Tag, an dem wir arbeiten, sonst bleibt er leer. Wenn man zu vielen ist, kann man in einem *ceri* ohne allzu große Schwierigkeiten essen und leben. Aber wenn wir niemand haben, der uns ernährt, wenn wir alt sind, gehen wir in diesem Alter bestimmt nicht mehr in die Stadt, um Arbeit zu suchen, wie? Der Vater von Virassami, der Schuster, der das Horn gespielt hat, hat nach dem Tod seiner Frau und seiner zwei Söhne alles aufgegeben und ist als *sanyasi*[6] herumgezogen. Ansonsten bleibt dir nichts anderes übrig, als eine Tonschale zu nehmen und betteln zu gehen ...

Heutzutage erzählen sie uns viel über Familienplanung, »damit wir glücklich werden« und »um die Bevölkerungs-Wachstumsrate zu senken«. Was mich betrifft, ich spucke auf den Lastwagen, der vom Krankenhaus in Pondy kommt ... Sie haben Kofferradios und Geld verteilt, und am Anfang sind unsere Leute hingegangen. Aber jetzt können wir bei jeder Wahl mehr bekommen. Außerdem geben sie auch nichts mehr, wenn man sich sterilisieren lässt, und deshalb zieht es nicht mehr viele Leute an. Sinnamma, sie wollten meinen Mann mitnehmen, um ihm diese Operation an den Eiern zu machen. Er stand schon in der Schlange vor dem Lastwagen, als ein Kleiner gekommen ist und es mir gesagt hat. Ich habe sofort die Tiere stehen lassen und bin mit Anjalai und Pakkiam zum *ceri* gelaufen: Wir halten immer zusammen in solchen Sachen. Wir sind zu den Ärzten im Lastwagen gegangen und haben zu einem von ihnen gesagt: »Sir, lasst unsere Männer in Ruhe! Wir haben den Mut gehabt, zehn Kinder in die Welt zu setzen, und wir haben alle zehn satt gekriegt. Wir sind alle glücklich! Holt euch Ziegen, Kühe, Esel, Pferde und macht damit, was ihr wollt, aber rührt unsere Männer nicht an!«

»Gut, dann kommt ihr Frauen herein!«, hat er uns gesagt, und wir haben geantwortet: »Wir können noch ein Dutzend Kinder haben! Fahrt mit eurem Lastwagen dorthin zurück, wo ihr hergekommen seid!« Sie haben uns beschimpft, aber sie sind weggefahren.

Sinnamma, diese Operation ist sehr gefährlich. In Sivapatti ist ein Mann deshalb verrückt geworden, weil er jeden Abend Kopfschmerzen hatte. Es heißt auch, dass sie nach dieser Operation ihr Ding nicht mehr hochkriegen, und wenn sie stundenlang hinarbeiten: Die Männer haben kein Feuer mehr. Ist das etwa das Glück, von dem sie reden? Ich weiß es von meiner Tochter. Sie hat nur fünf Kinder gehabt, und sie fand, dass es genug war. Mein Schwiegersohn hat sich operieren lassen. Sie ist eine schöne Frau. Und er, na ja, er hat alle seine Zähne verloren, man könnte meinen, er ist ein Alter ... Manche sterben sofort daran, die, die schlecht ernährt sind. Andere überstehen es durch all die Stärkungsmittel – Orangen, Mandarinen, andere Früchte und dies und das, was ihnen Kraft geben kann ... Aber wir Parias können nicht so essen, und unsere Gesundheit leidet darunter, wir werden leicht krank. Und dann haben sie auch keine Lust mehr. Nichts kommt. Sie taugen höchstens noch dazu, sich draufzusetzen. Selbst bei einem kleinen Jungen, Sinnamma, wenn Sie sein Zipfelchen packen und ihm ein Küsschen draufgeben, richtet es sich sofort auf. Wenn man aber diesen wichtigen Nerv durchschneidet, ist es vorbei. Das können Sie jeden fragen, jeden von den Kerlen da oben. Aber weil überall Kinder geboren werden, ganze Herden, haben sie im Krankenhaus beschlossen, alle zu operieren, ob sie wollen oder nicht, Mann oder Frau. Es heißt, dass die Operation für die Frauen noch unangenehmer ist, weil die Frauen aufgeschwemmt und schnell müde werden, und so können sie nicht mehr arbeiten wie vorher. Das ist normal, das schlechte Blut wird nicht ausgeschieden. All das ist gut für die Frauen, die in Kinderkrippen oder Büros arbeiten, aber nicht für die Parias, die auf den Feldern braten. In dem *yugam*, in dem ich meine Kinder hatte, war das anders: Damals hat man uns dafür gesegnet, wenn wir Nachwuchs bekommen haben. Heute, in diesem *kaliyugam*, ist alles auf den Kopf gestellt. Sogar die Regierung sagt, dass wir uns auf zwei Kinder beschränken sollen. Und unsere Jungen, aufgestachelt von den Männern der Partei und vom Kino, akzeptieren das und schrecken vor der Arbeit zurück: Lauter Unfähige sind das.

Sinnamma, warum soll ich mich sterilisieren lassen? Ich habe so viele Kinder gehabt, dass ich jetzt wie ein Baum bin, der Früchte getragen hat. Bei uns Menschen weicht die Begierde erst mit dem Tod. Wenn überhaupt ... Meine Schwiegermutter hat immer gesagt, dass noch die Leichen mit dem Schwanz schlagen, wenn man sie auf den Begräbnisscheiterhaufen legt.

Wenn mein Mann mich also noch begehrt, ist das kein Verbrechen, aber ich finde, dass es unvernünftig ist in diesem Alter, auch wenn ich noch meine Regel habe. Ich habe zu ihm gesagt: »Hör zu, wir haben so viele Kinder gehabt; ein Sohn ist uns geboren worden, wir haben ihm einen Namen gegeben, wir haben ihn großgezogen; jetzt wird er mit einer Frau schlafen, und anstatt glücklich und stolz darauf zu sein, willst du, dass wir Mann und Frau sein sollen? Schämst du dich nicht? Bist du ein Mann oder nicht? Was isst du, Stroh oder Reis? Hast du kein Gehirn, um das zu begreifen? Willst du, dass ich noch einmal mit einem Kind im Bauch herumlaufe, in meinem Alter?« Und während ich so mit ihm argumentiere, stoße ich ihn zurück. Und wenn er mich zu sehr bedrängt, schreie ich alles, was ich Ihnen gerade gesagt habe, auf dem *tinnai* hinaus. Sofort ertönt Gelächter in den Nachbarhäusern, und es gibt immer ein paar Junge, die sich lustig machen: »He, Onkel Manikkam! Du bist alt und willst immer noch, dass Tante Viramma deine Frau ist?«

6
EIN GANZER SCHEFFEL VOLL KINDER

Ich schlief gern mit meinem Mann. Wir waren glücklich miteinander, und alles ging bestens zwischen uns. Doch eines Tages fragte mich meine Schwiegermutter: »He, Viramma! Hast du diesen Monat schon gebadet?«[1] Ich habe ohne zu überlegen geantwortet: »Ja, warum?«, und sie: »Nein, nein, ich wollte es nur wissen ...« Bald stellten mir große Schwester Ellamma und die anderen Frauen im *ceri* dieselbe Frage, und auch ihnen antwortete ich: »Ja, ja.« Sie bohrten weiter: »Aber wir haben nicht gesehen, dass du deine Tücher über die Kakteen hängst.« Da habe ich, um die Unterhaltung nicht weiterführen zu müssen, meinen Krug genommen und bin zum Brunnen gegangen. Ich hatte alle angelogen: In jenem Monat hatte ich meine Regel noch nicht gehabt, und weil ich damals unwissend war, habe ich nicht begriffen, warum. Vielleicht hatte ich in letzter Zeit zu oft mit meinem Mann geschlafen? Und warum interessierten sich die Frauen alle so für meine Periode? Vielleicht sah man es mir am Gesicht an, dass ich zu viel Sex gehabt hatte? Obwohl ich einerseits froh war, dass ich keine Periode hatte, machte ich mir jetzt Sorgen. Was steckte dahinter? Ich traute mich nicht, mit meinem Mann über meine Regel zu sprechen. Wieder einmal war ich allein. Große Schwester Ellamma war alt und hatte viel Erfahrung, aber ich zögerte noch und wusste nicht, wie ich die Frage stellen sollte. Ich hatte Angst, dass ich eine Dummheit gemacht hatte. Es war die Zeit der gezuckerten Palmfrüchte. Vielleicht hatte ich davon zu viel gegessen, oder war ich zu viel mit meinem Mann zusammen gewesen? Warum hatte ich meine Regel nicht?

Bevor ich mich dazu aufraffen konnte, mit großer Schwester Ellamma zu sprechen, musste ich eines Abends nach dem Essen in hohem Bogen brechen: Ich habe es gerade noch geschafft, auf den *tinnai* zu kommen. Meine Schwiegermutter, die nebenan Betel kaute, lief mit Wasser herbei: »Komm, Ma«, sagte sie und hob mich auf.

Sie besprengte mir das Gesicht, breitete eine Matte aus und ließ mich darauf niedersitzen. »Leg dich hin, Ma. Das wird jetzt eine Weile so sein, und danach vergeht es wieder.«

»Aber was habe ich denn, Tante? Mir ist so schlecht.«

»Nein, nein, das ist nichts, Ma, es ist eine gute Nachricht: Du bist schwanger!«

Ich begriff nichts davon: Mein Bauch war normal, flach, und da behauptete sie, ich wäre schwanger! Sie ging sofort hinaus, um die gute Nachricht meinem Mann zu verkünden, der draußen schwatzte: »He, Manikkam, deine Frau ist schwanger!« »He, Manikkam, du hast gut gearbeitet«, sagten seine Freunde gleich, und alle lachten. Die Frauen waren aus ihren Häusern gekommen. Zusammen mit meiner Schwiegermutter zählten sie nach, welches der erste Tag der Schwangerschaft war, um den Geburtstermin auszurechnen. Ich war wieder hineingegangen und lauschte, auf dem Bett liegend, allen Gesprächen draußen. Ich fühlte mich weder krank noch schwanger. Kurz darauf kam mein Mann herein und sagte: »Also zeig her, du bist schwanger, heißt es?« Ich musste lachen, als ich sah, dass er genauso ahnungslos war wie ich. Aber er blieb hartnäckig: »Zeig!«

»Was soll ich dir zeigen? Es ist nur ein winziges Würmchen in meinem Bauch, es wächst erst nach und nach.«

So habe ich erfahren, was Schwangersein heißt. Meine Schwiegermutter war stolz auf mich, und sie erzählte es überall herum: »Unsere Viramma ist schwanger!« Die Nachricht wurde nach Velpakkam übermittelt, und meine Eltern, die auch glücklich und stolz waren, haben mich mit vielen Leckereien besucht. Meine Mutter wollte mich im siebten Monat zu sich holen, wie das in unserer Kaste der Brauch ist, aber mein Mann, der mich nicht so lange entbehren wollte, weigerte sich, indem er vorgab, dass sonst niemand da sei, der ihm zu essen machen könne. Bei der ersten Niederkunft kehren wir sehr früh in die mütterliche Familie zurück, weil man den Tag der Geburt nie so genau vorhersagen kann. Es dauert ingesamt zehn Monate[2], und wir feiern das *Simantam*-Fest im siebten Monat. Aber ich bin erst im neunten Monat nach Velpakkam gegangen. Im fünften Monat haben mir meine Eltern die ersten Tabletts mit Essen gebracht, das speziell für Frauen in der Mitte ihrer

Schwangerschaft zubereitet wird. Es waren fünf Maß Reis darauf, alle Gemüsesorten und kleine Leckereien. Das Ganze wurde in der Mitte des Hauses abgestellt, dann wurde Kampfer angezündet. Alle Verwandten wurden eingeladen, um ihnen zu zeigen, dass meine Mutter ihre Sache gut gemacht hatte. Dann mussten mein Mann und ich uns hinsetzen, und die Mahlzeit wurde auf zwei Bananenblätter verteilt. Von allem wurde etwas daraufgetan: Joghurt-Reis, Molke-Reis, Sauerampfer-Reis, in Öl gebratene Krapfen. Der ganze Rest wurde dann an die Familie, an Freunde, an Nachbarn verteilt, wie ihr es macht: Schickt ihr nicht Tabletts mit Süßigkeiten in die Häuser? Auch wir müssen unseren Freunden Ehre erweisen!

Für mich wurde das *Simantam*-Fest erst im neunten Monat gefeiert, aber es war alles, wie es sich gehört. Meine Eltern haben das Essen in einem Kupferkessel gebracht, der so groß war! Es muss alles reichlich sein. Egal wie arm und elend, man muss zumindest die Hälfte von dem schicken, was üblich ist. Man muss sein Gesicht wahren. Man leiht sich einen Topf bei dem einen, Reis bei dem anderen. Und wenn es um die Ehre geht, Sinnamma, leihen die Leute gern: Nur weil wir arm sind, müssen wir uns nicht vor unserer Schwiegerfamilie blamieren! Wenn die Tochter für die Niederkunft zu ihrer Mutter zurückkehrt, gibt man die geliehenen Gegenstände wieder zurück. Wir haben also drei Sorten Reis in großen Kupfertöpfen gekocht, und in einen anderen wurden *laddu*, *jilebi*, *Mysore pak*, *vadai* und *murukku* getan. Früher haben wir das alles in großen Weidenkörben getragen, aber in diesem *kaliyugam* hat sich die Welt vollkommen verändert. Heutzutage besitzt auch der Ärmste der Armen rostfreies Geschirr. Wir haben das Essen in großen Kupferkesseln, mit gelben Tüchern bedeckt, vom Haus meiner Mutter zu dem meiner Schwiegereltern gebracht.

Vor der Niederkunft haben wir eine sehr wichtige Zeremonie ausgeführt. Mein Mann und ich mussten uns diesmal vor zwei gut gefüllte und mit Bananenblättern bedeckte Wasserkrüge setzen. Auf den einen Krug war ein Tablett mit einem Sari, auf den anderen ein Tablett mit einem *soman* gestellt worden. Alles war bereit. Ich musste den Rücken beugen, damit man ein Bananenblatt darauf legen konnte. Dann sind die Frauen meiner Schwiegerfamilie gekommen und haben ein Maß Kuhmilch auf das Blatt geschüttet, und jedes Mal wurde verkündet, wer gegossen hatte: »Die Milch von Virammas Schwiegermutter! ... Die Milch der älteren Schwägerin! …« Als dieses Ritual beendet war, habe ich den neuen Sari angezogen, der auf dem Tablett war, und mein Mann hat seinen neuen *soman* angezogen. Wir haben uns wieder gesetzt, um die Geldgeschenke in Empfang zu nehmen: Die Männer haben Geld auf meine Stirn gelegt, und die Frauen haben Geld auf die Stirn meines Mannes gelegt, und jedes Mal hat jemand verkündet, wer gegeben hat und wie viel. »Das Geld der Schwiegermutter: fünf Rupien! Das Geld des Schwagers: drei Rupien! …«

Unterdessen wurde die Mahlzeit zubereitet. Als die Zeremonie zu Ende war, mussten wir ins Haus zurück. Bananenblätter wurden auf den Boden gelegt, und die Leute aus meiner Familie wurden aufgefordert, sich zu setzen und zu essen. Als die Mahlzeit zu Ende war, ist mein Vater zum Iyer gegangen, um ihn zu befragen, ob wir gleich nach Velpakkam zurückkehren konnten oder ob er unheilvolle Planeten sah, die unsere Rückkehr behindern würden. Und vor allem, ob Venus in Opposition zu uns stand? Der Iyer hat ihm ich weiß nicht was geantwortet, dass Venus im Aufsteigen oder Absteigen war, und er hat gefragt, in welcher Richtung die Öffnung unseres Hauses liegt, und dass wir von Norden her herumgehen sollten, wenn der Eingang im Süden war, und von Süden her, wenn der Eingang im Norden war. Und so sind wir alle zu Fuß nach Velpakkam aufgebrochen.

Dort habe ich mich noch bis zum zehnten Monat dahingeschleppt. Ich begriff nichts von allem, was mit mir passierte. Von Tag zu Tag wurde mein Bauch dicker. Ich war klein und mein Bauch so dick wie ein Elefantenjunges, und genauso bewegte ich mich, mit kleinen, schweren Schritten. Die Leute hatten Mitleid mit mir. Sie blieben stehen und fragten mich: »He, kleines Mädchen, wo tut's dir weh?« Und ich zeigte dorthin, auf mein Schambein, und sagte: »Hier tut's mir weh. Ich habe kein Bauchweh und auch sonst nichts, nur da tut's mir weh!« *(Lacht …)* Sinnamma, ich war so unwissend damals! Ich konnte mich mit diesem Schmerz nicht abfinden, und ich jammerte herum: »*Ayo!* Ich weiß nicht, was für ein Witwer das war, der mich verheiratet hat, aber seht her, wie's mit mir gekommen ist!« Die Frauen sagten: »Arme Kleine, das ist immer so beim ersten Kind; danach geht es wie geschmiert.«

Und dann, eines Tages, als ich auf dem *tinnai* saß, sagte meine Mutter zu mir: »Viramma, geh mir Portulakblätter auf dem Dach oben pflücken, ich will *kuttu* machen.« Ich stand auf und ging, gegen die Mauer gestützt, zum Rand des Dachs. Ich konnte nur zwei oder drei Portulakblätter pflücken. Ich spürte ein Ziehen im Unterleib, einen Schmerz, wie ich ihn noch nie zuvor erlebt hatte, als ob ich von tausend roten Ameisen gebissen worden wäre. Ich habe trotzdem meine Blätter gepflückt, dann habe ich mich hingesetzt und zu meiner Mutter gesagt: »*Ayo*, Mutter, ich habe solche Bauchschmerzen! *Ayayo*, mein Bauch tut so weh! Tu mir ein wenig trockene Ingwerpaste drauf.« Meine Mutter hat geantwortet: »Rühr dich nicht. Es hat angefangen ... Beim ersten Kind muss man eine Weile warten ...« Und ich habe meine Schwägerin Saroja gebeten, mir einen Ingwertee zu machen. Sie hat ihn mir gebracht, nachdem er ein bisschen abgekühlt war. Ich mag diesen Geruch, und ich dachte, es würde mir Erleichterung bringen, aber nein, nichts half. Ich verspürte den Drang, Wasser zu lassen. Wieder stützte ich mich an der Wand ab, während ich zum Trog ging, und ich sagte: »*Ayayo*, Mutter! Mir ist, als müsste ich in den Garten gehen!«[3] Ja, ich erinnere mich, dass die Frauen, die zu ihrer ersten Geburt ins Krankenhaus gekommen sind, auch dieses Gefühl hatten: Sie haben sich auf die Toiletten gesetzt, und in dieser Stellung haben sie in die Schüssel hinein geboren. Aber jetzt wieder zu meiner Geschichte. Ich hatte mich mühsam zum Wassertrog geschleppt. Ich konnte nicht mehr. Ich habe mich hingehockt und gesagt: »*Ayo, Sami!*«, und im gleichen Moment habe ich ein Geräusch gehört: »*podukku*«, wie wenn Wasser aus dem Wasserhahn schießt. Das war alles. Das Kind war in die Falten des Saris gefallen. Ich war vollständig angekleidet, das Ende meines Saris auf der Brust. Das Kind war in die Falten eingezwängt und schrie. Ich hatte große Angst und habe geschrien: »Oh Mutter, Mutter! *Ayo*, die schmutzigen Witwen! Komm schnell! Komm!« Meine Mutter kam völlig außer sich angelaufen. »*Ayo*, meine Tochter! *Ayo!* Idiotin, die du bist! Hättest du mir nicht sagen können, dass du dich schlecht fühlst! Warum hast du es mir nicht gesagt ...«

Meine Mutter war Hebamme. Sie holte schnell eine Sichel, um die Nabelschnur durchzuschneiden. Mit einer Hacke hob sie ein Loch im Abwassergraben aus und vergrub schnell die Plazenta und die Nabelschnur darin. Inzwischen machte meine Schwägerin Wasser heiß und bereitete Kurkumapaste zu. Sie haben das Baby zuerst mit Seife gewaschen, dann mit dieser Paste eingerieben, und dann haben sie es mit warmem Wasser abgespült. Es war ganz sauber, in einen ganz weichen alten Sari eingehüllt, um seine zarte Haut nicht aufzuscheuern. Ein dicker *pottu* wurde ihm auf die Stirn gemalt, und ein anderer auf die Wange, um den bösen Blick abzuwenden, dann wurde es auf eine Matte gelegt.

Ich wurde mit Öl massiert, zuerst der Kopf, dann der Bauch, um das schlechte Blut auszutreiben. Ich wurde überall mit heißem Wasser gewaschen, dann wurde mir der Bauch mit einem Tuch sehr fest eingeschnürt, damit keine Luft in die Scheide kommen konnte. Das ist bei allen gleich, wie, sogar bei den Frauen von eurer Kaste! Danach wurde mir ein dicker Packen Tücher zwischen die Schenkel geschoben, um die Ausscheidungen aufzufangen. So lagen wir in einer Ecke, mein Baby und ich. Ich konnte nicht aufstehen, mein Kopf drehte sich. Am nächsten Morgen bekam ich Asche und ein wenig Wasser, um mir die Zähne zu putzen. Ich spuckte in einen Tontopf, der mir hingehalten wurde, und so wusch ich mir auch mein Gesicht, im Sitzen. Ich durfte nicht aufstehen und hinausgehen. Nachdem ich mich gewaschen hatte, nahm ich auf nüchternen Magen *selavu*-Pulver ein, das für mich zubereitet worden war, trank schnell ein Glas lauwarmes Wasser hinterher und legte mich wieder hin. Keine Mahlzeiten die nächsten zwei Tage. Ich ernährte mich von Ingwerkaffee und Brot, das war alles. Ich blieb liegen und bewegte mich möglichst wenig. Wenn ich mich hinsetzen wollte, bat ich meine Schwägerin oder meine Mutter, mir zu helfen. Zum Stillen legten sie mir das Baby in den Arm. Ich war sehr schwach. Zwei Tage und zwei Nächte ohne Essen: Meine Ohren fielen zu vor Erschöpfung, und mein Puls war so schwach, dass ich das Kind kaum hochheben konnte. Ja, Sinnamma, ich habe gesagt: »Amma, heb mir das Kind hoch und gib es mir, Amma!« Und so habe ich gestillt. Als ich dann wieder gegessen habe, wurde ich ein wenig kräftiger, und es ging besser. Bald konnte ich mich allein aufsetzen und mit den Leuten reden, die mich besuchen kamen. Ich erzählte ihnen in allen Einzelheiten, wie es gewesen war.

So habe ich mein erstes Kind geboren, Sinnamma. Ich wurde gut ernährt bei meinem Vater, und ich hatte eine robuste Gesundheit; deshalb ging die Geburt so schnell und leicht. Das Kind ist wie eine Banane herausgeflutscht, und der Rest auch. Niemand musste Hand anlegen und das Baby herausziehen, und ich bin nicht einmal aufgerissen. Im Krankenhaus sieht man manchmal Hebammen, grobe Weiber, die den Neugeborenen einen Arm oder ein Bein brechen.

Nach der Entbindung bin ich bis zum neunten Tag im Haus geblieben. Während dieser ganzen Zeit haben wir unseren Wäscher verköstigt: Er ist derjenige, der die schmutzige Wäsche nach der Entbindung wäscht; ob neu oder aus Seide, es fällt alles ihm zu, das ist sein Recht. Beim neunten Bad wird ihm schließlich ein Tablett mit *sikakai*, Öl, Betel und einem Zwei-Rupien-Schein überreicht, und damit sind unsere Pflichten ihm gegenüber erfüllt. Dieses letzte Bad, das neunte, ist ein *ammi*-Bad. Man gibt ein Maß Öl, mit einer Hand voll *ammi*-Körnern erhitzt, auf die Haare. Das riecht sehr gut. Dann wird der Körper mit demselben Öl massiert und mit *sikakai* gewaschen. Man darf auf keinen Fall eindösen nach dem Bad, sonst sammelt sich das Wasser im Kopf, und man kann sehr krank werden: Wir sehen die Sonne nicht in diesen Tagen, und das Wasser, das wir trinken, wird schlecht ausgeschieden, deshalb kann es im Körper bleiben, im Kopf, und *sitalam* verursachen. Das Wasser vermischt sich mit dem Blut: Man hustet, kann schlecht atmen, man hat hohes Fieber, man fantasiert und wird sehr schwach. Manchmal kann das Blut sogar verdampfen!

Meine Mutter hat sich gut um mich gekümmert, als ich in Velpakkam war. Am dritten Tag hat sie mir eine große Portion Reis mit einer guten *selavu*-Sauce gemacht, die in einem neuen Tontopf mit einem gerösteten Pulver gemacht wird, das aus Kreuzkümmelkörnern, Senf, *ammi* und trockenem Ingwer besteht. Meine Mutter hat eine große Menge von diesem Pulver gemacht. Die eine Hälfte hat sie in einer Blechdose aufbewahrt, um sie für die Sauce zu verwenden, die andere Hälfte hat sie mit Palmzucker gemischt und mir auf nüchternen Magen zu essen gegeben. Es ist ein sehr wirksames Heilmittel, Sinnamma: Es befreit uns von allen Unreinheiten in der Gebärmutter und heilt zugleich den Teil, der so brennt ... Als ich in Velpakkam war, hat meine Mutter sehr auf meine Kost geachtet. Nie hat sie mich kühlende Nahrungsmittel nehmen lassen, um den *sitalam* zu vermeiden, der zum Delirium und zum Tod führen kann.[4] Sie ließ mich kein frisches Wasser trinken in den ersten drei Tagen, sondern brachte mir abgekochtes, lauwarmes Wasser. Bis zum neunten Tag bekam ich nur Reis mit *selavu*-Sauce und dann *kali*. Wir Armen können nicht jeden Tag Reis essen. Einen Monat lang bekam ich keinen *kuj*, keinen Kürbis, Gumbo, Tomaten, grüne Blätter, Reis vom Vorabend, Molke: All das ist sehr kühlend, aber man muss es meiden, weil das Baby darunter leidet, es bekommt Durchfall. Was man essen muss, sind wärmende Nahrungsmittel, und so bekam ich immer mehr *selavu*-Sauce, Auberginen, Linsenpürees, gesalzenen Fisch, Fleisch und

Ziegenmilch. Es wurde auch viel Knoblauch verwendet, Kreuzkümmel, Fenchel, jeden Tag frisch zubereitet, aber ich bekam nicht viel Palm- oder Rohrzucker, weil Babys davon auch Durchfall bekommen. Meine Mutter legte Wert darauf, dass ihr in diesem Punkt niemand etwas vorwerfen und zu meiner Schwiegermutter sagen konnte: »Was! Viramma ist für die Entbindung zu ihrer Mutter gegangen, aber dort hat sich keiner um sie gekümmert. Sie haben sie alles essen lassen, egal was, und seht her, jetzt ist ihr Baby krank ...« Sinnamma, selbst wenn sich bei den Schwiegereltern kaum jemand um die Schwiegertochter kümmert – an ihrer Familie herummäkeln, da sind sie schnell bei der Hand!

Ich bin noch drei Monate in Velpakkam geblieben. Meine Schwiegerfamilie hat mich einmal nach der Geburt besucht, und am Ende der drei Monate haben sie mich abgeholt. Mein Mann ist in dieser Zeit zweimal gekommen. Er wollte das Baby sehen und hat mich leise gefragt: »Sag mir, *de*, wann schicken sie dich nach Karani zurück?« Er hatte es eilig, dass ich zu ihm zurückkehrte, und ich auch, denn ich hatte genug davon, was mir hier alles verboten wurde. Ich ging nicht einmal auf den Feldern arbeiten, um mir nicht den *sitalam* zu holen, indem ich Hände und Füße ins Wasser brachte. Ich durfte auch nicht zum Brunnen gehen, weil ich keine schweren Sachen heben und keine ruckartigen Bewegungen machen sollte. Gleich hier in Velpakkam gab es eine Frau im Alter meiner Mutter, der ihr Sack zwischen den Knien hing: Anscheinend hat sie zu früh einen großen Topf *paddy* hochgehoben. Und uns wurde gesagt: »Passt auf, Mädchen! Wenn ihr unvorsichtig seid, werdet ihr auch so ein großes Ei zwischen den Schenkeln hängen haben wie Kuppu!« Wir lachten lauthals darüber, aber wir passten trotzdem auf, denn wir hatten Angst. Beim ersten Kind fürchtet man sich immer ein wenig, und wir machen alles, was man uns sagt.

Sie müssen wissen, Sinnamma, Babys bekommen leicht Durchfall, und oft sterben sie daran. Zwei oder drei von meinen Kindern sind auf diese Weise gestorben. Meine Mutter hatte an einem Feldrand Bitteräpfel gepflanzt, um damit die Babys zu kurieren, die sich den *dosham* eingefangen haben. Wir setzen die Kleinen hin und geben gelösten Kalk, Kurkumawasser und Bitteräpfel auf ein Tablett. Wir lassen das Tablett dreimal um den Kopf des Babys kreisen, dann schütten wir alles auf der Erde aus und zerstückeln die Bitteräpfel auf einem Landstück vor dem *ceri*. Morgens und abends geben wir dem Baby einen Sud aus Kreuzkümmel und Maulbeerblättern. Das ist für den ganz gewöhnlichen *dosham*, den man sich auf dunklen Wegen holt. Aber es gibt auch schlimmere *doshams*, die wir nicht behandeln können. Um solche *doshams* kümmert sich der Wäscher: Er schlägt die Trommel, singt Mantras und gibt dem Baby eine geknotete Schnur oder einen Talisman. Ja, Sinnamma, es gibt so viele Gefahren bei uns auf dem Land! Wir gehen Holz sammeln, wir gehen überall hin, sogar zu den Verbrennungsstätten. Wenn dort ein böser Geist in eine stillende Mutter fährt, hilft nichts mehr: Das Baby bekommt den *dosham*. Man sieht es sofort an seinem Gesicht: Es macht die Augen nur noch halb auf, es ist sehr müde, es lächelt nicht mehr und weint die ganze Zeit. Das ist dann der *kujidosham*, da gibt es nichts. Ich habe es erst neulich zu Sisata gesagt. Sie ist mit ihrem Baby von der Krankenstation in Naliveli zurückgekommen und hat zu mir gesagt: »Große Schwester, drei Tage lang habe ich ihm Spritzen in der Ambulanz geben lassen, aber es geht ihm nicht besser …« Ich habe ihr geantwortet: »In der Krankenstation wird dein Kind nicht gesund. Sieh ihn dir an, das sieht mir nach einem *kujidosham* aus. Geh zu großer Bruder Peramban, er wird euch mit seinen Mantras kurieren, dich und dein Kind. Für dieses Übel sind noch keine Spritzen oder Pillen erfunden worden!« Heutzutage, Sinnamma, in diesem *kaliyugam*, rennen alle wegen nichts ins Krankenhaus. Die Leute plagen sich nicht mehr mit den alten Kuren von früher, als es weder Spritzen noch Tabletten noch Krankenhäuser gab. Alles, was jetzt in der Krankenstation gegeben wird, ist so wärmend, dass man kühlende Sachen nehmen muss, um es auszugleichen.

Heutzutage kommen die Ärzte in die Dörfer und geben den Frauen gleich am Anfang ihrer Schwangerschaft Medikamente und Stärkungsmittel. Im sechsten oder siebten Monat müssen die Frauen selber zur Krankenstation gehen, um sich untersuchen zu lassen. Ja, alles ist jetzt anders. Sie kommen zu uns, bringen uns Medizin, Sinnamma. Eine Krankenschwester kommt ins Dorf. Als Erstes macht sie mit Anjamma, der Frau des Barbiers, die Hebamme ist, die Runde im *ur*. Sie schreibt die Namen aller schwangeren Frauen auf und die Namen von denen, die erst kürzlich entbunden haben, dann kommt sie ins *ceri*. Hier bin ich die Hebamme, und ich mache es genauso und führe sie zu allen Frauen, die nicht gebadet haben oder niedergekommen sind. Ich sage ihr auch, ob die Neugeborenen Jungen oder Mädchen sind. Die Krankenschwester trägt alles in die Register des Krankenhauses von Pondy ein. Die Tabletten und Spritzen werden nach Naliveli geschickt. Die Leute von der Krankenstation verteilen sie in den Dörfern und machen im *ceri* die Runde mit ihren Medizintabletts. Zur Entbindung müssen wir die Frauen in die Krankenstation bringen, aber oft gibt es keinen Platz oder der Arzt ist nicht da, und dann müssen wir im Auto nach Pondy fahren. Früher wurden die Frauen nur in schweren Fällen ins Krankenhaus gebracht. Sie wurden im Ochsenkarren oder in der Rikscha hingefahren, und oft sind sie unterwegs gestorben.

Wir Hebammen helfen den Schwestern bei der Geburt, und wir bekommen zwanzig Rupien pro Monat vom Staat. Sie haben mir sogar angeboten, ständig in der Krankenstation zu arbeiten, aber ich wollte nicht. Ich habe zu Hause genug zu tun, und ich könnte diese Arbeit nicht den ganzen Tag machen: Wer würde sich dann um meine Kühe und meine Kälber kümmern? Wenn ich allein gewesen wäre, ja, gut. Der Chefarzt, die Schwester, alle sind ins *ceri* gekommen und haben gesagt, ich soll einen Lehrgang machen. Aber ich habe nein gesagt. Ich bin beim Reddiar, ich bewässere einen dreiviertel Hektar von seinem Land. Ich kann ihn nicht im Stich lassen. Anjamma, die Frau vom Barbier, ist zu dem Lehrgang gegangen, und sie hat dort, scheint's, viele Dinge gelernt. Wenn wir hier einen schweren Fall haben, kommt sie ins *ceri* und geht mir zur Hand. Was sollen wir auch machen? Paria oder nicht, wenn es gefährlich ist, müssen wir uns gegenseitig helfen: Wir sind alle Frauen! Sie hat sich nie bitten lassen in solchen Fällen. Das Kind liegt falsch, die Plazenta rutscht zurück, die Nabelschnur hat sich um den Hals gewickelt: Da ist es besser, wenn man zu zweit ist, wie?

Ich bekomme jetzt fünf Rupien pro Entbindung im *ceri*, dazu noch eine halbe Rupie, das Nabelschnurgeld. Wenn eine Frau Wehen bekommt, werde ich geholt. »Ältere Schwägerin! Die Frau im Haus hat Schmerzen!« Dann lasse ich alles stehen und liegen, gehe zu ihr, untersuche sie, drehe sie hin und her, ärgere sie ein bisschen, und dann sage ich ihr mehr oder weniger, wann das Kind kommen wird: in zwei Stunden oder vor Tagesanbruch oder nach der ersten Filmvorstellung oder nach der zweiten … Und es kommt so, wie ich es vorhergesagt habe. Ich schneide schnell die Nabelschnur mit einem Messer durch und befehle den Frauen, die da sind, eine Hacke und eine Bohrstange zu holen und ein Loch in der Abzugsrinne beim Haus zu graben. Ich warte, bis die Plazenta herauskommt, und dann gehe ich selber hinaus und vergrabe sie sofort. Danach kümmere ich mich um die Wöchnerin. Ich lege sie auf eine Matte, stütze sie mit Kopfkissen auf, wasche das Baby mit Seife und Wasser und lege es neben seine Mutter. An das Kopfende der Matte, neben die Kopfkissen, lege ich eine Sichel und ein paar Zedrachblätter, um die Geister fernzuhalten. Ja, diese nichtsnutzigen Geister lungern abends oder nachts auf den Gassen herum und essen die Nahrungsreste, die vielleicht am Boden herumliegen, und sie warten nur darauf, in die Leute hineinzufahren.

Sie folgen uns überall hin, Sinnamma, egal wo wir hingehen, zum Jäten oder Auspflanzen, wenn wir die Monatstücher wechseln, wenn wir uns die Haare waschen. Sie riechen es, wenn wir eine Frau im Kindbett besuchen, und dann ergreifen sie von uns Besitz, weil sie einen Zwischenträger brauchen, um in den Körper der Wöchnerin zu kommen. Deshalb legen wir die Sichel und die Zedrachblätter neben das Kopfkissen, um die Geister fernzuhalten. Danach komme ich ziemlich oft und sehe nach, ob alles in Ordnung ist. Manchmal, wenn Unreinheiten in der Gebärmutter geblieben sind, koche ich die Blätter der »Juckerbsen« ab, seihe den Saft durch und gebe der Mutter dreimal davon zu trinken.

So verläuft bei uns eine Geburt. Hier im *ceri* entbinden die Frauen lieber zu Hause. Nur in schwierigen Fällen rate ich ihnen, ins Krankenhaus zu gehen. Allerdings, Sinnamma, ich habe es Ihnen gesagt, kommen sie jetzt immer ins *ceri* und sagen uns, dass wir Stärkungsmittel in der Schwangerschaft nehmen und in der Krankenstation entbinden sollen. Aber unsere Frauen gehen nicht hin; die Erfahrungen, die einige von uns dort gemacht haben, schrecken sie ab. Erstens ist der Empfang schlecht. Wir müssen lange warten, bis jemand kommt und sich um uns kümmert. Wenn wir endlich vorgelassen werden, reden wir Frauen vom Land immer ein bisschen zu laut, oder wenn wir Schmerzen haben, dann sagen wir es, wir schreien: »*Ayoyo!* Mutter! Es tut so weh!« Und die Schwestern, die dabei sind, lachen uns aus und sagen: »Aber vorher, da war es gut, da habt ihr nicht gejammert, wie? Jetzt müsst ihr eben leiden!« Es sind ganz junge Schwestern, die uns das sagen, Sinnamma! Und grob sind sie obendrein! »Steh auf! Los, geh auf und ab! Steig aus dem Bett! Geh zur Toilette!« Die Wöchnerin muss alles selber machen, oder manchmal muss ihre Familie sich um sie kümmern. Aber es ist nicht die Arbeit, die uns abschreckt, wir fühlen uns einfach verloren dort unten. Wir wissen nicht, was was ist oder wo die Sachen sind. Die Männer dürfen nicht in den Frauenblock hinein, und weil wir nichts verstehen, werden wir die ganze Zeit angeschrien. Wir haben nicht nur die Schmerzen im Bauch, wir müssen zudem alles schlucken, was wir zu hören bekommen: Wir werden gedemütigt. Wenn wir uns wehren, schicken uns die Schwestern weg oder erzählen dem Oberarzt Lügen über uns. Er sieht ja nicht, was vor sich geht. Er hört sich an, was die Schwestern erzählen, und sagt zu uns: »Ma! Warum tun Sie nicht, was Ihnen die *sisters*[5] sagen?« Aber wie, Sinnamma, sollen wir den Mund aufkriegen vor dem großen Doktor? Unsere Männer antworten für uns: »Nein, Sami, meine Frau kommt vom Land, sie versteht nichts, verzeihen Sie ihr, sie wird alles tun, was Sie ihr sagen.« Der Oberarzt, der ist nicht grob, aber er muss sich um so viele Leute kümmern, dass er nie da ist. Andererseits muss man auch sagen, dass die Schwestern mit dem Landvolk viel zu tun haben: Es gibt so viele Krankheiten, dass die Leute von überallher ins Krankenhaus kommen.

Auf jeden Fall entbinden wir lieber im *ceri*, nach dem, was Irsamma und Kaliyamma passiert ist. Wenn ich es Ihnen erzähle, Sinnamma, werden Sie verstehen, warum wir misstrauisch sind … Sehen Sie Nadans Frau dort, die so dürr wie ein Besenstiel ist? Sie heißt Irsamma. Sie war mit ihrem zweiten Kind schwanger. Ihr erstes war gestorben. Sie war schwach, und sie hat auch noch Blut verloren! In der Krankenstation von Naliveli haben sie ihr gesagt, dass sie zur Entbindung ins Pondy-Krankenhaus muss. Wir waren auch dafür: Im Krankenhaus konnten sie ihr wenigstens etwas zur Stärkung geben, sie würden ihr eine Flasche Blut in die Venen pumpen. Irsamma, Nadan, seine Mutter und ich sind ein paar Tage vor der Geburt ins Krankenhaus gegangen. Irsamma hat ein Zimmer bekommen, aber es war kein Bett darin frei. Sie haben sie in einer Ecke auf den Boden gelegt. Es ging ihr gut, sie bekam zu essen, und die Schwestern haben sich um sie gekümmert. Wir drei haben gegenüber vom Krankenhaus im Park gelagert. Wir haben Sachen zum Kochen mitgebracht, und wir sind abwechselnd zu Irsamma gegangen, um nach ihr zu sehen. Eines Morgens haben sie mir gesagt, dass sie in den Wehen ist und im Kreißsaal liegt. Ich bin schnell nach draußen gelaufen, um den anderen Bescheid zu sagen. Dann ist eine Schwester gekommen und hat gesagt, dass Irsamma schon entbunden hätte. Aber sie haben das Kind mit der Zange holen müssen, und Irsamma hat viel Blut verloren und war sehr schwach. Deshalb war sie mit ihrem Baby, einem Jungen, in einem getrennten Raum. Wir drei hatten große Angst und haben geweint. In diesem Augenblick ist der Doktor herausgekommen und hat gesagt, sie würden Irsamma getrennt halten, um sie mit Glukose aufzupäppeln, das würde sie bald wieder auf die Beine bringen. Wenn so ein großer Doktor das sagt, ist man natürlich beruhigt! Eine ganze Woche lang war sie in dem getrennten Zimmer, dann wurde sie in den großen Saal zurückgebracht. Als wir zu ihr kamen, fanden wir sie in Tränen vor. Dabei ging es ihr gut, sie hatte keine Schläuche und nichts. Wir haben sie gefragt: »Was ist denn, Ma? Tut dir was weh?« Da hat sie losgebrüllt: »Nein, das ist es nicht, es ist wegen meinem Baby!«

»Was ist mit dem Kleinen? Hat er nicht getrunken? Ist er krank?«

»Nein! Nein! Mein Baby, es ist ein Junge, er ist ganz schwarz!«

Ich hatte das Baby noch nicht gesehen und habe zu ihr gesagt: »Was sind das für Geschichten? Da weint sie, weil ihr Baby schwarz ist! Ist das die Möglichkeit?«

Derweil hatte sich Nadan über das Kind gebeugt: »Wie? Was? Es ist doch ganz hell, das Kleine. Und außerdem, hell, dunkel, wen schert das? Sind wir etwa hell? Wirklich, du bist verrückt!«

Da habe ich ihnen gesagt: »Nein, nein, es ist nicht ihre Schuld, es gibt zu viele Geister an einem Ort wie diesem! Vielleicht sind es diese verfluchten Hunde, die sie so verrückt machen!«

Irsamma weinte noch lauter. Die Leute, die neben ihr waren, traten an ihr Bett, und sie rief: »Gebt mir mein Baby zurück, es ist ein ganz schwarzer Junge! Ich habe ihn gesehen! Gebt ihn her! Gebt ihn her!«

Wir haben nichts begriffen. Schließlich habe ich das Baby hochgenommen und gerufen: »Aber das ist ja ein Mädchen!«

Irsamma weinte, die Schwestern waren wütend auf uns, und wir mussten den Neugierigen, die uns umringten, Rede und Antwort stehen. Es war ein solcher Radau, dass wir unser eigenes Wort nicht verstanden. Ich wusste nicht, was ich tun sollte. Die Schwestern beschimpften uns: »Ihr kommt hierher und lasst euch verhätscheln, und dann kreischt ihr herum wie die Fischweiber! Ihr seid doch echte Parias!«

Schließlich kam die Oberschwester herein, die mit der Schmetterlingshaube. Ich hatte Angst, dass sie uns wegschickt, und die arme Kleine brauchte doch so dringend die Stärkungsmittel und die Ruhe. Also habe ich gesagt: »Mutter! Mutter! Es ist nichts … es ist wegen dem Baby. Unsere Kleine meint, sie hat einen Jungen gehabt, das ist alles!«

»Wie? Was sind das für Geschichten? Wir haben hier zu tun! Wir können unsere Zeit nicht mit Dummheiten vergeuden! Lasst sehen, wie die Nummer der Mutter und die des Babys ist!«

Da erst habe ich gesehen, dass beide eine Marke mit einer Nummer am Handgelenk hatten. Und die Oberschwester hat gesagt: »Da, bitte! Sie haben beide dieselbe Nummer, kommt her und seht selbst. Was wollt ihr noch?«

Aber wir konnten nicht lesen. Die Leute um uns herum haben hingeschaut und gesagt: »Ja, es ist dieselbe Nummer. Was hat die Frau nur gesehen in ihrem Zustand?«

Und ich habe hinzugefügt: »Nein, nein, Mutter! Das war nicht sie, das war der Dämon, von dem sie besessen ist.«

Die Schwester zuckte mit den Schultern und ging weg. Wir haben nicht weiter nachgefragt, im Gegenteil, wir haben Irsamma gescholten, und wir haben uns gesagt, dass wir eine schwarze Schnur um ihren Hals legen mussten, um sie zu beschützen und die Auswirkungen des *dosham* zu lindern, den sie vielleicht hatte. Denn im Krankenhaus fängt man sich alle nur möglichen Krankheiten ein. Vielleicht hatte Irsamma eine Frau gesehen, die ihr Kind verloren hatte, und das hat sie ins Delirium versetzt, das hat ihr den *dosham* eingetragen. Wir wollten aber, dass sie hier gut gepflegt wurde, ehe wir sie zu unserem Exorzisten brachten, der sie von ihrem Übel befreien sollte. Jeden Tag bekam Irsamma Spritzen. Jeden Tag gaben sie ihr Medizin. Aber diese Idiotin wollte das Essen nicht anrühren, das ihr auf einem Tablett gebracht wurde. Der Oberarzt sagte, wenn sie nicht essen würde, müsste sie noch einmal ins Krankenhaus kommen, und er hat uns einen Passierschein gegeben, damit wir morgens und abends kommen und ihr selber etwas zu essen geben konnten.

Mit der Zeit ging es ihr besser, und als sie sich gut erholt hatte, sprach nichts mehr dagegen, sie nach Hause zu bringen. Nadesan ist auf den Markt gegangen und hat alles für eine *puja* besorgt, und wir haben Kampfer angezündet und eine Kokosnuss auf dem Stein am Eingang aufgeschlagen, ehe wir das Krankenhaus verlassen haben. Da hat Irsamma wieder geschluchzt: »*Ayo,* Andava! Es ist nicht gerecht, was du tust! Du nimmst mir, was du mir gegeben hast!«

Wir waren wütend auf sie! Sie war gut gepflegt worden, Gott sei Dank, sie hatte sich erholt, und jetzt kam sie uns wieder mit dieser

Geschichte! Ihr Mann hat sie angeschnauzt, und ihre Schwiegermutter auch. Ich musste mich beherrschen, dass ich ihr keine Schimpfworte an den Kopf warf, hier an diesem Ort, vor einem Gott. Aber ein Wächter, der beim Gitter stand, ist zu uns hergekommen und hat gesagt. »Lasst sie. Schimpft nicht mit ihr. Das ist ihr Mutterinstinkt, der sich so empört! Vielleicht hat sie nicht Unrecht, aber vom Weinen kommt ihr Kind nicht wieder. Los, los, geht jetzt nach Hause zurück, ihr wohnt weit weg.«

Nadesan hat ihm eine Münze zugesteckt, wie er es bei allen Dienstleuten hier gemacht hat, und ich habe zu ihm gesagt: »Wir müssen nach Hause zurück, ehe es Nacht wird. Wir können es nicht zulassen, dass die Kleine dem bösen Blick ausgesetzt ist oder dass einer von diesen üblen Geistern, die überall lauern, sie anrührt!«

Wir haben einen Rikscha-Mann angehalten, der uns eine enorme Summe bis zur Bushaltestelle abverlangt hat. Wir waren mit unseren ganzen Töpfen beladen, und weil wir Frauen nicht mit Sack und Pack unter so vielen Leuten allein sein wollten, habe ich zu Nadesan gesagt: »Kleiner Bruder, steig du mit deinen Frauen, dem Baby und den ganzen Sachen in die Rikscha. Ich folge euch zu Fuß.« Und so sind sie alle abgefahren.

Ich habe unterm Gehen darüber nachgedacht, was der Wächter gesagt hat, und die Geschichte hat mich nicht mehr losgelassen. Deshalb bin ich umgekehrt und zu ihm zurückgegangen. Ich kannte ihn ein wenig vom Sehen, weil ich schon öfter ins Krankenhaus gekommen war, und ich wusste, dass er immer nachmittags am Tor war. Ich hatte also ein wenig Vertrauen zu ihm und habe ihn gefragt: »Großer Bruder! Was hast du über diese Kleine gesagt? Dass sie nicht Unrecht hat?«

Er hat gesagt: »Willst du es wirklich wissen? Und was wirst du dann tun?«

»Was ich tun werde? Zum einen Ohr herein und zum anderen hinaus, das werde ich tun. Was soll unsereins sonst machen?«

Da hat er mir erzählt, dass eine Frau aus einer hohen Kaste zwei Stunden nach Irsamma entbunden hatte. Diese Frau hatte schon drei Töchter, und sie musste unbedingt einen Jungen haben, weil man ihr gesagt hatte, dass sie danach keine Kinder mehr bekommen könnte. Die Familie hat also alle Ärzte und Schwestern bestochen, dass sie ihre Tochter mit einem neugeborenen Jungen vertauschen sollten. Irsamma war zu dem Zeitpunkt in einem getrennten Raum, mit den ganzen Schläuchen überall. Das haben sie ausgenützt und schnell die Babys vertauscht. Welche Mutter würde auch freiwillig ihren Sohn für eine Tochter hergeben? Sicher, manchmal lassen die Leute ihr Kind im Stich, aus Armut oder weil sie einen Fehltritt begangen haben, aber wer würde seinen Kleinen vertauschen? Irsamma hat ihren Jungen wohl gesehen, trotz ihrem schlechten Zustand, und die Schwestern, die uns gesagt hatten, dass das Baby ein Junge sei, waren wahrscheinlich nicht eingeweiht. Oder sie haben die Sache erst hinterher ausgeheckt. Wer weiß? Damals konnten sie uns alles einreden, sie brauchten nur die Stimme zu heben ... Auf jeden Fall ist Irsammas Sohn jetzt in einer reichen Familie, und diese Kleine im *ceri* bei den Parias! Es stand ihnen von Geburt an auf der Stirn geschrieben, dass ihr Schicksal sich wenden würde ... Wer weiß, was sie waren, bevor sie in dieses Menschenleben hineingeboren wurden? ... Irsamma hat die Kleine jedenfalls wie ihre eigene Tochter aufgezogen, und sie hat sie sogar in ein Dorf in der Nähe von Karani verheiratet.

Ein paar Jahre später ist Kaliyamma eine ähnliche Geschichte zugestoßen. Aber in diesem Fall waren es nicht die Schwestern, die den Tausch gemacht haben, sondern die Mutter selbst hat sich das Kind genommen. Die Wöchnerinnen, Sinnamma, sind in einem so großen Saal im Krankenhaus! Die ersten Tage nach der Entbindung darf die Familie bei der Mutter bleiben, aber am Abend müssen sie sie allein lassen und im Flur schlafen. Die Nachtschwestern schlafen in einem Zimmer nebenan. Sie hören nicht, was bei den Müttern drinnen vorgeht, und jeder kann alles dort machen, das ist einfach ... Kaliyamma hat geschlafen, als das passiert ist, aber natürlich hat sie es als Erste gemerkt, als sie am Morgen ihr Kind zum Stillen hochgenommen hat. Sie hat sofort zu mir gesagt: »Was ist das, *de?* Es hat einen ganz anderen Kopf!«

Ich hatte in der Nacht schlecht geschlafen und war noch nicht recht wach. Ich sagte: »*Aye!* Wisch dir die Augen aus und sieh richtig hin!«

Aber sie war schon dabei, das Baby auszuziehen: Es war ein Mädchen statt einem Jungen! Kaliyamma hat geschrien und sich auf die Brust geschlagen. Ich wusste nicht, was ich denken sollte, und habe gezittert. Ich hatte genau gesehen, dass ihr Baby, ihr richtiges Baby, ein Junge war. Was war da passiert? Die Schwestern sind herbeigelaufen, und zusammen mit Mariamma, Kaliyammas Mutter, und Ganesan, ihrem Mann, habe ich ihnen erklärt, was los war. Sie konnten es nicht fassen, aber sie wollten keine Entscheidung treffen, weil ihr Dienst fast zu Ende war: Sie haben gesagt, wir sollten auf den Oberarzt warten. Kaliyamma hat sie reden lassen, aber dann ist sie selber im Saal herumgegangen, und plötzlich hat sie geschrien: »Das ist er! Das ist er! Das ist mein Kind!«, und mit dem Finger auf ein Baby gezeigt, das gut gekleidet, gut zugedeckt war, mit Strümpfen und einem Mützchen. Die Frau, bei der das Kind war, hat Kaliyamma beschimpft und sie für verrückt erklärt. »Was? Mit einem Harijan vertauschen? Wir!?«, hat sie geschrien. Sie war eine Muslimin ... Inzwischen hatte die Schwesternschicht gewechselt. Sie haben den Oberarzt alarmiert, und er ist in den Saal gekommen. Ich habe mich vor ihm niedergeworfen. Im Krankenhaus kannten sie mich so langsam, denn ich begleite oft Kranke und Wöchnerinnen hierher. Diesmal waren die Ärzte auf unserer Seite: Sie hatten nichts mit der Sache zu tun. Der Arzt gab den Befehl, die beiden Kinder auszuziehen. Er hat sich das Register angesehen. Bei Kaliyamma stand »Junge« und bei der anderen Frau »Mädchen«. Ganesan kann lesen und schreiben; er hat in das Register geschaut und dasselbe gesehen. Kaliyamma hat ihren Jungen zurückbekommen. Die Frau wollte sich herausreden und hat behauptet, dass die Nachtschwestern sich in der Wiege geirrt hätten. Neugeborene sehen alle gleich aus, wenn sie so angezogen sind, Sinnamma. Aber bei einer Mutter ist das anders, ihr Instinkt und ihre Liebe öffnen ihr die Augen! Die Frau und der Doktor haben sich weiter gestritten. Wir waren zufrieden, dass wir unser Baby wiederhatten. Ach, der ist jetzt ein schöner Junge, er heißt Ramakrishnan. Er ist groß, und er geht mit einem Haufen Bücher in die Schule! ... *(Betelpause)*

Jetzt verstehen Sie, warum wir nicht so gern ins Krankenhaus gehen, Sinnamma. Ich habe bei meinen zwölf Kindern alles selber gemacht, ich habe niemanden an mich herangelassen, aus Angst, dass sie mir das Loch zerreißen oder meinem Baby einen Knochen verrenken. Ich habe immer zu den Schwestern in Naliveli gesagt: »Lasst mich in Ruhe, das kommt ganz von selber heraus. Warum wollt ihr darin herumwühlen?« Meine Geburten waren immer ganz sanft, so wie wenn man über eine Rose streicht ... Es hat nie sehr lange gedauert: Ich gehöre nicht zu den Frauen, bei denen sich die Wehen endlos hinziehen – eine ganze Nacht oder sogar Tage –, so dass man ihnen Wasser zu trinken geben muss, *kuj*, Kaffee ... Nein, bei mir ist das überhaupt nicht so!

Erstens vergesse ich nie das Tablett für Ettiyan und seine riesengroßen Männer mit dem Schnauzbart und der Keule über ihren mächtigen

Schultern: ein Tablett mit grünen Mangos, Kokosnüssen, auch anderen Früchten, außerdem Werkzeug – eine Hacke, eine Bohrstange, einen Korb –, damit sie sich an die Arbeit machen können, sobald das Kind aus seinem Sack in unserem Bauch herauskommt! Ja! Ich weiß, wovon ich rede! Ich habe einen ganzen Scheffel voll Kinder geboren! Alles, was wir essen, geht in diesen Sack, und so wächst das Kind heran. Denken Sie nur, Sinnamma, was für ein Geheimnis das ist! Mit dem Blut, das er zehn Monate lang auffängt, formt Isan ein Baby in unserem Bauch. Nur er kann das machen. Wie sollte sonst aus so einem bisschen Sperma ein Kind werden? Und Isan schickt auch Ettiyan und seine Männer, damit sie nach der Geburt unsere Schmerzen lindern. Sie nehmen Schlamm und werfen ihn auf unseren Bauch, damit die Schmerzen nachlassen, und daher kommt es, dass dieser Teil, der rot ist wie glühende Kohle, und die Haut, ausgeleiert wie Baumwolle, so schnell verheilen!

Als Erstes bereite ich also das Tablett für Ettiyan vor. Dann mache ich Wasser heiß. Ich ziehe meinen Sari aus. Mit einem Becher schütte ich mir Wasser über die Taille und die Hüften. Ich trockne mich ab, und ich wische mich vorne mit einem kleinen Tuch ab. Ich gehe ein wenig und stütze mich dabei an der Wand ab. Ich spüre, dass es herunterkommt, und um ganz sicher zu sein, warte ich, bis die Wasserblase sich öffnet, und ach!, ich höre sie reißen: *podu!*, und dann das Rieseln: *sala, sala, sala …* Dann geht alles sehr schnell: das Kind zuerst, mit dem Kopf voraus, dann die Plazenta, und schon ist es vorüber! Es ist, als ob Devi zu Sami sagt: »Oh Herr! Schicke deinen Fußtritt! Lass dieses Kind keine Sekunde länger in diesem Bauch verweilen, die da ist eine tüchtige Frau!« Ja, erfahrene Frauen wie ich stehen in besonderer Gunst bei dem Herrn!

Sinnamma, ich mache keine Fehler, und bei allen Frauen, denen ich entbinden helfe, mache ich es genauso. Ich weiß, dass für uns Hebammen der Weg offen und gut gebahnt ist. Ob ich heute sterbe oder erst später – weder Yama noch seine Wachen werden mich aufhalten, um mir ihr Urteil zu verkünden. Isvaran schickt uns Hebammen nicht in die Hölle. Wir sehen zu viel Leid mit unseren eigenen Augen! Wie viel Blut sehen wir fließen! Wie viel Blut fangen wir in unseren Händen auf! Wie viele Schmerzen! Deshalb wird es für uns keine Hindernisse geben. Die sechzehn Pforten werden weit offen sein, und wir gehen schnurstracks in Yamas Reich ein. Er wird uns nicht wegschicken, damit wir wiedergeboren werden. Nein, nur nicht dieser Fluch der Wiedergeburt![6]

7
DIE FRÜCHTE UND DIE KNOSPEN

Ich hatte immer viel Milch in meinen Schwangerschaften, und auch danach. Das ist so reichlich geflossen, dass mein Sari vorne ganz steif war. Ich bin sicher, dass ich selbst jetzt noch, wenn ich schwanger werden würde, Milch im Überfluss hätte. Meine Tochter ist wie ich, sie hat sogar noch mehr. Sinnamma, Sie hätten meine Brüste sehen müssen, wenn ein Baby gestorben ist: die Milch hat sich darin verhärtet – was für eine Qual! Im *ceri* trauen sich die Frauen nicht, Breiumschläge zu machen, aus Angst, dass sie beim nächsten Kind keine Milch mehr haben. Oh ja, Sinnamma! Nie mehr Milch nach den Breiumschlägen! Also gehen wir in die Krankenstation, und dort setzen sie uns einen durchsichtigen Becher mit einem Schlauch und einer Pumpe auf die Brust. Die Milch wird herausgesaugt, und die Brüste werden ganz weich ... Wenn wir ein Kind abstillen wollen, ist es schon groß, und wir haben nicht mehr so viel Milch wie am Anfang. Wir pflücken eine große Menge Jasmin, legen ihn auf die Brüste und binden sie mit einem Tuch ganz fest zusammen. Das machen wir drei Tage lang, und dann ist es vorbei: Die Milch ist versiegt, und bei der nächsten Schwangerschaft fängt es wieder neu an.

Sie wissen, Sinnamma, dass wir unsere Kinder lange stillen, mindestens drei Jahre. Auf diese Weise bekommen wir nicht sofort ein anderes Kind. Wir Paria-Frauen sind dazu verdammt, in der Sonne zu braten. Wenn wir uns jedes Mal ein Kind in den Bauch pflanzen lassen, wie sollen wir dann noch arbeiten und essen? Sie sind eine reiche Frau, Sinnamma: Sie können es sich erlauben, die Beine auszustrecken und auszuruhen. Aber ich, wenn ich meinen *kanji* haben will, dann muss ich meinen Bauch überallhin schleppen: zum Auspflanzen, zum Jäten, zum Kühehüten oder Holzsammeln ... Und wenn wir ein Kleines im Arm haben, ist es dasselbe: Wir nehmen es überallhin mit, und wir machen uns Sorgen, denn während wir arbeiten, wissen wir nie so genau, was es macht, wo es ist… Deshalb möchten wir lieber drei Jahre warten, bis das Kind schon größer ist, bis es gehen und sprechen und »Papa« und »Mama« sagen kann und »das ist unsere Kuh« oder »Tante kommt«. Das ist das Zeichen für uns. Wir lassen noch eine Regel vorbeigehen, und danach sind wir wieder »ansprechbar« und können »es machen«. Wenn wir diese Frist einhalten, wird das Kind stark und dick. Wir Paria-Frauen stillen lange, und unsere Milch ist sehr begehrt!

Wenn im *ur* eine Mutter und ihr Baby krank sind, kommen sie zu uns und bitten uns, dass wir ihnen ein wenig abgeben. Eines Tages, als ich in Madras auf dem Paria-Markt war, hat mich ein Marwari – ein Pfandleiher –, der seinen Laden dort hatte, angehalten und um einen Becher Milch gebeten. Ha! Ich bin dort mit meinem Baby auf der Hüfte herumgegangen. Er hat mich gesehen und jemanden geschickt, der mich gefragt hat, ob ich ihm ein wenig Milch für seine Frau und sein Baby geben könne, die sehr krank waren. Sie wollten ein Medizinpulver in meiner Milch auflösen. Ich habe mich geschämt, als er mir das einfach vor allen Leuten, mitten in dieser großen Stadt, gesagt hat, aber mein Mann hat zu mir gesagt: »Gib es ihm, *de!* Sie sind krank!« Da habe ich mich in eine Ecke gedrückt und die Milch aufgefangen. Sinnamma, der Marwari hat mir zehn Rupien für so ein Becherchen voll gegeben! Zehn Rupien! Ja, unsere Milch ist sehr begehrt, und wenn man euren Kindern davon gibt, werden sie schnell gesund, denn die Milch ist sehr reich. Wir Parias dürfen alles essen, nichts ist uns verboten. Wenn wir es uns leisten können, essen wir Huhn, Rindfleisch, Lamm, alle Fischsorten, grüne Blätter. Das macht sie so besonders und nahrhaft, unsere Milch. Ihr esst nur Gemüse. Natürlich nehmt ihr viel Brot, viel Milch, viele Früchte dazu, aber trotzdem habt ihr ein bisschen weniger Kraft als wir. Weil wir arm sind, kochen wir Parias einfache Mahlzeiten: eine Hand voll Linsen mit viel Blättern, die wir unterwegs auf den Feldern gepflückt haben, eine schnelle und sehr kräftige Sauce aus gesalzenem Fisch mit einer grünen Mango. Manchmal Rindfleisch. Das reichert unsere Milch an. Wenn man eins von euren Kindern hochhebt, fühlt es sich immer ein wenig weich, schlaff, leicht an. Aber bei unseren, da meinst du, du hebst einen Pillaiyar aus Stein hoch!

Sehen Sie sich den Sohn von unserem Reddi an, Sinnamma! Er ist jetzt ein schöner junger Mann, sehr kräftig. Er ist zur selben Zeit wie eines meiner Kinder geboren, mein erstes, glaube ich. Ich habe ihm die Brust gegeben. Damals, als er ein Baby war, hatte seine Mutter viel zu tun im Haus. Sie musste die *idli* und *uppuma* für das Frühstück zubereiten, das Badewasser für ihre fünf Schwager heiß machen und den *kuj* für die siebzig Tagelöhner kochen, die auf ihren Feldern arbeiteten. Sie hatten so viel zu tun, die Frauen in diesem Haus, dass sie mir das Baby anvertraut haben. Sie haben mir gesagt: »Nimm es mit und hüte es im Garten und gib ihm ein wenig Milch!« Ich habe es ins *ceri* mitgenommen und wie mein eigenes Kind gestillt. Wenn ich Rindfleisch gekocht habe, habe ich ihm davon gegeben. *(Lacht)* Es hat ihm geschmeckt, und er wollte mehr davon haben! Und jetzt, wo er ein Mann ist, hat er keine Achtung vor mir, und wenn ich bei ihm bin, in seinem Hof, sagt er: »*Aye!* Bleib, wo du bist, du! Es riecht hier nach Paria!« Eines Tages, als ich die Tiere zum Grasen in die Sonne gebracht habe, bin ich halb verdurstet zurückgekommen, ich hatte unterwegs nirgends anhalten und trinken können. Ich habe die Tiere festgebunden und zu ihm gesagt: »Kleiner Bruder! Gieß mir Wasser ein, ich sterbe vor Durst!« Da hat er sich zu seiner Mutter umgedreht, die in der Küche war, und zu ihr gesagt: »Mutter, die Velpakkata will Wasser.« Und seine Mutter hat ihm gesagt, er soll einen Becher voll holen. Er, der an meiner Brust getrunken hat, überlegt es sich jetzt zweimal, ob er mir ein wenig Wasser geben soll!

Aber das erzähle ich nur, weil ich Ihnen sagen will, wie begehrt unsere Milch ist, die Milch der Paria-Frauen! Und mit dieser Milch ziehen wir unsere Kinder auf, bis sie größer sind und sprechen können.

Nach der Geburt des Kindes darf der Mann sich seiner Frau nicht nähern. Nein, nicht einmal sein Schatten darf auf sie fallen. Wenn er mit seinen fünf Fingern seine Frau berührt, stockt sofort die Milch, es kommt nur noch Wasser, wie kaltes Wasser, verstehen Sie? Und dann wird das Kind zu Grunde gehen. Es wird krank werden und sich nicht erholen: Es bleibt mager, weil ihm die Muttermilch fehlt. Und das ist bei allen Frauen so. Ob es deine Mutter ist oder eine andere, Sinnamma, wenn eine Frau schwanger wird, während sie stillt, verkümmert das Kind, das sie im Arm hat.

Ich habe einmal fast ein Kleines auf diese Weise verloren, weil die Milch fehlte. Das wundert dich, wie? Weil ich gesagt habe, dass ich immer viel Milch hatte. Aber du wirst es gleich sehen … Eines Tages, als ich den Hof des Reddiar kehrte, habe ich die Handglocke des Priesters bei dem Feld gehört, wo die Leute im Sitzen begraben werden. Da bin ich zur Mauer gegangen und habe hinübergespäht. Es war die Familie von unserem Reddiar, die aus Pakkanur gekommen war und eine *puja* für den Gott ihres Klans machte, der dort wohnte. Ich habe fertig gekehrt, dann habe ich mein Baby auf die Hüfte genommen und bin ins *ceri* zurückgegangen. Es muss mein drittes Kind gewesen sein; ich weiß nicht mehr, ob es ein Junge oder ein Mädchen war, es ist so lange her! Auf jeden Fall hat es zu weinen angefangen. Es hatte Hunger. Ich habe es genommen und mich hingesetzt, um es zu stillen, aber es ist nichts gekommen. Es konnte noch so stark saugen, nichts, kein Tropfen! Da hat es noch viel mehr geschrien! Es war am Abend. Als sie das Baby so schreien hörten, sind die Nachbarinnen herausgekommen, um nachzusehen, was los war. Sie dachten, das Baby sei ganz alleine. Ich habe nichts begriffen, und ich habe ihnen gesagt, dass ich plötzlich keine Milch mehr hatte. Sie haben zu mir gesagt: »Wer weiß, welcher Geist oder welche Katteri in dich gefahren ist oder dich erschreckt hat! Es lauern so viele um das *ceri* herum. Morgen gehst du zum Gounder: Er legt dir eine Schnur um den Hals und tut Asche auf deine Stirn, und dann ist es wieder gut!« Aber was sollte ich in der Zwischenzeit machen? Ich habe dem Baby eine Reisbrühe gegeben. Die ganze Nacht konnte ich nicht schlafen; ich habe mich dauernd gefragt, was mit mir los war. Und plötzlich, als ich an die Katteri dachte, ist mir eingefallen, dass die *puja*, die ich an diesem Tag gesehen hatte, zu Ehren der Katteri war, weil sie die Göttin des Klans vom Reddiar ist. Aber ihre Katteri ist gut, sie zieht die Kinder groß.[1] Ich wusste nicht, was das alles zu bedeuten hatte. Sobald es Tag war, habe ich mich gewaschen, mein Baby auf die Hüfte genommen und bin zum Reddi gelaufen. Als die Dame mich gesehen hat, hat sie gesagt: »Nun, Velpakkata? Du kommst mit deinem Baby auf der Hüfte, kaum dass der Hahn gekräht hat?«

»Ja, Mutter. Ich habe die ganze Nacht kein Auge zugetan. Ich habe keinen Tropfen Milch mehr, um mein Baby zu stillen.« Und dann habe ich ihr unter Tränen alles erzählt. Sie hat gesagt: »*Han!* Deine Unreinheit hat unserer Katteri missfallen! Bring mir Kampfer, Betel, eine Kokosnuss und kleine schwarze Armreifen!«

Es war am Morgen. Ich hatte kein Geld, mein Mann auch nicht. Ich bin schnell zu Ambigai gelaufen, ich habe sie gebeten, mir eine Rupie zu leihen, und ich konnte alles bringen, was die Frau des Reddi verlangt hatte. Sie ist damit in ihr Zimmer gegangen und hat eine *puja* gemacht.

Ich habe derweil den Stall sauber gemacht, zitternd vor Angst. Nach langer Zeit ist sie mit einem Päckchen Asche und den schwarzen Armreifen zurückgekommen und hat gesagt: »He, Velpakkata! Streif das hier deinem Baby über die Handgelenke und tu dir reichlich Asche auf die Brüste. Und vor allem, sieh nie mehr zu, wenn wir eine *puja* machen! Unsere Katteri ist gut. Sie lässt dich noch einmal so davonkommen. Aber reize sie nicht: Sie kann bei einer schwangeren Frau eine Fehlgeburt hervorrufen oder ihre Kinder erwürgen, anstatt sie aufzuziehen. Hast du vergessen, wer du bist? Ihr Parias, ihr seid unrein!«

Ich habe die Asche respektvoll mit meinen bloßen Händen entgegengenommen, und ich habe sie drei Tage lang auf meinen Brüsten verteilt, wie sie es gesagt hatte, und sogar auf meiner Stirn, und ich habe auch die Stirn meines Babys damit eingerieben. Weder die Kuhmilch noch das Zuckerwasser noch die Reisbrühe, die ich ihm in einem Becher gegeben habe, konnten mein Baby satt machen, und es wollte immer saugen. Ich hatte Tränen in den Augen, wenn ich es so sah … Ich habe es auf meine Schenkel gelegt und ihm Lieder vorgesungen. Einmal habe ich ein Wiegenlied angefangen, und ohne dass ich es recht merkte, ist eine Totenklage daraus geworden, und ich habe geweint … Und da, als ich mich in meinen Sari schnäuzen wollte, habe ich gemerkt, dass der Stoff ganz steif war! Allein vom Hinfassen konnte ich sagen, was los war … es war Milch, Sinnamma, Milch, die an meinem Sari festgetrocknet war! *Ayo!* Ich war glücklich, sehr glücklich, dass ich mein Kind stillen konnte, dass ich es endlich wieder lächeln sehen konnte, mit vollem Bauch! Seit dieser Zeit, Sinnamma, habe ich bei jeder Schwangerschaft und jeder Geburt unseren Wäscher, der die Katteri als Klangöttin hat, gebeten, zwei *pujas* zu machen: die eine, um mich in der Schwangerschaft zu schützen, die andere, um meine Kinder vor Krankheiten und bösen Geistern zu bewahren. Das war teuer, aber wenn schon! Was hätte ich tun sollen ohne Milch? Wie hätte ich ein Kind ohne Milch aufziehen sollen? Ein einziges Mal habe ich keine Milch gehabt, wie ich es eben erzählt habe. Aber Isvaran hat mir jedes Jahr ein Kind geschenkt, und trotzdem ist mein Blut dasselbe geblieben, es ist nicht gestockt, und meine Kinder waren nie so entsetzlich ausgemergelt. Aber Sinnamma, es kommt auch darauf an, wie man sich um sie kümmert …

Für mich war das meine größte Sorge! Ich habe alles getan, um sie gut zu ernähren. Sobald ich ein wenig Geld hatte, habe ich ihnen Leckereien, Süßigkeiten gekauft. Ich habe ihnen Reis gekocht, wann immer es möglich war, ich habe *dosai* und *idli* gemacht, ich habe ein wenig Zucker in Kuhmilch getan … So habe ich für meine Kinder gesorgt, die ich so kurz hintereinander bekommen habe! Es gibt Frauen, die ihre Kinder einfach sich selber überlassen, ohne ihnen regelmäßig zu essen zu geben. So ein kleines Wesen kann nur leben, wenn man ihm zumindest ein bisschen Milch in den Mund gibt, wenn es Hunger hat! Bei uns kann es sein, dass die Frauen ganz von der Arbeit im Haus in Anspruch genommen sind, oder sie müssen mehr Geld verdienen, und so lassen sie die Mahlzeiten ihrer Kinder einfach ausfallen. Wie sollen die Kinder dann groß werden, frage ich Sie? Wie sollen sie wachsen? *(Betelpause)*

Für mich war es mein Schicksal. Isvaran hat gute Arbeit geleistet: Er hat mir viele Kinder in den Bauch gesetzt. Aber danach … das ist eine andere Geschichte, und mehrere von meinen Kleinen sind gestorben …

Sinnamma, ich habe schöne Kinder geboren, die vollkommen gesund waren. Erst hinterher sind manche gestorben … Eines hat Durchfall gehabt, ein anderes einen Gehirnschlag. Alle konnten sie laufen! Zwei meiner Kinder sind sogar zur Erdnussernte mitgekommen: Sie haben Unkraut gejätet, sie haben mir grüne Blätter in einen kleinen weißen Weidenkorb gepflückt. Ich hatte ihnen die Nase durchstochen und mit einem Stein geschmückt. Ich hatte ihnen einen Zopf an jeder Seite gemacht und Blumen in die Haare getan und einen schönen *pottu* auf die Stirn gemalt, mit Kurkumapaste. Ich habe sie gut gepflegt, meine Kleinen, auch wenn ich mich selber gehen ließ – weil ich auf den Feldern gearbeitet habe. Ich habe sie nie vernachlässigt. Ich habe sie ordentlich angezogen. Sie waren gut gekleidet, und wenn Leute wie Sie, Sinnamma, sie auf der Straße gesehen haben, haben sie freundlich mit ihnen geredet, weil sie geglaubt haben, dass es Kinder aus ihrer eigenen Kaste sind …

Du fragst mich, wie viele Kinder ich alles in allem gehabt habe? Warte … also ich habe zwölf Kinder gehabt! Das erste war ein Mädchen, sie hieß Muttamma. Dann ein Junge, Ganesan. Danach ein Mädchen, Arayi. *Ayo!* Danach weiß ich nicht mehr, Sinnamma! Warte, warte ein wenig … Ich habe zwölf gehabt, doch, doch, wir haben sie sogar auf dem Standesamt eintragen lassen. Ja, wenn ein Kind geboren ist, muss man es anmelden: »Hier, Sir, ich habe einen Jungen bekommen, oder ein Mädchen, und ich nenne ihn oder sie Nataraja oder Perambata.« Dort schreiben sie alles in ein großes Heft. *Ayo!* Wenn wir in dieses Büro gehen würden, könnten sie uns vielleicht sagen, wie viele Kinder ich gehabt habe, und ihre Namen auch. Komm, Sinnamma, wir gehen ins *ceri* zurück: Die Frauen dort können mir helfen, richtig zu zählen und die Namen alle zusammenzubringen. *Ayo!* Denk nur, ich erinnere mich nicht mehr! Sie kommen, sie gehen, die Kleinen. Ich habe nicht alle Namen von meinen Kindern im Kopf. Manchmal sterben sie sogar, bevor ich ihnen einen Namen gebe ...[2] Ich weiß das nicht alles auswendig ... Beim Standesamt sagen wir einen Namen, aber wenn sie zum ersten Mal den Kopf geschoren und die Nase durchstochen bekommen, dann geben wir ihnen einen anderen, und dieser Name bleibt dann ...

Warte, lass mich noch einmal anfangen. Die Erste war Muttamma. Die Dritte ist ein Mädchen. He, he! Nach eins kommt zwei, die Zweite ist also Irsamma. Aber damit wir die Namen behalten, geben wir sie der Reihenfolge nach: Muttamma kommt von *mudal*, das ist die Erste; Irsamma kommt von *iru*, das ist die Zweite ... Nein, wirklich, ich bringe es nicht zusammen ... Die Fünfte ist ein Mädchen, *Anjalai*. Also, die Erste ist Mutamma, das Zweite ein Junge, und ... ich schwöre Ihnen, Sinnamma, ich kann es Ihnen nicht sagen ... Glauben Sie, dass ich das alles im Kopf habe, die Namen der Kinder, die gestorben sind? Warten Sie, warten Sie ... Gleich hab ich's ... Der Dritte ist ein Junge, Muttukrishnan. Die Vierte, das ist meine Tochter, die in Koraiyur lebt: Miniyamma. Die Fünfte ist Anjalai, die Sechste Arayi, die Siebte ... nein, das ist ein Junge, Murugesan. Das macht sieben, wie? Danach die Neunte, ein Mädchen. Ah! Nein, nein. Nach sieben kommt acht: Das ist mein Sohn Anban. Also, die Neunte, das ist ein Mädchen, Omakkanni. Dann die Elfte, das ist ein Mädchen. Das war es dann, wie?«

»Nein. Das sind nur zehn.«

»Zehn? Also dann, dann weiß ich auch nicht mehr ... Doch, doch, da ist noch Palayi. Das sind insgesamt zehn. Die Elfte, das ist Sundari, ein Mädchen. Der Zwölfte, das ist ein Junge, Govindan. Und das wär's dann.«

Die Reihenfolge der Kinder, das ist sehr wichtig, Sinnamma. Bei uns und bei allen anderen fragt man, wenn es zur Hochzeit kommt, immer danach, an welcher Stelle der Junge oder das Mädchen in der Geschwisterreihe steht. Wenn die Reihenfolge schlecht ist, kann das Unglück bringen; wenn sie gut ist, kann es das Ende der schlimmen Jahre bedeuten. Ich habe mich so schlecht an die Reihenfolge aller meiner Kinder erinnert, weil viele gestorben sind: Ich habe nur noch Miniyamma, mein viertes Kind, Anban, mein achtes, und Sundari, mein elftes. Aber bei ihnen weiß ich die Reihenfolge genau! Nehmen Sie meine Tochter Miniyamma: An vierter Stelle hätte ein Junge sein müssen, der uns allen Glück gebracht hätte. Ein Mädchen an vierter Stelle dagegen leert das Haus – macht es leer, leer, vollkommen leer. Miniyamma hat das nicht gemacht, es war einfach so, dass ihre Sterne und ihr Geschlecht nicht übereinstimmten. Wenn eine reiche Familie ein Mädchen als viertes Kind hat und weiterhin im Wohlstand lebt, dann wird das Haus, in das die Tochter einheiratet, leer werden. Aber wenn die Familie, in die sie geboren wird, im Elend lebt, dann wird die Schwiegerfamilie nach ihrer Ankunft reich werden ... Denken Sie, was Miniyamma passiert ist: Wir haben sie gut verheiratet, in das Dorf von Kanjappakkam, in eine Familie, die reicher war als wir, die Vieh und sogar ein kleines Reisfeld besaß. Aber kaum hat meine Tochter ihre Füße über die Türschwelle gesetzt, war es aus, und heute leben sie im Elend. So sehr ich sie auch unterstützt habe, Miniyamma, es hat nichts geholfen ...

Um glücklich zu leben, Sinnamma, braucht es einen Jungen an achter Stelle. Und da habe ich es gut getroffen, mit Anban. Mein Sohn, den habe ich so sorgfältig aufgezogen, als wäre er aus purem Gold. Und seit seiner Geburt, Sinnamma, sind wir wirklich weniger schlecht dran. Du siehst es selber: Ich habe Kühe, Ziegen, jeden Tag Arbeit. Wir kommen wieder auf die Füße. Mein einziger Kummer ist, dass seine Frau noch keine Kinder hat. Aber ich habe ausgegeben, was nötig ist, damit sie schwanger wird. Ich werde mein Bestes tun, um sie in die Tempel zu bringen. Und dann werden wir sehen ... Isvaran wird es uns mitteilen ... Mein Sohn Anban wird es jedenfalls gut haben, das hat mir der Iyer vom Perumal-Tempel erst gestern wieder bestätigt: Seine Tiere werden bei guter Gesundheit sein, und Lakshmi wird mit uns in diesem Haus wohnen. Was können wir mehr verlangen? Es steht in seinem Horoskop geschrieben, dass er in seinem Menschendasein – und sei es nur für eine Viertelstunde – mit dem Schwert triumphieren und an irgendeinem Ort einen Grundstein legen wird. Das gilt für alle, die an achter Stelle geboren sind; für die Söhne der Maharadschas genauso wie für die Söhne armer Leute, die nicht einmal Wasser zu trinken haben; sie haben alle die gleiche Chance. Diesen Jungen hätten wir Ettiyan, den Achten, nennen müssen, aber als wir ihm zum ersten Mal die Haare geschnitten haben, habe ich gesagt: »Nein! Ich habe ihn mir so sehr gewünscht, diesen Achten. Ich habe ihn aus allen Krankheiten gerettet. Ich will, dass er Anban heißt, der Vielgeliebte.«

Bei Sundari, meinem elften Kind, habe ich auch den Namen ausgesucht. Sundari, das ist die Gestalt, die mir im Bharatam[3] am besten gefällt. Sie ist so eine mächtige Mutter! Sie haben gesehen, Sinnamma, wie ihr Gesicht hart und grausam wird, wie es sich verzieht, in dem Augenblick, wo sie ins Feuer steigt, wenn der Vorleser »Pattini, Sundari, Devi« singt, »oh Sundari, keusche Göttin …«. So finster ist es dann, ihr Gesicht! Schwarz vor Zorn … Diese Mutter ist die leibhaftige Wut: Nur um ihre wahre Natur zu zeigen, ist sie als Frau geboren …

Jedes Jahr, Sinnamma, richte ich es ein, dass ich diese Geschichte hören kann, die ich so sehr liebe. Wenn ich von den Feldern komme, setze ich mich einen Augenblick neben das Lotosbecken und höre zu. Oder manchmal halte ich an, wenn ich beim Holzsammeln war. Sobald die Sonne untergeht, setze ich mein Bündel wieder auf den Kopf und gehe ins *ceri* zurück, um die Abendarbeiten im Haus zu machen … Wo immer ich bin, was immer ich für eine Arbeit mache, ich versäume es nie, ein wenig zuzuhören: Dafür lasse ich alles stehen. Am liebsten setze ich mich in das Feld des Madhava Reddi, das auf die Tempelmauer von Draupadi geht. Dort kann man den Iyer gut hören, der das Bharatam liest, und mich kann niemand sehen … Es soll sehr vorteilhaft sein zuzuhören; es heißt, dass einem Fehler verziehen werden. Aber so etwas gibt es nur im *ur*. Niemals wäre jemand bereit, für uns zu lesen, wir sind zu unrein, und es würde immer einen Hurensohn geben, der mitten unterm Vorlesen Flüche ausstößt! Obwohl, wer weiß? In diesem *kaliyugam*, Sinnamma, zählt nur das Geld. Wenn wir einen guten Preis machen würden, wenn wir mehr geben würden als die Leute im *ur*, würden wir vielleicht einen Priester finden, der sich darauf einlässt. Aber bis jetzt hat es das noch nicht gegeben. Ich will Ihnen sagen, wie das im *ceri* geht. Wir haben alle zusammengelegt und ein dickes Bharatam-Buch gekauft, in dem alles angezeigt ist. Die Männer bei uns, die lesen können, nehmen das Buch mit und setzen sich in die Nähe des *kulam*, und während der Priester im Tempel liest und das Bharatam erklärt, schreiben unsere Burschen, schlau und gerissen wie sie sind, alle Einzelheiten in das Buch: Das hier ist der Wachspalast, hier steigt man ins Feuer hinab usw. An den Tagen, an denen es keine Arbeit gibt, setzen sie sich im *ceri* zu viert oder fünft auf den *tinnai* und lesen vor einem Dutzend Männern oder so. Wenn wir es hören, gehen wir Frauen auch hin und hören zu. So habe ich Draupadi kennen gelernt. Seither wollte ich immer, dass eine meiner Töchter einen ihrer Namen trägt, vor allem, wenn es ein elftes Kind ist!

Vom siebten Kind, falls es eine Tochter ist, heißt es bei uns, dass mit ihrer Geburt »selbst der Anbau ein goldenes Dach bekommt«! Ihre Familie wird mit Glücksgütern überhäuft, und es wird ihnen an nichts fehlen. Die Stadt, in der sie wohnen wird, reicht an Ayodhya[4] heran. Wenn sie ins heiratsfähige Alter kommt, werden die Leute sich um sie reißen. Ist das siebte Kind dagegen ein Junge, so wird er den Seinen Unglück bringen. Er wird seiner Familie große Schwierigkeiten machen: Selbst wenn es bis dahin mit ihr bergauf gegangen ist, wird es wieder abwärts gehen, und der Junge selber wird viele Misserfolge haben ... Nein, als siebtes Kind braucht man eine Tochter! Beim fünften Kind ist es genauso. Wenn es eine Tochter ist, wird sie den Speicher füllen. Aber ihr Charakter, der ist zum Fürchten! Sogar die fünf Elemente erzittern vor ihr! Sie wird hochmütig und herrschsüchtig sein. Wenn es aber ein Junge ist, wird er nicht sehr ins Gewicht fallen. Er wird als Bettler von Shiva herumirren. Er kann schuften wie ein Hund, er wird keinen Lohn, keine Erfüllung finden. Herumirren, herumirren, das ist alles, was er tun kann.

Arayi purayi ambalita nallayi! – »Dort, wo die Sechste einkehrt, wird der Ehemann kein Glück haben!« Die sechstgeborene Tochter, die kann man in eine Kiste sperren, sie wird trotzdem einen Weg finden, sich von einem anderen aufspießen zu lassen als von ihrem Ehemann, und obwohl sie es so leicht hat, ihrem Mann Hörner aufzusetzen, wird sie nicht glücklich sein. Das gilt für alle Kasten: für die Reddi, die Töpfer, die Gounder, die meine, die deine ...

Die neuntgeborene Tochter dagegen wird glücklich sein. Sie wird immer Omakkanni heißen. Die Drittgeborene bringt die Familie ins Gleichgewicht. Aber sie darf keine Wirbel im Haar haben, weder vorne noch hinten. Sonst siecht ihr erster Mann dahin, und ihr zweiter auch. Erst der dritte kann den Knoten genießen, den er hinter ihrem Hals gemacht hat, denn sie wird insgesamt drei Ehen haben. Oh, sie kann es sich nicht aussuchen, die Arme! Es liegt an Ihm, der die Wirbel auf ihrem Kopf gezeichnet hat: Wenn man sie hat, muss man damit leben! Bei einem drittgeborenen Sohn ist es genauso: Wenn er Wirbel hat, wird seine erste Frau sterben und seine zweite auch. Erst mit der dritten wird er eine erfüllte Ehe haben.

Sie ist das achte Kind im Haus, eine Tochter,
Hüte dich, sie zu heiraten!
Du bist eine zehntgeborene Tochter,
Sieh mich nicht an!

Das singen die Männer in ihren Bewässerungsliedern. Wer sich einem Mädchen nähert, das als achtes Kind geboren wurde, ist ruiniert. Und wenn sie das zehnte Kind ist, kann sie sogar einen Palast zerstören: Kein Stein davon wird auf dem anderen bleiben! Bei diesen beiden ändert man immer die Namen. Normalerweise müssten sie Ettiyamma oder Palayi heißen, aber sie werden Saroja oder Kamatchi oder was auch immer genannt! Nur so wird sich ein Mann finden, der sie heiratet. Das gilt für alle, selbst für die, die aus dem Schoß deiner Mutter geboren werden: Sie würde bestimmt auch ihre Namen ändern, damit sie ihre Töchter verheiraten kann! Kurzum, es hängt von vielen Dingen ab, Sinnamma. Die Stunde, in der man gezeugt wurde, die Stunde, in der man geboren wurde, können alles verändern.

Das erste Kind, ob Junge oder Mädchen, bringt immer Glück, da gibt es nichts zu deuteln! Wichtig ist, dass man überhaupt ein Kind hat. Wenn du gar kein Kind hast, wirst du als unfruchtbare Frau abgetan, und dein ganzes Leben lang wirst du wie eine Ausgestoßene behandelt, denn du bringst Unglück. Du wirst deine Ehre verlieren, deine Daseinsberechtigung. Du wirst nicht mehr du selber sein. Eine unfruchtbare Frau hat viel zu leiden, Sinnamma, mehr als jede andere von uns. Die ganze Zeit treibt es sie um. Was hat sie nur in ihrem früheren Leben getan, dass sie so etwas verdient hat? Ihre Eltern haben wahrscheinlich ihr *dharma* nicht gut erfüllt, und das fällt auf die Tochter zurück. Wenn wir den Reis auspflanzen, singen wir immer das Lied von »der, die keine Kinder hatte«. Es ist ein trauriges Lied, und wir weinen alle, selbst die, die Mütter sind, wenn wir es singen. Es geht so:

Im Wald, *yelalam*, voll Mut, nicht wahr?
Yelama yelam
Voll Mut, nicht wahr?

Yelama yelam
Kaliyamma, *yelalam*, habe ich sie geformt,
Habe ich sie geformt.
Ayo! Und dennoch, *yelalam* …
Hatten sie keine Kinder,
Yelalam yelam
Sie hatten keine Kinder,
Yelama yelam,
Die fünf Söhne, *yelala*, die Pandava,
Die fünf Söhne, die Pandava.

Ins Heiligtum von Puttupputtan,
Ins Heiligtum,
Habe ich gebracht, *yelala*, einen Korb mit Opfergaben,
Ayo! Und dennoch …
Sie hatten keine Kinder,
Sie hatten keine Kinder.
Die fünf Söhne, die Pandava,
Die fünf Söhne, die Pandava!

Im Tempel von Selliyamma,
Im Tempel,
Habe ich einen Hahn gelassen.
Ayo! Und trotz alledem …
Sie hatten keine Kinder,
Die fünf Söhne, die Pandava!

In den Tempel von Patchaiyamma
Habe ich Milch gebracht sogar.
Die Milch ist nicht geronnen, *amma!*
Meine früheren Fehler sind nicht gesühnt!
Und trotz alledem …
Sie hatten keine Kinder!
Die fünf Söhne, die Pandava!

Ayo! Indem ich mir sagte, dass ich keine Kinder habe,
Bin ich bis Chidambaram gegangen.
Er hat mir nicht, Tillai *nana,*
Yemma, Der aus dem Wald,

Er hat mir nicht die Gnade gewährt, ein Kind zu haben!
Und trotz alledem …
Sie hatten keine Kinder,
Die fünf Söhne, die Pandava!

Indem ich mir sagte, *yemma*, dass ich kein Kurkuma hatte,
Bin ich, *yemma*, sogar bis Mayavaram marschiert.
Er hat mir nicht, Mayan nana,
Yemma, Der vom Ufer,
Er hat mir nicht die Macht des Kurkuma geschenkt!
Und trotz alledem …
Sie hatten keine Kinder,
Die fünf Söhne, die Pandava!

Und dann, Sinnamma, weil die Frau kein Kind bekommt, nimmt sie einen Neffen an: ein Kind der Schwester ihres Mannes. Aber als sie ihn mit der Tochter ihres Bruders verheiraten will, weigert sich ihre Schwägerin. Und da sagt dann ihr Bruder, und sie antwortet darauf:

Gern hätt ich sie dir gegeben, meine Tochter, *yelama yelam*,
Gern dir gegeben, meine Schwester,
Meine Tochter, *nana*, oh Mutter!
Ich hätt sie dir gern gegeben, *yelama yelam*,
Gern dir gegeben, meine Schwester!

Geschmückt mit Blumen für diesen Prinzen, *nana*,
Wärst du acht Tage früher nur gekommen, *yelama yelam*.
Wärst du gekommen, oh Schwester,
Die keusche Tochter, *nana*, hätt ich dir gegeben,
Ich hätt sie dir gegeben, *nana*, meine Tochter, *arigari*,
Für deinen schönen Jungen, meine Schwester,
Oh Schwester, wärst acht Tage eher du gekommen,
Arigari, acht Tage eher,
Die keusche Tochter, ich hätte sie dir gegeben!

Oh mein Bruder, wenn du mir deine Tochter, *nana*, nicht gibst,
So nehme ich, oh Bruder, den vollen Krug
Und zerschlage ihn, mein Bruder, an deiner Tür!

Ein trauriges Lied, Sinnamma, findest du nicht? Sie ist in alle Tempel gegangen, die arme Frau, und niemand hat sie erhört, niemand hat ihr die Gnade eines Kindes geschenkt. Sie hofft, dass sie die Tochter ihres Bruders für ihren angenommenen Sohn bekommt, um die Bindung an die mütterliche Linie zu erhalten, und weil ihr das nicht gelingt, sagt sie schließlich, dass sie den Wasserkrug an der Tür dieses Hauses zerschmettert, um zu zeigen, dass sie es nicht wert ist, die Tochter dieser Familie zu sein. So sieht das Leben einer Frau ohne Kinder aus, Sinnamma: Sie ist nichts mehr. Sie wird nicht mehr geachtet, nicht einmal von den Gassenjungen, die rufen: »Seht sie euch an, die Kinderlose!«, wenn sie vorüberkommt.

Auf dem Land machen die Frauen wirklich alles, um ein Kind zu bekommen. Aber Sie wissen, Sinnamma, dass das nicht in unserer Hand liegt, die Fähigkeit, ein Kind zu gebären. Kein Arzt der Welt kann ein Kind in unseren Bauch kommen lassen. Nur Er, Isvaran, Er allein entscheidet darüber. Also laufen die Frauen zum Mantra-Sager oder zum *samiar*, der Amulette, Asche, Zitronen, geknotete Schnüre oder andere Sachen gibt und der uns sagt, dass wir diesem Gott oder jener Göttin Opfergaben bringen sollen. Erst gestern habe ich Verwandte von mir gesehen, die sich aufgemacht haben, um eine *puja* für Periyandavan, den Gott unseres Klans, zu machen. Es war für ihre Schwiegertochter, die aus Pakkanur stammt. Sie ist jetzt den dritten Juli verheiratet, und sie hat immer noch kein Kind. Alle sind zum Teich gegangen, mit *pongal*, Kokosnüssen, Bananen und einem Hahn. Der Iyer war bei ihnen, und die Musiker auch. Möge Periyandavan sie erhören und ihr ein Kind schenken, dieser armen Frau.

Sinnamma, weil ich Hebamme im *ceri* bin, kommen die Leute auch zu mir wegen ihren Gelübden. Ja, wenn jemand die Gnade erlangen will, ein Kind zu bekommen, muss er vor einem Gott ein Gelübde ablegen. Für dieses Gelübde nehmen wir dieselben Dinge, die wir auch für die gewöhnlichen Rituale nehmen, aber zusätzlich braucht man noch ein Baby, das aus Reismehl geformt wird. Und dieses Baby, das mache ich hier im *ceri* für die Frauen, die kein Kind haben. Das letzte, das ich modelliert habe, hat der Sohn vom Vorsteher des *ceri* von mir erbeten. Ich kenne Ponni, seine Frau, gut. Sie kommt aus Kattrappakkam, einem Dorf, das nicht weit von Velpakkam entfernt ist. Als sie noch ganz klein war, ist sie mit ihrer Mutter auf den Markt von Pakkirippakkam gekommen. Sie hat Mani geheiratet, und sie lebt jetzt hier. Seit fünf *Pongal* ist sie in Karani, aber ohne eine einzige Schwangerschaft. Die Arme hat Patchaissami, dem Gott ihres Heimatdorfs, ein Gelübde abgelegt, um ein Kind zu bekommen. Deshalb sind sie zu mir gekommen. Und so wird es gemacht:

Wir haben vier Maß ungeschälten Reis genommen. Zu vier Frauen haben wir ihn mit vier Stößeln gestampft. Wir waren geschickt genug, um nicht mit den Stampfern gegeneinander zu stoßen oder zwischendurch anzuhalten: dong, dong, dong, dong! Es hat alle Geräusche im *ceri* übertönt, in einem ganz gleichmäßigen Rhythmus. Dann haben wir dieses Mehl mehrmals durchgesiebt, bevor wir mit ein wenig Wasser einen Teig daraus gemacht haben. Mit diesem Teig haben wir das Baby geformt. Jede hat einen bestimmten Körperteil gemacht. Ich habe den Kopf geformt: Ich kann gut Köpfe machen, mit einem hübschen Lächeln, das die Zähne sehen lässt. Ich habe auch die Augen, die Ohren, die Nase gemacht. Dann habe ich alle Teile zusammengefügt. Es hat wie ein echtes Baby ausgesehen, Sinnamma! Unterdessen haben wir in einem großen Topf Wasser zum Kochen gebracht. Wir haben vier Bambusstäbe über Kreuz in die Öffnung des Topfs gezwängt, ein Tuch darüber gebreitet, und dann haben wir ganz vorsichtig das Teigbaby auf die Bambusstöcke gelegt, ehe wir den Deckel wieder zugemacht haben. Ich habe schnell 21 Öllämpchen geformt und sie ringsherum aufgestellt, wo es möglich war. Dann haben wir das Ganze eine Weile im Dampf kochen lassen. Inzwischen hat die Familie den Rest vorbereitet: die Kokosnüsse, das Räucherwerk in Form von Körnern und Stäbchen, die Bananen, den Kampfer ... Nach einer halben Stunde habe ich das Baby vom Feuer genommen – es war jetzt schön fest – und es erkalten lassen. Dann habe ich Dochte und Öl in die Reismehllampen gefüllt. Ponni ist weggegangen, um einen gelben Sari anzuziehen. Als sie bereit war, habe ich ein großes Reissieb auf ihre Hüften gesetzt und das Teigbaby hineingelegt. Dann ist sie mit ihrer Familie und den Musikern im Prozessionszug herumgegangen, um die Opfergaben darzubringen, so wie es sonst auch gemacht wird. Sofort danach haben wir das Baby hoch in die Luft geworfen, und alle, die da waren, Männer und Frauen, die Eltern oder die Neugierigen, sind losgestürzt, der eine mit aufgehaltenem *soman*, die andere den Saum ihres Saris schürzend, um ein Stück von dem Teigbaby aufzufangen. Wer das Glück hat, auch nur ein winziges Krümelchen von dem Baby zu ergattern, wird noch im selben Jahr ein Kind bekommen. Nun, Ponni hat es fast ganz aufgefangen, das Baby: Kopf und Bauch sind in ihre Sarifalte gefallen. Sie wurde erhört, Sinnamma, und sie hat jetzt schon ihr drittes Kind! Mir ging es bei meiner letzten Tochter so: Beim Fest von Draupadi hat jemand ein Teigbaby in die Luft geworfen. Ich hatte das Glück, ein Stück davon aufzufangen, und ich bin noch im selben Jahr niedergekommen.

Es heißt bei uns, wenn man die Ahnen anruft oder wenn es in einem Haus einen Todesfall gegeben hat und eine verheiratete Frau den Topf mit der Begräbnismilch von dem entgegennimmt, der bei der Zeremonie des sechzehnten Tages die Trauer anführt, dann wird diese Frau schwanger werden. Bei meiner Schwägerin haben wir das so gemacht, als meine Mutter gestorben ist. Saroja hatte sich wie eine Brahmanin angezogen. Wir Frauen haben sie zum Brunnen begleitet (weil in Velpakkam der Fluss sehr weit weg ist), und wir haben drei Eimer Wasser über sie geschüttet. Als die Männer mit dem Topf gekommen sind, ist Saroja, patschnass wie sie war, auf den zugegangen, der die Trauer anführte, und sie hat den Topf genommen und ihm dafür einen Rupienschein und Betel in die Hand gedrückt. Sie hat den Topf feierlich zurückgetragen und auf den Reis gesetzt, der in der Mitte des Hauses verstreut worden war, von brennenden Öllämpchen aller Art umgeben. Da die Verstorbene eine Frau war, haben sie auch einen Sari, Armreifen und Ohrringe dazugelegt. Dann hat Saroja sich niedergeworfen und den Topf angebetet, denn es heißt, dass der Geist des Toten darin wohnt. Schließlich ist sie hinausgegangen, um sich umzuziehen. Dieses Ritual ist sehr gut für unfruchtbare Frauen. Im folgenden Jahr hat Saroja eine Tochter geboren, und dann hat sie einen Jungen bekommen.

So machen wir es auf dem Land, Sinnamma. Mit wem sollen wir uns anlegen, wenn nicht mit denen da oben? Ich habe Ihnen gesagt, dass eine Frau ohne Kinder verloren ist. Man kann keine Medizin nehmen, um ein Kind zu bekommen. Und da sagen uns die Ärzte, wir sollen Familienplanung betreiben! Wenn die, die keine Kinder haben, zu ihnen kommen und Medizin verlangen würden, um das Gegenteil zu erreichen, was könnten sie ihnen geben? Antworten Sie mir! Deshalb tragen die unfruchtbaren Frauen Milch zu den Naga, opfern dem Gott ihres Klans *pongal*, weihen ihm bemalte Statuen, besuchen Tempel und machen alles, was der eine oder andere ihnen rät.

Einerseits machen die unfruchtbaren Frauen alles, was sie können, um ein Kind zu bekommen, und andererseits gibt es immer mehr Frauen im *ceri*, die nach zwei oder drei Kindern abtreiben wollen! Sie schlucken *selavu*-Pulver, ganze Hände voll, und krümmen sich vor Schmerzen, so sehr tut ihnen der Bauch weh. Sie verlieren Blutklumpen und sind drei oder vier Tage so erschöpft wie eine Wöchnerin; sie bekommen im Übrigen auch die gleiche Kost: Brot und Ingwer, und dann eine gute Sauce mit viel Knoblauch, Auberginen und gesalzenem Fisch, ehe sie wieder normale Mahlzeiten zu sich nehmen. Manchmal essen die Mädchen, die mit den Jungen sprechen und nicht mehr baden, grüne Mangos oder Papayas, weil das stark wärmende Nahrungsmittel sind. Sie hoffen, dass sie davon eine Fehlgeburt bekommen, aber es funktioniert nicht immer! Dann kommen sie zu mir und wollen, dass ich eine Abtreibung mache, indem ich ihnen einen Wolfsmilchstängel einführe. Aber ich sage ihnen: »Nein, kleine Schwester. Das ist unmöglich. Geh ins Krankenhaus, ich mache das nicht.«

Sinnamma, ich sage dir etwas: Auch ich wollte, als ich das letzte Mal schwanger war, abtreiben. Ich wollte die Methode ändern, weil der Wolfsmilchstängel gar so schmerzhaft ist. Ich hatte einen Schwiegersohn, Enkelkinder, einen Sohn, den ich verheiraten musste, und ich war im dritten Monat schwanger: Ich bin fast gestorben vor Scham, dass ich ein Kind im Bauch hatte. *Han!* Ich erinnere mich gut, wie ich mich versteckt habe. Ich habe mich geweigert, mich nehmen zu lassen, ich habe meinen Mann vor allen Leuten gedemütigt. Aber er war derart hinter mir her, dass ich Mitleid mit ihm hatte. Ich habe mir gesagt: »Komme, was wolle! Er begehrt dich so sehr, lass ihn machen!« Manche Männer werden geschwächt, wenn ihnen der Duft der Frauen fehlt. Ich hatte Angst, dass er krank wird. Ich habe sogar gehört, dass es Männer gibt, die vor Kummer sterben. Deshalb habe ich ihn machen lassen. Und Isvaran hat dieses Kind geformt und mir in den Bauch gesetzt. *Selavu*-Pulver, Schwarzkümmel, grüne Mangos, grüne Papayas, Hibiskusblüten und viele andere wärmende Sachen hätten mehr als genug sein müssen, um eine Fehlgeburt hervorzurufen. Aber Isvaran hatte beschlossen, dass das alles bei mir ohne Wirkung bleiben sollte. Und weil ich Angst hatte, mir den Wolfsmilchstängel einzuführen, Angst, dass es wehtun würde, bin ich zu Anjamma gegangen, der Frau des Barbiers, und habe sie um eine Tablette gebeten, damit das Kind weggeht. Sie hat schließlich den Kurs im Krankenhaus gemacht … Aber sie hat mich hereingelegt, diese Anjamma!, und seither bin ich böse auf sie. Sie hat mir zwei Rupien abverlangt! Und dann hat sie mir kleine Kügelchen gebracht, wie Ziegenkot, die ich mit Palmzucker nehmen sollte. Ich bin auf den Markt nach Tirulagam gegangen, den Palmzucker kaufen, und ich habe ihn zu Pulver zermahlen, wie Zucker, ich habe die Kügelchen darin gewälzt und geschluckt. Drei Tage lang habe ich das gemacht. Und was sage ich! Nicht ein Haar von hier ist abgegangen! *(Deutet auf ihren Schoß.)* Ich bin zur Krankenstation der Schwestern gegangen, weil ich gehört hatte, dass es dort eine Schwester gibt, die Abtreibungen macht, eine Dicke, die keine Kinder hat. Ja, ich habe keine Kosten gescheut, ich bin dorthin gegangen, und nicht ins Krankenhaus der Regierung, wo wir ausgelacht und beschimpft werden. Auf jeden Fall hat mir diese Dicke von der Krankenstation fünf Rupien aus der Tasche gezogen, aber sie hat nichts in Gang gebracht … Ein schönes, dickes Baby wurde geboren, mein zwölftes und letztes, das erst kam, als ich schon einen Schwiegersohn hatte! Oh! Später ist es auch gestorben …

Ich weiß, dass man einen Fötus nicht abtöten darf. Wenn ich die Hand an einen Fötus lege, werden zehn Milliarden meiner Nachkommen darunter leiden müssen, und zuallererst meine eigenen Kinder, meine Töchter, mein Sohn. Deshalb sage ich mir: »Nein! Ich mache es nicht mit meinen eigenen Händen! Ich pflücke die Früchte, nicht die Knospen …«

8
DIE FÖTUSESSERIN

Du siehst, Sinnamma, eine schwangere Frau, die abtreiben will, hat nicht immer Erfolg damit. Und gleichzeitig ist sie in ihrem Zustand die Beute von allem, was um sie herumschleicht: den Geistern, den Schatten, den Dämonen, den *pey picacu*. Sie muss sich sehr in Acht nehmen! Besonders wenn sie eine Paria ist. Wir Paria-Frauen müssen überall hingehen, das Vieh auf die Weide führen oder Holz sammeln. Wir sind die ganze Zeit draußen, selbst in der größten Mittagshitze. Das nützen diese Dämonen aus, sie greifen nach uns und machen uns besessen. Oder wir bekommen einen Schreck, werden krank und haben eine Fehlgeburt. Ich habe das erlebt, als ich mit meinem zweiten Kind schwanger war. Mein Neffe, der Sohn meines älteren Schwagers, ist jung gestorben, ganz plötzlich, am Tag nach seiner Hochzeit. Er war ein schöner Junge, der meinem Mann aufs Haar ähnlich gesehen hat. In einer Nacht, als wir schon geschlafen haben, mein Mann und ich – ich war seit ein paar Monaten schwanger –, habe ich gesehen, wie sich dieser Junge auf mich gesetzt hat, und ich habe es gespürt! Mein Mann hat mir nachher gesagt, dass ich ihn ganz fest an mich gedrückt habe, dass ich fantasiert, irgendetwas gemurmelt habe … Ich wusste nicht, was ich davon halten sollte. Am nächsten Morgen haben wir uns gesagt, dass der Junge etwas brauchte und deshalb zu uns gekommen war. Mein Mann hat schnell eine Flasche Arrak und eine Flasche Palmwein geholt. Ich habe die Opfergaben in der Mitte des Hauses aufgestellt: Betel, Betelnuss und Kalk – mein Neffe hat Betel gekaut wie eine Frau –, ein großes Bananenblatt mit einem Häufchen Reis, gesalzenem Fisch, geröstetem Brot, eine Zigarre, Palmweinflaschen, einen randvollen Wasserkrug und eine schöne Lampe mit viel Öl und einem dicken Docht. Inzwischen hat mein Mann den Iyer vom Perumal-Tempel geholt; er kümmert sich um die Zeremonien nach einem Todesfall. Der

Iyer verlangte, dass wir Flusssand neben den Opfergaben ausbreiten sollten. Er hat Yama angerufen, dann hat er einen Buchstaben in den Sand gezeichnet, der wie das Zeichen von Yama war, und ist wieder gegangen. Wir haben am Abend wie gewöhnlich gegessen und uns in eine Ecke schlafen gelegt. Man darf sich nie gegenüber der Tür niederlassen, denn »er« kann uns ohrfeigen beim Hereinkommen, wenn er uns auf seinem Weg antrifft. Wirklich, Sinnamma, man muss viel Mut haben, wenn der Schatten kommt! Sehen kann man ihn nicht, nur seine Schritte hören. Es ist wie das Klingeln von kleinen Glöckchen, tsching, tsching, so wie wenn ein Ochsenkarren vorbeifährt. Der Schatten macht *han! han! han!*, als ob er großen Appetit auf etwas hätte. Er kommt immer mit seinen Boten, die mit dicken Schnüren aneinander gebunden sind. Sie gehen mit schweren, gleichmäßigen Schritten: *ahum! ahum! ahum!* Wir haben große Angst gehabt. Manche Leute bekommen Durchfall in so einem Moment. Sobald der Schatten zur Tür hereinkam, erlosch die Lampe, die voll Öl war, mit einem Schlag. Wir hörten ihn gehen und eine Weile gierig essen, dann ist er plötzlich davongerannt. Wir haben seine Schritte gehört, sehr schnelle Schritte, und einige Minuten später ist der Tag angebrochen. Wir haben sofort nachgesehen, was passiert war. Der Reis war überall herum verstreut. Im Sand haben wir die Abdrücke einer Katzenpfote entdeckt, und ein Teil des Buchstabens war verwischt. »Er« war in Gestalt einer Katze gekommen! Während wir auf den Iyer und sein Urteil warteten, haben wir die Opfergaben mit einem großen Korb bedeckt, um nicht die Hunde anzulocken, die auf der Straße herumstreunen. Der Iyer war sehr zufrieden und hat gesagt, dass »er« nicht wiederkommen würde. Aber ich bin nach dieser Geschichte mehrmals krank geworden, ich war schwach, und ich hatte eine Fehlgeburt.

Es gibt Schlimmeres: Das sind die Katteri, die uns ständig auflauern, wenn wir schwanger sind. Bei ihnen müssen wir sehr auf der Hut sein. Es gibt mehrere Arten von Katteri. Die, die Blut trinkt, die Rana Katteri mit den blutenden Wunden; Irsi Katteri, die Fötusesserin, und noch andere … Irsi Katteri ist schrecklich. Sie verursacht Fehlgeburten. Sobald sie einen Fötus im Bauch einer Frau wittert, ist sie da, immer auf der Lauer, und wartet auf die erstbeste Gelegenheit, den Fötus heraus-zusaugen. Wir erkennen sofort, dass diese Hündin am Werk war, wenn wir bei einer Fehlgeburt Blutklumpen finden, die so schwarz wie Holzkohle sind: Sie saugt das gute Blut auf und lässt nur die Abfälle zurück.

Wenn jemand so eine Fehlgeburt hat, bereiten wir sofort eine Sauce mit Auberginen, gesalzenem Fisch und allen möglichen Gemüsesorten zu. Wir mischen die Sauce mit großen Mengen Reis, und dann werfen wir eine Hand voll davon auf jede Kreuzung, in jede Ecke und jeden Winkel des *ceri*, um ihre Gier zu befriedigen, damit sie weggeht und unsere Kinder nicht anrührt. Die Muttermilch zieht sie an, die Irsi Katteri. Ich habe Ihnen erzählt, wie sie mir die Brüste geleert hat. Sie hat das auch bei vielen anderen Frauen im *ceri* getan: Kein noch so winziger Tropfen Milch mehr, als Medizin! Die Kinder sind von Tag zu Tag schwächer geworden; wie sollen sie auch stark und kräftig sein ohne Muttermilch? Wir können nichts tun, um uns vor Irsi Katteri zu schützen. Wir müssen zu einem *samiar*, einem heiligen Mann, oder einem Mantra-Sager gehen: Sie haben alle Macht über sie. Wir müssen die nötigen Zutaten für eine *puja* mitbringen. Der Exorzist schreibt die Formeln auf Kupferblätter. Er setzt den Namen des Kindes darauf, zeichnet eine Muschel oder einen Dreizack auf eines der Blätter.[1] Bei dem anderen macht er es genauso, nur dass er dort den Namen der Mutter aufschreibt. Dann rollt er die Blätter zusammen, um die Talismane zu machen, und gibt sie, zusammen mit Asche. Anjalai hat das für ihre Jüngste gemacht. Ich habe für eines meiner Kinder, Sundari, zwei Talismane auf dem Markt von Tirulagam gekauft: Es gibt dort einen Händler, der dieses Mantra kennt und die Amulette im Voraus herstellt. Er verkauft sie für eine viertel Rupie. Meiner Tochter hat er eine Pfauenfeder gegeben, die in ein Metallröhrchen eingerollt war, und mir ein Rindenstück von einem Baum, den nur er kennt. Dieser Mann hat Mantras gesungen und uns dabei einen Strauß Pfauenfedern auf den Kopf gelegt. Später habe ich den Talisman verloren …

Um wieder auf Irsi Katteri, die Fötusschlürferin, die Schreckliche, zu kommen: Mir ist da eine komische Geschichte mit ihr passiert. Als ich mit Miniyamma schwanger war, hat mein Mann eine Zeit lang in Madras gearbeitet. Er hat mich mitgenommen, damit ich ihm zu essen machen konnte. Wir waren mehrere aus dem *ceri*. Damals waren dort noch nicht so viele Gebäude wie heute, und es gab überall Kaktusgestrüpp und große Schlafbäume, in denen böse Geister aller Art Unterschlupf gesucht haben. Oh! Madras ist eine große Stadt. Mein Mann hat Alkohol von einem Ort zum anderen transportiert. Weil es eine vorübergehende Arbeit war, haben wir keine Wohnung genommen. Wir haben neben einem Kaktusgestrüpp gelagert. Es waren viele andere Leute um uns herum, die es genauso machten. Damals konnte man sich noch auf diesem Terrain niederlassen. Das war besser als heute, wo die Leute gezwungen sind, mitten in der Stadt und in dem ganzen Verkehr auf dem Gehsteig zu bleiben! Die Duschen und öffentlichen Toiletten sind dort unten einfach irgendwo hingebaut: ohne Rücksicht auf die Orientierung. Die Geister sind froh darüber, und sie lauern uns an all diesen Orten auf. Auf diese Weise hat Irsi Besitz von mir ergriffen, als ich eines Tages in eine öffentliche Dusche gegangen bin, um mich zu waschen. Sinnamma, neun Monate lang habe ich ständig Blut verloren, und ich dachte, das Kind würde abgehen.

Es gibt so viele Leute in Madras. Bettler, Arbeitslose, Kranke. Sie suchen Unterschlupf dort, und manchmal sterben sie, ganz allein. Niemand ist da, um die letzten Zeremonien für sie zu machen: Sie werden einfach von der Stadtverwaltung begraben. Deshalb irren sie alle als Geister herum und warten auf ihren wahren Tod. *Ayo!* Es gibt tausendmal mehr davon als auf dem Land! Diese armen Leute haben oft Familie auf dem Dorf, aber wer macht sich schon die Mühe, die Verwandten zu verständigen, und wie auch? Wenn der Tote eine regelmäßige Arbeit hatte, kann sein Chef die Familie benachrichtigen, damit sie ihn holen kommen. Aber die Tagelöhner können auf niemanden zählen, sie kennen keinen Menschen. Also kümmert sich die Stadt um ihr Begräbnis. Es kommt auch vor, dass die Elendsgefährten des Toten, die, die mit ihm den Gehsteig geteilt haben, für sein Begräbnis sorgen. Man sieht sie manchmal auf den Märkten, wie sie mit einer Öllampe auf einem Tablett herumgehen und rufen: »Almosen für einen Toten! Almosen für sein Begräbnis!« Und das Geld regnet herunter. Einmal habe ich sogar gesehen, dass jemand einen Zehn-Rupien-Schein daraufgelegt hat. Mit diesem Geld lassen die Sammler ein paar Musiker kommen, kaufen Blumen und sorgen für ein anständiges Begräbnis. Aber die Verlorenen, deren Leiche der Stadt überlassen wird, verwandeln sich in Geister, in *pey picacu*.

Jedenfalls, ich war in diesem Zustand, ich habe ständig Blut verloren. Die Leute um mich herum hatten längst erraten, dass ich von Irsi Katteri besessen war, und sie drängten mich, zu einem Exorzisten zu gehen. Mein Schwager war bei uns. Er hat sich erkundigt, und er hat erfahren, dass es in Vannarapet einen Wäscher gab, der alles heilte, was mit der Katteri zu tun hatte. Mein Mann und mein Schwager haben mich in einer Rikscha zu ihm gebracht. Der Exorzist hat einen großen Kreis auf den

Boden gezeichnet und Mantras gesungen. Er hat mich in Weihrauch eingehüllt und mir die Stirn und die Arme mit Asche bedeckt. Dann ist er aufgestanden. Er hat etwas auf ein Kupferblatt geschrieben, er hat das Gesicht von Anjaneyar und einen Knüppel darauf gezeichnet, und er hat das Blatt zusammengerollt, um einen Talisman daraus zu machen. Anscheinend hat er Minisuprayan angerufen, die männliche Gestalt der Katteri: Er ist gut und beschützt die Kinder. Der Exorzist hat mir gesagt, wir müssten das Kind Miniyamma nennen, wenn es ein Mädchen, und Miniyan, wenn es ein Junge sein würde. Seit dieser Zeit bin ich von Minisuprayan besessen. Mir selber ist das gar nicht so bewusst, aber sie sagen, dass ich tanze und schluchze, sobald jemand die Trommel oder das Horn spielt. Oh! Davon abgesehen stört er mich nicht, und ich versuche nicht, ihn wegzujagen. Es ist Minisuprayan: Möge er bleiben, wenn er die Kinder beschützt! Auf jeden Fall war ich geschützt, mit diesem Talisman um den Hals, und nach und nach haben die Blutungen aufgehört, und ich habe das Kind behalten. Aber ich wollte auf keinen Fall dort unten in Madras gebären. Ich hatte viel zu viel Angst vor all diesen Geistern. Die Frauen um mich herum, die kleine Babys hatten, behielten sie immer im Arm. Wenn sie sie auf den Boden gelegt hätten, dann hätten sich die Geister auf sie gestürzt, um sie zu verschlingen, scheint es. Als ich das gehört habe, wollte ich sofort ins *ceri* zurück, wo wir ein eigenes Haus haben und in Sicherheit sind. Auf jeden Fall hat mein Mann beschlossen, mich ins Dorf zurückzubringen. Ich habe dann ein Gelübde abgelegt, dass ich, wenn mein Kind gesund zur Welt kommen und groß werden würde, nach Vannarapet zurückgehen und der Göttin Katteri *pongal* opfern würde. Wohlgemerkt, nicht dem Dämon Katteri, der Fötusesserin! Nein, der Göttin! Im *ceri* habe ich dann ein Mädchen zur Welt gebracht, das wir Miniyamma nannten, wie es uns der Exorzist gesagt hatte. Später, als sie zu sprechen und gehen anfing und ganz allein die Runde in den paar Straßen in unserem Viertel machen konnte, sind wir, wie versprochen, im Prozessionszug nach Vannarapet zurückgekehrt, mit unseren Musikern vom *ceri*. Ich war in Schwarz und meine Tochter auch. Ich habe einen *soman* und eine Schärpe für den Exorzisten mitgenommen, einen pechschwarzen Hahn und alles, was man für ein Opfer braucht. Dort unten haben wir Reis mit einer Gemüsesauce zubereitet. Unter einem Banyanbaum hat der Exorzist drei Ziegelsteine aufgestellt, er hat dem Hahn den Hals abgeschnitten und die nötigen Riten durchgeführt. Dann hat er Miniyamma den Kopf geschoren. Alles wurde nach den Regeln gemacht, ohne einen Fehler. Dieser Mantra-Sager ist jetzt tot, der Arme. Er hatte gutes *bhakti!* Wenn er noch da wäre, würde ich ihm meine Schwiegertochter Amsa bringen, die noch keine Kinder bekommen hat, seit sie mit meinem Sohn Anban verheiratet ist. Im Augenblick geht sie zu Murugaiya Gounder, der *samiar* im *ur* geworden ist. Er hat ihr zwei Zitronen, mit Mantras besprochen, gegeben: Sie hat eine gegessen und die andere behalten. Er hat ihr auch gesagt, dass sie jeden Tag um einen Tempel herumgehen soll: den von Aiyanar, den von Pillaiyar oder von Mariamman. Anscheinend ist Amsa besessen. Also hat er ihr eine Schnur mit weißen Knoten gegeben, die sie um den Hals legen soll: Sie ist auch mit Mantras besprochen. Ja, es stimmt, was er sagt, der *samiar!* Neulich, als die wandernden Musiker ins *ceri* gekommen sind, hat es sich gezeigt. Sobald sie die Trommel und das Horn gespielt haben, fing Amsa an zu tanzen und drehte sich wie ein Kreisel. Mein Sohn konnte sie kaum beruhigen. Wir wissen noch nicht, von wem sie besessen ist, aber ich habe die Hoffnung nicht aufgegeben.

Meine drei Ersten sind in Velpakkam geboren, bei meiner Mutter. Sie sind leicht zur Welt gekommen und in gutem Zustand gestorben.[2] Der Dämon, der in unserem Haus in Velpakkam wohnte, hat sie verschlungen. Mein Großvater väterlicherseits verstand sich auf Hexerei. Ein Freund von ihm, der ein Hexer war, hat es ihm beigebracht. Aber wir selber haben nichts mit diesem Beruf zu schaffen. Mein Großvater verstand es vor allem, einen Menschen zu »binden«, ihn durch Magie an sich zu ziehen. Die Leute kamen zu ihm nach Velpakkam. Er verlangte kein Geld, aber sie brachten ihm eine Kalebasse Palmwein, Kampfer, Betel oder Bananen als Opfergaben … Es hieß, dass der Alte seinen Dämon rief, dass er mit ihm redete, dass er sich von ihm begleiten ließ, wenn er ausging. Ja, er lebte mit ihm! Als mein Großvater gestorben ist, hat man versucht, diesen Geist zu verjagen, der wirklich eine Plage war. Aber es half nichts; er kam zurück und setzte sich in Gestalt meines Großvaters dazu; er mischte sich in die Gespräche ein, er rief meine Großmutter bei ihrem Namen, so wie ihr verstorbener Mann. Und meine Großmutter antwortete ihm: »Ah! Dir werd ich mit dem Besen antworten, du Hund! Ich erkenne dich! Ich weiß, wer du bist! Geh weg von hier!« Er schleuderte ihr Tamarindenkörner ins Gesicht. Als ein Hexer aus Ossur gekommen ist, um ihn zu vertreiben, wurde er richtig böse und verstockt. Der Hexer sagte, er könnte nichts gegen ihn ausrichten. Der Geist hatte hier Wurzeln geschlagen. Er war alt und durchtrieben: Wir mussten weg, nicht er. Er hat alles verwüstet, Sinnamma! Alles! Keine Knoblauchzwiebel konnte mehr wachsen! Mein Vater musste sein Reisfeld verkaufen. Dreimal habe ich dort entbunden: Keines der Kinder hat überlebt. Er hat sie alle nacheinander verschlungen. Nichts gedieh. So ist das mit den Geistern. Wer sich mit ihnen einlässt, muss weitermachen, sonst wenden sie sich gegen ihn. Das ist auch der Grund, warum ich zur Entbindung nicht mehr nach Velpakkam gegangen bin.

Alle meine Kinder wurden dort begraben, wo sie gestorben sind: die ersten in Velpakkam, die anderen in Karani … Bei der Ältesten bestand meine Mutter darauf, dass sie verbrannt und ihre Asche in den Fluss geworfen wurde, damit kein Hexer sie an sich raffen konnte. Die Asche oder die Knochen der Erstgeborenen sind sehr begehrt bei den Hexern. Ein ganz klein wenig Asche oder ein paar Haare genügen ihnen. Man sieht sie mit einer Hacke über der Schulter dort herumstreichen, wo ein Erstgeborenes verbrannt oder begraben wurde. Sogar ein wenig Asche, mit Sand vermengt, lockt sie an … Deshalb stecken die, die ihre Toten begraben, die Leiche eines Erstgeborenen in einen Jutesack, ehe sie ihn heimlich in die Erde legen. Bei meiner Ältesten haben wir dafür gesorgt, dass nichts übrig blieb. Bei uns heißt es, wenn man die Asche vollständig im Wasser auflöst, bekommt man sofort ein neues Kind.

Eine Frau, die mit dem ersten Kind schwanger ist, muss sehr vorsichtig sein, Sinnamma, bei all den Handlesern und Wahrsagern und den ganzen anderen Leuten, die durch die Dörfer kommen. Wir gehen nie allein aus, denn sie können einen Zauber über uns werfen, dass wir ihnen folgen müssen. Dann geben sie uns etwas zu schlucken, das uns alle Bindungen vergessen lässt: Vater, Mutter, Bruder, Schwester, Heimatdorf. Sie haben sie bestimmt gesehen, Sinnamma, die Hexer, die aus dem Malayali-Land[3] kommen; sie verstehen unsere Sprache nicht gut. Wir können sie noch so sehr beschimpfen, Safttrinker oder Hurensohn oder was man nur will, das hilft nichts. Wir haben unseren Spaß dabei, wenn wir sie beleidigen, aber gleichzeitig haben wir große Angst vor ihnen, und wir verstecken uns, nachdem wir sie beschimpft haben. Sie spazieren immer mit der Hand eines Erstgeborenen, mit Kurkuma eingerieben, herum, an der die Talismane festgemacht sind, die sie uns Leuten vom *ceri* für eine Rupie oder eineinhalb Rupien verkaufen, um die bösen Geister zu verjagen, um keine Angst vor den *pey picacu* in den Reispflanzungen oder auf den Feldern zu haben, um die Albträume zu vertreiben. Das alles sind Dinge, die uns Parias zustoßen. Deshalb sind wir immer in Versuchung, diesen Leuten Talismane abzukaufen, um uns zu schützen.

Wenn sie ihre Talismane verkauft haben, setzen sie sich neben den Banyanbaum und machen Zauberstückchen. Sie fangen eines unserer Kinder, setzen ihm einen Talisman auf den Kopf und lassen es aus einer Schminkdose lesen: »Kleiner Bruder! Was siehst du in dieser Dose?«

Und das Kind antwortet: »Ich sehe Arayi, Kannamma oder Panderi … ich sehe sieben Personen, die …«

Aber wenn der andere den Talisman herunternimmt, ist es aus, das Kind sieht nichts mehr. Es ist die Macht des Talismans, die es die ganze Welt in einer Schminkdose hat sehen lassen.

Sie haben noch einen anderen Trick: Sie fangen ein Kind und sagen mit ihrem Malayalam-Akzent: »Seht her, seht her, seht her! Macht die Augen weit auf, um dieses Wunder zu sehen!« Dann schlagen sie ihre Trommel sehr laut und sagen: »*Janakkattu, janakkattu, jannakkattu!* Komm heraus, komm heraus, komm heraus!« Und siehe da, sie holen ein Ei aus dem Hinterteil des Kleinen heraus! Uns tut der Bauch weh vor Lachen, wenn wir dieses Zauberstückchen sehen, aber wir haben auch Angst. Also sagen sie uns: »Lauft nicht davon! Habt keine Angst! Bleibt hier, sonst werfe ich einen Zauber über euch, und in euren Häusern wird Blut fließen!« Was soll man da tun? Wir armen, zitternden Schlucker geben ihnen eine viertel Rupie, eine halbe Rupie oder ein Maß *paddy*, Hirse oder *ragi* als Almosen, damit sie das Weite suchen. Sie machen auch noch andere Sachen, Sinnamma! Sie rufen eine Frau, sagen ihr, sie soll sich hinlegen, und mit einem großen, scharfen Messer schneiden sie ihr den Bauch auf. Das Blut fließt, aber die Frau spürt nichts, sagt nichts. Wir stoßen Schreie aus, haben Angst um sie. Sie holen ihre Organe heraus, einfach so, eins nach dem anderen, und legen sie beiseite. Schließlich singen sie ein Mantra und sagen: »*Janakkattu, janakkattu, jannakkattu!* Komm schnell, komm schnell, komm schnell!« Und alles kehrt an seinen Platz zurück, und die Frau steht auf, als ob nichts gewesen wäre. Das sind ihre Zaubertricks. Und während wir alle versammelt sind und ihnen zusehen, spähen sie die Frauen aus, die mit dem ersten Kind schwanger sind, um sie zu entführen. Deshalb lassen wir nie eine schwangere Frau aus dem Haus, wenn die Magier durchkommen. Wir fürchten auch, dass sie eine Fehlgeburt bekommt, wenn sie die Zauberstücke mitansieht.

Sie sind nicht die Einzigen, die durchkommen, die Leute aus dem Malayali-Land. Man sieht auch andere, die mit einem kleinen Dämon oder den Schädelknochen eines Erstgeborenen in unseren Feldern herumspazieren: Sie machen auch schwarze Magie ... Und dann gibt es noch die Gauner, die mit ihren Kobras daherkommen. Sie lassen sich nicht weit von hier nieder, in der Straße des Wächters. Dort lassen sie zum Klang des *magudi* ihre Kobra aus dem Korb. Die Kobra kommt heraus, »macht das Foto«, dreht sich dreimal herum und schlägt den Kopf auf die Erde.[4] Das ist alles. Die Nummer ist zu Ende. Aber danach nehmen die Dreckskerle ihre Kobra in die Hand und lassen sie vor jeder Haustür los, während sie um ein Almosen betteln. Die Leute lassen sich nicht bitten, Sinnamma! Sie stehen schon auf der Türschwelle und schütten die Körner hin, bevor die Schlange überhaupt da ist! Wir haben höllische Angst vor der Kobra! Wenn sie in unsere dunklen Häuser hereinkäme, könnten wir nur noch ausziehen. Stellen Sie sich vor, sie würde sich in unseren *paddy*-Töpfen verstecken! Jetzt wissen Sie, warum wir es so eilig haben, Almosen zu geben. Sie tun dann ihre Kobra in den Korb zurück, und damit es schneller geht, lassen sie uns die Körner direkt in den Korb schütten, auf die Schlange. Auf diese Weise schaffen wir uns diese Safttrinker vom Hals.

Ayo! Ich wollte Ihnen von den Frauen erzählen, die mit ihrem ersten Kind schwanger sind, und jetzt sind wir bei diesen Zauberei-Geschichten gelandet! Aber daran sehen Sie, wie sehr man aufpassen muss, wenn man schwanger ist!

Oh! Nachher, bis sie aufwachsen, bis sie groß werden, haben wir Mütter das Feuer im Bauch für unsere Kinder: Wir müssen sie satt bekommen, vor allen Krankheiten retten, sie so aufziehen, dass sie zu Männern oder Frauen werden, die arbeiten können ... Meine Nichte ist sechzehn Tage nach meiner Mutter gestorben, am Tag der Zeremonien, die die Trauer beenden. Normalerweise hätten wir verschiedene Zeremonien für jede von ihnen machen müssen, aber wir haben sie am selben Tag für meine Mutter und dieses Kind gemacht. Wie soll es auch anders gehen, wenn zwei Tote auf einmal da sind? Wir sind keine Reichen! Mein Bruder ist der einzige Sohn in seiner Familie. Er hat weder einen älteren noch einen jüngeren Bruder: Was soll er machen, der Arme, ganz allein, ohne jemanden, der ihm helfen kann?

Im Monat *panguni* desselben Jahres ist eine meiner drei Schwestern gestorben. Sie hat viel gehustet: Sie hatte etwas wie Tuberkulose. Ihre Krankheit war schon lange in ihr. Als Baby war sie von einer Ratte gebissen worden. Sinnamma, man spürt es nicht, wenn man von einer Ratte gebissen wird, wegen ihrem Atem. Die Ratte hat ihr das ganze Ohr zerbissen, und das Gift ist in ihrem Körper geblieben. Wir haben uns gesagt, sie ist noch ein Baby, und eine Ratte ist ja nicht so schlimm! Wir haben es dabei belassen, ohne ihr die nötigen Medikamente zu geben. Das Gift ist schließlich in ihr Blut gekommen, und das hat ihr die Tuberkulose eingebracht. Sie hat viel gehustet und Krämpfe gehabt. Um ihr Erleichterung zu verschaffen, haben wir ein Eisen im Feuer erhitzt und es ihr auf den ganzen Rücken gedrückt. Die Arme hatte überall Verbrennungen! Aber nichts hat sie geheilt. Sie hat alle möglichen Kräuter geschluckt, mit Teig vermengt, die ein Jäger-Exorzist ihr gab. Als sie größer war, wurde sie zu allen Heilern gebracht. Einer von ihnen, auch ein Jäger, hatte sich auf Gifte spezialisiert. Er sang Mantras und hielt dabei einen Strauß Pfauenfedern, um das Gift herunterzudrücken. Aber nichts half, sie ist gestorben. Sie war verheiratet und hat ein Kind hinterlassen, einen Sohn, der sehr schwer zur Welt gekommen ist. Ich habe ihn nach dem Tod seiner Mutter zu mir genommen. Weil dieser Junge auch oft krank war, hatte meine Schwester ein Gelübde abgelegt, damit er wieder gesund werden würde, aber sie ist vorher gestorben. Deshalb habe ich ihr Gelübde erfüllt. Ich bin in drei Häuser gegangen. In jedem habe ich um eine Elle Tuch gebeten. Ich habe die drei Tücher auf den Boden gebreitet und das Kind daraufgelegt. Dann habe ich das Kind in drei anderen Häusern gegen drei Maß Wachs getauscht und dabei gesagt: »Das Kind gehört euch, das Wachs gehört mir.« Das war natürlich nur, um das Wachs entgegenzunehmen, dann habe ich das Kind zurückgenommen. Danach habe ich in drei weiteren Häusern je eine Hand voll Unrat aufgelesen. Ich habe die drei Hände voll miteinander vermischt, ich habe alles auf dem Boden verschmiert und das Kind darin gewälzt und gesagt: »Dein Name ist Kuppa! Du bist Kuppa! Du bist aus dem Unrat geboren!« Dann habe ich ihm die Nasenwand mit einem Silberdraht durchstochen und den Draht zu einem Ring gebogen. Das hat geholfen! Er lebt immer noch, und noch heute trägt er den Ring in der

Nase. Das sind Zeremonien, die bewirken, dass das Kind nicht stirbt. Die Alten sagen es, und ich auch. Habe ich es nicht auch für Anban gemacht? Ich habe vier Söhne geboren, die alle gestorben sind. Erst als ich die Zeremonie gemacht habe, ist der Junge am Leben geblieben. Ich habe ihn Anban genannt. In diesem Punkt gibt es keine Unterschiede zwischen den Kasten. Auch die Reichen machen das, Sinnamma: eine Kaste wie die der Reddiar zum Beispiel. Einmal haben mich die Reddiar gebeten, es für eines ihrer Kinder zu machen: Er heißt heute auch Kuppa, Kuppa und irgendein anderer Name von einem Gott ihres Klans. Die Familien denken nicht sofort daran, das zu machen. Erst wenn mehrere Kinder gestorben sind, wird es für die nachfolgenden gemacht. Und alle, für die ich diese Zeremonie gemacht habe, sind heute noch am Leben!

Aber es genügt nicht immer, ein Kind mit Wachs zu vertauschen oder im Unrat zu wälzen. Das Kind kann krank werden. Gelbsucht zum Beispiel: Wir bringen die Kleinen ins Krankenhaus, aber gleichzeitig geben wir ihnen auch unsere Medizin, einen *ninuri*-Aufguss, der sehr wirksam ist. Trotzdem, nach der Gelbsucht oder dem giftigen Fieber bleiben die Kinder sehr schwach. Weil sie keine reiche Nahrung bekommen, so wie bei Ihnen, bleiben sie ihr Leben lang so, bis sie sterben.

Wenn eine Krankheit ernst ist, kann man etwas arrangieren, die »Beerdigung der Ziegelsteine«. Wir haben es für die Kleine von Sengueni gemacht. In die Mitte ihres Hauses, vor die Öllampe, hat Sengueni drei Ziegel aufgestellt und mit einem Tuch bedeckt, das sie in gelbes Kurkumawasser getaucht hatte. Die Kleine wurde unter einen großen Weidenkorb in eine Ecke gelegt. Alle Leute aus dem *ceri* haben diesem Haus einen Besuch abgestattet, so als ob jemand gestorben wäre. Und wir Frauen haben um die Ziegel herumgesessen, wir haben uns auf die Brust geschlagen und Klagelieder gesungen: »*Ayayo!* Die Tochter von Sengueni ist tot!« Unterdessen hatte der *totti*, der die Todesfälle verkünden muss, die Musiker des Paria-Orchesters versammelt, und er ist durch die Straßen des *ceri* gegangen und hat gerufen: »Heute, am Montag, dem 8. Tag des Monats *purattaci*, ist im Hause Sengueni die kleine Tochter gestorben. Die Beerdigung findet um vier Uhr nachmittags auf der Verbrennungsstätte des *ceri* von Karani statt, *dum, dum, dum, dum, para, para, para, para* …« Um die besagte Stunde wurden die drei Ziegel abgeholt, in einer Hängematte aus dem Tuch, das in Kurkumawasser getaucht worden war. Als wir an der Verbrennungsstätte angekommen waren, haben wir die Riten für die Ziegel durchgeführt, so wie wir es bei Menschen machen, und sie dann begraben. Drei Tage später ist die Familie für die Milch-Zeremonie dorthin zurückgekehrt, und der Iyer ist am sechzehnten Tag gekommen, um die letzten Riten durchzuführen. Der Anführer der Trauer hat einen Kupfertopf gebracht, mit einer blumengeschmückten Kokosnuss obendrauf. Der Iyer hat Mantras auf der Verbrennungsstätte gesungen. Danach hat er seinen *soman*, Betel, Betelnuss und fünf Rupien bekommen. Wir haben auch die Musiker bezahlt, dann wurde allen Verwandten und Freunden eine Mahlzeit vorgesetzt. Das alles kostet viel Geld, aber was tut man nicht alles, um seine Kinder zu retten!

Mir, die so viele Kinder bekommen hat, mehr als Finger an der Hand, sind zumindest drei geblieben, dank der *pujas* und Gelübde, die ich erfüllt habe. Die Beerdigung der Ziegel habe ich für Anban gemacht, aber ich hatte nicht genug Geld, um die Musiker zu bezahlen. Sie wussten es und haben nichts verlangt. Trotzdem, wie will man Leute, die für einen arbeiten, ohne etwas gehen lassen? Ich habe ihnen eine große Kalebasse Palmwein gekauft, und sie waren sehr zufrieden. Meine Tochter Miniyamma, das habe ich Ihnen erzählt, ist dieser Katteri von Madras entkommen. Also habe ich ein Gelübde abgelegt, hier im *ceri*, im Tempel von Mariamman. Ich habe gesagt: »Mutter! Wenn du mir einen Sohn gibst, wie ich es wünsche, schenke ich dir eine Glocke zum Läuten!« Mutter hat mich erhört: Sie hat mir einen Sohn geschenkt. Anban. Aber ich konnte mein Versprechen nicht gleich einlösen. Also habe ich in dem Jahr, in dem er geboren ist, zum Fest von Mariamman, im *ur*, ein »Kind in der Wiege« hingebracht, das ganz gelb gekleidet war, so wie Anban in meinem Arm. Leider konnten wir nie genug Geld zusammensparen, um die Messing-Handglocke für den Tempel zu kaufen. Damals war er außerdem halb verfallen, der Tempel. Als unser K. S. gewählt wurde, hat er Geld gegeben, um den Tempel wieder aufzubauen.[5] Dann hat der Reddi von Naliveli die Bronzestatue von der Göttin gestiftet. Erst seitdem gibt es regelmäßige *pujas*. Aber in der ganzen Zeit konnte ich nichts zusammensparen. So habe ich, zum Zeichen, dass ich mein Gelübde nicht vergessen hatte und damit die Göttin nicht ungeduldig wird, von einem Töpfer im *ur* ein schönes Kind in der Wiege aus Ton machen lassen.

9
EINE KUH FÜR DEN BERG

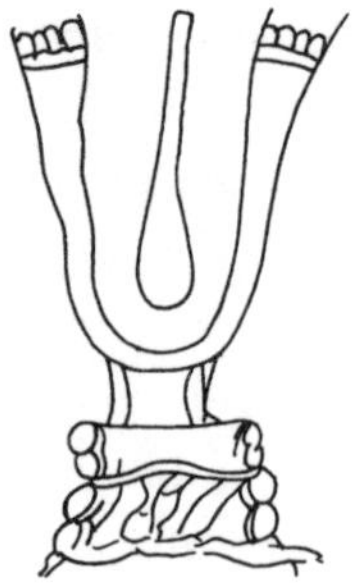

Wir sind Parias, unrein, aber wir glauben fest an die Macht des Gottes Perumal von Tirupati.[1] Im Jahr des großen Zyklons waren wir alle krank in der Familie. Mein Mann hat stark gehustet. Mein Enkelsohn hatte ein Fieber, das nicht weggehen wollte, er fantasierte; es war Tetanus, und er ist gestorben. Ich war so unsagbar traurig. Ich habe niemanden geholt, keinen *samiar*. Ich bin zum Stein des Wächters gegangen. Ich habe Kampfer angezündet und ihm gesagt: »Heile uns alle und gib meiner Tochter ein Kind. Ich will Perumal in Tirupati eine Kuh schenken.« Ich bin in den Stall gegangen. Ich habe die graue Färse genommen. Ich habe sie mit Kurkumawasser besprengt, ich habe ihr einen dicken *pottu* auf die Stirn gemalt. Dann bin ich zu meinem Mann gegangen, um ihm mein Gelübde zu verkünden. Er hat gesagt: »Das hast du gut gemacht.« Eine Kuh als Opfer, was kann man diesem großen Tirumal Besseres anbieten? Wenn wir Tag für Tag etwas im Bauch haben wollen, müssen wir bei guter Gesundheit sein, Große wie Kleine. Und meine Tochter hat schon zwei Kinder verloren. Ich weiß, was das heißt, ein Kind zehn Monate auszutragen und es dann nicht bis zum Ende behalten zu können! Wegen all dem habe ich dieser Venkatapati eine Kuh angeboten – bei uns heißt es, »eine Kuh für den Berg lassen«.

An dem Tag, als ich das Gelübde abgelegt habe, habe ich das Haus mit Kuhdung eingeschmiert. Meine Tochter und ich haben gefastet. Am nächsten Morgen ist der Iyer gekommen und hat uns einen gelben Faden um unser Handgelenk gebunden. Das ist das Zeichen der Leute, die ein Gelübde abgelegt haben. Er hat Kampfer angezündet, eine Kokosnuss aufgeschlagen und Mantras gesungen. Ich habe eine Rupie auf sein Tablett gelegt, und er hat versprochen, uns nach Tirupati zu begleiten. Für die Mahlzeit hatte ich *sambar* mit Meerrettichbaumfrüchten und gebratenen Auberginen zubereitet, die wir dem Gott geweiht haben, bevor wir sie aßen. Unter der Woche hat mein Mann herumgefragt, wo wir jemand finden könnten, der Kühe dressiert. Er hat erfahren, dass es in Aiveli jemand gibt. Er hat den Bus genommen, um ihn zu holen. Der Mann hat sich bereit erklärt, der Kuh alle Kunststücke beizubringen, die er kannte: Er würde ihr zeigen, auf die Fragen zu antworten, die er ihr stellen würde, wenn er vor jedem Haus anhielt. Er fragt sie zum Beispiel: »Gibt es eine Hochzeit in dem Haus?« Und während er die Trommel schlägt, antwortet die Kuh »Ja«, indem sie den Kopf bewegt. Oder er fragt sie: »Wird in diesem Haus ein tugendhafter Prinz geboren werden?« Und viele andere Fragen in der Art ... Sinnamma, ich habe Geld gebraucht, um nach Tirupati zu gehen, und so haben wir die Kuh für einen sehr niedrigen Preis an den Kerl aus Aiveli verkauft, hundert Rupien, und was wir davon nicht für die Reise verbraucht haben, haben wir in Tirupati geopfert. Bevor ich die Kuh dem Dresseur gegeben habe, habe ich sie mit klarem Wasser gewaschen, mit Kurkumapaste eingerieben und ihr einen *pottu* auf die Stirn gemalt. Ich habe ihr auch einen guten *pongal* gefüttert, mit Reismehl, gemischt mit Palmzucker, Bananen und Kokosnuss – das alles auf einem Bananenblatt angerichtet. Dem Dresseur habe ich einen Schal geschenkt und einen neuen *soman*. Die, die nicht nach Tirupati gehen, geben die Kuh umsonst. Die Reichen, die die Pilgerfahrt machen, geben die Kuh auch umsonst und bezahlen außerdem noch die Reise. Wir konnten das nicht. Jeder, wie er kann. Auf jeden Fall war meine graue Kuh sehr schön, als sie gegangen ist, mit einer Blumengirlande um den Hals. Sie haben glücklich ausgesehen, sie und ihr Dresseur.

Nachdem ich das Gelübde für uns alle abgelegt hatte, und besonders für Miniyamma, habe ich die Göttin Mangavarttamma gebeten, meiner Tochter ein Kind zu schenken. Du weißt, Sinnamma, ihr Tempel ist auf der Straße nach Tirupati. Und wir sind mit der Familie meines Schwiegersohns in den Tempel von Mangavarttamma gegangen, um die Wiegen-*puja* zu machen. Wir hatten drei Meter weißes Tuch mitgebracht, einen ganz neuen Ziegelstein, eine schöne, dicke Kurkumawurzel, Blumen und *kungamam*. Der Tempel ist in einem großen Wald mit riesigen Banyanbäumen. Wir sind die ganze Nacht gereist und ganz frühmorgens angekommen. Die Luft war so kalt, dass es uns den Atem genommen hat, als wir aus dem Bus gestiegen sind. Dann sind wir lange gegangen und haben unterwegs alle, denen wir begegnet sind, nach dem Weg gefragt.

Als wir da waren, haben Miniyamma und ich den Ziegel vorbereitet und rote Punkte daraufgemalt. Mein Schwiegersohn ist in die Höhe gesprungen und hat einen Banyanzweig heruntergerissen. Während er ihn hielt, habe ich das weiße Tuch um den Zweig geknotet, genauso wie man im Dorf eine Wiege macht, indem man einen Sari an einen Balken bindet. Dann hat Miniyamma den Ziegel in die Wiege gelegt. Sie hat die Kurkumawurzel und schließlich die Blumen draufgetan. Und als mein Schwiegersohn den Ast losgelassen hat, haben wir uns alle niedergeworfen, uns ans Gesicht gefasst und gesagt: »Mangavarttamma! Die Gnade, uns ein Kind zu schenken, liegt jetzt in deinen Händen!« Und so hing eine weitere Wiege unter den tausend anderen, die in diesem Wald im Wind schaukeln ... Im folgenden Jahr wurde Miniyamma schwanger. Sie hat einen Sohn geboren. Und wir sind wieder gesund geworden.

Wir haben gewartet, bis der Kleine so groß war, dass er sagen konnte: »Großvater, das ist unsere Kuh!« In der ganzen Zeit haben wir ihm nicht die Haare geschnitten: Das hatten wir in Tirupati gelobt.

Wir konnten fünf Säcke *paddy* zusammensparen. Wir haben sie verkauft, und mit dem Geld sind wir losgegangen, um unser Gelübde zu erfüllen.

Es ist eine lange Reise nach Tirupati. Es ist weit weg, und man braucht viel Geld, um diese *puja* zu machen, und man kann auch nicht mit leeren Händen zurückkommen. Und wenn jemand gelobt, nach Tirupati zu gehen, schließt sich manchmal seine Familie an. Weil es eine Gelegenheit zum Reisen ist, denn die Leute in meinem Alter kommen nicht viel herum, vor allem wir Frauen nicht. Es gehen also viele mit. Und dann, Sinnamma, müssen wir vor der Reise unbedingt unserem Ejeumalaiyan hier im *ceri* die Hälfte von dem opfern, was wir in Tirupati dem Perumal geben. All das kostet viel Geld, und wir machen immer eine Sammlung. Das geht so: Wir kaufen mehrere Meter weißes Tuch, das wir mit gelbem Kurkumawasser färben. All denen, die ein Gelübde abgelegt haben, legt der Iyer von unserem Tempel eine Basilikum-Girlande um den Hals. Für zehn Paise mehr macht er auf die Stirn der Männer die Zeichen von Vishnu: das *namam* und die Streifen.[2] Den Frauen macht er nur eine Linie auf die Stirn. Wir bereiten auch einen kleinen Krug vor und legen ein Tuch darüber, das in der Mitte durchgerissen ist.

Als alles fertig war, als wir uns in das gelbe Tuch gehüllt hatten, sind wir im Prozessionszug aufgebrochen. Unser Iyer ging an der Spitze und schlug den Gong und seine kleine Trommel. Hinter ihm kamen die, die ein Gelübde abgelegt hatten, mit ihrer Basilikumgirlande um den Hals und den Zeichen von Vishnu. Und schließlich die anderen, die nur ein Zeichen hatten. Wir riefen: »Govinda! Oh Govinda! Oh Govinda!« Und dann gingen wir im *ceri* herum. Jeder gibt etwas, ein Geldstück oder Korn. Dann gingen wir ins *ur* und in fünf Nachbardörfer, wo wir hin und wieder arbeiten. Im *ur* haben wir natürlich am meisten Geld und Paddy und Korn bekommen. Alles was wir gesammelt haben, haben wir in drei Teile geteilt: ein Drittel für den Gott von Tirupati, ein Drittel für unseren Iyer und ein Drittel für uns, um bei der Rückkehr das Mahl zu bereiten, das das Fasten beendet, und den Gott von Tirupati in unserem Heim zu empfangen.

Am Tag unserer Abreise haben wir auch an der Bushaltestelle gesammelt und auf dem Markt in Tirulagam; wir haben gerufen: »Govinda, oh Govinda!« Mein Mann hielt das Tablett und den Krug, und viele Scheine sind hineingefallen. Als der Bus kam, haben wir alles aufgeladen, was wir dort unten zum Essen brauchten: einen Sack Reis, Gewürze, Linsen, Senfkörner, Tamarinde, Öl. Ich, in Gelb gekleidet, bin als Erste eingestiegen. Und da, Sinnamma, ist mir die Aufregung in den Bauch gefahren, und ich habe gespürt, wie etwas an meinen Schenkeln hinunterlief! Ich hatte große Angst und habe sofort die alten Frauen, die im Bus waren, um Rat gefragt: »Mutter! Was ist das für ein Zeichen? Ich habe das ausgerechnet jetzt, wo ich zum Tempel reisen will. Kann ich trotzdem hingehen, oder soll ich hier bleiben?«

»Das schadet gar nichts«, haben sie gesagt. »Du kannst nach dem Bad des dritten Tages die Stufen von Tirupati hinaufsteigen. Lass dich nur nicht aufhalten.«

Also bin ich ausgestiegen, um mich zu säubern und Tücher einzulegen. Als ich wieder eingestiegen bin, ist der Bus losgefahren, und wir sind alle nach Tirupati abgereist …

Sinnamma, es war das erste Mal in meinem Leben, dass ich so weit weg gefahren bin. Nachdem wir am Fuß des Berges angekommen waren, sind wir die Stufen hinaufgestiegen, die zum Tempel führen. Kurz bevor wir oben waren, hat unser Iyer Lieder von Perumal angestimmt. Jedes Mal, wenn er innehielt, haben wir gerufen: »Govinda! Govinda!« Wir haben das sehr fromm gemacht, Sinnamma, denn es war das erste Mal, dass wir vom *ceri* einen Tempel betreten haben. Wir haben alle Ratschläge des Iyer befolgt, wir haben unsere Zunge gehütet und keinen Betel gekaut. Wir haben gut aufgepasst, dass wir nichts gemacht haben, was man irgendwie gegen uns kehren konnte, wegen unserer Unreinheit. Unser Iyer hat uns keine Minute allein gelassen, und das hat uns beruhigt: Er kennt sich aus.

Ayo! Was mich unterwegs am meisten erstaunt hat, Sinnamma, war die Statue von Kali im Tempel von Mangavarttamma. *Ayoyo!* Sechzig Arme hat sie auf jeder Seite! Ich habe geschwitzt vor Angst, als ich sie gesehen habe. Das hat mich so erschreckt, dass ich meine Regel gleich noch einmal bekommen habe! Es war das letzte Mal, dass ich unrein war. Auf dem Rückweg von Tirupati, im Tempel von Mangavarttamma, habe ich zum letzten Mal gebadet. Ich habe inbrünstig zu der Göttin gebetet. Ich bin mit meiner Regel im Becken untergetaucht. Ich habe meine Hände zusammengelegt und gesagt: »Ich habe zwölf Kinder geboren, oh Mangavarttamma! Jetzt will ich keine mehr. Wasche und reinige meine Gebärmutter mit diesem Wasser. Ich bin eine Frau wie du: Ich will keine Kinder mehr in meinem Alter!« Sinnamma, und damit war es zu Ende: Ich habe nie mehr meine Regel bekommen!

Was mich auch sehr gewundert hat, war die ungeheure Menge geschmolzener Butter, die sie über die Statue von Kali gegossen haben, um sie zu reinigen! Sie wird in geschmolzener Butter gebadet! Und es gibt eine andere Statue von Kali, ganz vergoldet, mitten in einem Wasserbecken. Sie glänzt wie die Sonne. Das Wasser um sie herum ist weiß und glasig wie Schneckenschleim … Unterwegs haben wir auch Wasserfälle gesehen, die einen schrecklichen Lärm gemacht haben. Ja! Was haben wir für erstaunliche Dinge gesehen auf dieser Reise!

Schließlich sind wir in Tirupati angekommen, und ich konnte das Versprechen einlösen, das ich gemacht habe. Mein Enkel hat eine Hand voll Münzen in den Korb mit den Pfählen ringsherum geworfen. *Ayoyo!* In diesen Korb gehen zwei Säcke voll Geld hinein, so hoch und groß ist er. Die Koravan haben ihn geflochten. Und dann haben wir, wie wir es versprochen hatten, meinem Enkel den Kopf scheren lassen. Da erst ist mir aufgegangen, was das bedeutet: »Arbeiten wie die Barbiere von Tirupati«. *Han!* Um ihre Kunden nicht zu verlieren, scheren sie jedem ein Haarbüschel ab, und dann lassen sie sie alle in einer Reihe sitzen, damit sie warten müssen, bis sie fertig geschoren werden. Den Barbieren dort unten fehlt es nicht an Arbeit, aber sie wollen immer noch mehr.

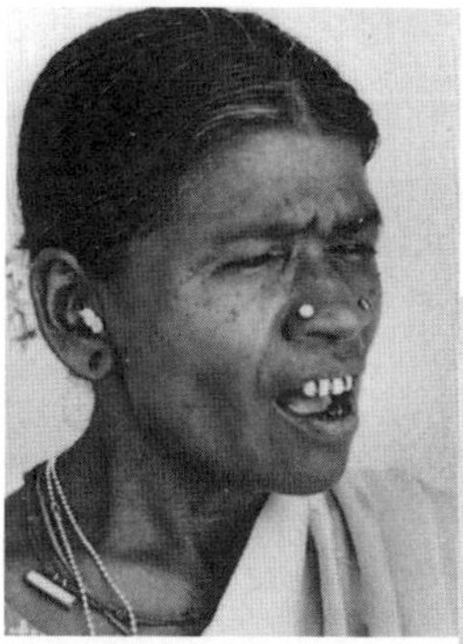
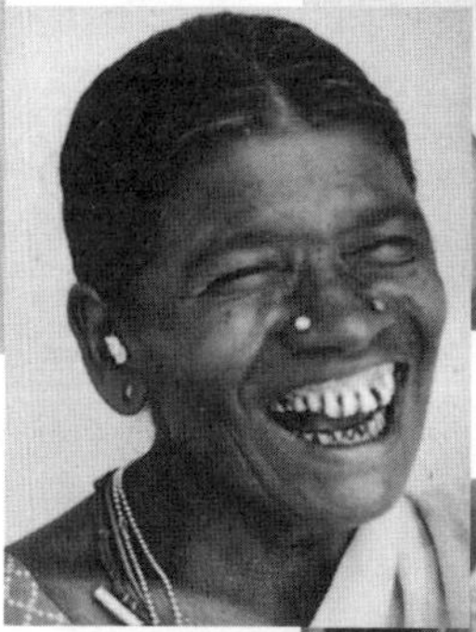
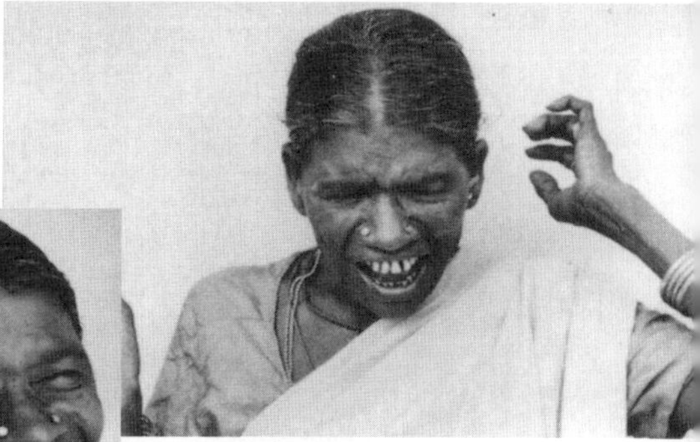
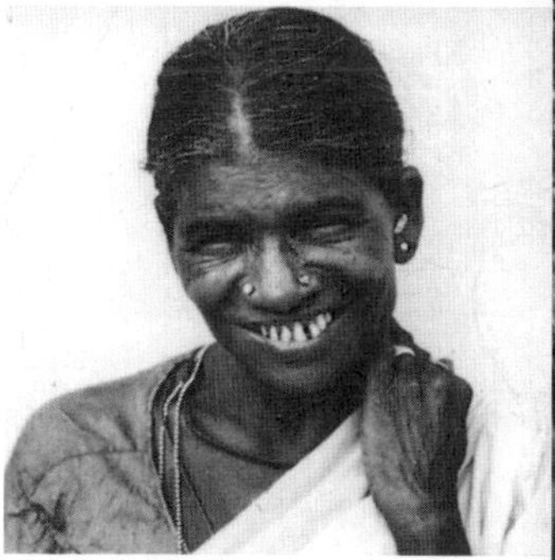

Viramma
(rechts mit einer ihrer Enkelinnen)

Im Uhrzeigersinn: Manikkam. Virammas Töchter Sundari und Miniyamma. Ihr Sohn Anban. Manikkam vor dem Haus der Familie.

Von oben: Im *ceri*.
Manikkam. Viramma.
Anban fängt die Milch
einer Kokosnuss auf.

Bewässerung mit der Pumpe (*oben*).
Karani: Der Tümpel am Eingang des *ur* (*unten*).

Der Fluss von Gingee (*oben*).
Karani: Die Mühsal des Wassertragens (*Mitte*).
Ein kleiner Tempel am Wasserrand (*unten*).

Ein Lehmhaus mit Strohdach im *ur* (*oben*). Ein klassisches Backsteinhaus mit Ziegeldach im *ur* (*Mitte*). Ein außergewöhnliches Herrenhaus (*unten*).

Bei Viramma

Ein *totti* aus dem Paria-Orchester (*oben*).
Eine Frau aus dem *ceri* beim Kochen (*unten*).

Als wir wieder in Karani waren, mussten wir noch die letzte *puja* durchführen, die die Rückkehr von Tirupati besiegelt. Diejenigen aus der Familie, die im Dorf geblieben waren, hatten das Haus vorbereitet. Zu unserem Empfang hatten sie den Boden mit Kuhfladen eingeschmiert und mit Kuh-Urin besprengt. Wir sind am Samstag angekommen, mit geschorenem Kopf. Um die Mahlzeit für das Ende der Pilgerfahrt zuzubereiten, waren neue Töpfe und verschiedene Gemüse gekauft worden: Auberginen, Meerrettichbaumfrüchte, Saubohnen, Tomaten usw. Es müssen sieben Sorten Gemüse sein. In einem großen Topf mit dem Zeichen Vishnus wird zuerst ein *pongal* aus ungedörrtem Reis gekocht. Solange der Reis kocht, versammeln sich alle um den Topf und schreien: »*Pongalo! Pongalo!* Govinda! Govinda!« Dann wird der *pongal* vom Feuer genommen und reichlich Zucker hineingetan. Erst jetzt werden die Gemüse und Saucen gekocht. Die Öllampen, die Opfertabletts und alles andere aus Kupfer wird blank poliert und ringsherum aufgestellt. Mit dem *kungamam* machen wir rote Punkte auf die hintere Wand, die auch mit Kuhdung eingerieben ist. Wenn alles bereit ist, holen wir den Iyer. Er kommt mit seiner kleinen Trommel, und bevor er zu singen anfängt, legt er Kampferstückchen um die Opfergaben und zündet sie an. Man braucht eine Unmenge Kampfer, Sinnamma! Dann singt der Iyer die Lieder zu Ehren von Venkatapati. Danach wird auf einem großen Bananenblatt ein Berg weißer Reis angerichtet, gezuckerter *pongal*, ein Krug mit frischer Milch, ein anderer mit gestockter Milch, einer mit geschmolzener Butter, die gekochten Gemüse, neun halbe Kokosnüsse, die in Tirupati gekauften *laddu* und eine große Mehllampe, aus Reis und Melasse gemacht. In die Lampe wird geschmolzene Butter gegossen, und sie wird mit einem dicken Docht angezündet, während der Kampfer brennt. Der Iyer steht auf und zeichnet die Gestalt des Gottes von Tirupati auf die Wand und daneben einen riesigen *namam*. Zu den Pilgern, die aus Tirupati zurückgekehrt sind, kommt niemand an diesem Tag des gezuckerten *pongal*, um die Zeremonien anzuschauen. Es ist wohl der einzige Moment im *ceri*, wo sich keine Neugierigen um das Haus drängen, in dem etwas vor sich geht. Das ist deshalb, weil man dem Gott aus Tirupati, der ins Haus kommen soll, nicht den Weg versperren darf: Nichts Unreines darf ihm begegnen! Das *bhakti* in diesem Augenblick ist so groß, dass der Vogel, der in Tirupati ist, Garudam, direkt über dem Haus kreist! Es ist wahr, ich schwöre es! Der Priester singt, bis der

Garudam über unsere Köpfe hinwegfliegt. Wenn der Adler dann kommt, ruft er: »Govinda! Oh Govinda!« Erst in diesem Moment stürzen alle aus den Häusern und schreien auch »Govinda!« Alle, alle, Männer, Frauen, Kinder und Alte, alle müssen rufen. Der Iyer singt lauter und lauter und schlägt seine Trommel. Oh Sinnamma! Es ist eine Wonne, das zu sehen! Und ach, das Ende des Fastens ist da! Die Männer gehen als Erste hinein, um ihr Essen zu bekommen. Dann werden die Alten geholt, die Kranken, die Witwen, und das Essen wird ihnen auf schön nebeneinander gereihten Bananenblättern vorgesetzt. An diesem Tag werden zwölf Liter Reis gekocht, um alle satt zu machen! Schließlich werden das Wasser von Tirupati und die Süßigkeiten, die wir von dort mitgebracht haben, an die Nachbarn verteilt, dazu auf einem Bananenblatt ein Stück Kokosnuss, gezuckerter *pongal* und ein Stück von der Mehllampe.

So haben wir Venkatapati gegenüber unsere Schuldigkeit getan. Ich habe gerade ein neues Gelübde abgelegt, Sinnamma, für meinen Sohn dieses Mal. Ich habe es Ihnen gesagt, er ist seit vier *Pongal* verheiratet, aber nichts ist aus dem Bauch meiner Schwiegertochter gekommen. Nichts, nicht einmal ein Erdwurm! Alle Dienstage gibt ihr Murugaiya, der *samiar*, Asche, und er hat ihr ein Amulett mit verschiedenen Metallsorten gemacht. Ich habe meine Schwiegertochter auch zu einem Muslim in Tirulagam gebracht. Er hat ihr eine geknotete Schnur gegeben. Aber nichts bis jetzt. Ich hoffe sehr, dass dieser Venkatapati mich erhört und meinen Klan weiterleben lässt. Ich habe mich ihm gegenüber einwandfrei verhalten, und er hat mir nichts vorzuwerfen! Oh Govinda!

Sinnamma, was gibt es Wichtigeres für uns Frauen als Kinder? Wenn wir nichts aus unserem Bauch ziehen, was nützt es dann, eine Frau zu sein? Eine Frau, die keinen Sohn hat, der ihr eine Hand voll Reis in den Mund schiebt, keine Tochter, die ihr die Augen schließt, ist eine unglückliche Frau. Es bedeutet, dass sie und ihre Eltern ihr *dharma* nicht erfüllt haben. Ich war in dieser Hinsicht mehr als gesegnet: Isvaran hat mir den Bauch gefüllt. Ach, wenn meine Kinder alle am Leben wären, würden sie in allen Berufen der Welt arbeiten! Der eine wäre Bauer, ein anderer Zimmermann. Einen hätte ich studieren lassen. Wir hätten zwei Töchter verheiraten und uns an unseren Enkeln erfreuen können. Ich könnte mich jeden Monat bei einem anderen Sohn ausruhen. Ja, wir wären stolz auf unsere Kinder gewesen …

10
DIE PERLEN DER PFLICHT

Als die Mariatta sich im *ceri* eingenistet hat, hatte ich ein Kind im Arm. Frag mich nicht, welches, Sinnamma, ich weiß es nicht mehr. Ich erinnere mich, dass es ein Mädchen war, nicht groß: Ich habe sie noch gestillt, und sie hatte die *mariatta*. Du weißt, was das ist, die *mariatta*, es sind die Windpocken oder Blattern. Wir auf dem Land nennen es die *mariatta*, weil Mariamman, diese Mutter, so erscheint, in dieser Form, damit man ihr einen Topf Mehlsuppe opfern soll. Sie nistet sich ein; sie geht von einem zum anderen, von Haus zu Haus, von *ceri* zu *ceri*, und überall, wo sie hingeht, nimmt sie ein oder zwei Menschen mit. Und wenn alle ihr etwas geopfert haben, wenn alle ihr gegeben haben, was sie wollte, weicht sie von dieser Welt.

Eines Tages ist Mariamman auf die Erde gekommen, weil ihr Mann Isvaran zornig war und sie verjagt hat, und er hat sie mit einundzwanzig verschiedenen Arten von Pusteln bedeckt. Er hat sie verflucht und zu ihr gesagt: »Pah! Du bist es nicht wert, in meinem Haus zu leben! Geh fort! Säe die Pusteln um dich aus und lebe von dem, was die Leute dir opfern, damit sie gesund werden!«[1] Arme Leute, so wie wir, haben diese Frau ganz nackt daherkommen sehen, mit Pusteln bedeckt, und sich gefragt, wer sie war. Und als sie näher gekommen ist, haben sie die göttliche Mutter erkannt. Ein paar Wäscher, die im Waschhaus waren, haben schnell ein weißes Tuch in Kurkumawasser getaucht und es ihr gegeben, damit sie sich bedecken und ihre Pusteln pflegen konnte. Deshalb opfern heute noch die Leute, die Mariamman ein Gelübde abgelegt haben, einen gelben Rock. Ein wenig weiter weg haben Leute von unserer Kaste Reis geerntet. Sie haben schnell ein paar Ähren geschält und ein Mehl daraus gemacht, das sie der Mutter in einer Kokosnuss-Schale, ohne jede Verunreinigung, dargebracht haben, und sie haben ihr *kuj* zu trinken gegeben.

Und die Mutter ging ihres Weges und gewährte ihre Gunst all denen, die ihr Röcke, Saris, *kuj*, Mehlklößchen opferten. Dann haben die Leute überall Tempel ihr zu Ehren gebaut.

Wenn die Mutter das *ceri* heimsucht, werden wir von den Besessenen gewarnt. Einer der Götter kommt herunter, nicht auf irgendjemand, auf mich oder dich, sondern auf einen, der in seiner Gunst steht. Der Besessene fängt an zu tanzen und verkündet uns: »*Dei! Dei!* Die Mutter ist gekommen! *Dei!* Die Mutter ist soeben in euer *ceri* eingetreten! *Dei!* Passt auf, Leute! Vor allem keine Unreinheiten! Benehmt euch anständig! Keine unreinen Sachen!« Er geht durch die Straßen, bleibt an den Kreuzungen und Plätzen stehen und schreit auf diese Weise. Wir stürzen alle aus unseren Häusern; wir scharen uns um ihn und hören ihm zu. Und wir erfahren, dass Mariatta im *ceri* ist oder im Dorf. Ja, weil die Leute es immer verheimlichen, wenn Mariatta zu ihnen kommt. Sie haben Angst, sie schämen sich, es zu sagen. Aber der Besessene warnt uns, und wir treffen unsere Vorsichtsmaßnahmen. Die Alte von Kuppam oder andere Alte aus dem *ceri* fragen den Besessenen: »Mutter, Mutter Mariatta! Wie lange wird sie im Dorf bleiben? Wann wird sie das *ceri* verlassen? In acht oder zwölf Tagen? In fünf oder sieben Tagen? Wird es Verluste in der Gegend geben? Müssen wir Opfer bringen? Geht Mutter fort, wenn wir den Göttern des Landes Opfer bringen?«

Früher war es vor allem der Zahnlose aus der Straße des Wächters, der die Fragen gestellt hat. Aber ein paar andere Frauen und ich, wir konnten uns das Lachen nicht verkneifen, wenn er geredet hat – er ist jetzt tot –, weil er keine Vorderzähne mehr hatte und nach jedem Wort, das er sagte, ein »Pfffö« folgen ließ! »Mutter pffää! Mariatta pffää!« Wenn wir ihn bei diesen Gelegenheiten verspottet haben, sind die Männer über uns hergefallen: »*Aye!* Drecksweiber! Huren! Vetteln! Maul halten!« Und der Besessene hat einen Satz gemacht und gebrüllt: »Ihr Paria-Hunde! Was für eine Sprache! Was für eine Sprache! Ihr seid unverbesserlich! *Dei!* Nehmt euch in Acht!« Die Alten haben sich entschuldigt, und wir haben uns das Ende unseres Saris vors Gesicht gehalten und sind fast geplatzt vor Lachen. Du hast ihn auch gehört, den Zahnlosen, und du hast auch gelacht, Sinnamma! Er war wirklich komisch mit seinem leeren Mund. Manchmal haben wir Frauen, wenn wir unter uns waren, ein Gespräch mit ihm angefangen und ihn singen lassen, aber sobald er den Mund aufgemacht hat, haben wir losgelacht. Dann ist er aufgestanden, hat seinen Turban zurechtgerückt und ist weggegangen, während er gesagt hat: »Eselinnen pfföö … läufige pfföö … Eselinnen pfföö!« Und wir mussten noch mehr lachen. Wir sind ihm nachgerannt und haben ihm Betel und Betelnuss zum Kauen gegeben, um ihn zu versöhnen. Er hat es freudig genommen, aber er hat trotzdem »Huren pfföö … pack pffőö!« gesagt. Als ich jung war, konnte ich mich nicht beherrschen, selbst in solchen ernsten Momenten nicht, wenn die Ankunft der Mariatta verkündet wurde. Übrigens durfte der Zahnlose zum Schluss nicht mehr in der Öffentlichkeit reden: Er brachte die Jungen zu sehr zum Lachen, und selbst die Alten konnten kaum ernst bleiben. Aber er wurde um Rat gefragt, er wusste viele Dinge, und die Leute haben sehr auf ihn gehört. Es war seine Art zu reden, die alle zum Lachen brachte – selbst so ein kleines Bienchen wie die da. *(Viramma zeigt auf ein kleines Mädchen neben ihr.)*

Um auf den Besessenen zurückzukommen, er antwortet auf alle Fragen und sagt, was wir machen müssen. »Die Grenzen müssen markiert werden.« Wenn er die Fragen beantwortet hat, stürzt der Besessene auf den Boden: Der Gott hat ihn verlassen und kehrt in die Berge zurück. Dann wecken wir ihn mit Wasser, und wir bereiten das *karagam*, den Wasserkrug, vor. Der Besessene steht auf. Wir binden ihm Zedrach-Zweige auf den Körper, und er geht weg, von neuem in Trance, mit den beiden Trommeln von Mariamman, hinter ihm ein Dutzend Männer, um ihn zu stützen. Denn Mariatta gibt nicht auf: Sie kämpft, damit sie bleiben kann. Der Besessene fürchtet sie ein wenig, denn sie ist sehr mächtig. Sie kann ihn ohrfeigen, ihm die Glieder zerbrechen, wie man einen Stock zerbricht. Aber er, der Besessene, steht unter dem Schutz der Götter: Er trägt den *karagam* auf dem Kopf, er geht bis zur Dorfgrenze, und an den acht Kardinalpunkten pflanzt er eine Fahne auf und ruft: »Govinda! Entferne Mariatta von diesem Dorf, oh Govinda!«

Am nächsten Morgen legen wir alle zusammen – zehn bis zwanzig Paise pro Haus –, um die Garn*puja* zu machen. Wir kaufen ein Knäuel Garn, das wir in Kurkumawasser tauchen, und wir weihen es Mariamman in ihrem Tempel. Dann geht der Besessene in alle Häuser und bindet jedem einen Faden ans Handgelenk, der ihn schützen wird. Selbst den Neugeborenen, selbst den Kühen, den Ochsen und Ziegen bindet er einen Faden um. Das wird Mariatta nicht daran hindern, zu bleiben und zu tun, was sie tun muss, aber der Schaden wird dann nicht so groß sein.

Du kannst der Sohn eines Maharadscha sein oder der Sohn eines Koravan, wenn Mariatta beschlossen hat, auf dich herabzukommen, dann wird sie kommen. Niemand entgeht ihr. Ich werde dir eine Geschichte erzählen, die jeder hier kennt:

Eine Frau hatte nur einen einzigen Sohn, und sie wollte nicht, dass Mariatta ihn ihr wegnahm. Also sagte sie: »Mein Sohn, Mutter spielt in unserem *ceri*. Geh schnell und versteck dich bei deiner Großmutter. Dort unten, in dem anderen *ceri*, wird Mutter dich nicht anrühren!« Und das Kind machte sich auf den Weg. Aber bevor es bei der Großmutter ankam, erwartete es jemand unter einem Banyanbaum: Das war Mariatta! Als das Kind an ihr vorbeikam, rief sie: »Wer geht hier vorüber? Bleib doch ein wenig stehen! Komm her! Ich bin eine arme Alte. In welche Stadt gehst du, *Sami?* Mein Kopf juckt so sehr! Willst du mir die Flöhe ablesen? Sei nett, Kleiner Bruder, hol mir diese Biester weg und kratze mich tüchtig, dann gewähre ich dir eine Gunst, eine große Gunst!« Das Kind erklärte sich bereit, ihr die Flöhe abzulesen. Es setzte sein Bündel ab, machte die Haare der Alten auf, und da sah es nur Augen, Augen, unzählige Augen, wie Löcher in einem Mehlsieb. Das Kind bekam Angst und sagte: »Großmutter, ich sehe nur Augen auf deinem Kopf, überall Augen. Ich habe Angst!«

»Hab keine Angst«, sagte die Alte, »ich bin niemand anders als die Mariatta. Du wolltest vor mir fliehen, aber ich eile dir voraus, wo immer du hingehst. Ich bin überall und sehe alles!« Dann nahm sie eine Haarsträhne in die Hand, schüttelte den Kopf und sagte: »Ich habe dir eine Gunst versprochen, und das ist sie: Du wirst nur fünf Perlen auf der Stirn haben, nicht mehr, und du wirst nicht leiden!« Und sie verschwand. Der Junge kam mit hohem Fieber im *ceri* seiner Großmutter an und hatte nur fünf Pusteln auf der Stirn. Deshalb, Sinnamma, heißen diese fünf Pusteln die »Perlen der Pflicht«.

Selbst heute sucht sich Mutter Mariatta, wenn sie in ein Haus einkehrt und dort bleiben will, ihre Opfer aus, indem sie sie an den Haaren reißt und ihren Kopf schüttelt. Wenn die Haare ausgehen und in ihren Händen bleiben, muss sie gehen. Wenn nicht, gibt sie die üblichen Pusteln, über den ganzen Körper verteilt, und leuchtend grell. Wenn man sie nicht ärgert, gibt sie nur, was nötig ist, und das ist schön anzusehen ... Alles verläuft normal: Nach ein paar Tagen fangen die Punkte an zu wuchern, selbst die kleinsten werden riesig. Ungefähr am fünften

Tag platzen die Perlen auf der Stirn, und die anderen folgen bald. Am neunten Tag steigt Mariatta aus dem Körper, und es bleiben nur die Narben.

Niemals gehen wir aus dem Haus, wenn wir die *mariatta* haben. Selbst die Kinder bleiben eingesperrt bis zu dem Bad, das sie zum Schluss bekommen. Man muss warten, bis die Mutter fort ist, ehe man den Kopf vor die Tür streckt. Sonst kann es sein, dass der böse Blick oder ein Unreiner, der ihr entgegentritt, Mariatta in Zorn versetzt, und dann würde sie uns fürs Leben zeichnen. Man darf auch nie in die Nähe von jemand gehen, der ein Verhältnis gehabt hat, oder auch nur an den Ort, wo ein Mann und eine Frau zusammen waren, sonst zieht man die Rache der Mariatta auf sich. Verunreinigte Nahrung oder andere Unreinheiten stören sie nicht. Aber die Freuden der Matte, die duldet sie nicht! Du weißt, warum, Sinnamma! Bei den Festen von Mariamman erzählen sie ihre Geschichte: Diese Mutter hat mit ihrem Mann nicht das Glück gekannt. Sie war unschuldig, aber weil ihr Mann sie verflucht hat, muss sie nun so herumirren.

Als die Mariatta auf mein Baby gekommen ist, hat sie sich auch bei mir eingenistet. Die arme Kleine war mit Punkten übersät und klebrig wie Leim, wegen der Milch, die aus den ganzen Pusteln austrat. Diese »Milch von Mariatta« ist wie Cashew-Milch. Ich konnte die Kleine nicht in den Arm nehmen, so klebrig waren wir beide! Zum Stillen hat mir meine Schwiegermutter das Baby in einem Bananenblatt hingehalten. Neben mir hatte ich einen Krug mit Kuh-Urin und Kurkumawasser stehen: Ich besprengte die Kleine damit, um ihren Juckreiz zu lindern. Ich hatte zu Mariamman gebetet; ich hatte ihr versprochen, dass ich ihr an einem Freitag einen Topf Mehlsuppe in den Tempel schütten würde, wenn sie in Frieden ginge. Ich summte sogar selber die Anrufungen des *kumbam*. Kalimuttu, unser Wäscher, hätte normalerweise dreimal am Tag vorbeikommen und die Lobgesänge für die Göttin singen müssen, aber er hatte nicht viel Zeit. Er musste die Bittgänger in den Tempel von Mariamman begleiten, wo sie ihre Mehlsuppe opferten, und er lief mit seiner Trommel von einem zum anderen. Er kam nur einmal, am Morgen, an unserem Haus vorbei. Hier, bei uns, fing er seine Runde an, und er sagte zu meiner Schwiegermutter: »Schwester, du kannst singen, du hast eine gute Stimme; deine Schwiegertochter auch. Singt der Mariatta selbst Wiegenlieder: Sie wird euch sicherlich erhören. Ich komme jeden

Morgen mit meiner Trommel. Ich weiß nicht mehr, wo mir der Kopf steht, so sehr hat sie sich bei uns eingenistet, diese Mutter.«

Und meine Schwiegermutter sagte: »Geh! Geh! Du kannst jetzt für dich das Beste daraus ziehen!«

Der fünfte Tag kam, aber Mariatta wollte immer noch nicht weichen. Ich sagte zu meiner Schwiegermutter: »*Ayo!* Diese Verstockte ist immer noch da und tut sich an der Mehlsuppe des Wäschers und an dem gekochten Reis des Schusters gütlich!«

Nachdem meine Schwiegermutter sich zehnmal vor dem *kumbam* niedergeworfen und Buße getan hatte, flehte sie die Göttin an: »*Ayo*, Mutter! Du lässt uns leiden, du hast es dir in den Kopf gesetzt, bei uns zu bleiben, du stellst uns hart auf die Probe! Wir haben Vertrauen zu dir, wir haben Liebe für dich. Du bist zu mir gekommen: Jetzt ist es genug. Geh fort von hier, geh woanders hin.«

Und ich jammerte gleichzeitig: »*Ayo!* Mein Baby ist noch so klein, und diese Witwe hat sich bei uns eingenistet! Wie soll ich mir den Bauch füllen? Ich bin arm! Wie soll ich es ertragen, dass sie so verstockt ist?«

Ich verfluchte sie. Während sie da war, zündeten wir am Abend keinen Kampfer an. Wir zeichneten kein *kolam* vor der Türschwelle. Wir bereiteten keine gezuckerten Sachen zu, wie Reis mit Melasse. Die Lampe blieb gelöscht, und das Haus lag im Dunkeln.

Am neunten Tag sagte sich Mariamman: »*Ayo!* Was bin ich zu dieser verfluchten Frau gekommen, die mir nicht einmal für drei Paise Kampfer anzündet! Es hat keinen Zweck, hier zu bleiben. Gehen wir also!« Ja, Sinnamma, wenn sie in jedem Haus so behandelt wird, verschwindet sie schließlich aus dem Dorf.

Am neunten Tag sind endlich die Perlen auf der Stirn geplatzt. Nach und nach auch die anderen. Am elften Tag war die *mariatta* völlig verschwunden, aber natürlich blieben Narben zurück. Das Bad wurde vorbereitet. Meine Schwiegermutter hat einen neuen Krug beim Töpfer gekauft. Sie hat ihn mit Kurkuma und roten Punkten geschmückt, dann hat sie ihn mit Wasser gefüllt, das sie zum Aufwärmen in die Sonne stellte. Sie hat Zedrachblätter gepflückt und Queckenwurzeln ausgegraben. Die Zedrachbäume werden kahl gerupft in solchen Zeiten! Alle Leute pflücken ihre Blätter, um sie zu essen – das reinigt die Eingeweide –, für das Bad – das lässt die Wunden gut vernarben und lindert den Juckreiz – und um das Haus nach Mariattas Heimsuchung zu reinigen.

Meine Schwiegermutter hat einen dicken Teigklumpen aus Kurkuma, Zedrach und Quecke gemacht. Sie hat ein kleines Stück genommen, hat es mit dem Wasser vermischt, das in der Sonne stand, und das ganze Haus damit gereinigt. Danach wurde zuerst das Baby gebadet. Dann war ich an der Reihe. Ich wurde mit viel Öl eingeschmiert und mit dem Teig gewaschen. Dann wurde ich sorgfältig mit dem lauwarmen Wasser aus dem Krug abgespült. Schließlich wurde ich in ein weißes Tuch gehüllt. Noch ganz nass, mit einem Zedrachzweig in der Hand, bin ich zum Sammeln gegangen. Vor jedem Haus habe ich angehalten und gesagt: »Ein Almosen für Mariatta!« So bin ich im *ceri* herumgegangen und habe in jedem Haus Mehlsuppe gesammelt. Die Leute haben eine sehr dicke Suppe gegeben, niemand hat sich geweigert. Als ich wieder zurück war, habe ich alles in einen großen Reistopf gegossen und Wasser hinzugefügt, damit die Suppe wieder ihre normale Dicke hatte. Unterdessen hat meine Schwiegermutter »das Mehl von Mariatta« vorbereitet.

Wenn ein Kind die *mariatta* gehabt hat, opfern wir Mehl. Bei einem Erwachsenen Mehlsuppe. Wir haben beides gegeben, weil mein Baby und ich gleichzeitig die *mariatta* hatten. Kalimuttu ist mit seiner Trommel gekommen, um uns zum Tempel von Mariamman zu begleiten. Wir haben ein paar Gebete gesungen, und wir haben unsere Opfergaben Mariatta geweiht. Wir haben dem Baby ein wenig Mehl und einen Schluck Suppe eingeflößt und gesagt: »Mariatta! Iss dieses Mehl und trink diese Suppe!« Dann haben wir die Suppe mit allen anderen geteilt, mit den Kindern, den Alten, den Witwen und unfruchtbaren Frauen. Ich selber habe ein gutes Mahl bekommen: weißen Reis, eine Fischsauce mit Auberginen und Meerrettichbaumfrüchten.

Sinnamma, in einem Jahr hat Mariatta sehr lange in unserem *ceri* gespielt. Wir haben ich weiß nicht wie viele Zedrachbäume kahl gepflückt, um den ganzen Hof des Mariamman-Tempels damit zu bedecken, eine richtige Matte war das, so dick! Die Erwachsenen, die Pusteln hatten, wurden in dichten Reihen dorthin geführt. Sie waren alle nackt. Die Männer hatten nicht einmal ihren Talisman um, und die Frauen haben sogar ihren Schmuck abgelegt. Jeder hatte eine Kokosnussschale, um seine Suppe daraus zu trinken. Ein *kumbam* war vor den Eingang des Tempels gestellt worden. Kalimuttu, Onkel Murti und Großvater Vellai haben angefangen, Mariamman zu beschreiben, ihre Geschichte zu singen. Tag und Nacht haben sie Loblieder über Mariamman gesungen. Aber Mariamman hatte einige Kinder und zwei Erwachsene auf ihrer Liste, einen bei Naliveliya und einen in der Straße zum Tempel von Perumal. Die anderen wollte sie nicht: Sie gab ihnen einen Fußtritt und verschwand …

Für die, die nach *vaikundam* gegangen sind, wurde nichts gemacht. Man darf nie etwas für diese Toten machen: keine Tränen, keine Gesänge, keine Musik, keine Blumen. Sie wurden einfach in ein gelbes Tuch gehüllt und den Totengräbern übergeben. Selbst die Mutter eines Kindes, das an der *mariatta* stirbt, darf keine Tränen vergießen. Du kannst alle fragen, Sinnamma. Nein, nein! Niemals darf man um diese Toten weinen, das würde die Mariatta noch zorniger machen, und sie würde noch mehr Schaden anrichten.

Es gibt verschiedene Arten von *mariatta*: die mit Pusteln, die wir Korianderkörner nennen; ganz schwarze wie Palmyrafrüchte; *mariatta* mit Flechten, wo man ganz deutlich drei Füße sehen kann, die ineinander laufen, und noch andere, die ganz platt sind wie meine Ohrringe. Die *mariatta* im Hals ist sehr schmerzhaft: Die Göttin und ihr Mann setzen sich von beiden Seiten auf die Ohren. Es schwillt an, so dick, und man kann den Kopf nicht mehr bewegen und nicht mehr schlucken – nicht einmal seinen eigenen Speichel. Es gibt kein Heilmittel dafür, man muss einfach warten. Wir legen bloß Umschläge mit Zedrach, Kurkuma und Quecke darauf, um den Schmerz ein wenig zu lindern, das ist alles.

Um die Wahrheit zu sagen, Mariatta kommt nur, weil sie den *tali* will. Das Gold hier zieht sie an, Sinnamma. Du weißt, sie hat ihren *tali* nicht genießen können. Paramasiva hat sie verjagt. Er hat ihr sogar den Kopf abgeschnitten und sie verflucht. »Alle deine Wünsche werden von den Menschen auf der Erde erfüllt werden, bis deine Stunde kommt«, hat er zu ihr gesagt. Und deshalb kommt sie so zu uns, in all diesen Formen, um von uns zu verlangen, worauf sie Lust hat. Wir stellen sie zufrieden, indem wir eine weiße Schnur nehmen und mit Kurkumawasser gelb färben. Wir fädeln einen neuen *tali*, mit einem roten Punkt geschmückt, darauf, und nachdem wir ihn Mariamman geweiht haben, binden wir ihn um den Hals von Mariatta. Dann ist sie zufrieden und geht sofort weg. Aber man muss sehr vorsichtig sein, und vor allen Dingen darf man nicht dorthin gehen, wo ein Paar zusammen war, sonst nimmt die Mutter ihre schrecklichste Gestalt an und erstickt uns auf einen Schlag. Nein, man muss in Ehrfurcht abwarten und die Mutter nicht in Zorn versetzen. Dann geht sie, wie sie gekommen ist, in Frieden.

Heute ist das alles anders. Die Ärzte gehen mit der *mariatta*-Spritze durch die Dörfer. Sie schnappen sich vor allem die Kleinen, selbst die, die noch keine Hand voll sind. Diese Spritze soll ein Schutz gegen die *mariatta* sein, so wie der Faden, den wir uns ums Handgelenk binden. Aber die Ärzte bringen keine Opfer: Sie fangen uns ein wie die Kälber, geben die Spritze und gehen wieder! Obwohl niemand Mariatta am Kommen hindern kann, hat es den Anschein, dass sie nicht mehr so wie früher im *ceri* spielt. Anfangs haben wir uns versteckt, wenn die Ärzte ins *ceri* gekommen sind. Wir hatten Angst, dass ihre Geschichten Mariatta zornig machen und gegen uns aufbringen würden. Aber mit der Zeit ändert sich die Welt ... Trotzdem gibt es auch jetzt noch Leute, die vor den Ärzten fliehen. Ich selbst habe früher Anban während der *mariatta* versteckt, und als der Doktor seine Runde gemacht hat, habe ich zu ihm gesagt: »Bei mir hat niemand die *mariatta*, Sir.« Ich wollte nicht, dass sie meinen Jungen ins Krankenhaus bringen, Sinnamma. Oder glaubst du, dass wir Armen die Zeit haben, jemand ins Krankenhaus zu begleiten und einfach so neben ihm sitzen zu bleiben? Und wer macht dann hier die Arbeit? Es gibt viele andere Krankheiten, die viel schlimmer sind als das. Da kann man es verstehen, dass die Leute ins Krankenhaus kommen. Vor einigen Jahren hatten wir im *ceri* etwas, das »einheimisches Fieber« heißt. Das ist wirklich schlimm. Wer es bekommt, stirbt immer. Das letzte Mal sind fünf Leute gestorben, allein hier. *Mariatta* ist gar nichts im Vergleich mit diesen Krankheiten. Sie, die Mutter, kommt, erfüllt ihre Pflicht, gibt, was sie geben muss, und geht wieder. Das ist nicht wie die Cholera, die wahllos tötet.

Govinda! Oh Govinda! Sinnamma, ich glaube nicht, dass du das je erlebt hast. Du bist viel zu jung, um die Cholera zu kennen. Ich war noch in Velpakkam, als es mich erwischte. Sinnamma, ich habe Leute daran sterben sehen, mit meinen eigenen Augen, fünf oder sechs am Tag! Alles hat mit dem Sohn von Nayagam angefangen, dort unten, in Velpakkam. Es hat ihn ganz früh am Morgen gepackt. Er hat sich übergeben, er hatte Durchfall. Er konnte nicht mehr, der arme Junge – er, der fast im heiratsfähigen Alter war! Seine Mutter hat die Familie gerufen und ihnen ihren Sohn gezeigt, als sie plötzlich hörten: »Govinda! Govinda! Govinda!«

Ich erinnere mich, es war im Monat *markaji*, unser Iyer hat den Gong im Dorf geschlagen. Alle Leute sind hinausgestürzt, um zu sehen, was vor sich ging. Es war der Alte von Pombur, der in Trance war. Er rief: »*De!* Wacht auf! Macht das Feuer, das die Geister verjagt! Die Cholera ist bei uns angekommen! Macht das Feuer, das die Geister verjagt! Verbrennt alles! Govinda! Oh Govinda!« Es war Ejeumalaiyan, der auf den Alten herabgekommen war, um uns zu warnen.

Die Cholera, das ist Mutter Kali. Es heißt, sie steigt auf die Erde herunter mit einem Topf in einem Flechtkorb, der mit einem dunkelblauen Öl gefüllt ist. Sie geht in alle Häuser und sucht die, die sie mit sich nehmen will, Männer, Frauen, Kinder oder Tiere. Sie gießt ihnen einen Löffel voll Öl in den Mund, dann geht sie wieder. Es war also der Alte von Pombur, der uns gesagt hat, dass die Cholera da war. Weil er in Trance war, wie sollte er das sonst erraten, Sinnamma?

Als wir die Worte des Alten gehört haben, sind wir auseinander gelaufen und haben geschrien: »Govinda! Oh Govinda!« Wir haben uns auf die Zedrachbäume gestürzt. Jeder hatte einen Zweig in der Hand und rief: »Govinda!« In jeder Straße, an jedem Platz haben wir uns versammelt, um Feuer anzuzünden, mit allem, was wir finden konnten: Palmzweige, Strohbüschel, egal was. Wir rannten in alle Richtungen, stolperten übereinander und riefen: »Sie ist da drüben! – Nein, sie ist hier, diese Witwe!« Es war, als ob ein Feuer im *ceri* ausgebrochen wäre. Es brannte an allen Ecken. Es heißt, wenn man solche Feuer macht, bekommt die Mutter Angst und flüchtet in ein anderes Dorf. Wenn überall Feuer gemacht würden, würde sie von dieser Erde verschwinden!

Aber in Velpakkam ist es anders gegangen. Das *ceri* da drüben ist im Norden, also höher als das *ur*. Ich weiß nicht, welches Arschloch das so gebaut hat, aber auf jeden Fall hat er das *ur* in den Süden getan. Wenn jetzt eine *mariatta*- oder Cholera-Epidemie herrscht, auf welche Seite soll die Mutter fliehen, sag? Sinnamma, wenn man die Feuer im *ceri* anzündet, kann Kali nur ins … *ur* fliehen. Und genau das ist passiert! Im *ur* hat es dann die ersten Cholera-Fälle gegeben. Sie haben auch Feuer gemacht, um die Mutter zu verjagen, aber sie hat sich unter einem Meerrettichbaum versteckt. Die Leute haben den Alten von Pombur holen lassen. Er ist in Trance gefallen, und, begleitet von den Musikern und Dutzenden von Leuten, ist er losgegangen, um den Ölkrug, den Korb und den Löffel auszugraben. Natürlich hat ihm Draupadi, die Göttin des Dorfes, geholfen, Kali zu verjagen. Sie verjagt auch Mariatta und andere böse Geister; sie beschützt unser Dorf.

Dem Ölkrug kann sich nur ein Besessener nähern. Niemand anders, denn Kali würde ihn ohrfeigen, und dann wäre es aus, wir könnten nur noch den Weg nach *vaikundam* nehmen. Nachdem er den Krug ausgegraben hatte, hat der Alte von Pombur ihn weit weggebracht, in die Nähe des Teichs, unter eine Tamarinde. Dort hat er ihn zerschlagen und verbrannt: Das Feuer hat bis Sonnenuntergang gedauert. Seitdem habe ich Kinder gehabt, zwei Schwiegersöhne, Enkelkinder, aber die Cholera ist, Gott sei Dank, nie wieder ins Dorf gekommen.

Sinnamma, alles, was ich dir gesagt habe, habe ich mit meinen eigenen Augen gesehen. Ich war in Velpakkam zu der Zeit; es war nach der Zeremonie des siebten Monats, in meiner ersten Schwangerschaft. Wir waren im Haus und haben Baumwolle geschält, als wir die Nachricht erfahren haben. Mein Vater hat sich auf die Baumwollhülsen gestürzt und sie zum Verbrennen auf die Straße geschmissen, mit allem, was er sonst noch finden konnte. Wir sind alle in unsere Häuser zurückgegangen und haben die Türen zugemacht. Nur die Leute, die die Cholera hatten, waren im Hof des Tempels, ohne Talisman, splitternackt. Ihre Körper waren mit weißer Asche eingerieben worden. Die Armen haben sich durch den Mund und den Hintern entleert. Sie wurden von Tag zu Tag weniger. Man konnte gut sehen, dass es das Werk dieser Mutter war: Ein öliger Durchfall kam heraus, eigentlich nur Öl, das Öl, das ihnen die Mutter eingeflößt hatte. Deshalb müssen wir uns in solchen Zeiten immer auf den Bauch legen, um die Mutter zu überlisten. Wenn sie hereinkommt, hält sie uns für einen Ast, sie stößt uns mit dem Fuß an und sagt: »Pah! Das ist nur ein Stück Holz!« Aber wenn wir auf dem Rücken schlafen, sieht sie sofort, dass es ein Mensch ist: Sie flößt ihm das Öl ein und geht wieder. Und so bekommt man die Cholera.

Aber es steht alles geschrieben, Sinnamma! Sieh nur, wie viele wir in unserem *ceri* sind! Ich habe zwölf Kinder gehabt – wie hätte ich sie alle satt kriegen und großziehen sollen? Und in den anderen Familien ist es genauso! Wie viele Leute hätten wir hier im *ceri*, wenn alle am Leben geblieben wären? Hätte es Arbeit für alle gegeben? Deshalb kommt Mutter jedes Jahr in die *ceri*. Den einen gibt sie die Cholera, den anderen die *mariatta*. Sie nimmt fünf oder sechs Menschen aus jedem *ceri* mit, und noch ein Dutzend aus dem *ur*. Sie macht das in jedem *ceri* und *ur* auf der ganzen Welt, und das bedeutet, dass weniger Leute ernährt werden müssen.

11
DIE MEHLSUPPE VON MARIAMMAN

Jedes Jahr geben wir ein Fest für Mariatta. Aber nicht nur wir, sondern die ganze Welt, die achtundfünfzig Länder. Hast du gesehen, wie viele Mariamman-Tempel es in den Dörfern gibt?

Der von hier war schon zur Zeit der Großeltern meines Mannes da. Es heißt, dass die Regierung ihn gebaut hat. Ich kann nichts dazu sagen. Aber zwei *adi* nach meiner Heirat haben sich die Alten vom *ceri* zusammengetan. Der Vater des Chetti war damals Dorfvorsteher. Die Alten haben beschlossen, den Tempel zu vergrößern. Damals gab es ungefähr hundert Häuser: Jeder Haushalt hat zehn Rupien gegeben. Wir haben auch Geld in den Nachbardörfern gesammelt und in den *ceri*, in denen wir Familie hatten. Am Schluss war eine große Summe zusammengekommen, und der Dorfrat hat beschlossen, einen Unternehmer anzustellen, der sich auf die Kunst des Tempelbaus verstand. Das kann nicht einfach irgendjemand machen. Es gibt Regeln und Riten, die wir nicht kennen. Der Bauunternehmer hat gesagt: »Gebt mir zweitausend Rupien, und ich ziehe mit meinen Maurern die Tempelmauern nach den Regeln hoch, aber die Hilfsarbeiter, die Ziegel und der Mörtel gehen auf eure Kosten.« Er hat zwanzig Rupien für einen ganzen Mann, fünfzehn für einen halben und zehn für einen viertel Mann gerechnet, deshalb ist er auf so einen hohen Preis gekommen.[1] Wir haben ohne Zögern angenommen.

Wir, die Leute vom *ceri*, haben reihum auf der Baustelle gearbeitet, bis der Tempel fertig war: Jeden Tag eine Person pro Haushalt. Sechs Frauen haben den Kalk gestampft, drei gegenüber drei, und die Stampfer sind im Rhythmus der Lieder heruntergesaust. Die Männer haben den Mörtel zu den Maurern getragen. Der Bau hat sehr lange gedauert!

Unser Tempel hatte anfangs nur einen kleinen Raum. Unsere Generation hat ihn vergrößert, indem wir einen Turm angebaut und Außenmauern hochgezogen haben. Viele von denen, die Gelübde abgelegt hatten, sind daraufhin gekommen, um Babys aus Lehm, aber auch Saris, Silberschmuck, Gold*tali* zu weihen. Mit alldem konnten wir im folgenden Jahr eine Kupferstatue der Mariamman von den Handwerkern in Thanjavur herstellen lassen. Ein Brahmane ist zur Einweihungszeremonie gekommen.[2] Wir haben wieder viel Geld gesammelt und eine Schauspielertruppe für sieben Tage engagiert: Du weißt, Sinnamma, es gibt kein Fest der Göttin ohne Theater. Die Truppe von Pombur ist sehr bekannt: Sie wird von nah und fern im *adi* eingeladen, dem Monat, in dem das Fest der Mariamman stattfindet. Aber unsere Leute hatten sie mehrere Monate im Voraus verpflichtet, indem sie ihnen Betel gebracht und einen Vorschuss gegeben haben. Sie haben alles mit Hilfe von Weiß-Soman organisiert, dem Meister der Truppe vom *ur*. Die Schauspieler aus Pombur sind Vanniyar, sie können im *ceri* weder schlafen noch essen, also haben wir ihnen das nötige Geld gegeben, damit sie bei Weiß-Soman schlafen und essen können. Und wir haben auch einen Priester der Mariamman kommen lassen, der jeden Abend vor der Vorstellung ein Schlaflied für die Göttin gesungen hat. Wir haben ihn gut eingeweiht, unseren Mariamman-Tempel!

Danach haben alle ihr Bestes getan, um dem Tempel zu geben, was ihm noch fehlte. In einem Jahr hat Kaliyan ganz allein die Holzstatue gestiftet, die für die Prozessionen genommen wird. Darasuram und Manivelu haben die Kattavarayan-Statue gestiftet. In einem anderen Jahr haben wir zusammengelegt und die Statue des Munnadiyan machen lassen. Bei Anbans Geburt habe ich eine Handglocke gestiftet. Und eines Abends, als ich vom Jahrmarkt von Karikkimedu zurückgekommen bin, habe ich eine Glühbirne oben auf der Spitze des Tempels brennen sehen. Ich war sehr erstaunt und habe die Jungen gefragt, die dort gespielt haben: »He, ihr Kleinen! Wie kommt es, dass elektrisches Licht auf dem Tempel brennt?« Mein Mann, der mir entgegenkam, hat mir geantwortet: »Murugaiya Gounder hat es anbringen lassen. Er hat zu uns gesagt: ›*Dei!* Ihr vom *ceri!* Macht euch keine Sorgen! Ich lasse die Elektrizität auf meine Kosten legen!‹ Dank ihm haben wir jetzt Licht. Unser Tempel von Mariamman ist fertig.«

Wir haben noch andere Tempel mit unserem Geld gebaut. Um den von Pillaiyar hat sich Mani Iyer gekümmert, er hat die Steinhauer von Tiruvannamalai kommen lassen. Für den von Perumal hatten wir keinen

Priester mit *namam*; wir haben einen aus Kokkur kommen lassen. Er hat sich hier niedergelassen, und er ist der, der am Abend das Licht im Tempel anmacht. Der Wächter dagegen ist ganz allein aus der Erde gekommen, niemand hat ihn gebaut. Kennst du die Steine beim Pondy-Krankenhaus, die ganz von selber hochgekommen sind? Ja, und in unserem *ceri* ist es genauso. Auf jeden Fall hat keiner von diesen drei Tempeln große Feste, die jedes Jahr stattfinden. Das steht nur Mariamman zu!

Einmal im Jahr machen wir die Verteilung der Mehlsuppe von Mariamman. Um den Anteil von jedem zu sammeln, werden vier kleine Jungen als Mädchen verkleidet. Wir ziehen ihnen einen Rock und ein Bustier an, und sie bekommen Ringe in die Nase und einen *tali* und Perlenketten um den Hals wie die Stammesfrauen. In der Hand halten sie einen schönen Zedrachzweig. So führen sie den Tanz der Mutter Ganga vor, begleitet von Trommeln und Zimbeln. Dann kommt das Paar von Koravan: immer zwei Männer aus dem *ceri*. Virappan ist als Koravan verkleidet, Ranga als Koratti. Sie haben Schellen an ihren Füßen und tanzen ohne Unterlass: Sie sind unermüdlich, diese beiden! Und sie singen:

> Diese Glasperlenkette, kauft ihr sie nicht, ah, ah, ah?
> Kauft sie und tragt sie, das wäre schön, oh, oh, oh!
> *Ayoyo, ayoyo,* oh, oh, oh …!
> Wenn wir das Netz in den Teich geworfen haben,
> bleiben wir versteckt, eh, eh, eh!
> Woll'n wir nicht derweil zusammen sein,
> Narikara, ah, ah, ah?[3]
> Tante, hör nur, was sie sagt: Meine Frau ist im sechsten Monat schwanger.
> Oh Mutter! Was soll ich tun, wenn sie auf der Straße niederkommt? Oh Mutter, gib uns Geld, um Medizin zu kaufen!

Ja, so machen es die Narikara; sie ziehen singend und bettelnd an den Häusern vorüber. Und dann ändern Ranga und Virappan plötzlich den Rhythmus. Sie fangen an zu springen und zu tanzen und singen:

> Auf den Markt von Narikara,
> bin ich gegangen, gut gekleidet, um Fuchszähne zu kaufen.
> Dort hat mir ein Narikara-Zwerg ein Zeichen gemacht …

Wenn sie so tanzen, du hast es gesehen, Sinnamma, ist die Hölle los, wir lassen das Essen auf dem Feuer stehen und stürzen hin, um zuzusehen. Dann kommt Elefantenfuß, der Handleser. Mit seiner kleinen Trommel in der Hand singt er:

> In diesem Haus wird das Glück geboren!
> Gebt, was ihr schuldig seid, der Mariatta!
> Wir machen die Mehlsuppe der Mariatta!
> Die versteckten Kornscheffel,
> Ihr müsst sie uns geben!
> Kudukudukudukuduka …

Dann kommt Sankaran. Er macht den Hexer. Dieses Jahr hat er sich sehr gut verkleidet: das Gesicht blutrot, mit einer Pappkrone auf dem Kopf, die mit Raben- und Hahnenfedern geschmückt war, und in der Hand ein dickes Büschel falsches Haar. Und obwohl er herumwirbelt wie verrückt, bleibt die Krone oben!

Außerdem gibt es noch das Jägerpaar, mit ganz schwarzen Gesichtern. Es sind Krishnan und Kuppan, die das jedes Jahr machen: Ich weiß nicht, wie viele Maß Holzkohle sie sich schon ins Gesicht geschmiert haben! Die Menge folgt ihnen, und alle lachen, wenn sie sie sehen – du hast auch gelacht, Sinnamma! Sie singen und schlagen sehr laut ihre Trommel, der Rhythmus ist schnell, der Tanz wird wild. Was für ein Schauspiel, Sinnamma! Das Hirtenpaar neben ihnen ist viel stiller: Sie sagen fast nichts. Sie müssen da sein, das ist alles, nur ihre Gegenwart zählt, wie beim Wäscher. Sie sind als Erinnerung an all die Leute da, die Mariamman auf Erden getroffen hat.

Der Maskenzug macht die Runde in Karani und den Nachbardörfern. Es dauert zwei volle Tage, allein um in unserem *ur* zu sammeln. Bei den Kudiyanar ist es genauso: Sie brauchen auch zwei Tage zum Sammeln, wenn sie ihr Fest für Mariamman machen. Im Monat *adi* hört man überall das Geräusch der Trommeln und die Schreie: »Mutter Ganga! Mutter Ganga!« Alle sammeln, um das Fest der Göttinnen zu feiern. Weil es in jedem unserer Dörfer einen Draupadi-Tempel und einen, zwei oder drei Mariamman-Tempel gibt.

Jedes Jahr geht das Paria-Orchester mit den Tänzern zum Sammeln. Als Erstes müssen sie die Tänzer aus dem *ur* begleiten: Sie sammeln als

Erste. Diese Tänzer kommen natürlich nicht hierher, ins *ceri*, aber sie gehen bei allen Kudiyanar in den Nachbardörfern vorbei. Vierzehn Tage später machen die Parias ihre Sammlung. Zwei Männer tragen einen großen Korb für das Getreide. Ein anderer – es ist immer der Chetti – trägt ein großes Kupfertablett für das Geld: Münzen oder Scheine. Sie gehen zuerst an den Häusern des *ceri* vorbei. Jeder muss eine große oder kleine Spende geben, je nach seinen Mitteln. Der Dorfvorsteher ist auch da, bei den Tänzern. Er schreibt in ein großes Buch, wer etwas gegeben hat und wie viel; und wer nichts gegeben hat, denn nicht jeder hat etwas zur Hand. Diese Leute bitten dann um Aufschub: »Wartet noch ein wenig. Kommt später wieder. Ich habe zum Reddi geschickt und um Korn bitten lassen.« Der Vorsteher schreibt in sein Buch, dass sie bei diesem oder jenem noch einmal vorbeigehen müssen. Aber es gibt auch umsichtige Leute, so wie ich, die während der Erdnussernte ein Maß oder zwei für Mariamman zurücklegen. Man kann *ragi* oder andere Körner in den Korb tun, und natürlich kann man Geld auf das Tablett legen. Im *ur* sind die Leute großzügig, vor allem die wohlhabenden: Sie geben zugleich Korn und Geld. Der große Korb wird schnell schwerer und füllt sich. Die Musiker werden in der Zeit des Sammelns nicht bezahlt, oder nur sehr kärglich, aber sie lassen sich nach Herzenlust zu essen und zu trinken vorsetzen: »Ein wenig Suppe, Sinnamma!« Und ein Stück weiter: »Schenkt mir ein wenig Suppe ein, oh Lady aus dem Haus des Reddi!« Oder zu einer Kudiyanar: »Oh Lady aus dem Haus des Kleinen Herrn, schenkt mir ein wenig Suppe ein!« Und alle bringen die Suppe, ohne sich bitten zu lassen. Ja, das Fest von Mariamman, das ist das Fest der Musiker, unser Fest …

Wir sammeln auch in allen Nachbardörfern von Karani, wo wir arbeiten. Die Würdenträger von Naliveli und Mangappakkam hören uns von weitem kommen und erkennen uns, denn unsere Männer sind gute Sänger, und unsere Tänzer sind berühmt. Wenn die ganze Truppe ankommt, lassen die *kambattam* Suppe an alle verteilen, dann bekommen die Musiker und Tänzer jeder zwei Maß *ragi* und zwei Rupien. Der von Mangappakkam gibt jedem sogar drei Rupien und den *ragi*. Und für unsere Mariatta geben die *kambattam* zwölf große Maß *ragi*, und in Geld geben sie, was ihr Herz ihnen in diesem Augenblick befiehlt: fünfzig Rupien oder hundert Rupien. Diese Würdenträger besitzen die Hälfte der Felder von Karani, fast das ganze *ceri* arbeitet bei ihnen. Also behandeln sie uns gut bei unserem jährlichen Fest. Weil unsere Mariatta gut ist, Sinnamma, und sie beschützt. »Feiert sie nur gebührend, eure Mariatta! Stellt eine tüchtige Truppe ein, und wenn euch das Geld fehlt, kommt zu mir!«, sagt uns der *kambattam* von Mangappakkam, und am Tag der Suppenverteilung geht er auf seine Terrasse und beobachtet das Fest von dort oben. Im letzten Jahr ist er am Tag des Fests sogar zum Ortseingang vom *ceri* gekommen, und inzwischen gibt es Kudiyanar und Reddi, die um Erlaubnis bitten, unsere Mariamman in unserem Tempel im *ceri* anbeten zu dürfen. Die Leute, die von Karani weggegangen sind, ob aus dem *ur* oder dem *ceri*, schicken auch Korn oder Geld oder beides, um die Verteilung der Mehlsuppe von Mariamman zu feiern.

Wenn die Sammlung zu Ende ist, zählen wir das Geld und füllen das Korn in Säcke. All das wird beim Dorfvorsteher abgeliefert. Nur einen Sack *ragi* behalten wir; das reicht für die Suppen-Verteilung. Der Dorfvorsteher, der Buchhalter und Sechs-Finger verkaufen den Rest auf dem Markt von Tirulagam. Im letzten Jahr haben sie 750 Rupien nach Hause gebracht. Sie verschlingt viel Geld, Mariammans Mehlsuppe! An Ausgaben fehlt es nicht: die Neonlampen anbringen; eine Tanztruppe für drei Nächte kommen lassen; die Schallplatten, die Lautsprecher ... Dieses Jahr wollen diese kleinen Idioten, anstatt die Truppe aus dem *ceri* spielen zu lassen, am letzten Tag einen Videofilm vorführen – hier, im *ceri*, wo doch der Tanz stattfinden müsste! Sie schämen sich, Sinnamma, und deshalb bringen sie heutzutage überhaupt nichts mehr zustande, diese jungen Dummköpfe! Mein Anban konnte vor seiner Heirat noch die Rolle des Lakshmanan spielen. Jetzt sagt er, dass er es nicht mehr machen will, dass er alles vergessen hat. Nichts interessiert sie mehr. Alles, was sie wollen, ist, ihre Haare mit viel Öl nach hinten kleben, schöne Kleider anziehen und ins Kino gehen (es ist nicht einmal mehr im Freien wie früher; selbst bei uns auf dem Land gibt es jetzt große Kinosäle, drei in Tirulagam). Das Theater zieht sie nicht mehr an, so wie uns Alte. Onkel Kokosnussraspler, der Alte von Kanur und Großvater Ente haben alle durch die Theaterbücher lesen gelernt, dort, am Boden, auf dem Platz. Der Schwiegervater von Sechs-Finger hat ihnen die Buchstaben in den Sand gezeichnet. Sie haben es kapiert: Sie haben die Buchstaben zusammengefügt und so nach und nach lesen gelernt, und eines Tages konnten sie fließend lesen. Sie haben die Truppe vom *ceri* gestellt. Ja, Sinnamma! Früher hatten wir eine Theatertruppe hier im *ceri*. Mein Mann hat lange

Zeit gespielt, aber jetzt ist er zu alt dafür. Er hat Karna gespielt, der Mann von Anjalai Bhima, der Onkel vom Chetti Arjuna, und Manivelu hat Draupadi gespielt. Mein Mann hatte eine Stimme, die weithin zu hören war, und er hatte Stehvermögen! Er konnte die ganze Nacht spielen und am Morgen arbeiten. In solchen Zeiten habe ich mich in die Ecke gesetzt, und ich habe ihn bewundert, meinen Mann! Er hat nicht nur die Geschichte von den fünf Brüdern Pandava gespielt. Er konnte auch Kattavarayan spielen, Vira Pandya und viele andere ... Er kannte alle Geschichten, mein Mann! Er trank eine gute Kalebasse Palmwein, und schon war er bereit! Er sprang, er tanzte! Die Worte strömten wie Wasser. Niemals ist er ins Stottern geraten, niemals hat er sich versprochen, niemals musste er anhalten und fragen, wie es weitergeht.[4] Manchmal hat er den Vater von Sechs-Finger begleitet, um in anderen *ceri* zu spielen. Sie haben ihrerseits die Jungen ausgebildet, aber heute ist es vorbei, die Truppe hat sich nach und nach zerstreut. Vier Burschen arbeiten in Pondy; zwei sind in Madras, und das war's! Die, die noch hier sind, haben kein Interesse. Sie sehen lieber Videofilme. Sie behaupten sogar, dass es weniger kostet als die Truppe von Kodukkur, alles Kudiyanar, die man gut behandeln muss. Die Truppe von Pombur war dieses Jahr schon vergeben, als wir nachgefragt haben. Also haben wir denen in Kodukkur den Betel gebracht. Sie sind gekommen, aber mit ihren Köchen. Sie haben im Hof des Tempels gelagert. Der *kambattam* hat ihnen ein paar Utensilien geliehen, und sie haben ihre Mahlzeiten gekocht, mit Lammfleisch. Den Alkohol mussten wir besorgen. Sie schlafen am Tag, trinken am Abend, und dann sind sie bereit, die ganze Nacht zu tanzen. Bei der Truppe von Pombur wissen wir, wer die besten Schauspieler sind, deshalb geben wir ihnen getrennt zu trinken, und sie tanzen in einer Ecke nur für uns. Ist das nicht alles sehr lustig, Sinnamma? Du bist von der Menge herumgestoßen worden, aber es hat dir gefallen, sag? Und jetzt erzählen sie mir, mit dem Video kostet es nur noch 150 Rupien! Sollen sie machen, was sie wollen, diese Idioten, aber Theater muss es geben, zumindest am ersten Tag der Suppenverteilung.

Für diese Suppe müssen sechs Frauen den *ragi* mahlen. Ich werde jedes Jahr geholt, weil ich die anderen mit meinen Liedern mitreiße. Die Stampfer fallen schnell, und die Arbeit geht voran. Wir säubern, wir stampfen, wir mahlen, wir sieben: Wir lassen uns auf dem Zementboden des Tempelhofs nieder und arbeiten unterm Singen. Jede von uns bekommt ein kleines Maß *ragi* als Lohn, und keine würde auch nur ein einziges Körnchen in ihrem Sari beiseite schaffen: Es sind die Körner der Mariatta, und sie kann uns schwer krank machen oder erblinden lassen. Beim Reddi ist es anders: Da sind wir sehr geschickt ... Wenn wir bei ihm etwas sieben, lasse ich ein paar Körner mit dem Stroh und den schwarzen Körnern fallen, und nachher, beim Sauberkehren, nehme ich sie wieder an mich. Oder wenn wir Chilis, Bitterorangen oder Palmyrafrüchte pflücken, nehme ich heraus, was von den Insekten oder Ratten angeknabbert ist, lege es beiseite, und wenn mein Sohn vorbeikommt, gebe ich es ihm, damit er es nach Hause nimmt. Das ist alles! Es ist keine große Sache. Ich gehe nicht in die Häuser, um zu stehlen! *Ayoyo*, Sinnamma! Auf jeden Fall, der Mariatta rauben wir kein Körnchen: Wir geben ihr, was ihr zusteht, bis aufs Letzte.

Die Alten kommen, um das Mehl abzumessen, und lassen elf verschieden große Krüge bringen, die sie bis oben hin auffüllen. Sie lassen sie bis Donnerstag, dem Vorabend der Verteilung, im ersten Zimmer des Tempels. Das restliche Mehl wird an die Leute vom *ceri* verteilt. Am Freitag kochen die zehn reinen Frauen, die zu Beginn der Zeremonien ausgewählt wurden, die Mehlsuppe, die sie am Vorabend angesetzt haben. Inzwischen bereitet jede Familie zu Hause ihre eigene Mehlsuppe zu. Am Mittag wird sie in die Mitte des Hauses gestellt, von Öllampen und Kampfer umgeben. Mein Mann, mein Sohn, meine Schwiegertochter und ich werfen uns vor unserem Topf nieder, und wir weihen ihn der Göttin. Anban holt die Wäscherin, der ich einen Teil der Suppe einschenke. Den Rest trinken wir nachher. Die Wäscher haben Anspruch auf die ersten paar Schlucke, ob im Tempel oder in den Familien, weil sie die Lieblinge der Mariamman sind; sie sind die, die sie zuerst gesehen haben. Sie dienen uns das ganze Jahr, sie waschen unsere schmutzige Wäsche, sie tragen die Nachricht von der ersten Regel der Mädchen in die mütterliche Familie.

Aber in diesem Jahr, Sinnamma, als du nicht da warst, ist etwas passiert. Ich werde es dir erzählen. Oh! Nichts Schlimmes, es hat keine große Schlägerei gegeben, aber ...

In diesem Jahr also haben die Musiker, die achtzehn Tage beim Fest der Draupadi spielen sollten, einen Lohn verlangt.

»*Sami*«, haben sie zum Gounder gesagt, »achtzehn Tage lang schlagen wir uns die Nächte um die Ohren und stehen früh auf, um zu spielen. Sie geben nur zehn Rupien für alle zusammen. Dieses Jahr möchten wir jeder zehn Rupien für die achtzehn Tage, und keinen Paise weniger.«

»Zehn Rupien für jeden! Habt ihr eure Paria-Pflichten vergessen? Wie könnt ihr es wagen, eine solche Summe von mir zu verlangen!«

»*Sami*, Draupadi ist unsere Mutter, wir müssen für sie spielen, das ist richtig, das ist unsere Pflicht. Aber das Leben ist teuer heutzutage. Und weil wir Tag und Nacht spielen müssen, können wir in diesen achtzehn Tagen nicht auf den Feldern arbeiten, und dort verdienen wir zehn Rupien am Tag, *Sami!*«

»Undankbare Paria-Hunde! Werdet ihr etwa nicht ernährt in den achtzehn Tagen? Zählt das Korn gar nicht, wie?«

»Wir möchten Sie nicht zornig machen, *Sami:* Es stimmt, dass wir ernährt werden, ja, aber wer ernährt die Unseren in den achtzehn Tagen?«

»Ah! Bastarde! Dieser Kerl von Pondy[5] hat euch aufgehetzt, dass ihr es wagt, so zu reden! Wir brauchen eure Musik nicht! Aber lasst es euch nicht einfallen, während dem Fest euren Fuß hierher zu setzen, sonst schlage ich euch kurz und klein, ich schneide euch in Stücke! Hütet euch, Pack, ihr! Und für euer Fest könnt ihr den, der euch unterstützt, um Hilfe bitten! Fort mit euch, Drecksbande!«

Das ist in diesem Jahr passiert, Sinnamma. Danach haben wir uns im *ceri* versammelt. Die Jungen haben gesagt: »Gut gemacht!« Aber ich bin aufgestanden und habe ihnen tausend Fragen gestellt, diesen jungen Dummköpfen. »Und jetzt? Ihr Großmäuler! Hurensöhne! Jetzt dürfen wir nicht mehr am Fest von Draupadi teilnehmen, unserer Göttin, der Göttin unseres Dorfes! Findet ihr das gut, wie? Ihr Safttrinker!«

Und viele Leute haben mich unterstützt: »Sie hat Recht, die Velpakkata!«

Aber die Jungen haben mir ruhig geantwortet: »Setz dich, Tante! Wir bauen einen anderen Tempel für Draupadi und machen unser eigenes Fest!«

»Ah! Eselsficker!«, habe ich ihnen gesagt, »ihr hört zu viel auf diese Politiker! Sie setzen euch Flöhe ins Ohr, und was wir sagen, zählt nicht mehr!«

Mein Sohn ist aufgestanden: »Was schreist du so herum? Meinst du, wir sind noch in den alten Zeiten, meinst du, wir müssen kuschen wie früher? Sei nur ruhig! Wir sind dieses Jahr an der Reihe, die Musiker zu machen, aber wir können nicht spielen. Was sollen wir also da unten?«

»Euch die Haare ausreißen, Hurensöhne!«

In diesem Jahr hat das Fest also ohne Parias stattgefunden, und das von Mariamman auch. Wir konnten nichts sammeln, weder im *ur* noch in den Nachbardörfern. Drei Monate lang ist niemand im *ur* arbeiten gegangen. Wir haben uns alle Arbeit in anderen Dörfern gesucht. Die Kudiyanar haben ihre Felder selber bestellt und uns bei den Reddiar ersetzt. Unser Mariamman-Fest, unser ureigenes Fest, war nicht so schön wie sonst, weil wir nicht das Korn verlangen konnten, das wir normalerweise bekommen. K. S. hat Geld gegeben, damit wir am ersten Tag eine Tanztruppe kommen lassen konnten, und am nächsten Tag haben sie einen Videofilm gezeigt …

Das wollte ich dir sagen, Sinnamma. Ich hatte es in einem Winkel meines Herzens beiseite getan, um es dir zu erzählen, dir, die du die Geschichte der Parias schreibst. Sicher, es hätte ihnen nicht wehgetan, wenn sie den acht *totti* die achtzig Rupien gegeben hätten, und dann wäre alles gut gegangen. Aber sie sind auf beiden Seiten verstockt geblieben. So steht es zwischen dem *ceri* und dem *ur*, schon jetzt, wo ich die Augen offen habe – wie wird es erst sein, wenn ich tot bin? Ich sage immer zu Anban und den anderen Jungen, dass sie sich nicht gegen den Willen der Götter stellen dürfen. Sie beschützen uns, sie behüten uns. Dank ihnen haben wir Arbeit und genug zu essen. Warum wollen sie diese Tradition zerschlagen?

12
DIE SIEBEN JUNGFRAUEN

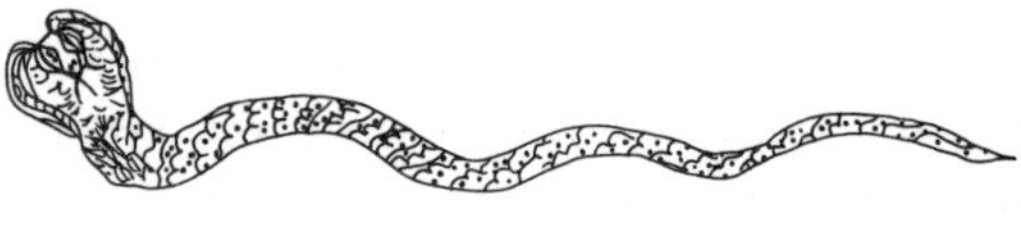

Dieser Streit um das Fest von Draupadi hat uns, die Älteren, in tiefe Trauer gestürzt. Den Jungen ist das egal, es berührt sie überhaupt nicht!

Wenn du sehen könntest, wie sich die Dinge bei uns auf dem Land verändert haben, du würdest staunen, Sinnamma! Die Regierung ist ganz für die Armen, und vor allem für die Parias. Wir haben jetzt viele Vergünstigungen! Alle politischen Parteien kämpfen für uns, und die Partei von K. S. sagt sogar, dass es keine Kasten mehr gibt, keine Parias, und dass wir uns unter die anderen mischen müssen, um wie in Pondy zu leben. Sie sagen es nicht nur, sie tun es auch. Wenn ein armer Kudiyanar bei der Regierung ein Stück Land beantragt, um sein Haus zu bauen, kann er es kostenlos im *ceri* bekommen. Aber welcher Kudiyanar will bei uns hier wohnen? Sag es mir! Und hast du die Veränderungen in der Schule bemerkt? Es sind jetzt drei oder vier neue Lehrer da. Es heißt, zwei von ihnen *(Viramma senkt die Stimme)* sind Harijans. Es sind natürlich keine Parias von Karani, aber sie wohnen neben der Schule, im *ur*. Und die beiden Schweinemäster-Familien, weißt du, wo man ihnen einen Platz zum Wohnen gegeben hat? Du wirst es nicht glauben, Sinnamma: hinter dem Lotosteich, beim Töpfer! Erinnerst du dich an dieses Stück Brachland hinter dem Viertel der Reddiar? Wenn ich es dir sage, genau dort ist es, mitten im *ur*! Die Regierung hat es angeordnet, und niemand im *ur* hat protestiert! Einer der Schweinemäster hat keine Tiere mehr, er ist Landarbeiter wie wir. Der andere hat seine Schweinemästerei behalten, mitten in den Reisfeldern gegenüber dem Tempel von Aiyanar. Diese Jungen sind die niedrigsten im *ur*. Sie wurden akzeptiert, weil die Regierung es befohlen hat, die Partei von K. S.[1] Bei den Lehrern war es genauso. Die Behörden haben immer wieder gesagt: »Wenn ihr eure Kinder in die Schule schicken wollt, dann müsst ihr die Lehrer akzeptieren, die wir ernennen, sonst behaltet eure Gören zu Hause!« Und die Lehrer sagen zu jedem, der es hören will, dass Bildung nicht schmutzig macht. So ändert sich alles in diesem *kaliyugam*!

Im *ur* jedenfalls nehmen sich die Leute das alles zu Herzen, und deshalb haben sie sich gerächt, als unsere Männer gekommen sind und mehr Lohn verlangt haben. Deshalb haben sie uns vom Fest der Draupadi verjagt, uns alle, und nicht nur die Musiker. Aber es ist nicht recht, uns wegen ein paar Dutzend Rupien vom Fest der Göttin auszuschließen: Mutter Draupadi ist mehreren Leuten vom *ur* im Traum erschienen und hat es ihnen gesagt. Auf jeden Fall haben die Verantwortlichen im *ur* beschlossen, keine Parias mehr für die traditionellen Arbeiten einzustellen. Seitdem hat es zwei Todesfälle im *ur* gegeben: eine Kuh und der Vater von Ramassami Gounder. Und siehe da, keiner von unseren sieben *totti* wurde bestellt, weder um den Abdecker noch um den Totengräber zu machen, und auch nicht als Musiker! Die Jäger haben unsere *totti* ersetzt. Nicht die Jäger, die du kennst, Sinnamma, sondern Verwandte von ihnen, die mitten auf dem Feld an einem Weg im Süden von Poraiyatta wohnen.

Die Jäger haben sich heute sehr verändert. Sie sind zivilisierter. Sie hören Radio, wenn sie die Ernten bewachen. Sie fahren mit dem Fahrrad. Sie kleiden sich besser. Man würde nie glauben, dass sie Jäger sind. Früher, Sinnamma, waren sie den ganzen Tag auf den Feldern und in den Wäldern, die Männer im Lendenschurz, die Frauen im kurzen Rock, der ihnen bis zu den Knien ging. Sie fingen Ratten, Schlangen aller Art, sehr dicke Eidechsen. Sie lebten nur davon und verkauften ihre Beute teuer: die Häute waren viel wert in Pondy und Madras. Im Dorf hat man sie selten gesehen. Zum Fest der Draupadi, im *ur*, haben sie Kampfer angezündet und Kokosnüsse aufgeschlagen. Sie wurden geholt, wenn jemand von einer Ratte, einem Skorpion oder einer Schlange gebissen wurde. Sie haben die Bisswunden mit Blättern und durch Exorzismus geheilt, darin waren sie geschickt. Sie haben die Macht dazu, denn die sieben Jungfrauen sind immer mit ihnen und beschützen sie im Wald. Sie wurden auch geholt, wenn eine Schlange ihr Loch bei einem Haus gemacht hat oder in der Nähe gesehen wurde. Dann haben sie etwas um das Loch herum ausgelegt, um die Schlange einzuschläfern, die sie dann einfach herausgeholt haben. Der alte Jäger hat das *magudi* gespielt, um die Schlangen zu beschwören. Die anderen nicht.[2]

Das waren die einzigen Gelegenheiten, bei denen wir Kontakt mit den Jägern hatten. Wenn wir auf den Feldern waren, haben wir sie von weitem gesehen, immer in der Gruppe, denn die Jäger gehen nie ohne ihre Frauen irgendwo hin, das weiß jeder. Sie nehmen sie mit, egal wohin. Denn sobald sie allein sind, schlafen die Frauen der Jäger mit allen Männern der Welt! Es heißt, dass sie achtunddreißig Männer am Tag haben; sie haben eine große Anziehungskraft, auf jeden, ohne Kastenunterschied, vom Koravan bis zum Reddiar, ganz zu schweigen vom Paria, Komutti und Gounder. Und sie machen es ganz schnell, ihr Mann braucht nur einmal wegzusehen, so begabt sind sie, so gut kennen sie alle Schlupfwinkel auf dem Land! Du kannst alle hier fragen, Sinnamma, niemand wird dir das Gegenteil sagen. Den Männern haben die sieben Jungfrauen die Gabe geschenkt, Schlangen zu beschwören, aber den Frauen die Macht, alle Männer der Welt zu verführen! (*Gelächter*)

Heute haben auch die Jäger ihren früheren Beruf aufgegeben. Sie sind Landarbeiter wie wir. Man hat ihnen Häuser gebaut, und dort wohnen sie. Sie laufen nicht mehr in den Wäldern herum, sondern sie bekommen am Ende des Tages einen Lohn wie wir. Aber während wir darum kämpfen, besser bezahlt zu werden, nehmen sie, was sie kriegen können. Sie sind jetzt bereit, alles zu machen, selbst unsere traditionellen Arbeiten. Dieses Jahr zum Beispiel haben die Leute im *ur* sie bestellt, um ihre Toten zu begraben! Ich hoffe, sie machen das Beste daraus, denn sie haben auch nicht viel Geld! Neulich hat die Frau eines Jägers zu mir gesagt: »Hör zu, Velpakkata! Früher waren wir viele, und wenn wir bei unseren Verwandten gesammelt haben, haben wir genug zusammengebracht, um den sieben Jungfrauen eine *puja* zu machen. Jetzt sind wir weniger, und seit einiger Zeit wird die *puja* nur noch bei unseren Verwandten von Kanniyur gemacht, bei Tiruvannamalai. Wir möchten so wie früher die *puja* hier machen. Sieh nur, die Kinder sind schon groß, aber wir haben ihnen noch nicht die Ohren durchstochen; wir haben den Jungfrauen noch nicht ihre ersten Haare geweiht. Wenn wir ein paar Arbeiten hier oder da übernehmen, können wir bei den Reddi oder Gounder ein wenig mehr Geld verdienen: Deshalb haben unsere Männer die Arbeiten im *ur* angenommen. Ich will dir etwas sagen, Velpakkata: Die Holzstatue von den sieben Jungfrauen, die für die Prozessionen genommen wird, ist jetzt in dem Unterstand, in dem die Bewässerungspumpe steht, auf den Feldern. Da fault sie vor sich hin …«

Als der Alte noch da war, sind die Jäger bei ihrer Prozession mit den sieben Jungfrauen nur im *ur* herumgegangen, nicht im *ceri*. Ein Mann war vorne, mit einem *karagam* auf dem Kopf, und die Frauen haben die Statue auf den Schultern getragen. Sie haben gesungen, und die Männer haben sie auf einer Trommel begleitet, mit ganz dumpfen Klängen. Oh! Das ist eine ganz besondere Art, die Trommel zu schlagen: Für keinen anderen Gott spielt man sie so! Wenn wir das gehört haben, sind wir sofort hingestürzt. Es gab immer einen Jäger, der die Frauen mit einer geflochtenen Peitsche schlug, wenn sie in Trance waren. Das Blut floss, aber sie spürten nichts, die Jungfrauen nahmen die Schläge auf sich. Die Haare der Frauen waren aufgelöst, sie stolperten und schnauften wie die Ochsen. Es war Furcht erregend! Dann, auf einmal, hat eine der Frauen zu singen angefangen: »*Dei!* Einen halben Acker von hier riecht es nach dem Wind, der nach den Parias riecht! Oh, flieht alle von hier!« Sobald wir das hörten, haben die unter uns, die zuerst angekommen waren, kehrt gemacht, und die dahinter waren, sind auch schnell zurückgerannt. Wir wollten die Jungfrau nicht mit unserer Gegenwart und unserer Unreinheit stören, und vor allem hatten wir Angst, dass sie uns auspeitschen würden! Denn für uns würden die Jungfrauen die Peitschenhiebe nicht auf sich nehmen! Uns würden sie das Fleisch zerfetzen!

All das ist heute Vergangenheit. In Tirulagam gibt es noch einige Jägerfamilien, die regelmäßig das Fest der Jungfrauen feiern, aber auf dem Land geht es heute viel zivilisierter zu, und die Leute lassen sich nicht mehr so gehen. Die Frauen der Jäger tragen schöne Nylonsaris, bis zu den Füßen herunter, so wie du, Sinnamma, und sie haben einen dicken *pottu* auf der Stirn. Bei der Prozession tragen sie immer noch die Jungfrauen auf den Schultern, aber jetzt gehen sie von Dorf zu Dorf, dort, wo die Familien sich als Landarbeiter verdingen, in der Nähe ihres Wohnorts; weil sie jetzt sesshaft sind. Die Prozession kommt immer noch nicht ins *ceri*, aber wir gehen näher heran als früher, und die Frauen sagen nichts mehr. Sie feiern die sieben Jungfrauen, indem sie singen und ihre Gnade erflehen. Manche nützen die Gelegenheit, um ihren Kindern zum ersten Mal die Haare zu scheren, die Ohren zu durchstechen und ihnen einen Namen zu geben. Die Frauen bitten während der Prozession um Almosen und sammeln auf diese Weise viel Geld und Korn, ehe sie der Jungfrau die Mehlsuppe opfern, die dann an alle verteilt wird. An diesem

Tag laufen alle Kranken herbei, um einen Teil der Opfergaben zu empfangen, durch die sie sofort gesund werden.

Die sieben Jungfrauen gehören zum Königreich der Götter, aber sie sind auf Erden geboren. Sie sind so etwas wie Nymphen. Sie lieben das Wasser, sie baden schrecklich gern. Es heißt, der Hügel in der Nähe von Velpakkam war früher sehr hoch, aber die sieben Jungfrauen haben ihn abgewetzt, weil sie so viele Kurkumawurzeln darauf gerieben haben, um sich den Körper mit dem Saft einzureiben. Und noch heute, Sinnamma, sind die Steine auf diesem Hügel so glatt wie deine Wange! Die sieben Jungfrauen sind alle gleich groß, gleich alt: Du findest keine einzige Alte unter ihnen. Und wenn sie jemanden besessen machen, nehmen sie auch nie eine Alte, sondern eine Junge, so wie meine Tochter oder du. Wenn sie nicht zufrieden gestellt werden, greifen sie besonders die Frauen an und strafen uns mit schweren, schmerzhaften Monatsregeln, oder sie lassen uns schmelzen wie Palmzucker. Wir werden dann ganz hart wie getrockneter Fisch. Noch schlimmer ist es für schwangere Frauen: Sie können in sieben Stücke geschnitten werden! Wir vom *ceri* hören die Jungfrauen tanzen und singen, wenn sie zur Jagd aufbrechen, weil wir oft draußen auf den Feldern sind und Holz sammeln oder die Kühe hüten, wenn die Sonne im Zenit steht. Wenn ihr Schatten uns auf der Straße streift, können wir mit dem Leben davonkommen. Aber wenn wir ihnen von Angesicht zu Angesicht gegenüber stehen, ist alles aus: Sie schicken uns sofort zu Vishnus Ruheplatz. Es hängt alles von dem Gott unseres Klans ab. Wenn er uns beschützt, kann er gegen sie kämpfen. Aber wenn er auf ihrer Seite ist, kann man nichts machen! Einmal haben die Jungfrauen ein Dutzend Frauen im *ceri* geohrfeigt. Keine von ihnen konnte gerettet werden. Die Frauen waren gelb wie Sonnenblumen, als sie gestorben sind, und deshalb wussten wir, dass die sieben Jungfrauen sie geschlagen hatten!

Sie greifen nicht nur uns Frauen an, Sinnamma. Manchmal wenden sie sich auch gegen die Männer, die sie dann besessen machen. Sie dringen in sie ein, sie bewohnen sie, aber sie zeigen sich erst nach drei Monaten. Der Sohn von Anjalai war einmal auf diese Art besessen. Er hat mit einem anderen Jungen die Pumpe überwacht, als sie die Felder des Reddi bewässert haben. Gegen Mittag haben sie alle beide Singen und Tanzen gehört, und sie haben betörende Düfte gerochen: Jasmin, Seidenrose und vor allem Kurkuma. Kichtan hat sogar das Licht der Fackeln gesehen, und er hat gesagt: »Das sind die Göttinnen, die auf die Jagd gehen!« Der Sohn von Anjalai ist ohnmächtig geworden: Er ist genauso ängstlich wie Kichtan. Später sind die beiden ganz normal zurückgekommen. Sie hatten kein Fieber am nächsten Morgen, so wie wenn man von einem einfachen Dämon besessen ist. Aber von da an ist der Junge, der vorher so stark, so lebhaft war, dahingesiecht. Nach drei Monaten ist er ganz gelb geworden: die Hände, die Nägel, die Zehen, wie eine gelb bemalte Statue! Anjalai, ihr Mann und ein paar von ihrer Verwandtschaft sind zu den Jägern gelaufen. Die Jäger haben den Jungen exorziert, und da haben sie festgestellt, dass es die Jungfrauen waren, dass er aber gute Aussichten hatte, davonzukommen. Deshalb vor allem lassen wir die Jäger kommen: damit sie uns sagen, was es ist und dass wir die *puja* für die Jungfrauen machen können. Wenn wir das wissen, können wir sie auch selber machen, die *puja*. Aber man braucht einen unverheirateten Jungen dazu. Im *ceri* schicken sie immer Bommaikkannu. Er ist kein Jüngling mehr, aber er bleibt unverheiratet, und sie haben ihn behalten, weil er sehr mutig ist und keine Angst hat, an die Orte zu gehen, wo die Jungfrauen sind.

Anjalai hat den Korb für die *puja* sorgfältig vorbereitet, mit sieben ganz neuen Backsteinen, sieben Betelblättern, sieben Betelnüssen, sieben Ellen Blumen, sieben Kokosnüssen, sieben Bananen, sieben schönen dicken Kurkumawurzeln – sie lieben Kurkuma, die Jungfrauen! –, sieben Münzen, sieben Stück Palmzucker, sieben Bitteräpfeln, sieben Stechäpfeln, sieben Maß geschroteten Kichererbsen, sieben Maß Reisblüten und einem großen Krug Zwiebelsud, mit Palmzucker gesüßt. Bommaikkannu hat den Korb auf dem Kopf zu einem sehr weit entfernten Wald getragen, hinter dem Fluss, wo niemand hingeht. Und dort hat er es wie immer gemacht: Er hat den Korb unter einem Baum abgestellt und sich nackt, splitternackt, ausgezogen, nicht einmal den Talisman hatte er um die Hüften. Dann hat er die sieben neuen Backsteine aufgestellt und gründlich gewaschen. Er hat einen Teig aus den Kurkumawurzeln gemacht und die Backsteine damit bestrichen. Dann hat er einen dicken roten Punkt daraufgemalt und die Blumen ringsum aufgehäuft. Davor hat er alle Opfergaben gelegt und sich niedergeworfen. Als die *puja* fertig war, ist er aufgestanden und hat sich angezogen. Er hat Asche genommen, die er in seinen *soman* eingeknotet hatte, und ist weggegangen, den Krug mit dem Zwiebelsud auf dem Kopf, während er alle anderen

Opfergaben dortließ. Unterdessen hat sich der Sohn von Anjalai am Dorfeingang hingesetzt, am Rand eines Feldes auf der Flussseite, so dass Bommaikkannu ihn vor allen anderen sehen musste. Als er bei ihm angekommen ist, hat Bommaikkannu ihm Asche auf die Stirn getan und ein paar Schluck von dem Zwiebelsud gegeben, den er den Jungfrauen geweiht hatte. Den Rest hat er in einen kleinen Krug gegossen, den der Sohn von Anjalai mitgebracht hatte. Der Junge und mit ihm seine ganze Familie haben sieben Tage lang diesen Sud getrunken, wenn die Sonne im Zenit stand. Und auf diese Weise haben die Jungfrauen den Sohn von Anjalai verlassen, und er war geheilt. Wenn sie das alles nicht gemacht hätten, wäre er jung gestorben, von den sieben Jungfrauen entführt …

Sinnamma, zu allen Göttern auf dieser Welt kann man Vertrauen haben, aber die sieben Jungfrauen, die Katteri, Mannarsami und Viran sind unberechenbar, schrecklich, gefährlich. Hast du die Statue von Viran auf der Straße hierher gesehen? Sieh sie dir nur nicht zu genau an, sonst kannst du Ärger bekommen oder eine Fehlgeburt. Er ist riesig, mit seiner Flasche Palmwein in der Hand und seinen großen roten Augen.

Er hat immer eine Frau neben sich: Sie sind ein Ehepaar. Hast du es nicht gesehen? Sie sind Schenkel an Schenkel. Wenn ich an diese Augen denke, rote Augen, blutrot! Ich bekomme eine Gänsehaut davon. Ich jedenfalls senke den Kopf, wenn ich an dieser Statue vorbeigehe, und lege die Hände zusammen.

In Karani gibt es Leute, die Viran anbeten: Er ist der Gott ihres Klans. Am Tag des Fests von Viran opfern sie ihm Dutzende Flaschen Alkohol. Sie töten auch einen Bock, einen Hahn und backen Brot aus *ragi*. Wie die sieben Jungfrauen duldet Viran keine Unreinheit. Wenn eine Frau während ihrer Regel zu jemandem, der Viran als Klangott hat, ins Haus kommt, ist es vorbei: Viran lässt sie schmelzen wie Palmzucker, und ihre Regel fließt wie ein Wasserhahn! Und wenn es eine schwangere Frau ist, hat sie sofort eine Fehlgeburt!

Der andere schreckliche Gott, den ich kenne, ist Mannarsami. Er ist in Velpakkam, mitten in einem Mahwabaum-Wäldchen, auf einem Hügel. Es ist ein einsamer Ort, wo man weder das Geräusch der Stößel noch der Mahlsteine hört: Das Dorf beginnt viel weiter weg. Er ist ganz allein dort in dem Wald. Er ist der jüngste der sieben Muni. Er wurde von seinen sechs Brüdern ernährt, und er ist größer geworden als sie. Er hat einen Tempel, während die sieben Jungfrauen, Viran und Periyandavan keinen haben. Er ist allein dort, fern von der Welt der Menschen. Im *citterai* ist sein Fest, in Velpakkam. Er ist der Gott des Dorfes, so wie hier Draupadi die Göttin von Karani ist. Aber er ist schrecklich! Wenn eine schwangere Frau auch nur einen Blick auf ihn wirft, kommt sie sofort nieder! Ja, ihr Baby fällt auf die Erde, so, mit einem Schlag! Der *totti* kündigt sein Fest an, indem er im ganzen Dorf mit der Trommel herumgeht, im *ur* und im *ceri*. Er sagt, dass Mannarsami an dem und dem Tag gefeiert wird und dass alle Frauen, die mit ihrem ersten Kind schwanger sind, in ihr Heimatdorf gehen sollen, denn er ist schrecklich, Mannarsami! Wir Parias nehmen nur ganz aus der Ferne an seinem Fest teil, denn unsere Gegenwart ist nicht erlaubt. Wir bleiben in gebührender Entfernung von seinem Tempel, und wir machen unser eigenes *pongal*. Wir opfern Mannarsami keine Blumen, aber weil er naschhaft ist, geben wir ihm Girlanden mit Fettgebackenem, riesige Girlanden mit Kuchen aus Kichererbsen und schwarzen Linsen. Das trägt er dann um den Hals! Und für ihn gehen wir auch auf dem Feuer, so wie für Draupadi. Wir, das sind aber die Vanniyar, nicht wir natürlich. Denn du kannst hingehen, wo du willst auf der Welt, Sinnamma, du wirst nie von einem Paria hören, der auf dem Feuer geht! Nein, das wirst du niemals sehen! Die Regierung, die tut viel für die Harijans. Im *ur*, ich habe es dir gesagt, gibt es jetzt Parias und sogar Schweinehirten, aber deshalb lässt man sie noch lange nicht auf dem Feuer gehen!

Auf dem Feuer gehen, Sinnamma, davon würden wir nicht einmal träumen! Wir wissen, dass es unmöglich ist. Dafür sind wir nicht rein genug! Parias und auf dem Feuer gehen – nein, ich glaube nicht, dass es so etwas jemals geben wird in diesem *kaliyugam*!

13
DIE TROMMELN DES TODES

Das letzte Mal, als ich zum Fest von Mannarsami nach Velpakkam gegangen bin, war beim Tod meiner Mutter. In Wahrheit war sie schon kurz vorher gestorben, und ich bin nach den Trauerzeremonien zum Fest dageblieben, denn ich wusste, dass ich lange nicht nach Velpakkam zurückkommen würde. Wenn deine Mutter tot ist, ist es nicht mehr so wie früher, du wirst nicht mehr so aufgenommen. Das Dorf, in dem ich aufgewachsen bin, ist mir heute beinahe fremd geworden, obwohl mein Bruder noch dort wohnt. Du musst es wissen, Sinnamma, eine Mutter ist unersetzlich für uns Frauen, selbst wenn wir den mütterlichen Haushalt verlassen und einer neuen Familie angehören. Es heißt immer, eine Frau darf nach ihrer Heirat nur noch als Gast zu ihrer Mutter kommen, aber welche Mutter würde ihre Tochter das spüren lassen? Die Regeln und Pflichten sind eine Sache, die Gefühle eine andere! Ich hätte notfalls mein Leben gegeben, um meine Mutter zu retten, aber der Tod hat sie in guter Verfassung mitgenommen.

Ich war seit einiger Zeit krank. Meine Mutter hat mich besucht, und sie hat mir eingemachte Bitterorangen, braunen Reis und Süßigkeiten für die Kinder mitgebracht. Ich hatte in jenem Jahr Maniok gepflanzt, und meine Mutter wollte das Feld bewachen, das am Rand der großen Straße lag, während ich auf dem Markt von Tirulagam einkaufen war. Auf dem Rückweg bin ich Anjalai begegnet, die zu mir gesagt hat: »Viramma, beeile dich! Deine Mutter ist in den Kanal gefallen, als sie vom Feld gekommen ist. Sie konnte nicht mehr aufstehen und keinen Schritt mehr machen! Kannan hat sie auf seinen Schultern zu dir nach Hause getragen!« Mein Bruder ist dann gekommen und hat sie geholt. Sie haben ihr Umschläge gemacht. Sie haben sie zu dem Knocheneinrenker in Otterippalaiyam gebracht, aber selbst er konnte nichts machen, und sie ist kurz darauf gestorben. Das war alles, was ihr fehlte! Sie konnte gut sehen, gut gehen, sie hatte noch alle ihre Zähne. Keine andere Krankheit. Bis zu diesem verfluchten Sturz hat sie von niemandem Hilfe gebraucht! Aber so ist es. Sie musste gehen, und sie ist in gutem Zustand gegangen!

Sie war bei klarem Verstand, als sie starb. Sie hat meinen Bruder gebeten, einen Boten zu schicken, um mir zu sagen, dass sie nicht mehr lange leben würde. Ein Mann aus Velpakkam hat mir die Nachricht überbracht. »Komm, große Schwester! Deine Mutter führt nur noch ein Wort im Mund: Meine ältere Tochter! Meine ältere Tochter! Sie verlangt nach dir: Ihr letzter Wunsch ist es, dich zu sehen, dich, ihre ältere Tochter. Beeile dich! Komm und erfülle den Wunsch deiner Mutter!« Ich habe sofort ein paar *idli* zubereitet und einige *dosai*, um nicht mit leeren Händen zu kommen, und ich bin mit dem Boten nach Velpakkam gegangen. Als mich meine Mutter gesehen hat, hat sie meine Hand genommen und zu mir gesagt: »Viramma! Da bist du endlich! Du bist also zu mir gekommen? Geht es den Kindern gut? Ist Anban gesund? Und Sundari? Und mein Schwiegersohn, geht es ihm gut?« Sie hat mir all diese Fragen gestellt, dann habe ich ihr eine sehr leichte Suppe eingeflößt. Es ist eine Suppe, die mit mehrfach durchgesiebtem Reismehl gekocht wird, eine sehr flüssige Suppe, weiß wie eine Wolke. Sie ist gut für die Verdauung und schützt vor Durchfall. Es ist eine Nahrung für Sterbende, diese Suppe. Es kräftigt sie ein wenig, es lässt sie länger durchhalten. Danach habe ich sie gewaschen und zurechtgemacht, und ich habe mit meiner Schwägerin das Abendessen gekocht. Dann haben wir uns alle beide zu meiner Mutter gesetzt und sind die ganze Zeit bei ihr geblieben.

Sie ist zwei Tage und Nächte nach meiner Ankunft gestorben. Ich habe plötzlich gesehen, dass sie schwer atmet. Sie hat mir ein Zeichen gemacht, näher zu kommen. »Viramma! Du bist also zu mir gekommen und an meiner Seite geblieben?«

»Ja, *ma*.«

»Viramma, sei klug und führe ein gutes Leben. Sorge für deine Familie … Zu meinen Lebzeiten wollte mein Schwiegersohn nichts von meinen Händen annehmen … So musst du nun allein zurechtkommen, erwarte nichts von deinem Bruder … Ich habe nicht mehr lange zu leben … Ich werde Sundaris Hochzeit nicht erleben, und auch nicht die von Anban … Und mein Schwiegersohn ist nicht einmal gekommen, um mich ein letztes Mal zu sehen … Viramma! Viramma!«

Siehst du, das waren ihre letzten Worte. Ich habe ihr einen Tropfen Milch gegeben, und sie ist sanft verschieden. Gleich danach sind Boten nach Karani gegangen, um meinen Mann und meine Schwiegerfamilie zu benachrichtigen, und dann überall dorthin, wo wir Verwandte zweiten oder dritten Grades hatten. Wir haben den Willen meiner Mutter respektiert: dass ihre Schwiegerfamilie nicht benachrichtigt werden sollte und dass ihre letzte Bekleidung nicht von ihrem Sohn, sondern von ihrem Schwiegersohn kommen sollte. Das hatte sie allen Alten im *ceri* von Velpakkam und von Karani gesagt: »Ich sage es euch allen, wenn ich diese Nacht noch sterben sollte, will ich nicht den Sari von meinem Sohn, sondern den von meinem älteren Schwiegersohn.«

Die Opfertabletts müssen, wie überall, von der mütterlichen Seite kommen, das heißt, von den Töchtern des Hauses, die verheiratet sind und die Familie verlassen haben. Wenn zum Beispiel mein Mann sterben würde, müssten die Tabletts von meiner Mutter und meinen Töchtern kommen. Genauso bei meinem Schwiegersohn: Es wäre an mir, die Tabletts mit dem *soman* zu schicken. Und als meine Schwägerin gestorben ist und zwei Jungen hinterlassen hat, da war es auch an uns, den Kindern die Tabletts und die Kleider zu bringen. Wenn zehn Töchter in der Familie sind, muss jede ein Tablett zu Ehren des Toten bringen. Verstehst du jetzt, warum wir Angst davor haben, so viele Töchter zu bekommen, Sinnamma? Das verschlingt eine Menge Geld, du musst es wissen!

Als meine Mutter gestorben ist, haben meine Schwester und ich jede einen Sari gebracht, außerdem für meinen Bruder einen *soman* und eine Schärpe. Aber weil sie es so gewünscht hatte, haben wir ihr den Sari angezogen, den mein Mann ihr gebracht hat. Es war ein schöner Sari, den mein Mann seiner Schwiegermutter gekauft hat, ein Sari für 25 Rupien. Und zu dem Opfertablett hat er außer unseren *totti*-Musikern auch noch eine *naiyandi*-Truppe für die Beerdigung engagiert. Viele Leute sind von Karani gekommen. Der Dorfvorsteher und die Würdenträger von Velpakkam haben Blumengirlanden niedergelegt. Eine große Menge hat sich vor dem Haus versammelt. Ja, Sinnamma, meine Mutter war sanft, großzügig, zurückhaltend, hilfsbereit, sehr liebenswürdig. Jeder kannte ihre Leidensgeschichte und wusste, wie sie von ihrem Mann schlecht behandelt worden war, alle bewunderten ihren Mut, wie sie sich abgerackert hatte, ohne zu murren. Sie war sehr respektvoll. Niemals hat sie sich vor ihrem Schwiegersohn in ein Gespräch gemischt. Sie hat sich nicht aufrecht hingestellt in seiner Gegenwart, und selbst wenn mein Mann mich vor ihr beschimpft hat, hat sie den Mund nicht aufgemacht. Wenn ich zu Sundari gesagt habe: »Geh und hol deine Großmutter, das Abendessen ist fertig«, dann ist sie auf den *tinnai* gehuscht, wo sie ganz unbequem und zusammengekrümmt in einer Ecke neben der Ziege kauerte.

Während der Bote unterwegs war, um die Nachricht zu überbringen, hat mein Bruder das Nötige getan, um mit den *totti* in aller Eile einen *pandal* aufzubauen: Bambusstäbe schneiden, die Totenbahre anfertigen, die Seile flechten, das Loch graben. Ich habe die Leichenwäsche übernommen. Meine Schwägerin, ihre Töchter und meine Schwester waren noch ganz jung, die Armen: Es hat ihnen ein wenig Angst gemacht. Ich wollte nicht, dass andere die Leiche berühren. Schließlich war ich die ältere Tochter, und es war meine Aufgabe, sie zurechtzumachen. Normalerweise waschen wir die Leiche nicht gleich nach dem Tod, sondern wir waschen sie, ehe wir sie auf die Bahre legen, wenn die Opfergaben von der mütterlichen Seite der Familie eintreffen. Wenn ein Ehemann stirbt, wird zu diesem Zeitpunkt der Beteltausch gemacht: Die Witwe legt Betel in die Hand ihres verstorbenen Mannes, und einer der Alten nimmt den Betel und gibt ihn ihr zurück; es ist zum Zeichen, dass das Eheleben vorbei ist, dass es aus ist mit der Fröhlichkeit, den Freuden und den Liebesspielen. Der Schwager legt dann einen neuen Sari um die Schultern der Witwe, und alle Leute rufen: »Govinda! Govinda!«, dann wird die Bahre hochgehoben, während die Musiker in einem sehr schnellen Rhythmus die Trommeln schlagen.

Weil meine Mutter Witwe war, gab es keinen Beteltausch, und wir konnten sie sofort waschen. Nach dem Bad habe ich ihr die Scheide mit Kuhfladen verschlossen – wenn sie noch ihren Mann gehabt hätte, hätte ich lange Kurkumawurzeln genommen. Bis der Sari meines Mannes eintreffen würde, habe ich ihr einen weißen Sari übergezogen, und ich habe ihr ein *namam* auf die Stirn gemalt. Ich habe ihr die Haare mit viel Kokosöl eingerieben und schön gekämmt. Dann haben wir sie unter den *pandal* getragen und auf einer Bank aufgebahrt, über die ein Sari gebreitet war. Ich habe schnell eine Kokosnuss aufgeschlagen und ein Tablett mit brennendem Kampfer vorbereitet. Wir haben das Tablett auf ihre Brust gestellt und die Kokosstücke zu ihren Füßen hingelegt. Als wir fertig waren, haben wir Frauen uns alle vor ihr niedergeworfen, und dann haben wir uns Arm in Arm um sie herum gesetzt. Wir haben geweint und von meiner Mutter geredet, von ihrem Leben ...

Plötzlich habe ich ein »dsching, dsching, dsching« gehört, und ich habe gesehen, wie einige ganz kleine Kinder im Rhythmus der Trommeln getanzt haben. Mein Herz schlug schneller, und meine Tränen strömten ... Ein wenig später hörte ich andere Schreie, andere Trommelwirbel in der Ferne. Es waren die Opfergaben von Karani, die eintrafen, begleitet von unseren Musikern aus Velpakkam, die mein Bruder meiner Familie entgegengeschickt hatte, um sie am Dorfeingang zu begrüßen.

Ich machte mir Sorgen, ob die Opfergaben angemessen sein würden, denn ich war die ältere Tochter, und die Leute achteten besonders auf die Gaben der älteren Tochter. Ich hatte Angst, dass sie etwas zu mäkeln finden würden an dem, was mein Mann gebracht hatte, und an seiner Familie. Der Zug brauchte lange, bis er bei uns angekommen war: weil die Musiker auf ihrem Weg zum Trauerhaus immer wieder anhalten, zwei Strophen singen und tanzen, ehe sie weitergehen. Nach einiger Zeit konnte ich deutlich Rangas Stimme unter den Sängern heraushören. Das Tablett meines Mannes traf ein! Ich bin als Erste hinausgegangen, gefolgt von den anderen Frauen, und habe mir auf die Brust geschlagen, als ich sie begrüßte. Es waren viele Leute da. Meine ältere Schwägerin trug den Sari. Die jüngere brachte dicke Blumengirlanden, die von dem Händler in Tirulagam geflochten waren: Ich kannte seine Art, abwechselnd Rosen und Wermutblüten ineinander zu schlingen. Etwa zehn Frauen trugen die restlichen Gaben: Gemüse, Reis, die sieben neuen Krüge. Alles, außer dem Salz und Wasser für die Abendmahlzeit, die auf die Beerdigung folgen würde – am nächsten Tag erst, denn wir warteten noch auf die Leute aus Ranganam. Hinter den Frauen entdeckte ich meinen Mann, mit ungefähr zwanzig Ältesten aus dem *ceri*. Alles in allem waren sie schnell gekommen, denn es gibt keine direkte Buslinie zwischen Karani und Velpakkam; sie hatten mehrere Kilometer zu Fuß zurücklegen und den Fluss überqueren müssen. Hinter mir hörte ich rufen: »Kommt und seht! Die Gaben der älteren Tochter kommen, mit Musik!« Ich war froh, dass unsere Anstrengungen gewürdigt wurden.

Bald verließen die Frauen den Zug und stellten ihre Tabletts zu Füßen meiner Mutter ab. Wieder nahm ich eine Kokosnuss von einem der Tabletts und schlug sie auf. Ich habe die beiden Hälften mit ein wenig Kampfer auf das Tablett gelegt, das auf der Brust meiner Mutter war, und ich habe geschluchzt: »*Ayo*, Mutter! Du gehst weg, an einen guten Ort, und mich lässt du allein auf der Erde! Beschütze mich! Wache gut über mich!« Sogleich haben mich meine Schwägerinnen und die anderen Frauen in den Arm genommen, und wir haben die Klagelieder angestimmt. Sie fingen wie immer mit der Geschichte vom Raben an:

> *Ayo*, für mich ist der Rabe nicht geflogen!
> Die, die ihn gesehen haben, haben mir nichts gesagt!
> *Ayo*, für mich ist der Adler nicht geflogen!
> Die, die ihn gesehen haben, haben mir nichts gesagt!

Verstehst du, die Raben kündigen immer eine schlechte Nachricht an. Wenn ein Rabe mehrmals vor deinem Haus herumhüpft, kommt ein Besucher zu dir. Aber wenn ein Rabe auf deinem Dach krächzt oder wenn du zwei Raben miteinander schnäbeln siehst, ist das ein schlechtes Zeichen. Das bedeutet, dass die Frauen im Haus sich in den Armen liegen und weinen werden, dass also bald jemand stirbt. Deshalb erinnern wir immer an die Raben als Träger schlechter Nachrichten, wenn wir die Klagelieder anstimmen.

Als wir Frauen mit unserer Totenklage fertig waren, machten die *totti*-Musiker von Karani Pause. Sie waren zur Trinkstube gegangen. Jetzt spielte die Truppe von Velpakkam, und danach die *naiyandi*-Musiker von Karani. Ich hörte, wie unsere Burschen sich räusperten und ihre Trommeln bereit machten. Ich bin sofort hinausgegangen, um ihnen zuzuhören, gefolgt von den anderen Frauen. Ranga hat sich wie üblich als Frau verkleidet. Er trug ein ganz knappes Bustier. Als Busen hatte er sich zwei Kokosnusshälften umgebunden, an deren Ende er ein ganz kleines Haarbüschel stehen ließ, das wie eine Brustwarze hervorstach. Um die Hüften, knapp über den Schamhaaren, trug er ein Röckchen wie das der kleinen Mädchen, das stark gerafft war, so dass es herumwirbelte und sich bauschte und in die Höhe flog, wenn er tanzte. Unter dem Rock hatte er natürlich seinen Lendenschurz an. Er war sorgfältig geschminkt: das Gesicht stark gepudert, die Augen gut bemalt, Lippenstift, einen *pottu* auf der Stirn. Er trug Armreifen an den Unterarmen und einen dicken Zopf mit Samtquasten unten, die mit Perlen bestickt waren. Er sah prächtig aus, sehr anziehend, mehr als eine gewöhnliche Frau, mehr als eine Frau im Kino. Vinayagan, der stämmiger war, spielte seinen jungen Geliebten. Er hatte sich einen dichten Schnurrbart ins Gesicht gemalt, die Spitzen steil nach oben, und er trug einen roten Turban. Aber glaub nicht, dass die beiden schwul sind! Es sind alles junge Burschen aus Anbans Bande: sechs Jungen, die gut zusammenpassen, gleich groß, gleicher Körperbau, vier Musiker und zwei Tänzer. Sie sind jetzt übrigens verheiratet. Sie sind schön anzusehen, und sie sind weit gereist!

Oh, Sinnamma, welch ein Rhythmus, welch ein Rhythmus, als sie zu spielen anfingen! Anfangs haben sie nicht richtig gesungen: Es waren nur ein paar Trommelwirbel, ein paar Schritte:

He! Salak, salakek salak, salakan,
He! Salak, salakan,
He! Salak, salak,
He! atchag, atchagatan, tillagatan …

Sie sind gesprungen, leicht wie Tamarindenkörner … Sie haben die Stimmung angeheizt. Ihre Augen waren rot wie Zaunrüben. Die Menge wurde dichter. Niemand im *ceri* war arbeiten gegangen. Der Junge hat sich der Frau aufreizend genähert und ihre Brustwarzen berührt. Sie haben beide unanständige Gesten gemacht und mit ihrem Singsang den Rhythmus untermalt:

He! alak, eh tilak,
He! salak, eh salak …

Und dann stimmte der Junge die erste Strophe an:

Durch diese baumgesäumten Straßen, *nanna*, komm,
Oh Mädchen!
Die Straßen komm entlang, von Sandipet,
Oh Mädchen!
Auf diesen baumgesäumten Straßen, *nanna*, komm,
Oh Mädchen!
Lass uns zusammen nach Kollaru fliehen!

Nach dieser ersten Strophe spielten die Trommler sehr schnell. Die Tänzer stellten sich verliebt und tanzten Wange an Wange, Mund an Mund.

Ranga war jetzt ganz Frau. Um seine glatte Haut hätte ihn Vinayagan beneidet! Sie rieben sich aneinander, Hintern an Hintern, und tanzten wie im Rausch … Ihre Fußschellen ertönten im Rhythmus der Schritte, die immer schneller und schneller wurden … Sie atmeten keuchend:

He! ahum, he, ahum! He, ahum! He, ahum …

Genau wie ein Paar, das »es« gerade macht! Wir Frauen hielten uns den Sari vor den Mund und schüttelten uns vor Lachen. Und sie, wenn sie uns lachen sahen, trieben es noch wilder mit ihren unanständigen Gesten und keuchten: »Atchagat, tillagat«, und ließen ihre Brüste auf und ab hüpfen. Sie sind schön, diese beiden Jungen, aber ein wenig liederlich: Deshalb genieren sie sich gar nicht, das alles zu machen. Sie haben auch ein anderes Lied gesungen, das mir gut gefällt:

Neben der Weinschenke, he, deine Mutter!
Habe ich das Haferfeld gejätet.
In der Weinstube, he, deine Mutter!
Hat er mir einen kleinen *tali* umgebunden;
He, alagata, he! Atchagata, he! Alagata, he! Atchagata …

Und der Rhythmus wurde noch schneller, alle Jungen scharten sich zusammen und tanzten wie sie … Alle waren da! Um die Wahrheit zu sagen, Sinnamma, nur die Toten sehen nicht zu in so einem Moment. So geht es zu bei uns auf dem Land, ob *kambattam* oder Paria, es wird gesungen und getanzt, während wir auf die Ankunft der Verwandten warten, bis zur Beerdigung: Der Sinn ist, dass man das Leben fröhlich zu Ende bringt. Es ist nicht wie bei Ihnen oder wie bei den Brahmanen. Beim Tod deines Vaters gab es nichts, Sinnamma! Ich wollte dir wenigstens ein Klagelied singen und dich in den Arm nehmen, aber am Eingang haben sie mir gesagt: »Viramma, Viramma, keine Klagelieder hier!« Als ich am Abend im *ceri* gesagt habe, dass dein Vater gestorben ist, wollten alle Tabletts bringen und ein Orchester kommen lassen. Aber ich habe sie aufgehalten und gesagt: »Nein, nein! Bei ihnen ist das wie bei den Brahmanen, alles läuft in der Stille ab.« Es hat mir sehr Leid getan, Sinnamma, dass ich keine Klagelieder für deinen Vater singen durfte, denn du hast sie mich zu gewöhnlichen Zeiten singen lassen, und da hast du nichts gemacht! Glaub mir, ich hätte sehr schöne Lieder gesungen, in meinem Kummer. Aber ich verstehe dich: Du warst im Schmerz, und bei euch macht man es nicht so … Und bei den Brahmanen! Nicht nur, dass es nichts gibt – keine Trommeln, keine Musik –, nein, sie tragen den Toten auf den Schultern und rennen mit ihm wie die Diebe! *(Gelächter)* Sie nehmen Anlauf bei ihrem Haus, und sie halten erst bei der Verbrennungsstätte an, und das alles ohne einen Laut! Wir dagegen sind fröhliche Leute, und wir machen keine Beerdigungen ohne Gesänge, ohne Musik, ohne Klagelieder.

Beerdigungen sind sogar noch fröhlicher als Hochzeiten. Es ist wie eine Ehrung, ein Fest, das wir dem Toten geben, ehe er uns verlässt. Wir wissen ja nicht, ob wir nachher, in unserem nächsten Leben, noch zusammen sein werden …. Und außerdem, eine schöne Beerdigung zeigt den Leuten, dass die Familie des Toten sich nicht lumpen lässt. Die Freunde, die Verwandten, die Nachbarn wissen diesen Pomp zu schätzen. Wenn man es nicht macht, sagen sie: »Arme Seele, die weder ein Land noch Hauptpunkte hat, niemand ist da, der ihr eine anständige Beerdigung ausrichtet, niemand, der ein Orchester kommen lässt …«

Wir Parias sind eine Kaste, die ihre Gefühle mit viel Lärm zum Ausdruck bringt. Bei uns findest du die besten Klageweiber. Wir kennen uns alle in diesem Dorf hier, und wenn jemand stirbt, gehen wir hin und singen und weinen und erzählen schöne Geschichten über den Toten. Neulich ist die Mutter unseres Groß-Reddiar gestorben. Wir Frauen vom *ceri* haben Tabletts gebracht. Ich habe die Frau des Reddi in den Arm genommen, und wir haben geweint. Wir haben die Klagelieder natürlich in Tamil angestimmt, mit lauten Schluchzern nach jeder Klage. Aber die Frauen aus der Familie des Reddi haben in Telugu[1] gesungen, und am Ende haben sie bloß einen kleinen Seufzer ausgestoßen: *ahum!*, keine Schluchzer wie wir.

Bei meiner Mutter jedenfalls war alles, wie es sein soll. Die *naiyandi*- und die *totti*-Musiker haben abwechselnd gespielt. Während die Jungen zum Trinken gingen, hat das Begräbnisorchester wieder angefangen, das inzwischen neue Kräfte gesammelt hatte. Ihre Klagelieder haben alle ganz traurig gemacht. Die *totti* sind vielleicht alt, aber sie tanzen auch, und so schnell, dass sie es leicht mit den Jungen aufnehmen können. Die Trunkenheit reißt sie mit. Alle Leute trinken auf Beerdigungen, vom Anführer der Trauer bis zu den Musikern. Der Alkohol und der Rhythmus, das ist es, was die Musiker aufpeitscht. Sie haben gesungen:

Mutter hatte eine Zwergbirke,
Einen Baum, in dem der Kuckuck wohnte!
Würde man seine jungen Zweige schneiden,
Wo würde dann der Kuckuck wohnen!

Während wir Butter in einen Topf tun, oh mein Onkel,
Oh Manmadan, würdig der Rati, oh Rati, schön wie der Papagei!
Während wir Butter stampfen für unsere Mutter, in einem tönenden Butterfass,
schlagen feierlich die Trommeln des Todes.[2]

Das sind keine richtigen Klagegesänge, es ist das Lied der Toten. Betrunkene Männer können keine Klagelieder singen wie wir. Sie singen aus dem Stegreif über das Leben des Verstorbenen, oder sie singen einfach, was ihnen in den Kopf kommt, und der Alkohol, den sie in sich haben, weist ihnen die Richtung. Jeder von ihnen bekommt fünf Rupien und eine Mahlzeit. Von den fünf Rupien haben sie für mindestens drei Rupien Palmwein im Bauch! Bei der Beerdigung meiner Mutter waren sie unermüdlich …

Als die ganze Familie am nächsten Tag eintraf, haben wir ein zweites Bad mit den sieben Krügen gemacht, und alle Frauen der Familie haben daran teilgenommen. Nach dem Bad haben wir die Leiche in den schönen Sari gehüllt, den mein Mann mitgebracht hatte. Dann hat der Wäscher einen weißen *soman* über meine Mutter gebreitet, und jedes Mitglied der Familie hat eine Hand voll Reis auf ihren Körper getan: von dem Reis, den die Verwandten und Freunde gebracht haben. Schließlich wurde die Leiche auf die Bahre gelegt und gut festgebunden, damit sie unterwegs nicht ins Rutschen kam. Da habe ich von ganzem Herzen geweint, Sinnamma! In diesem Moment ist mir der Schmerz in die Eingeweide gefahren, da habe ich mich verlassen gefühlt, da hat sich mein Blut von mir getrennt. Die Leute, die mich weinen sahen, wurden auch ganz betrübt, denn eine Tochter, die ohne Mutter dasteht, das ist immer traurig! Alle fingen an zu stöhnen: »Oh Tante, du gehst von uns! Oh große Schwester, du gehst dahin! *Ayo*, Großmutter, du verlässt uns!« Als die Leiche weggetragen wurde, blieben wir in der Haustür stehen, folgten ihr mit den Augen und schlugen uns auf die Brust, bis der Zug um die Straßenecke gebogen war, mit den aufgepeitschten Musikern an der Spitze.

Der Zug ging bis zur Statue von Harichandran.[3] Die Leiche wurde siebenmal um die Statue herumgetragen. Dann haben die Männer ihre Hände zum Gruß zusammengelegt. Ich glaube, in diesem Moment wird auch etwas vorgelesen. Schließlich haben die *totti* den Gott um Erlaubnis gebeten, zur Verbrennungsstätte gehen zu dürfen.[4]

Bevor sie meine Mutter in die Erde gelegt haben, sind die Männer dreimal um das Grab herumgegangen, dann haben sie die Leiche hinuntergelassen, mit dem Kopf nach Norden und den Füßen nach Süden. Und schließlich, zum Zeichen, dass jede Bindung zu der Verstorbenen endgültig gelöst war, hat jeder eine Hand voll Sand auf sie geworfen und dabei sein Verwandtschaftsverhältnis zu der Toten genannt: »die Hand voll Sand des Schwiegersohns«, »die Hand voll Sand des älteren Neffen« … Danach haben sie das Loch wieder aufgefüllt und einen Erdhügel aufgehäuft. Darauf haben sie Zedrachzweige verstreut und einen Zweig am Kopfende des Grabes eingepflanzt. Mein Bruder ist siebenmal mit einem kleinen Krug voll Wasser um das Grab gegangen, und beim letzten Mal hat er ihn auf die Erde geworfen. Die Leute, die ihre Toten verbrennen, werfen den Krug vorne auf den Scheiterhaufen, aber wir begraben unsere Toten, außer den Erstgeborenen, weil es nicht so teuer kommt. Wir sind nicht so reich, dass wir alle Welt einäschern können! Als alle Riten ausgeführt waren, haben unsere Männer an Ort und Stelle ein Bad genommen, beim Brunnen auf der Verbrennungsstätte, denn in Velpakkam gibt es keinen Fluss, so wie hier in Karani.

Wir haben inzwischen den Leichenschmaus vorbereitet, mit dem Reis und dem Gemüse von den Tabletts. Zum ersten Mal seit dem Tod haben wir wieder den Besen in die Hand genommen, aber nur, um vor dem Haus zu fegen. Sonst durften wir noch nichts im Haushalt machen. Wir haben auch die Wasserkrüge nicht gefüllt oder das Haus mit Kuhdung eingeschmiert. Nur vor der Türschwelle stand ein voller Krug, damit die Männer sich die Füße waschen konnten, wenn sie von der Verbrennungsstätte zurückkamen. Die anderen Frauen haben alles gemacht, während meine Schwägerin, meine Schwester und ich nur dasaßen und weinten. Die Mahlzeit lag auf einem großen Bananenblatt bereit. Daneben lag alles, was meiner Mutter gehört hatte: ihre Kleider, ihr Betelbeutel, alles, was sie gerne bei sich hatte. Eine Öllampe war angezündet worden, die sechzehn Tage lang brennen würde. Wenn man das nicht macht, wird die Seele ein Dämon, anstatt wiedergeboren zu werden.

Endlich kamen die Männer von der Verbrennungsstätte zurück. Sie wuschen sich die Füße und rieben sich Asche auf die Stirn, bevor sie ins Haus kamen, mein Schwager voran. Er legte den Schmuck meiner Mutter neben ihre Kleider und warf sich vor der Öllampe nieder. Auch die anderen warfen sich nieder. Die, die nicht die Nacht im Haus verbrachten, gingen weg, ohne etwas zu sagen. Den anderen Verwandten und dem Wäscher wurde die Mahlzeit vorgesetzt.

Am siebten Tag haben meine Schwester und ich eine Mahlzeit gegeben. Während wir mit den Vorbereitungen beschäftigt waren, hat die ganze Familie meines Bruders ein Ölbad genommen. Bevor die Mahlzeit ausgeteilt wurde, haben wir sie meiner Mutter geweiht, indem wir sie auf einem großen Bananenblatt dort hingestellt haben, wo sie gestorben war. Wir haben uns alle niedergeworfen und gebetet. Meine Schwägerin und ich, wir haben uns umarmt und geweint. Als die anderen Frauen uns gesehen haben, haben sie mitgeweint. Dann haben wir allen die Mahlzeit vorgesetzt, und nachdem wir den Tag für die Milchzeremonie festgesetzt hatten, sind wir auseinander gegangen.

Am Abend vor den letzten Trauerriten wurde ein Bote losgeschickt, um die ganze Familie zu benachrichtigen. Mein Bruder hat die Iyer verständigt, die die Zeremonie durchführen sollten. Die Iyer vom *ceri* feiern die Riten, die das Ende der Trauer anzeigen, für uns und schlagen auch für manche Leute im *ur* die Totentrommel: Sie gehen zum Reddiar und zu einigen sehr frommen Gounder, die Andachtsbücher lesen. Hier im *ceri* betet niemand, liest niemand solche Bücher.

Für die letzten Trauerriten sind wir also nach Velpakkam zurückgekommen, beladen mit Tabletts mit Reis, Gemüse, Öl, Kampfer, Korn, Linsen, Kümmel, Sesam, Kleidern für meinen Bruder, zehn kleinen Krügen, Mangozweigen, Viehgras. Wir hatten auch ein großes Tablett mit Sesam-Bällchen und Kuchen in Form von Sonne und Mond vorbereitet. An jenem Nachmittag herrschte großes Gedränge unter dem *pandal*, der vor dem Haus aufgerichtet war. Alle Leute redeten von Mama.

Am nächsten Morgen sind meine Schwester, meine Schwägerin und ich in aller Frühe aufgestanden, um zu klagen. Die beiden Iyer sind gekommen und mit meinem Bruder und einigen Männern zur Verbrennungsstätte gegangen. Einer der beiden Iyer trug einen Topf mit Milch, in die wir Zedrachblätter gestreut und ein Wolfsmilchblatt getan hatten. Er trug auch ein Süßigkeitentablett mit kleinen Statuen von Pillaiyar aus

Reis und *ammi*. Der andere nahm alles Nötige für das Opferfeuer und einen Topf mit Wasser mit. Der erste Iyer stellte den Milchtopf, das Süßigkeitentablett und die Pillaiyar-Figürchen am Kopfende des Grabes ab. Dann trat jeder der Männer vor, um die Süßigkeiten mit Milch zu besprengen, ehe er sich niederwarf und ein Bad nahm. Mein Bruder ist dann zurückgekommen, einen Turban auf dem Kopf, einen *soman* über den Schultern, gefolgt von den anderen Männern.

Wir haben bei der Statue von Harichandran auf sie gewartet. Unter dem Banyanbaum war ein rechteckiges Stück Erde mit Kuhdung bedeckt und mit Öllampen, Kampfer und Räucherstäbchen umgeben worden. In die Mitte des Rechtecks war ein Maß *paddy* geschüttet worden. Ein Topf mit Wasser wurde darauf gestellt, und der zweite Iyer hat die Feuerzeremonie durchgeführt. Alle hatten einen Stängel Viehgras zwischen den kleinen Finger und den Ringfinger gewickelt und einen anderen um ihr Handgelenk geknotet. Einer nach dem anderen sind wir ans Feuer getreten. Jeder hat seinen Namen gesagt und die beiden Halme und Getreidekörner ins Feuer geworfen, um dann noch ein wenig Kuh-Urin um den Wassertopf zu schütten und dem Iyer ein Geldstück zu geben. Für jeden von uns hat der Iyer ein Mantra gesungen. Als alle fertig waren, hat mein Bruder vor der Statue von Harichandran eine Kokosnuss aufgeschlagen. Er hat den Wassertopf genommen, und wir sind ins Haus zurückgegangen. Ich habe es dir gesagt, Sinnamma, wenn eine unfruchtbare Frau diesen Topf entgegennimmt, wird sie noch im selben Jahr schwanger. Aber weil bei uns keine in dieser Lage war, hat mein Bruder den Topf ehrerbietig in die Mitte des Hauses neben die Öllampe gestellt. Dann haben wir schnell die Bananenblätter auf dem Boden ausgebreitet, und wir haben Gemüse aller Art darauf gelegt – ungekochten Reis, Linsen, Tamarinde, Chilis – und ein Rupienstück, ehe wir uns zu Füßen der Iyer niedergeworfen haben, die mit ihrem Lohn gegangen sind. Diese Priester, Sinnamma, sind auch nur Parias, so wie wir, aber wir nennen sie Iyer, weil sie die Riten für uns durchführen, und wir achten sie, weil sie Götter bei sich zu Hause haben, denen sie dienen. Sie essen Fisch und Huhn, aber kein Rindfleisch. Wir haben keine Götter bei uns, außer dieser Lanze.[5]

14
GEISTER UND SCHATTEN

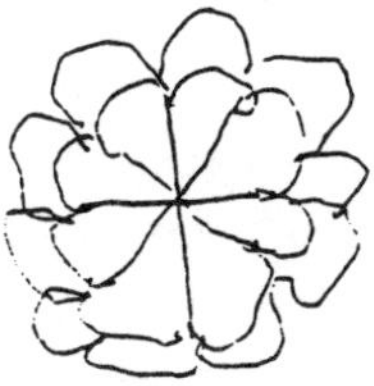

Bis zum sechzehnten Tag muss die Seele des Toten auf die Entscheidung des Königreichs von Yama warten. Deshalb behalten wir, die Hinterbliebenen, alles, was ihm gehört hat, an dem Ort, an dem er seinen letzten Seufzer getan hat. Wir bereiten die Gerichte zu, die er gern gegessen hat, und die Lampe brennt Tag und Nacht. Der sechzehnte Tag ist der Tag der Trennung. Die Seele verlässt den Körper und das Grab und fliegt in ihr neues Leben, das Yama ihr gegeben hat ...[1]

Ich habe es bei meiner Schwägerin erlebt: Bevor sie wegflog, ist sie zurückgekommen, um das Haus zu sehen, ihre Kleider, das Geschirr, uns alle, und dann ist sie ganz still gegangen. Alles war verräumt, aber es war nichts zerbrochen. Aber bei meinem älteren Schwager hat man den Peitschenhieb gehört, den ihm Yama gegeben hat. Es muss gegen Mittag gewesen sein, als wir jemanden vorbeikommen hörten, der geschnauft hat, als wäre er in großer Eile: »Ahum, ahum, ahum, ahum!« Er war zuerst auf der Straße, dann ist er hinter das Haus gekommen. Die Kuh, die angebunden war, hat sich losgerissen und ist in alle Richtungen herumgerannt. Er ist ums Haus gelaufen und an dem Meerrettichbaum vorbeigegangen, der umgestürzt ist, als ob er gefällt worden wäre! Wir erfahren mehr oder weniger, was Yama für die Verstorbenen beschließt, Sinnamma! Die Toten kommen immer und sagen es uns in unseren Träumen!

Die Selbstmörder, das ist eine andere Sache. Sie werden Dämonen, das steht fest! Hier in Karani haben sich mehrere Leute selber den Tod gegeben. Alle haben sich in Mohini verwandelt, in Budam, in Minisuprayan oder in Katteri. Dann haben sie uns heimgesucht. Daher wissen wir es.[2]

Ich will dir dazu eine Geschichte erzählen, die sich in Perukkarur zugetragen hat, einem Dorf bei Velpakkam. Eines Tages haben die Leute im *ceri* dort unten zusammengelegt, um ein Schwein zu kaufen, einfach so, ohne Fest, weil sie gern Schweinefleisch essen wollten. Ein gewisser Viramani ist, nachdem er sein Schweine-Curry gegessen hatte, törichterweise auf den Markt gegangen, in der größten Mittagshitze, anstatt zu Hause zu bleiben. Man darf nie seinen Fuß vor die Tür setzen, nachdem man Schweinefleisch gegessen hat. An solchen Tagen gehen unsere Männer nicht aufs Feld zum Arbeiten oder bewachen die Pumpen: Niemand riskiert es, von einem Dämon geohrfeigt zu werden, der in den Feldern lauert, und schwer krank zu werden. Viramani aber war zum Markt gegangen. Als es Abend wurde, aß er und ging schlafen. Da auf einmal, kurz vor Tagesanbruch, hört er, wie jemand zu ihm sagt: »He, Viramani, willst du nicht aufstehen? Komm, mach dich auf zum Bewässern! Und dann gehen wir zum Brunnen!« Viramani musste an dem Tag ein Chilifeld bewässern. Als er hörte, dass ihn jemand rief, ist er hochgeschreckt und hat gemeint, er hätte verschlafen. Er hat schnell seine Sachen gepackt und ist zum Brunnen gegangen. Der Mann, der ihn aufgeweckt hat, ging vor ihm her, einen Stock in der Hand, das Seil und den Wasserschlauch über der Schulter. Damals gab es keine Pumpe wie heute: Es waren Schachtbrunnen. Der Mann ist als Erster angekommen und hat, ohne ein Wort zu sagen, seinen Platz am oberen Ende der Schwinge eingenommen. Viramani hat sich ans untere Ende gestellt. Dann haben sie die Pumpe in Bewegung gesetzt. Als das Chilifeld bewässert war, hat der Mann die Schwinge weiter betätigt, ohne etwas zu sagen. Das Wasser hat das angrenzende Auberginenfeld überschwemmt, dann eine dritte Parzelle. Der Mann ist so schnell auf der Schwinge auf- und abgestiegen, dass es aussah, als ob die Pumpe von selber arbeitete. Viramani hat mitangesehen, wie der Schacht sich völlig leerte, während er immer müder und müder wurde. Er hat sich allmählich gefragt, wie ein Mann so viele Stunden die Schwinge bedienen konnte, ohne außer Atem zu kommen, ohne zu schwitzen, ohne innezuhalten. Er selber konnte nicht mehr, er war völlig erschöpft davon, nur den Wasserschlauch in den Abzugsgraben zu leiten. Er hat gerufen: »*Pa!* Hör auf, *pa!* Ich muss pissen! Warte einen Augenblick auf mich!« Das Chilifeld war nicht sehr weit vom *ceri* entfernt. Als der Mann innehielt, rannte Viramani so schnell er konnte nach Hause und schloss sich dort ein. Einen Augenblick später kam der Mann auch angerannt, hämmerte gegen seine Tür und rief: »He, Viramani! Gib mir ein wenig Schweinecurry, *da!* Du hast dir den Wanst voll geschlagen, ohne an mich zu denken! Gib mir ein wenig Schweinecurry, *da!*« Da wusste Viramani, mit wem er es zu tun hatte, und er hat seinen Mut zusammengerafft und gesagt: »Komm nur, komm, hol dir dein Curry! Komm nur näher!« Und als der andere die Hand ausstreckte, um das Schweinecurry zu nehmen, hat Viramani sie ihm mit einem gut geschärften Messer kurzerhand abgeschnitten. Er hat die Hand aufgehoben, einen Korb darübergestülpt und einen schweren Mahlstein auf den Korb gelegt. Am nächsten Tag hat Viramani den Korb hochgehoben, um zu sehen, ob die Hand noch da war, und da lag stattdessen eine Katzenpfote darunter. In der nächsten Nacht hörte er eine Stimme rufen: »*Dei!* Viramani! Gib mir meine Hand zurück! Gib mir die Hand zurück, die du mir abgeschnitten hast!« Drei Tage und drei Nächte ließ Viramani ihn so herumlaufen, ohne ihm die Hand zu geben. Endlich fasste er sich wieder ein Herz und sagte: »Wirst du mich wieder um Schweinecurry angehen?«

»Nein, nein«, erwiderte der andere, »ich verlange keines mehr von dir, ich gehe sofort weg! Ich bin dir nur gefolgt, weil du so gut nach Schweinecurry gerochen hast, als du auf den Markt gegangen bist. Es hat mich so nach Schweinecurry gelüstet ... Gib mir jetzt meine Hand zurück, dann gehe ich und komme nie mehr wieder ...«

Viramani warf ihm die Katzenpfote hin, und er hat nichts mehr von ihm gehört. Es war ein gesunder Mann, der sich nach einem Streit mit seiner Frau umgebracht hat, Sinnamma. Er ist ein Mini geworden bis zu seinem wahren Tod, und der Geruch nach Schweinecurry, den Viramani an sich hatte, hat ihn angelockt.

Die Seelen der Selbstmörder warten immer dort, wo sie sich getötet haben, egal, ob sie sich in einen Brunnen gestürzt oder an einem Baum aufgehängt haben. Bei uns auf dem Land geht man nicht in die Nähe solcher Orte, wenn die Sonne im Zenit steht, oder in den späten Abendstunden. Wenn es ein Baum ist, wird er sofort gefällt und mit Stumpf und Stiel ausgerissen, damit nichts übrig bleibt. Dann wird er zu Brennholz zersägt. Das Seil wird mit Petroleum verbrannt. Im *ur* hat sich die Tochter eines Gounder aus Liebeskummer an einer Ventilatorstange erhängt. Der Schmied hat die Stange abmontiert und eingeschmolzen, ehe er sie durch eine neue ersetzt hat. Ja, das muss man machen, Sinnamma, sonst bleibt die Seele des Toten dort, wo er sich umgebracht hat, und plagt die ganze Familie. Wenn es draußen passiert ist, irrt der Tote bis ans Ende der Zeiten umher, auf der Suche nach Nahrung, und wenn er nichts findet, frisst er irgendwas, wie ein Schwein.

Eine andere Frau vom *ur* hat sich vor ein paar Jahren umgebracht, indem sie Quittenfrüchte geschluckt hat. Es war eine verheiratete Frau, die ein Verhältnis mit einem Kerl aus Tirulagam hatte und schwanger wurde. Sie, die sonst niemals ausging, ist in die Nähe eines *ragi*-Feldes gegangen, wo ein Quittenbaum stand. Sie hat heimlich die Früchte aufgesammelt und sich hinter einen Busch gesetzt. Dort hat sie die Früchte zu Pulver zerrieben und das Pulver mit ein wenig Rizinusöl geschluckt, das sie mitgebracht hatte. Sie ist wieder nach Hause gegangen und hat sich schlafen gelegt, als ob nichts wäre. Eine Stunde später hat sie sich vor Schmerzen gekrümmt, sie glühte vor Fieber und hatte Schaum vor dem Mund. Ihre Schwiegermutter, ganz außer sich, hat alle Nachbarn gerufen. Bei uns auf dem Land gibt es immer ein paar, die alles sehen, alles wissen. Die alte Kuppu ist angekommen und hat erzählt, was sie gesehen hat: »Ach, Großmutter! Was glaubst du, wo ich sie gesehen habe, als ich die Kühe auf die Weide gebracht habe? Sie war in dem Wäldchen hinter dem *ragi*-Feld und hat Quittenfrüchte zerstampft. Das ist es wohl, was sie geschluckt hat!«

Sobald das bekannt war, wollte niemand die Frau im Haus behalten, und die Arme ist im Krankenhaus von Pondy gestorben, und hinterher wurde sie nicht einmal zu sich nach Hause geholt! Bei uns im *ceri* hätten wir Kot in einem Glas Wasser aufgelöst und es ihr zu trinken gegeben, so dass sie alles herausgewürgt hätte, oder ein Glas Tamarindensaft mit einem Stück Kupfer drin. Damit spuckt man sofort aus, was man geschluckt hat, und es wirkt als Gegengift. Arme Frau! Sie hat Schuld auf sich geladen, aber sie hätte gerettet werden können! Die Familie konnte die Schande nicht ertragen und hat sie sterben lassen. So ist das im *ur*, wenn eine Liebesaffäre entdeckt wird, dann gibt es keine andere Möglichkeit, der Demütigung zu entkommen. Auf jeden Fall hat die Arme hinterher niemanden belästigt.

Das kommt vor, Sinnamma, dass Dämonen nichts tun, dass sie keine Leute angreifen, so wie der Wanst. Wanst, das ist sein Spitzname. Seine Eltern haben ihm einen ehrenwerten Namen gegeben, Sukumaran, aber wir haben ihn Wanst genannt, wegen seinem riesigen Bauch. Diese Geschichte ist mir zugestoßen, als mein Sohn eines Tages Durchfall hatte. Weil der Kleine nicht sehr weit gehen konnte, um sein Geschäft zu machen, habe ich ihn auf das Feld hinter dem Haus gebracht, und ich habe mich in den Stall daneben gesetzt und auf ihn gewartet. Plötzlich habe ich einen weißen Fleck gesehen! Ich habe die Augen aufgerissen und genauer hingesehen: Es war ein Mann in einem blendend weißen *soman*, der bis auf den Boden fiel. Mein Herz hat ganz wild geklopft, als ob es zerspringen wollte: Ich hatte den Wanst erkannt, den Mann von Ammapponnu. Er ist im Krankenhaus gestorben, nach einer Bauchoperation; anscheinend ist Luft hineingekommen, als sie ihn aufgeschnitten haben, und er ist unter Qualen gestorben. Er war ein guter Schreiner, der im *ur* gearbeitet hat. Er konnte gute Fliegenschränke machen oder Schränke für Krüge mit Sesamöl. Nie hat er Kinder mit Ammapponnu gehabt. Sie ihrerseits hatte einen Geliebten, mit dem sie heute zusammenlebt. Und da steht er, der Wanst, direkt vor mir! Er hat keinen Mucks gemacht. Ich habe nicht geschrien, ich habe nichts zu meinem Sohn gesagt, weil ich ihn nicht erschrecken wollte; er war noch ganz klein und fing gerade an, Kühe zu hüten. Ich hatte Angst, dass es ihm den Magen umdreht, wenn ich ihm sage, was ich gesehen habe. Aber er hat den Wanst auch gesehen, und er hat auch nichts gesagt, um mich nicht zu erschrecken. Er hat gedacht: »Wenn ich es Mama sage, kriegt sie Angst und fängt an zu schreien!« Ich habe schnell meinen Kleinen an die Hand genommen, und wir sind ins Haus zurückgegangen. Ich habe sofort Kampfer und eine Öllampe angezündet, die ich die ganze Nacht brennen ließ. Ausgerechnet an jenem Abend musste mein Mann die Felder bewachen, die gerade bewässert wurden, und er musste dort unten schlafen. Nach dem Abendessen ist er mit seiner Laterne wieder hinausgegangen, und wir drei sind allein geblieben, meine zwei Kinder und ich. An den Abenden, an denen mein Mann weg ist, schieben die Nachbarn ihre Matten zu uns heran und leisten uns Gesellschaft. Wir kauen Betel und erzählen uns Geschichten, wir singen Lieder … Alles ging gut, aber bevor ich mich schlafen gelegt habe, bin ich hinausgegangen, um einen Blick hinters Haus zu werfen. Der Wanst war immer noch da und rührte sich nicht! Dieses Mal habe ich gebrüllt und ihn beschimpft: »Komm her, dass ich dir meinen Schlappen um die Ohren haue! Warum kommst du zu mir? Was habe ich mit dir zu schaffen?« Und ich habe mich an die anderen gewandt und ihnen alles erzählt: »Habe ich nicht Recht, sagt? Was kommt er zu mir? Was habe ich mit ihm zu tun? Er lebt bei den Wäschern, und ich hier, auf dem Gemeinde-Land!« Als ich geschrien habe, ist er verschwunden, ich weiß nicht, wie …

Am nächsten Morgen ist er wiedergekommen, und diesmal hat er alle im *ceri* erschreckt. Da haben die Leute begriffen, dass ich am Abend davor die Wahrheit gesagt hatte und dass ich den Wanst wirklich gesehen hatte. Der Arme, er ist gekommen, um nach den Sachen zu sehen, von denen er jetzt nichts mehr hat. Er hat zu seinen Lebzeiten viel Geld verdient, aber er konnte sein Leben nicht genießen, er hatte keine Kinder, und jetzt profitiert ein anderer davon …

Ein anderes Mal war ich in Koraiyur bei meiner Tochter. Direkt gegenüber von ihr war ein großer Brunnenschacht. Ich habe im Haus gedöst, als ich plötzlich einen Mann am Brunnenrand gesehen habe, einen kleinen, schwarzen Kerl, und im selben Moment ist ein Baum aus dem Brunnen gewachsen, ein Tulpenbaum mit schönen Zweigen, der dem Mann Schatten gespendet hat. Auf einmal zeigt er mit allen zehn Fingern auf mich und sagt: »Oh! Ich lasse dich nicht hier! Ich nehme dich mit, ja, ich lasse dich nicht.« Ich fing an zu brüllen: »Ah! Komm nur her, dass ich dich mit dem Besen verprügle, mit meinem Schlappen, Eselskopf! Wer bist du, wie? Und weißt du, wer ich bin? Ich bin hier bei meiner Tochter zu Gast! Ich reiße dir alle zehn Finger aus, wenn du mich anfasst, Blutfleck!« Sinnamma, nichts um mich herum hatte sich gerührt. Die Lampe brannte neben meiner Matte, der Reistopf stand immer noch auf dem Herd, und die Vorräte daneben, mit den beiden *paddy*-Säcken, waren unberührt. Die anderen schliefen. Nur meine Tochter ist aufgewacht und hat begriffen, was vor sich ging. Sobald es Tag wurde, hat sie einen Exorzisten geholt, einen Backsteinhändler, der mich mit Zedrachzweigen geheilt hat. Jedenfalls für eine Weile.

Denn ich habe ihn wieder gesehen, den schwarzen Kerl! Ich hatte zwanzig Kilo Tamarinden zu meiner Tochter gebracht, gut geschält und gesäubert. Miniyamma lässt mich nie groß arbeiten da unten und drängt mich immer, dass ich mich ausruhen soll. An jenem Nachmittag habe ich also ein Mittagsschläfchen im Haus gemacht. Und da, Sinnamma, das ist keine Erfindung, ich sage es dir: Da ist dieser Safttrinker wiedergekommen, schwarz wie ein Bitterapfel! Es ist die Wahrheit, ich schwöre es dir mit zusammengelegten Händen: Er hat mir die Kleider hochgehoben und seinen Schwanz in mich reingesteckt! Ich habe am ganzen Leib gezittert, ich schwöre es dir bei meinem *tali*; ich habe keine Worte mehr gefunden, ich hatte nicht die Kraft, etwas zu sagen. Endlich habe ich mit bebender Stimme gerufen: »Miniyamma, Miniyamma! Er sitzt auf mir…

Er hat meinen Sari hochgehoben und mir seinen Schwanz reingesteckt!« Miniyamma hat gesagt: »Das kann nur mein älterer Schwager sein, Mutter! Das war ein Taugenichts, der vor keinem Großen in diesem Dorf Angst hatte, vor keinem Reddi und vor keinem Chetti! Ein Nichtsnutz, der nur zum Trinken und Kartenspielen getaugt hat! Er ist unter Qualen gestorben, Mutter! Er war es, der dich überfallen hat! Komm! Wir gehen wieder zum Ziegelhändler, er gibt dir ein Amulett.« Verstehst du, Sinnamma, der Kerl war der eigene Schwager meiner Tochter! Er hatte eine Frau und zwei Kinder, die jetzt im Nachbarhaus wohnten. Aber er hat eine Zeit lang in Miniyammas Haus gelebt. Dieser Dreckskerl, der die Karten so liebte, ist in der Palmweinschenke gestorben, unter schrecklichen Qualen. Anscheinend haben sie ihn nicht einmal nach Hause gebracht, sondern gleich dort unten beerdigt. Dieser Schwule mit seinem dicken Schnauzer, er ist zurückgekommen, dorthin, wo er gelebt hat, und er hat mich vergewaltigt, mich! Ich war also wieder beim Ziegelhändler. Er hat mir einen Talisman gegeben, den ich heute noch habe. Und seitdem verbringe ich keine Nacht mehr dort unten, egal ob ich allein oder mit meinem Mann zu meiner Tochter gehe, egal, ob es ein fröhlicher Anlass oder ein Trauerfall ist. Als ich wieder in Karani war, nach dieser Geschichte – aber das sage ich nur dir, Sinnamma, nicht einmal mein Sohn weiß es, und er darf es auch nicht wissen –, habe ich ein Loch unter der Türschwelle gegraben, und ich habe ein wenig *ammi* hineingetan, um diesen Kerl am Eintreten zu hindern. Ich habe Angst, dass er mich wieder heimsucht, der Safttrinker. Dieser dreckige Witwer ist jung gestorben, ohne dass er seine Frau genießen konnte, ohne dass er die Freuden des Lebens voll auskosten konnte. Nach seinem Tod ist er ein Mohini geworden, wie die, die an einer Kreuzung sterben. Und die Mohini sind schrecklich: Sie geraten in Raserei, wie dieser Sohn eines Büffels!

Sinnamma, nicht alle unsere Toten werden so. Nur manche Leute, die ihr *dharma* schlecht erfüllt haben, kommen in so einen Zustand, und deshalb fallen sie über uns her, solange sie auf ihre Wiedergeburt warten, sie erschrecken uns, bewegen Sachen herum – Kornschwingen, Schlappen –, um zu zeigen, dass sie da sind. Und vor allem gehen sie nicht zu ihren Verwandten, sondern zu Freunden, zu Bekannten. Deshalb beschimpfen wir sie bei uns auf dem Land mit lauter Stimme: »He, Hurensohn! Warte, dass ich dir eins mit dem Besen überziehe! Geh zu deiner

Mutter! Geh nach Hause! Was kommst du hierher und belästigst uns?« Ja, Sinnamma, so muss man mit ihnen reden! Wir, die Leute der Hölle, haben Angst vor diesen Geistern, diesen Schatten. Vor den Leuten, die eines natürlichen Todes gestorben sind, haben wir jedoch keine Angst. Im Gegenteil, wir denken viel an sie; sie haben immer mit uns auf dieser Erde gelebt, und wir vergessen sie nie. Noch heute, wenn ich etwas kaufe, egal was – ein neues Gewand, Stoff, Süßigkeiten –, lege ich es, sobald ich zurück bin, an die Stelle, wo meine Kleinen ihren letzten Seufzer getan haben, ich zünde ein wenig Kampfer an, ich weihe ihnen meine Einkäufe und werfe mich nieder. Erst dann verteile ich das Mitgebrachte an die anderen und nehme mir selbst. Wie viele Kinder habe ich doch verloren! Wie sollte ich nicht an sie denken! Als sie noch bei uns waren, haben sie diese oder jene Frucht gern gegessen oder eine bestimmte Süßigkeit oder das eine oder andere Kleidungsstück gern getragen. Jetzt, wo sie tot sind, wer weiß, wie sie sind, wo sie sind? Glück oder Unglück, unsere Toten sind für uns wie Götter. Wir rufen sie in schwierigen Zeiten an, wir bitten sie, uns zu helfen. Zum Beispiel, als ich meine Tochter Sundari verheiraten wollte: Ich hatte fast die ganze Summe, die nötig war, beisammen, aber es fehlten noch hundert Rupien. Ich habe meine Mutter angefleht, meine Schwiegermutter und alle meine Kinder. Ich habe zu ihnen gesagt: »*Ayo*, ihr alle, die ihr tot seid, ihr, meine Kinder, geht in das Herz des Reddiar, damit er noch einen letzten Rupienschein herausrückt! Macht, dass ich Sundaris Hochzeit feiern kann, wie es sich gehört!« Und ich habe bekommen, was ich wollte.

Diese Toten, Sinnamma, haben ihr *dharma* gut erfüllt, und die Frucht ihres *dharma* beschützt uns.

Mich schützt das *dharma* meiner Eltern, und mein *dharma* wird meine Kinder schützen. Was das ist, das *dharma*? Es bedeutet, dass wir uns gut aufführen sollen im Leben, die anderen achten, aufrecht und tugendhaft sein, großzügig, geduldig, nicht Kali gleichen. Es heißt, demütig sein, gehorsam, zurückhaltend, liebevoll. Es bedeutet, höflich und manierlich reden: eine feine Sprache gebrauchen. Wenn ich mich so benehme, werden die Leute von mir sagen: »Das ist mir eine gute Frau! Sie ist als junges Mädchen hierher gekommen, sie ist hier groß geworden, sie hat zwölf Kinder geboren, ja, sie hat sogar fünf Enkelkinder verwöhnt, sie hat ein achtbares, würdiges Leben geführt, und nun geht sie in Würde von dannen, zur Totenstätte.«

So werden sie sagen, und das ist das *dharma*, das ich erfüllt habe und das meinen Sohn schützen wird. Und die Leute werden ihm sagen: »*Dei*, Anban! Das kommt vom *dharma* deiner Mutter, dass es dir jetzt so gut geht!«

Eine gute Tat begehen bedeutet auch, sein *dharma* erfüllen. Du musst es mir gegenüber tun, Sinnamma, weil du die Mittel dazu hast. Im Übrigen hast du es ja schon getan! Hier, der Sari, den du mir geschenkt hast, das Geld, das du mir gegeben hast, das sind gute Taten, die du mir erwiesen hast. Aber ich, die ich diese Geschenke bekommen habe, kann dir etwas Derartiges nicht geben. Also richte ich meine guten Wünsche auf dich; das heißt, ich gebe dir einen Teil meines *dharma*, damit es dir folgt und dich in diesem fernen Land beschützt, wo du mit dem Sir und deinen Kindern hingehst, und damit du glücklich und bei guter Gesundheit bleibst.

Jeder hat seine Aufgabe im Leben. Du zum Beispiel hast mir gesagt: »Entspanne dich! Setze dich bequem hin und strecke deine Beine aus!« Nun, ich habe es nie getan, hast du es bemerkt? Und ich werde es nie tun! Mag sein, dass ich wie eine Mutter für dich bin, dass ich dich in der Tiefe meines Herzens wie eine Tochter ansehe, Sinnamma, aber dennoch bist du in einer höheren Kaste als meiner geboren. Ich schulde dir Respekt; niemals werde ich die Beine ausstrecken, wenn ich mit dir rede. Das ist auch mein *dharma*! Eines Tages, als ich bei dir war und wir auf der Terrasse geredet haben, ist dein Vater heraufgekommen, um dir einen Brief zu bringen. Als ich ihn gesehen habe, habe ich gezittert. Ich bin aufgestanden, ich habe mir mit meinem Sari den Rücken bedeckt, und ich habe mich mit gesenktem Kopf in eine Ecke gesetzt. Er hat sofort zu mir gesagt: »Bleib sitzen, Viramma!«, und er ist gleich wieder hinuntergegangen. Ich habe mich erst wieder gesetzt, als er verschwunden war. Siehst du, Sinnamma, das ist Respekt. Als er mir gesagt hat: »Bleib sitzen, Viramma«, da hat er bestimmt gedacht: »Das ist mir eine respektvolle, demütige Frau und keine Unverschämte!« Dieser gute Gedanke über mich ist auch *dharma*, und die Früchte davon werden meinen Nachkommen nützlich sein.

Leute, die ihr *dharma* schlecht erfüllen, haben keinen Respekt. Sie sind verletzend und reden übel, selbst im Streit. Man darf aber das Maß nicht verlieren, Sinnamma. Ich sage das, obwohl wir uns in unserer Kaste so oft streiten, dass wir uns alles an den Kopf werfen, wenn wir wütend sind. Wenn also eine Frau ihr *dharma* schlecht erfüllt und im Streit jedes Maß verliert, sagt man von ihr: »Ah, hör nur, wie sie redet! Der Tod soll sie holen, diese dreckige Witwe mit ihrem Schandmaul! Möge die Schlange ein Nest in ihrem Busen machen! Geschwüre sollen ihr auf dem Mund wachsen! Ihr *tali* soll ihr weggenommen werden! Kann so eine noch Opfer auf einem Bananenblatt darbringen? Möge ihr Erstgeborenes es verschlucken!« Und alles, was derart über sie gesagt wird, lastet auf ihrem *karma* und wirkt sich auf ihre Nachkommen aus. Wenn daher jemand an einer unheilbaren Krankheit leidet oder im schwärzesten Elend lebt, trotz aller Hilfe, die ihm zuteil wird, dann heißt es bei uns auf dem Land: »Was in aller Welt haben seine Eltern nur getan? Es ist die Last ihres *karma*, die er jetzt abbüßen muss.« Und den Jungen ohne Arbeit, die immer zahlreicher werden, sagen wir: »Hätte deine Mutter ihr *dharma* erfüllt, dann wärst du jetzt besser dran. Wenn du keine Arbeit hast, dann gewiss deshalb, weil sie nicht getan hat, was sie sollte.« Aber sie antworten mir: »*Dei!* Diese Alte lebt noch in den alten Zeiten!«

Sie glauben an nichts mehr, unsere Jungen. Aber es ist doch wahr, dass man sich im Leben anständig aufführen muss! Sie werden schon sehen: Eines Tages müssen sie Yama Rechenschaft ablegen! Man kann reich sein und trotzdem auf dem Gehsteig sterben, wegen der Last des *karma*. Aber wenn jemand auf dem Gehsteig lebt und sein *dharma* erfüllt, kann er ins Königreich von Shiva kommen! Sieh dir die an, die Geld haben und noch von den Armen zehren; die uns beschimpfen, wenn wir für sie arbeiten; die uns nicht ausreichend bezahlen! Wir Armen, was können wir tun? Wir verfluchen sie: »*Ayo!* Der Donner des Himmels und der Höhen soll dir auf den Kopf fallen! Als Hund oder Eidechse sollst du wiedergeboren werden!« Das ist alles, was wir sagen können. Aber es wirkt sich auf das *karma* ihrer Nachkommen aus, es vergrößert die Last, die sie tragen müssen. Und sie selber müssen an Yamas Ruhestätte den Fragen des Gottes Rede und Antwort stehen. Je nachdem, was sie gemacht haben, werden sie dann als Hund, als Esel, als Pferd oder, wenn es sehr schlimm war, als Eidechse, Schlange, Chamäleon oder Skorpion wiedergeboren, während die, die ihr *dharma* erfüllt haben, ins Königreich von Shiva eingehen, sie müssen nicht wiedergeboren werden …

Wo wir gerade von Wiedergeburt reden, Sinnamma, ich bin ganz sicher, dass Isvaran diese Safttrinker, die unsere Mutter Indira Ghandi getötet haben, als Schlangen wiederkommen lässt. Wie viel Gutes hat sie für uns, die Armen, getan! Als ich die Nachricht erfahren habe, konnte ich meine Tränen und meine Wut nicht zurückhalten. Wir waren am Brunnen und haben unsere Krüge gefüllt, als sie es uns gesagt haben: Sie war noch nicht tot … Im Radio haben sie auch geweint … Hier wurde gleich alles veranlasst, was nötig war, es wurden Lautsprecher aufgestellt, damit wir die Nachrichten mitverfolgen konnten.[3] Wir haben einen *pandal* aufgerichtet – im *ur* haben sie auch einen gemacht – mit einem großen Foto von unserer Mutter, das wir mit einer dicken Blumengirlande eingerahmt haben. Räucherstäbchen haben Tag und Nacht gebrannt. Wir Frauen haben drei Tage lang Totenlieder gesungen. Im *ur* sind pausenlos Wagen hin und her gefahren. Die wichtigen Leute haben sich beim Reddiar versammelt, und eine andere Gruppe beim Gounder, dem Bruder des Schullehrers. Ich habe meinen Sohn zu Hause festgehalten, ich hatte Angst, dass er in Tirulagam in etwas hineingerät. Aber es ist alles ruhig geblieben hier, trotz dem Hin und Her zwischen Pondy und Karani. In Delhi hat es die meisten Kämpfe gegeben, haben sie im Radio gesagt.[4]

An dem Tag, an dem die Asche verstreut wurde, haben sie im *ur* geröstete Kichererbsen an alle verteilt. Arme Mutter! Arme Indira Gandhi! Sie hat so viel für uns gelitten. Es heißt, die Leute, die sie getötet haben, waren von ihrer eigenen Leibwache. In der Zeitung stand, dass sie zu einer Kaste von Aufwieglern gehörten, warte, die Kaste der Sikhs, haben sie gesagt, diese Kerle, die wie Viran aussehen, mit einem dicken Schnauzbart, einem Bart. Hast du ihre Fotos in der Zeitung gesehen? Es heißt, dass es wegen einer Kastengeschichte war, dass die Burschen sich gerächt haben. Diese Kaste hat sich gegen unsere Mutter erhoben, die in Delhi an der Macht war. Sie konnten es nicht ertragen, von einer Frau regiert zu werden, und deshalb haben sie sie getötet. Ich habe den Film von der Beerdigung in Tirulagam gesehen: Es war das erste Mal, dass ich ins Kino gegangen bin, und ich habe nur geweint! Wie schön sie war mit ihrem roten Sari und den ganzen Blumen!

15
DIE KASTE DER DIEBE

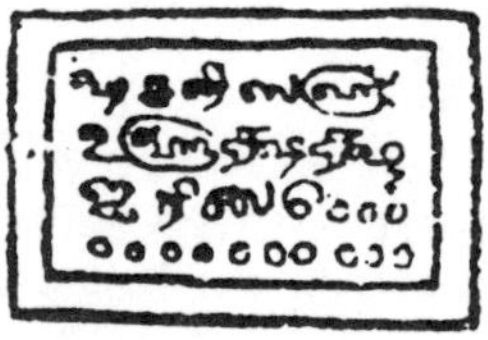

Die Kepmari sind die Kaste der Diebe, das ist ihr Familienerwerb. Die Frauen gehen von Stadt zu Stadt und stehlen, besonders in sehr großen Städten wie Delhi, Mayuram, Kumbakonam, Bombay und Madras. Sie stehlen nie hier im Dorf. Die Männer stehlen Schecks und rauben Banken aus. Die Frauen stehlen in den Tempeln und bei den Festen und Jahrmärkten. Sie sprechen mehrere Sprachen, und bei der Arbeit ziehen sie sich an, als ob sie im Geld schwimmen: Fußkettchen, Halsketten, die Arme von oben bis unten mit Armreifen bedeckt. Und reich sind sie auch, die Kepmari! Die richtigen Reichen können es nicht mit ihnen aufnehmen!

In Karani gibt es eine Straße der Kepmari, die ein wenig außerhalb liegt. Sie haben viele Reisfelder, und wir arbeiten als Landarbeiter bei ihnen. Die Frauen essen kein Rindfleisch. Ein paar Tage bevor sie stehlen gehen, machen sie eine *puja* für Kakkappattan, den Gott ihres Klans. Das Heiligtum ist beim Fluss drüben, an einem stillen Ort, wo man weder Mahlsteine noch Mörser hört. Kakkappattan ist schrecklich, so schrecklich, dass man eine Fehlgeburt bekommen kann! Aber sie ziehen sich mit Männern und Kindern drei Tage und drei Nächte in sein Heiligtum zurück. Sie nehmen ihr ganzes Geschirr mit, um dort zu kochen, solange sie darauf warten, dass der Gott ihnen die Erlaubnis zum Stehlen gibt. In dieser Zeit baden sie dreimal am Tag im Fluss und halten ihre Kleider nass. Erst wenn Kakkappattan auf seinem Pferd »tack tack tack« mit der Zunge macht, gehen sie nach Hause zurück und machen sich zum Stehlen fertig. Manchmal bleiben sie einen ganzen Monat dort, bis sie die Erlaubnis bekommen.

Sie gehen vor allem in die großen Tempel, zu den wichtigen Festen. Niemand verdächtigt sie, so reich gekleidet wie sie sind, mit ihrem ganzen Schmuck. Anscheinend benützen sie eine Medizin, einen Dampf, den sie auf den Hals oder die Arme der Leute sprühen, dann nehmen sie einen Goldschneidestein und trennen die Ketten und Armbänder ab. Sie machen das ganz schnell, in einem Augenzwinkern, und die Leute merken nichts. Sie kennen alle Tricks, *han!*, das ist ihr Beruf! Nachdem sie den Schmuck abgeschnitten haben, gehen sie nicht weg. Sie sind immer zu mehreren, wenn sie ihr Opfer umzingeln, und sie haben ein paar Kinder bei sich, auch so ganz kleine wie dein Sohn. Diese Kleinen, die tragen dann den Schmuck zu einem Mann, der ein wenig abseits steht. Wenn die Ausbeute groß genug ist, bringt sie der Mann, der sie begleitet, ins Dorf zurück, mit Schmuck und Geldscheinen im Wert von fünfzehn- oder zwanzigtausend Rupien!

Diese Frauen fürchten sich vor nichts. Sie sind auf alles gefasst! Der Polizeiwagen ist schon mehrmals nach Karani gekommen, um sie mitzunehmen. Wir Frauen vom *ceri* haben uns an den Straßenrand gestellt und zugesehen, wie sie ins Gefängnis abgefahren sind. Manchmal haben sie uns Leid getan, und wir haben geweint. Arme Frauen: so von der Polizei abgeführt zu werden, welche Schande! Wir haben zu ihnen gesagt: »Ihr, die ihr schön seid wie Kandiszucker, warum stehlt ihr? Warum macht ihr so einen Beruf?« Aber ihnen hat das gar nichts ausgemacht! Sie haben sich im Lastwagen niedergelassen, ohne jede Scham, und sie haben sich zum Polizeirevier fahren lassen. Sie sind allerdings nie lange dort geblieben. Zwei Tage später waren sie im Dorf zurück. Jemand hat die Kaution bezahlt, damit sie freigelassen wurden.

In einem Jahr jedoch hat Indira Gandhi alle Diebe des Landes verhaften und in Handschellen legen lassen![1] Dieses Mal haben die Kepmari wirklich Angst bekommen, als sie gehört haben, dass die Polizei im Anmarsch war. Sie haben schnell alles in die Auberginen- und Erdnussfelder geschmissen: Geld, Goldstücke, Schmuck, alles, alles! Und nachdem die Polizei weg war, haben sie alles wieder eingesammelt. Das heißt, fast alles, denn zwei von unseren Leuten haben das Gold in die Finger gekriegt. Die eine, Valli, wusste gar nicht, was passiert war. Sie hat ihre Kühe dort unten geweidet und zwei Half Sovereign gefunden, die in der Sonne funkelten. Die Kepmari sind gekommen und haben sie bedroht, aber sie hat sich nicht einschüchtern lassen. Sie hat gesagt: »Ich habe das Geld nicht gestohlen; ich habe es niemandem aus der Tasche genommen. Ich habe es unterwegs auf dem Boden gefunden: Ich behalte es!« Und mit dem Geld konnte sie ihre Tochter verheiraten. Der andere, Tangavelu, hat eine Goldkette gefunden, als er von der Arbeit auf dem Feld des Bangaru-Reddi gekommen ist. Er hat sich auch nicht einschüchtern lassen und die Kette nicht zurückgegeben. Er hat sie verkauft und sich ein Backsteinhaus davon bauen lassen. Du hast es sicher gesehen, Sinnamma. Es gibt kein anderes Backsteinhaus im *ceri*.

Das war das einzige Mal, dass die Kepmari Angst hatten. Seitdem, ich sage es dir, kommt die Polizei nicht mehr her und verhaftet sie. Anscheinend haben sich die Gounder eingeschaltet, an höchster Stelle, und sie haben mit der Polizei ausgehandelt, dass die Lastwagen nicht mehr ständig hierher kommen. Das Dorf ist dadurch in Verruf geraten. Wenn aber trotzdem ein Polizeiwagen gekommen ist, dann war immer eine bestimmte Kepmari da, die sich darum gekümmert hat – eine, die sieben Kinder hat und frisch wie eine Seerose geblieben ist. Die hat gewusst, wie man mit der Polizei umgehen muss! Jeder kannte sie, und ich werde sie dir eines Tages zeigen, Sinnamma. Niemand verpfeift sie im *ur*. Erstens weil sie nie in Karani stehlen. Und zweitens, wenn die Zeiten hart sind, verkaufen sie ihre Schmucksachen an die Gounder, die sie für ein bisschen weniger Geld bekommen als beim Goldschmied, und so bleibt alles im *ur*.

Ich gehe nur zu manchen Feldarbeiten zu ihnen, aber Arayi und Karpayi sind *padiyal* bei ihnen. Wenn wir uns fragen, wie diese Frauen es anstellen, Geld und Schmuck zu stehlen, während wir, die bei den Reddiar arbeiten, Angst haben, ein bisschen *paddy* oder ein paar Erdnüsse zu stibitzen, dann sagt Arayi zu uns, dass es ganz darauf ankommt, wie man sich kleidet. Wenn jemand einfach so in Lumpen geht, sind die Leute misstrauisch. Noch bevor er etwas gestohlen hat, wird er schon als Dieb behandelt. Sie dagegen gehen in den Städten zur Vordertür hinein! Sie klopfen an den Türen der schönen Häuser an und bitten um etwas zu trinken. Dann beten sie ihre Geschichte herunter, dass sie von sehr weit her kommen und dass sie sich gern einen Augenblick auf dem *tinnai* ausruhen möchten, bevor sie weitergehen. Wenn die Leute diese gut gekleideten und mit Schmuck behängten Frauen sehen, die ohne Männer reisen, wagen sie es nicht, sie draußen ausruhen zu lassen, und bitten sie herein. Und sie, die Kepmari, reden lustig weiter und suchen sich eine Stelle, wo sie alles überblicken können und finden, was es zu holen gibt. Wenn sie mit ihrem Raubzug fertig sind, kommen sie ins Dorf zurück.

Dort reden sie seelenruhig über ihren Erfolg und machen sich noch lustig! Daher kommt es, dass wir vom *ceri* über ihre Methoden Bescheid wissen.

Du müsstest sie sehen, wenn sie ins Dorf zurückkehren, schwer beladen mit Ballen und Bündeln! Sie steigen an der Bushaltestelle aus, an der Abzweigung, die hierher führt, und wenn unsere Männer mit ihren Karren vorbeikommen, lassen sie sich die Lasten bis nach Hause transportieren und bezahlen zwei Rupien! Einmal hat mir eine Alte drei Rupien gegeben, damit ich ihren Packen trage! Sobald sie im Dorf zurück sind, treiben sie sich in der Bar von Tirulagam herum, sogar die ganz Alten. Sie schütten literweise Brandy in sich hinein; die leeren Flaschen stehen zwischen den Huhn- und Eiercurrys herum. Ich erfinde nichts, Sinnamma, du kannst jeden hier fragen. Wenn wir vom Markt kommen, halten wir uns eine Weile vor der Bar auf. Und sie, betrunken wie sie sind, reden sehr laut, und es ist nicht schwer zu erraten, dass ihr Ausflug erfolgreich war! Wenn sie uns vor der Bar herumsitzen sehen, rufen sie uns. Einmal hat mich die Chefin von Arayi, die mich auch kennt, angesprochen und gelallt: »He, Velpakkata! ... Was erzählst du da? Du siehst mir beim Trinken zu? ... Willst du auch trinken? ... Bist du's gewöhnt, das Trinken? ... Trinkst du Brandy?«

»Nein, Mutter«, habe ich gesagt, »nein, ich mag das überhaupt nicht. Ich bin eine Ehefrau, eine Frau, die zu Hause bleibt. Ich habe nicht solche Gewohnheiten wie Sie. Aber wenn Sie mir zwei Rupien geben, dann kann ich Betel kauen und an Sie denken!« Und da hat sie mir einen Zwei-Rupien-Schein hingeworfen.

Ein paar Tage danach bereiten die Kepmari ihre Danksagungs-*puja* für Kakkappattan vor. Sie lassen drei Hähne und drei Böcke töten, und sie kochen einen reichen *pongal*. An diesem Tag bekommen die Parias, die bei ihnen arbeiten, Fleisch in rauen Mengen. Sie scheren sich den Kopf kahl vor dem Heiligtum, reiben sich mit Sandelholzpaste ein und kommen alle zusammen mit ihrem Geschirr in einem Traktoranhänger zurück. Dann verteilen sie das geweihte Fleisch an die Kudiyanar: Sie nehmen Essen von den Kepmari an. Zusätzlich zu dieser *puja* übernehmen die Kepmari die Kosten für einen Tag beim Fest der Draupadi. Sie machen das auf ihre Weise. Es ist sehr unterhaltsam.

Heute übt nur noch die Hälfte von ihnen dieses Diebsgewerbe aus. Die anderen bleiben im Dorf und sind Bauern geworden. Weil viele von ihnen Reisfelder gekauft haben, mit allem, was ihre Diebstähle eingebracht haben. Die Felder hinter dem Tempel von Ayittalamma gehören ihnen, sie haben heute mehrere Bewässerungspumpen, und sie lassen ihre Felder bebauen.[2] Sie sind die idealen Herren geworden. Sie haben Vieh, und sie produzieren Milch. Damit die Arbeit schneller vorangeht, bezahlen sie ein wenig mehr als die Reddiar und die Gounder. Wenn unser Reddiar sechs Rupien für das Auspflanzen gibt, geben sie denen, die ihre Arbeit verstehen und schnell sind, bis zu acht Rupien. Wir zögern nicht lange, wenn wir einen solchen Lohn geboten bekommen. Wir finden einen Vorwand, um nicht zum Reddi zu gehen, und wir laufen zu dem, der am meisten bietet. Das ist normal, Sinnamma. All das schafft Streitereien zwischen den Reddiar und den Kepmari. Der Groß-Reddi ruft sie zu sich und sagt: »Innappa, warum gibst du den Kulis so einen hohen Lohn? Ich verdiene mein Geld im Schweiße meines Angesichts auf meinen Feldern, während ihr es stehlen geht! Ihr wisst nicht, was das heißt, Geld verdienen. Wenn du dich plagen müsstest, um es zu bekommen, würdest du es wissen, aber du, du stiehlst vom Vermögen eines Unbekannten, ohne einen Finger krumm zu machen. Man gibt jetzt sechs Rupien fürs Jäten und zehn oder zwölf fürs Pflügen. Warum erhöht ihr die Preise, die allgemein üblich sind?«

Der andere kratzt sich am Kopf und antwortet: »Ärgern Sie sich nicht, *Sami!* Es stimmt, es war nicht recht von mir, dass ich mehr gegeben habe, aber ich hatte eine wichtige Arbeit zu machen, bevor der Regen kommt. Das war der Grund.«

So verteidigen sie sich. Ich habe dieses Jahr den Chef von Arayi gebeten, mir einen viertel Hektar Land zu verpachten. Ich habe ihm gesagt: »Sie brauchen keine Angst zu haben, Sir. Ich habe zehn Tiere alles in allem, das gibt insgesamt zehn Karren Mist. Und ich werde Hirse oder *ragi* anbauen, je nachdem, was Sie wünschen. Ich kümmere mich gut um die Ernte, und Sie können sicher sein, dass Sie Ihren Teil bekommen.«

Er hat mir geantwortet: »Wir werden sehen! Ich werde mich nach dem Regen entscheiden, Velpakkata.«

16
OBEN UND UNTEN

Meine ganze Familie ist beim Groß-Reddi angestellt. Mein Mann kümmert sich um die Pumpen. Der Reddiar besitzt zwei, die jeden Tag in Betrieb sind. Ich sammle die Kuhfladen auf und mache den Stall sauber. Meine Tochter Miniyamma hat mir bis zu ihrer Heirat geholfen. Sundari ebenso, und jetzt arbeitet meine Schwiegertochter Amsa beim Reddi. Anban hat anfangs die Kühe gehütet. Jetzt macht er mit meinem Mann die schweren Feldarbeiten. Der Grund ist, dass wir selber kein Land haben. Gott hat uns nur unsere Augen und unsere Hände gelassen, um unseren Lebensunterhalt zu verdienen. Indem wir hart beim Reddi gearbeitet haben, konnten wir ein anständiges Leben führen. Wir konnten Miniyamma und Sundari mit silbernen Fußkettchen und ein paar Kleidern verheiraten. Wir haben unseren Anteil an den Begräbniskosten bezahlt, wenn es nötig war. Ich konnte mir diese Ohrringe kaufen. Und als wir Anban verheiratet haben, hat der Reddi Amsa ihren Gold*tali* und ihren Sari geschenkt. Dank dem Reddi, Sinnamma, dank seinem Reichtum – der gewaltig ist, vor allem an Ländereien –, haben wir alle genug zu essen und müssen uns keine Sorgen machen. Er ist ein wichtiger Mann, der Reddi. Fast jeden Tag geht er nach Pondy. Die *adimai*, die bei ihm arbeiten, haben ihren Reis sicher!

Von allen Kasten, die im *ur* leben, sind die Reddiar die höchste. Sie haben keine Gleichen. Die anderen kommen danach: die Mudaliar, die Naicker, die Gounder. Die Reddiar sind solche, die nicht selber arbeiten, sondern andere für sich arbeiten lassen: 50, 60, 90, 200 Leute ... Ihre Frauen arbeiten nicht und gehen niemals aus.

Um die Reisfelder des Groß-Reddi zu bepflanzen, nehme ich zwanzig Paratchi mit, die pro Tag bezahlt werden; vier Paratchi sind nötig, um drei Ar zu machen. Wenn wir für den Reddi arbeiten, ist an Singen nicht zu denken. Wir pflanzen mit zugenähtem Mund, aus Respekt vor den Reddiar, die immer da sind, auf den Feldern, um uns zu überwachen; sie sitzen auf ihrem Seilbett, im Schatten eines Kokospalmenhains, oder sogar noch näher, auf dem Damm, unter ihrem Sonnenschirm. Ihr *adimai* – beim Groß-Reddi bin ich das – leitet die Arbeit und wacht darüber, dass alles richtig gemacht wird. »He, du, pflanze hier aus! … He, Saroja! Die Ecke da ist nicht richtig gemacht!« Aber am Mittag, sobald der Reddiar zum Essen nach Hause gegangen ist, stimme ich als Erste ein Liedchen an! Nach unseren Ehemännern sind es die Reddiar, bei denen wir arbeiten, die wir Pariafrauen am meisten fürchten und achten. Bei den anderen Landbesitzern ist das nicht so, da singen wir, wie es uns passt, und außerdem mögen sie es selber. Manchmal, wenn wir für den Naicker arbeiten, scherzen wir mit ihm. Wir können uns sogar über ihn lustig machen. Wir rufen ihm zu: »Yennayya! Willst du nicht aufhören, deiner Frau Kinder zu machen? Jedes Jahr ist sie schwanger wie eine Hündin, und du, du wirst deine Kräfte verlieren, du wirst nichts mehr übrig haben, nicht einmal, wenn du geschmolzene Butter und Dickmilch isst! Komm nur her, *Ayya*, lass sehen, ob du so viel Kraft hast wie wir Rindfleischesserinnen, wenn es darum geht, richtige Arbeit zu machen!« Und er lacht, wenn wir das zu ihm sagen! So machen wir unsere Späße mit ihm, Sinnamma, und mit den anderen Landbesitzern, bei denen wir nicht *adimai* sind. Die Naicker haben viel Land. Einiges davon verpachten sie, und sie haben Pumpen und die Ställe voller Vieh: Kühe und Ziegen, und sie produzieren viel Milch …

Wir machen uns auch über die Brahmanen lustig, Sinnamma. Wenn der *pappan* am Deich vorüberkommt, erfinden wir schnell ein kleines Lied über ihn, so wie das hier:

Es ist der *pappan, adi-pappan*,
Er will bewässern und gräbt ein Loch,
Fischt einen Teller Krebse heraus,
Fischt einen Teller Krebse heraus
Und trinkt den Saft eines jungen Mädchens.
Heute Nacht ist kein Mond da,
Und sein Schlaf ist gestört,
Der Mann mit dem *pottu* in Mondgestalt,
Möchte Virayi so gern empfangen

Nanna, nanna, nanana,
Nanna, nannana, nananana ...

Wenn er das hört, Sinnamma, kommt ihm die Galle hoch. Es ekelt ihn, er spuckt auf den Boden, trocknet sich die Lippen und geht schnell weiter. Hast du je einen Brahmanen gesehen, der Krebse isst? Wenn er es nur hört, muss er speien! Die Brahmanen besitzen nichts, oder sehr wenig, außer dem Tempelland. Wir gehen nie bei ihnen arbeiten, sie stellen Kudiyanar ein. Deshalb können wir uns über sie lustig machen, so viel wir wollen. Die *pappan* sind die Priester der Reddiar, sie sind für die Hochzeiten zuständig, für die Ahnen*puja* und das eine oder andere Ritual, auch für die Trauerriten des sechzehnten Tages. Sie sind niedriger als die Reddiar, und wie die anderen Diener bekommen sie von ihnen ungekochte Nahrung. Sie nehmen sie roh, denn sie sind in Verbindung mit Gott, und sie müssen rein sein; sie lassen die Nahrung bei sich zu Hause kochen. Wir nehmen sie lieber gekocht; so sparen wir Zeit und die Kosten für das Kochen.

Eines Tages, als ich beim Reddi war, habe ich den Brahmanen seine Gebete murmeln hören, während er das Opferfeuer anzündete. Ich habe durchs Fenster geschaut, aber die Mutter des Reddi hat mich bemerkt und weggejagt: »He, Velpakkata! Geh weg! Geh weg! Sieh das nicht an!« Und es stimmt, wir Parias, wir dürfen das alles nicht sehen! Der Reddi und der Brahmane sprechen beide Sprachen, Tamil und Telugu. Sie sind Vegetarier, sie essen geschmolzene Butter in rauen Mengen, Joghurt und Früchte, und sie trinken Milch. Auf dem Land gibt es keine andere Kaste, die ihnen gleichkommt.

Dabei gibt es Kasten genug in Karani! Die Reddiar, die Mudaliar, die Gounder, die Udaiyar, die Tulukkan, die Vaniyan, die Ambattan, die Komutti, die Vannan. Im *ceri* gibt es die Koravan, die Sakkili, auch Vannan, die *talaiyari*. In der Gegend von Selvipatti und Pakkanur gibt es die Tomban. Aber die akzeptiert niemand in den Kasten.[1] Sie sind Schweinezüchter. Sie leben mit ihren Tieren. Er ist sehr niedrig, der Tomban, aber ich habe es dir gesagt, Sinnamma, er ist reich geworden. Seine Schweine vermehren sich schnell. Er mästet sie auf verlassenen Landstücken, das kostet ihn nichts, und er verdient viel Geld, wenn er sie verkauft. In einem Jahr hatten wir einen großen Streit, er und ich; das war, als ich vom Reddi ein Eckchen Land beim Tempel von Aiyanar gepachtet und mit *ragi* bepflanzt habe. Ich war an dem Nachmittag an meiner Tür und habe meine Haare eingeölt, als Sinnappayya zu mir hergelaufen kam: »Tante! Tante! Die Schweine vom Tomban verwüsten dein *ragi*-Feld! Komm schnell, komm!« Ich nahm meine Haare hoch und knotete sie auf der Seite fest, und dann folgte ich Sinnappayya, die vor mir herlief. Die Kinder, die dort die Kühe hüteten, hatten die Schweine entdeckt, und sie hatten Sinnappayya zu mir geschickt. »Tante, als die kleinen Tomban gesehen haben, dass niemand auf dem Feld war, haben sie ihre Schweine ganz nahe hingeführt, und dann sind sie zum Baden in den Fluss gegangen. Wir sind mit den Kühen vorbeigekommen, und da haben wir die Schweine im Feld gesehen und dich sofort alarmiert, Tante!« Ich kochte vor Wut. Ich habe zu den Kindern gesagt, dass sie die Schweine einfangen sollten, aber diese dreckigen Biester sind verdammt schlau! Sie haben uns in alle Richtungen herumgehetzt, und dann sind sie abgehauen. Die kleinen Tomban haben die Szene von weitem beobachtet. Sie sind schnell aus dem Wasser gegangen, um ihre Schweine zusammenzutreiben, aber Sinnappayya hat es trotzdem geschafft, ein Schweinchen zu fangen, das wir an einem Pfahl festgebunden haben. Da ist der Groß-Tomban gekommen und hat seine kleinen Schweinehüter geschlagen. Ich habe zu ihm gesagt: »*Innappa!* Deine Schweine sind auf mein Feld gekommen. Sie haben einen Teil meiner Ernte verwüstet. Was gedenkst du jetzt zu tun?«

»Seid nicht böse, bitte«, hat er zu mir gesagt, »ich wusste nicht, was da vor sich ging. Wir haben sie nicht absichtlich in euer Feld gelassen. Ich werde das nächste Mal gut aufpassen!«

»Ah! So ist das! Du glaubst, dass ich die Sache vergesse! Eine verwüstete *ragi*-Ernte, mit so schönen, gut gefüllten Ähren! Ich will eine Entschädigung. Ich lasse den Reddi rufen: Er soll entscheiden.«

Das habe ich ihm geantwortet, dem Tomban, und Sinnappayya ist zum Reddi gelaufen, aber er hat Siesta gemacht. Sie hat gewartet, bis der Reddiar aufsteht, um ihm die Sache zu erzählen, und er hat ihr gesagt, er würde kommen, sobald er seine Milch getrunken hätte. Wir haben das Ferkel so lange angebunden gelassen und uns in den Schatten gesetzt. Ich hatte Zeit genug, um mir eine Portion Betel zu machen. Als ich den Reddi auf seinem Motorrad kommen hörte, bin ich aufgestanden und habe den Betel ausgespuckt. Ich bin ihm entgegengegangen und habe gesagt: »*Innanga!* Mein Korn ist verwüstet! Wie soll ich Euch jetzt die Pacht bezahlen?«

Der Reddiar hat zu dem Tomban gesagt: »*Innappa!* Was sagst du dazu? Ich sehe nur zwei Möglichkeiten: Entweder du lässt ihr das Ferkel, oder du ersetzt ihr mit Geld, was sie verloren hat.«

Der Tomban kniff die Beine zusammen und presste die Arme vor die Brust. »Es ist meine Schuld, aber was soll ich tun?«, jammerte er. »Ich habe es nicht absichtlich getan. Ich kann nur zehn Rupien geben. Das nächste Mal werde ich aufpassen, dass die Kinder meine Schweine nicht hierher bringen, Sami!«

Aber ich wollte nichts davon hören: »Wie soll ich jetzt die Pacht bezahlen, Sami? Wie soll ich fünf Säcke *ragi* geben, nach diesem Schaden? Ich will dreißig Rupien Entschädigung!«

Der Reddiar hat, um zwischen den beiden Parteien zu schlichten, fünfundzwanzig Rupien vorgeschlagen. Da hat der Tomban gesagt: »Lasst das Schwein losbinden und gebt es der, die Euer Feld bebaut. Ich kann diese Summe nicht bezahlen!«

Und so bin ich mit einem Ferkel nach Hause gekommen! Ich habe Sinnappayya eine halbe Rupie gegeben und jedem der Kinder zehn Paise. Sie haben sich bei Kannima Krapfen dafür gekauft. Ich für meinen Teil habe das Ferkel aufgezogen, und es ist bald ein großes, fettes Schwein geworden. Mein Mann und Selvam, der Schuster, haben es getötet, zerteilt und auf dem Markt von Tirulagam verkauft. Wir haben fünfundzwanzig Rupien bekommen – genauso viel, wie der Tomban mir hätte zahlen sollen –, und zudem haben wir uns noch an einem Schweinecurry gütlich getan, genau wie Selvam, der natürlich auch seinen Teil bekommen hat. Wir essen sehr gern Schweinefleisch, Sinnamma! Und manchmal, an Festtagen, legen wir zusammen, um eines zu kaufen – für *Dipavali* zum Beispiel, für *Pongal* oder für das Fest von *kartikkai*, und dann teilen wir es uns.[2] Es gibt einen kleinen Refrain dazu:

> Wer hat das Schwein aufgezogen? Der Raja Pandya!
> Und wer hat es genossen? Der Chetti, der rülpst …

Ja, die Schweinefleischesser, sie wissen, wie köstlich es ist, und nicht die, die die Schweine auf ihrem Land mästen. Auf jeden Fall sind die Tomban zu Reichtum gelangt. Sie sind jetzt Bauern: Sie produzieren Reis, Zuckerrohr, Auberginen, Chilis, und sie kommen zu mir, damit ich Arbeiter für sie anheuere. Aber auch wenn sie reich sind, bleiben sie trotzdem niedrig. Die Kudiyanar gehen zu ihnen arbeiten, aber sie bekommen keine gekochte Nahrung. Obwohl sich das alles ändert, in diesem *kaliyugam*. Es gibt jetzt Tomban, die im *ur* wohnen! Sie, die doch nur um ein ganz klein wenig über uns waren, sind jetzt viel höher, dank ihrem Geld. Oder vielmehr wir, die wir arm geblieben sind, wir sind jetzt noch niedriger als vorher, und wir nehmen weiter gekochte Nahrung von den Tomban an.[3]

In diesem *kaliyugam* ist das Geld der Meister, und wer es zu verdienen versteht, ist höher als gestern. In der Stadt ist es übrigens dasselbe, überall ist es eine Frage des Geldes. Sieh dir die Kudiyanar an. Früher haben sie nur bei den Reddi gearbeitet. Sie haben die Arbeit im Haus gemacht, sie haben die Suppe für die *adimai* und die Landarbeiter gekocht, sie haben das Geschirr gewaschen, sie haben in der Küche geholfen. Immer bei den Reddiar. Heute nehmen sie harte Arbeiten auf dem Feld an, so wie wir, mit uns, und sie arbeiten sogar für die Tomban. Was will man machen, man muss sich den Bauch füllen, und dafür arbeitet man für jeden, egal wen, Hauptsache, er bezahlt! Aber eine dieser Kudiyanar-Familien hat sich in Madras niedergelassen, und seit einiger Zeit macht ein Mädchen aus unserer Kaste den Haushalt bei ihnen. Es ist eine andere Welt, fern vom Heimatdorf, vor allem in der Stadt.

So wie es reiche, hohe Kasten gibt, gibt es auch arme, niedere Kasten. Gott hat den reichen, hohen Kasten Land gegeben, und den armen, niederen Kasten hat er die Aufgabe gegeben, dieses Land zu bearbeiten. Dafür haben die reichen, hohen Kasten die Pflicht, uns einzustellen – die Palli, die Parias, die Kudiyanar. Aber es gibt auch Kudiyanar, die Land besitzen, manchmal bis zu fünf Hektar: Sie gehen nicht arbeiten. Andere niedere Kasten haben ihren speziellen Beruf. Sie sind ein bisschen höher als wir, weil sie kein Rindfleisch essen. Sie essen Eier, Gemüse, Fisch, Geflügel, sie trinken Milch, wie wir. Aber Fleisch, das ist unrein, das ist Abfall. Die Milch, die ist rein. Und weil wir Abfälle essen, sind wir unrein. Das ist der Unterschied zwischen den niederen und den hohen Kasten.

Niedere Kasten, die über uns sind, gibt es alle möglichen. Da sind zum Beispiel drei Barbierfamilien, Brüder, die sich beim Tempel von Perumal niedergelassen haben. Sie machen die Bärte der Reddiar und der Gounder. Sie stutzen ihnen die Haare und rasieren ihnen die Achseln, sie schneiden ihnen die Nägel und geben ihnen Ölmassagen. Normalerweise arbeiten sie auf den Stufen des Lotosteichs, aber für unseren Reddiar machen sie ihre Arbeit bei ihm zu Hause, auf seinem *tinnai*. Diese Barbierfamilien arbeiten nur für die Leute im *ur*, aber die Sanar und die Jäger leihen sich manchmal heimlich ihre Scheren oder ihre Messer aus. Wir machen das auch, wenn unser Barbier nicht da ist. Wir leihen uns in aller Stille das Rasiermesser von einem Barbier aus dem *ur*, und genauso unauffällig geben wir es wieder zurück, denn wenn es herauskommen würde, dass ein- und dasselbe Rasiermesser für einen Paria und einen Reddi gedient hat, *ayoyo!*, das gäbe einen Aufruhr! Das darf nicht sein! Aber ein Barbier macht es trotzdem, gegen ein Geldstück und ein wenig Korn. Diese Barbiere sind auch die Tempelmusiker, und sie bekommen das ganze Jahr Korn dafür. Sie spielen bei den Pubertätsriten, bei Verlobungen, Hochzeiten: nur bei glücklichen Anlässen. Das alles bringt ihnen zusätzlich Geld ein. Jeder von ihnen spielt ein anderes Instrument: der Ältere das *ottu*, der Jüngere das *nadesvaram*, der Kleinste die Trommel, dum, dum, dum …

Gegenüber von den Barbieren wohnen zwei Töpferfamilien. Sie sind weder hoch noch nieder, weil alle sie brauchen, vom Reddiar bis hinunter zu uns. Früher hat der Töpfer riesige Krüge gemacht, die dreißig bis vierzig Maß *kanji* fassen konnten. Sinnamma, du glaubst nicht, wie lange es gedauert hat, sie hin- und herzutransportieren! Wer das auf dem Kopf bis zu den Feldern getragen hat, dem hat es die Scheiße zum Loch rausgedrückt! Heute wird der *kanji* in einen großen Aluminiumtopf gefüllt, der an einer Stange festgebunden ist. Zwei Männer tragen ihn von beiden Seiten, und so lässt er sich leichter transportieren. Der Töpfer macht viel weniger Geschirr als früher, er stellt vor allem Krüge her, und Teesets für Zeremonien und Puppen. Bei ihm habe ich alles Geschirr für die Hochzeiten meiner Kinder machen lassen. Die Hochzeitskrüge von Anban waren sehr schön geschmückt! Ich habe den Töpfer in Korn bezahlt; er ist höher als wir, aber er nimmt unser Korn an.

Hinter ihm haben die Schreiner ihre Häuser gebaut. Sie sind niedriger als die Gounder, und sie heiraten nicht untereinander; daneben gibt es auch Zimmerleute. Und was noch? Wenn man von ihnen kommt, geradeaus weiter, dort haben sich zwei Schmiede niedergelassen, nicht weit vom Viertel der Reddiar. Es fehlt ihnen nicht an Aufträgen, und sie arbeiten auch für uns. Vor den Ernten bestellen wir dreißig bis vierzig Sicheln bei ihnen. Sie schärfen die abgenutzten Klingen, sie reparieren die Karren. Einer von ihnen hat auch den Dreizack unter dem Banyanbaum geschmiedet und den bei uns: Du hast gesehen, wie schön ich ihn geschmückt habe! Ich vergesse nie, vor diesem Dreizack die *puja* zu machen, Kampfer anzuzünden ... Wenn im *ur* ein Haus gebaut wird, lassen sie die Schmiede die Fenstergitter machen, die Angeln und Türriegel, die Brunnenwinde und solche Sachen ... Sie sind keine niedere Kaste, die Schmiede, sie gehen bei den Gounder, bei den Reddiar ein und aus. Manchmal essen sie sogar beim Reddiar, ich habe es gesehen, wenn eine Hochzeit ist. Einer der Söhne, der Ältere, ist jetzt im Schuldienst. Er hat ein Mädchen von Pondy geheiratet, wo er arbeitet, und er wohnt auch dort unten.

Gegenüber den Schmieden sind die Goldschmiede. Früher waren es zwei Familien: der große und der kleine Goldschmied. Der erste hat *tali* für die Reddiar und die Gounder gemacht. Der kleine hat sie für die anderen Kasten gemacht, einschließlich uns. Aber er war kein ehrlicher Mensch, der da! Das habe ich am eigenen Leib erfahren, als ich ihm einen Ohrring zum Reparieren gegeben habe! Er hat ihn mir glänzender zurückgegeben, aber auch viel leichter! Danam hat ihm ihren *tali* gebracht, sie hat ihn genauso leicht wiederbekommen! Aber wir haben uns nicht getraut, etwas zu sagen. Es heißt, dass er viele Leute in Karani betrogen hat, indem er bei jedem ein wenig Goldstaub abzweigte. So ist er reich geworden, und schließlich hat er das Dorf lieber verlassen, um seinen Reichtum anderswo zur Schau zu stellen. Anscheinend ist er in das Dorf seiner Frau gezogen, aber Schwester Virayi, die von dort kommt, hat ihn nie wieder gesehen. Niemand weiß, wo er wohnt, der Halunke! Und so blieb nur der große Goldschmied. Weil er jetzt mehr Arbeit hatte als vorher, hat er einen kleinen Laden in der Hauptstraße von Tirulagam genommen: Er hat jetzt drei Angestellte. Die Goldschmiede sind niedriger als die Reddiar, aber wie die Schmiede können sie zu ihnen gehen und bei ihnen essen.

In der Nähe des Teichs, am Eingang zum *ur*, gibt es zwei Kaufmannsfamilien, es sind Komutti. Diese Kaste hat keinen anderen Erwerb als den Handel, du kannst sie in jeder Stadt sehen. Die Komutti sprechen Telugu wie die Schuster, wie die Reddiar. Aber sie verkehren nicht mit den Reddiar oder mit uns. Wir gehen nie zu ihnen und wir bekommen keine Nahrung von ihnen. Wenn sie eine Hochzeit feiern, bieten sie nur den Schustern Betel an, und das auch noch hinter ihrem Haus! Sie heiraten ohne Aufsehen, ohne Lärm zu machen. Im Gegensatz zu allen anderen Kasten heiraten sie im Monat *adi*. Ich mag sie gern, denn ihre Frauen sind immer nett zu uns.

Ach ja, das habe ich vergessen: Unter den niederen Kasten im *ur* gibt es noch die Wäscher! Es sind auch drei Brüder. Du hast den alten Ramassami gekannt, der dir die Exorzismuslieder vorgetragen hat. Er ist jetzt schon zwei *Pongal* tot ... Diese Wäscher wohnen in vier oder fünf nebeneinander liegenden Häusern, und sie haben einen Esel. Im *ceri* gibt es auch Wäscher. Sie sind niedriger als wir, und wir geben ihnen reihum ihr Abendessen. Sie sind sehr arm, aber sie machen trotzdem jedes Jahr ihr Fest. Sie beten Mayilaru an, und ihr Gott wohnt in ihrem Waschkessel. An dem Tag, an dem Mayilarus Fest gefeiert wird, nimmt derjenige aus ihrer Familie, der die *puja* durchführt, ein Bad, zieht neue Kleider an, wechselt den Kessel und verbrennt Kampfer vor dem Stein, auf dem die Wäsche geschlagen wird. Die Familien bereiten vier Töpfe *pongal* mit Reismehl und Kokosnuss zu. Manche schlachten ein Huhn oder, seltener, stechen ein Schwein ab. Es fehlt nie an Betel, Bananen und Blumen. All das wird anschließend unter ihnen verteilt. Wir bekommen nichts, obwohl wir zu ihrem Fest beisteuern, so wie der Reddi sich an unserem Fest beteiligt, an dem von Periyandavan. Es ist übrigens dasselbe, die Wäscher arbeiten für uns, und wir müssen ihnen etwas für ihr Fest geben. Niemand kann das ablehnen. Wenn Arayi, die Frau vom Wäscher, mit ihrem Korb kommt, um zu holen, was ihr zusteht – ein Maß Korn oder eine Kelle Öl –, geben wir es ihr, aber wir nützen die Gelegenheit, um ein bisschen zu stöhnen: »Diese Leute beten die ganze Zeit Mayilaru an, aber unsere Kleider haben sie noch nicht zurückgebracht! Da lobe ich mir die Wäscher im *ur*, die arbeiten wenigstens!« Dann stellt sich Arayi in eine Ecke, kratzt sich am Kopf und findet immer einen Grund: Es hat geregnet, und die Wäsche ist nicht getrocknet; oder es hat nicht geregnet, und es war nicht genug Wasser im Fluss; was auch immer ... Ich habe dir gesagt, Sinnamma, dass wir keinen Anteil von ihren Opfergaben erhalten, aber unsere Kinder bekommen manchmal etwas. Neugierig, wie sie sind, lungern sie manchmal dort herum, wenn eine *puja* stattfindet, und dann geben ihnen die Wäscher ein wenig *pongal*. Weil es süß ist und gut schmeckt, essen es die Kleinen in aller Unschuld, ohne daran zu denken, dass die Wäscher niedriger sind als sie. Wohlgemerkt, die Wäscher im *ur* sind höher als wir, jedoch niedriger als die Gounder. Auch wenn sie aus einer niederen Kaste sind, rede ich immer respektvoll mit den Wäschern aus dem *ur*.

Die Sanar sind auch Leute von niederem Rang. Sie sind kaum höher als wir. Ein Sanar muss es praktisch wie wir machen, wenn der Reddiar vorbeikommt: Er muss aufstehen und demütig mit ihm sprechen. Aber wenn die Sanar und Parias auf den Feldern unter sich sind, sprechen sie beinahe von gleich zu gleich miteinander. Wir rufen uns ein paar Worte zu, wir sagen: »He, große Schwester Kuppu! Ho, großer Bruder Kannan!« Du kennst meine Freundin Vanaroja, die Palmsaftverkäuferin. Wir beide mögen uns gern, sie und ich. Im Sommer geht sie jeden Tag am *ceri* vorbei und schreit: »Palmsaft! Palmsaft!« Sie bietet mir ein Glas an, und im Tausch dagegen gebe ich ihr jedes Jahr ein Maß *paddy*. Manchmal, wenn die Ernte sich schlecht anlässt und ich das Gefühl habe, dass unser Anteil klein sein wird, dann stibitze ich ein oder zwei Maß *paddy* und deponiere es bei ihr. Vanaroja hebt es für mich auf, gut versteckt, und gibt es mir am nächsten Tag, ohne dass es jemand sieht. Zum Dank gebe ich ihr ein wenig davon ab. Wir verstehen uns gut, wir beide, auch wenn wir nicht aus derselben Kaste sind.

Dann gibt es noch die Sakkili, die Schuster. Sie sind viel niedriger als wir. Du kennst doch Selvam, den Hornspieler: Er bekommt gekochte Nahrung von uns. Wenn wir eine Hochzeit haben, geben wir ihm ein Maß Reis und eine Rupie. Er hat die Aufgabe, für uns das Horn zu spielen, wann immer es nötig ist. Wir gehen niemals zu ihm essen oder trinken, aber wir reden normal miteinander, herzlich, wenn wir uns begegnen. Er setzt sich übrigens oft bei uns auf den *tinnai*, um zu reden und Späße zu machen (aber niemals unanständige) oder auch nur, um Betel zu kauen. Dann bittet er uns: »Gib mir Betel, Tante« oder »Onkel« oder »große Schwester«, so spricht er uns an. Wo wir vom Betel reden, Sinnamma, ich mache jetzt Pause, weil ich Lust bekommen habe, selber ein wenig zu kauen ... He, sieh nur: Deine kleine Rajini hat zwei Wirbel auf dem Kopf. Das bedeutet, dass sie zwei Ehemänner bekommen wird! *(Viramma lacht.)*

17
DER KNOCHEN DES RABEN

Gestern Abend habe ich zu meinem Mann und zu den anderen Männern, die draußen vor dem Haus waren, um frische Luft zu schnappen, gesagt: »Heute Morgen habe ich mit Sinnamma über alle Kasten gesprochen, die in diesem Dorf wohnen, vom *ur* bis zum *ceri*, vom Reddiar bis zum Sakkili, aber ich habe vergessen, über die Parias zu sprechen.«

»Die Harijan!«, hat mein Sohn, der gerade aus dem Haus kam, mich verbessert.

»Halte du nur den Mund, Junge, dieser Name wird nie über meine Lippen kommen!«

Und er darauf: »Ah! Du bist unverbesserlich, *de!* Solche Leute wie du sind schuld, dass wir nie aus unserem Elend herauskommen!«

»Geh weg, Junge, ich habe dich nicht gefragt!«

Und dann habe ich mich wieder an die Männer gewandt, die da waren, und gesagt: »Es war leicht, von den anderen Kasten zu reden: Jede hat einen Beruf; jede lebt nach ihren Gewohnheiten, ohne sich unter die anderen zu mischen, ohne Streit, in Harmonie. Aber wir? Wir können keine Kornschwingen flechten oder Körbe oder Schuhe reparieren. Wir sind nicht aus diesen Kasten. Wir sind Parias. Wir arbeiten auf dem Feld. Aber wer kann das nicht? Jetzt fangen sogar die Wäscher und die Schuster damit an. Und warum heißen wir Parias?«

»Wie?«, haben die Männer gerufen, »wir haben keinen Beruf, sagst du? Und was ist mit unseren Musikern, unseren Totengräbern, unseren Steuereintreibern?«

»Ach, verschont mich mit diesen Einzelheiten! Früher, zur Zeit unserer Vorfahren, hat irgendjemand uns Parias genannt, und dieser Name ist uns über Generationen hinweg geblieben. Wie, Junge? Was willst du vor Sinnamma verbergen? Sie ist wie meine Tochter, wie eine Schwester für mich. Ich, die ich ihr mein ganzes Leben erzähle, warum soll ich … wie? … Harijan sagen, anstatt Paria, und warum soll ich über meine eigene Kaste nicht offen mit ihr reden?«

»*Ayo, ayo, Amma!* Du vergisst, dass sie einen Weißen geheiratet hat, und er braucht das nicht alles zu wissen!«

»*Dei*, Junge, geh weg von hier und lass mich mit deinem Vater reden!«

Aber mein Mann hat ihm zugestimmt! »Ja, er hat Recht, es ist erniedrigend, dass der Sir das alles erfahren soll.«

»*Han!* Kommst du mir jetzt auch mit diesen Geschichten? Ich frage dich, warum wir Parias heißen, und du erzählst mir dummes Zeug wie dein Sohn?«

Da hat mein Mann geantwortet: »Du weißt, dass es weder Tag noch Nacht gibt, ohne dass Gott es will. Gott selbst hat es so entschieden: Es ist keine Erfindung der Menschen. Als Mahakrishna, Adisivan und Vinayagar, die über dieses Universum herrschten, fortgegangen sind, haben sie Nakulan, Sakulan und Arjunan geschickt. Sie haben die Welt unter sich aufgeteilt. Aber dann ist eine Horde von Leuten gekommen, die einen Teil gestohlen haben, und diese Leute haben sie Parias genannt. So sagen es unsere Vorfahren.«

Heute Morgen, Sinnamma, bin ich zu Großvater Muniyan, dem Ältesten im *ceri*, gegangen: »Großvater, wir heißen Parias. Weißt du, warum sie uns so nennen, Parias?«

»Hör zu, Velpakkata! Am Anfang haben die Götter über das Universum geherrscht. Vor mehreren *yugam* sind die Menschen an ihre Stelle getreten. Damals gab es keine Kasten. Oder nein, wenn du so willst, gab es zwei: die Männer und die Frauen. Sobald die Menschen die Welt in Besitz genommen haben, hat sich die Frage der Aufteilung erhoben. Vorher hat es dieses Problem nicht gegeben, denn die Götter müssen nicht teilen, um zu herrschen, weil sie überall zur gleichen Zeit sind. Als die Menschen teilen wollten, hat es Streit gegeben. Einer von ihnen, der gesehen hat, dass das Ganze böse enden würde, hat angefangen, Sachen zu verstecken, Gegenstände. Und in dem Augenblick, als er eine Trommel verstecken wollte, haben ihn die anderen ertappt und geschrien: *Paraiya maraiyade!* – He, du mit der Trommel, versteck dich nicht![1] Seit dieser Zeit werden wir Parias genannt und sind ausgestoßen, weil wir die Nachfahren dieser Trommeldiebe sein sollen. Wenn dieser Hurensohn nichts gestohlen hätte, würden wir heute alle zusammen im *ur* leben!

Warum haben diese Hundeficker so etwas gemacht? Warum konnten sie nicht warten, bis ihnen ihr Anteil zugesprochen wurde? Und das alles wegen einer Trommel! Aber, Velpakkata, es ist unser Schicksal, und niemand kann etwas daran ändern, auch die Politiker nicht, die immer sagen, dass es keine Parias mehr geben darf! Aber ich, weißt du, ich werde bald gehen. Ich bin als Paria geboren. Ich habe meine Pflicht getan in der Zeit, die mir beschieden war, und ich werde als Paria sterben. Vielleicht werde ich im Bauch der Reddiar wiedergeboren werden, bei der ich im Dienst stand, vielleicht werde ich ein streunender Hund sein. Wer weiß? Es liegt nicht in meiner Hand. Und die Männer der Parteien können sagen, was sie wollen, sie werden das Los der Parias nicht ändern oder sie mit den anderen Kasten vermischen. Sag Sinnamma, dass diese Männer alles zerstören werden, die Harmonie, den Frieden, den wir hier haben. Jeder macht sein Handwerk: Der, der die Haare schneidet, gehört zur Kaste der Barbiere; der, der die Wäsche wäscht, bleibt ein Wäscher; der, der die toten Kühe zerteilt, wird Schuster sein; der, der die Sesamsamen zerstampft, gehört zur Kaste der Ölmüller; und der, der dieses Öl verkauft, wird ein Chettiar sein. Und es braucht einen Reddiar, der *kambattam* ist und zwanzig Leute arbeiten lässt. So sind die Kasten gemacht …«

»Großvater«, habe ich ihm gesagt, »deine Rede passt nicht mehr in dieses *kaliyugam*, mit diesen Jungen. Unser Anban will nicht einmal mehr das Wort Paria hören! Das weißt du doch! Du hast in den Zeiten gelebt, als wir noch nichts wussten, als wir noch ohne Arg waren …«

»Meine Zeit ist jetzt zu Ende, Velpakkata. Es ist an den anderen, die Welt zu führen. Ich halte meinen Mund. Du bist gekommen, um diese Dinge wieder aufzurühren …«

Ich habe ihm zwei Betelblätter und drei Betelnüsse gegeben, und da bin ich, Sinnamma. Gestern Abend ist mir eingefallen, dass ich nicht von meiner Kaste gesprochen habe, und ich wusste, dass du mich fragen würdest, du, die immer das Warum der Dinge wissen will. Ich war sicher, dass du mich fragen würdest, warum wir Parias heißen.

Ich muss dir sagen, dass ich es selbst nicht wusste, warum wir so genannt werden. Erst indem ich diesem und jenem die Frage gestellt habe, habe ich es erfahren. Ich dachte immer, es ist deshalb, weil wir nicht zivilisiert sind, weil wir keine schönen Zähne haben, weil wir Betel kauen, weil wir unsere Mahlzeiten in Tontöpfen tragen, weil wir alles vernachlässigen, was mit Sauberkeit und Kleidung zu tun hat. Heute haben unsere Jungen in dieser Hinsicht aufgeholt. Die Mädchen tragen Nylonsaris, die Burschen Trevirahemden, alle haben Aluminiumschüsseln statt Tontöpfen. Subba fabriziert keine Holzkoffer mehr; wir kaufen Metallkoffer auf dem Markt wie alle Leute. Wir waschen uns mit Seife und benützen *sikakai* für die Haare. Aber wir bleiben trotzdem unrein, Sinnamma! Die Seife wäscht die Unreinheit nicht weg. Das habe ich meinem Dummkopf von Anban klargemacht, der immer auf den Parteiversammlungen herumhängt. Nur weil wir jetzt ein wenig »anständiger« sind, heißt das noch lange nicht, dass wir in die anderen Häuser dürfen; und wenn wir auf dem Hof oder am Brunnen irgendwelche Utensilien berühren, schütten die Frauen immer noch Wasser darüber, mehrmals, bevor sie sie in die Hand nehmen![2]

Mein Sohn erzählt mir manchmal, dass es bei den Alten keine Kasten gegeben hat. Die Leute haben alle zusammengelebt. Eines Tages sind die Dorfleute nach Mailam in den Tempel von Murugan gegangen. Ein Rabe, der über ihnen flog, hat im Tempelbezirk einen Kochen fallen lassen. Der Mann, der an der Spitze ging, ist zurückgesprungen, hat ausgespuckt und gerufen: »*Tu,* Sanyan, *tu tu!*« Der, der hinter ihm war, hat den Knochen erkannt: Es war ein Rindsknochen. Er hat ihn aufgelesen und beiseite geworfen. Als der erste Mann das gesehen hat, hat er zum zweiten gesagt: »Muruga! Muruga! Du bist ein Paria!« Murugan hat sofort beschlossen, den Tempel, der heute zerstört ist, zu verlassen.

Er hat von dem Priester Besitz ergriffen und zu ihm gesagt: »Ich will nicht mehr in diesem alten Tempel bleiben, der von den Parias, diesen Rindfleischessern, beschmutzt ist. Ich will, dass ihr mir einen neuen Tempel baut, in den die Parias nicht hineindürfen!« Und seit dieser Zeit sind wir Parias. Früher, als wir von nichts eine Ahnung hatten, haben sich Murugan und die Brahmanen verschworen, um die Menschen zu trennen, die vorher vereint waren. Heute könnte das nicht mehr geschehen!

In diesem *kaliyugam* ist alles anders, denn die Parias gehen jetzt wieder nach Mailam. Ich war einmal vor langer Zeit zu Fuß dort. Wir haben unsere Mahlzeit unterwegs genommen. Als wir endlich dort ankamen, waren unsere Füße so dick geschwollen wie Elefantenfüße. Ich bin ein zweites Mal nach Anbans Hochzeit hingegangen. Jetzt gibt es den Bus, man muss nur zwei Rupien bezahlen und kann direkt unter dem Tempel aussteigen. Wir haben alle Gemälde gesehen, es war wirklich sehr schön!

Anban bestand darauf, dass ich hineingehe. Er hat zu mir gesagt: »*De*, was regst du dich auf! Wir haben unser Geld ausgegeben, um hierhier zu kommen, und du, anstatt in den Tempel zu gehen, willst nach Hause zurück! Welcher Idiot hat gesagt, dass wir nicht in den Tempel dürfen?«

»Nein, mein Sohn! Tu das nicht! Dieser Gott wird uns das Augenlicht nehmen! Wir Parias dürfen nicht an diese Orte!«

»*De, tchi!*«, hat Anban gesagt, »sei nur ruhig! Warum sollen wir so viel Geld ausgeben, wenn wir das Heiligtum nicht sehen dürfen? Was du da sagst, das sind nur alte Bräuche, Geschichten aus der alten Zeit!«

Mein Sohn will nichts hören, und so redet er immer, wenn ich ihn daran erinnere, dass wir Parias sind und demütig leben müssen, fern von den anderen Kasten. Wie oft habe ich ihm gesagt: »*Pa*, nein, geh nicht ins *ur* mit deinem schönen Hemd, mit Puder auf dem Gesicht und Asche auf der Stirn! Zieh nicht deine Ringe an! Lass das alles im Haus. Nach der Arbeit kannst du machen, was du willst. Wir sind arm, hörst du. Wir sind Parias. Wir leben von der Hand in den Mund. Wir haben nur zu essen, wenn wir Arbeit bekommen. Diese Leute im *ur* stellen uns ein. Wir müssen demütig und bescheiden sein, bescheidener als sie. Wenn du dich so anziehst wie sie, werden sie sagen: Was für ein unverschämter Kerl, dieser Paria, dass er in Hemd und Hose zu uns zur Arbeit kommt! – Nein, *Appa*, sei bescheiden, und lass uns leben wie früher.«

Aber er sagt immer: »*De, tchi!* Hör mir auf mit deinen Reden! Wenn ich in meinem Alter nicht in Hemd und Hose gehen darf und keine Asche auf die Stirn tun, wann dann? Sag es mir! Denkst du, nur die Reichen haben das Recht, sich gut anzuziehen, eine Uhr oder eine Brille zu tragen? Und nicht auch die anderen? Und nicht ich?«

»Mein Sohn! Mein Sohn! Beruhige dich! Wir Parias, wir müssen getrennt leben, unauffällig.«

»Aber diese Sitten passen nicht mehr in die heutige Welt, kleine Schwester! Wach endlich auf!«

»*Dei*, Junge! Ja, ja, ich bin deine kleine Schwester, und es wäre an mir, auf dich zu hören! Ich wiederhole es dir, ich bin als kleines Mädchen in dieses Dorf gekommen. Ich bin groß geworden. Ich habe zwölf Kinder bekommen. Ich habe meinem Namen Ehre gemacht. Jetzt bin ich auf dem Weg hinaus, und du musst hier leben und Kinder haben und dir auch einen guten Ruf erwerben. Höre auf meinen Rat. Ich bin deine Mutter, ich meine es gut mit dir.«

So macht er sich über mich lustig, Sinnamma, und so versuche ich ihm Vernunft einzureden.

Gott selbst hat uns Parias genannt, weil es, so wird gesagt, vor diesem Besuch im Tempel von Mailam keine Kasten gegeben hat. Der Knochen des Raben hat die wahre Natur eines jeden gezeigt. Der Brahmane ist voller Ekel davor zurückgewichen und hat ausgespuckt, und der Paria hat ihn einfach aufgehoben. *(Lacht.)* Es heißt auch, dass einer der Pilger im Zug seine Sandale zerrissen hatte und dass er die Lederschlaufe, die abgegangen war, wieder annähen wollte. Aber der Brahmane konnte es nicht mitansehen und hat Isvaran angerufen: »*Sami!* Wir können nicht zusammenleben! Diese Leute sind zu unrein! Trenne uns in Kasten, jeden nach seiner Beschäftigung.« Isvaran hat sein Gebet erhört und uns getrennt. Er hat dem Brahmanen geantwortet: »Du sollst ein Brahmane sein. Du bist Vegetarier. Deine Aufgabe ist es, die *puja* zu machen und Mantras zu singen. Und du, der du den Knochen angefasst hast und dich von diesem Tier ernährst, du wirst ein Paria sein. Du wirst diese Erde anbauen, die du berührt hast, du wirst ein Pflüger sein. Und du, der du diese Sandale repariert hast, du wirst ein Schuster sein.« Er hat jeden nach seinem Handwerk gefragt, und alle, die dasselbe hatten, hat er in eine Kaste getan. Als die Männer wieder zu Hause waren, sind sie, je nach ihrer Kaste, in verschiedene Straßen, im *ur* oder im *ceri*, gezogen: die Rindfleischesser ins *ceri*, die anderen ins *ur*.

So sind wir Parias ins *ceri* gekommen und haben unser Leben abgesondert von den anderen geführt. Aber auch im *ceri* brauchen wir andere Kasten, die andere Arbeiten machen können. Wer würde sonst unsere Wäsche waschen? Wer die Felle gerben? Wer das Leder verarbeiten? Wir brauchen auch einen Priester. Wir Parias können nur auf dem Feld arbeiten, und deshalb haben wir unsere Wäscher, Barbiere, Schuster, Priester und unseren Dorfvorsteher.

Und dann, Sinnamma, gibt es Leute wie dich, es gibt die, die Land besitzen, die im *ur* leben. Wenn von denen einer stirbt, was sollen sie tun? Wer wird den Verwandten, die in der Ferne wohnen, die Nachricht überbringen? Wer wird die Bambusstäbe schneiden, das Seil flechten, die Totenbahre zimmern? Wer wird das Loch graben oder den Scheiterhaufen aufschichten? Wer die Trommel spielen? Und bei den Geburten? Bei den Hochzeiten? Und wer wird die Ernten bewachen? Wer wird von Tür zu Tür gehen und die Steuern eintreiben? Sicher nicht die Leute aus den hohen Kasten. Sicher nicht die Kudiyanar. Dafür hat Gott uns ausersehen. Er teilt nicht einfach Nahrung an uns aus, für nichts, wenn wir vor Hunger sterben!

Aber wir haben noch nicht gewusst, wer von uns all diese unreinen Arbeiten machen sollte, wer die Gräber schaufeln, wer dies oder das tun würde. Da haben unsere Ahnen bestimmt, dass die, die nördlich von der Straße des Wächters wohnen – also die, die Periyandavan anbeten und Rindfleisch essen –, die unreinen Arbeiten machen sollen, denn sie haben keine Angst, beschmutzt zu werden. Das sind die Vettiyan. Jedes Jahr im *citterai* wählen wir acht *totti* unter den Vettiyan aus. Sie haben die Aufgabe, bei allen religiösen Zeremonien die Trommel zu spielen und sich um die Begräbnisse zu kümmern. Der *urtotti* ist dafür zuständig, die Nachrichten zu überbringen. An ihn wenden sich die Leute aus dem *ur*: »Höre, Karuppan, sage meiner Familie in Kuttirai, dass wir an dem oder dem Tag die Kurkuma-Zeremonie machen!«, oder: »Karuppan! Der Sir ist gestorben! Rufe deine Männer für die Verbrennung zusammen!«, oder auch: »Karuppan! Wir haben das Fest der Draupadi für den oder den Tag festgesetzt. Deine Männer müssen kommen und achtzehn Tage lang die Trommel schlagen!« Für diese Arbeiten bekommen die *totti* als Lohn ein paar Maß Korn und kostenlose Mahlzeiten. Es geht reihum, und nach einem Jahr wird der *totti* von einem anderen Mann aus seinem Klan abgelöst: So sind alle Vettiyan ein Jahr lang *totti*. Im Augenblick ist mein Schwager an der Reihe. Im nächsten Jahr wird mein Sohn dran sein, aber dieser Esel will nicht! Er sagt, dass wir diese Vettiyan-Arbeit nicht mehr von Generation zu Generation weitermachen sollen, und er fragt mich: »Warum wir und nicht die Pannaiyar?« Ich sage ihm: »Weil wir Rindfleisch-Esser sind und Schweine für Periyandavan abstechen. Sie machen das nicht: Sie haben Peramanar als Gott, und sie opfern ihm Milch. Wie sollen sie da all diese Arbeiten machen? Sie können einen Sitz im *panchayat* haben und dort ihre Stimme erheben!«[3]

»Hör zu! Du wirst sehen, wir können weiter Periyandavan anbeten und trotzdem keine Vettiyan mehr sein und nicht mehr diese Arbeiten machen! Wenn sie wollen, dass wir sie machen, sollen sie uns einen richtigen Lohn bezahlen!«

»*Ayo*, Kleiner! Nein, nein! Nicht das! Wir waren immer *totti*, lass es uns bleiben! Wir gewinnen nichts, indem wir uns weigern, und verlieren im Gegenteil alles. Die Leute im *ur* haben Geld, und wir sind von ihnen abhängig, wenn wir unseren Bauch füllen wollen. Wir müssen unsere Kinder verheiraten. Wo sollen wir Geld herbekommen, wenn nicht von unseren Herren? Sei geduldig, unser Leben bessert sich nach und nach. Überall sieht man Änderungen. Selbst hier, in unserer Kolonie. Sinnappan, der die Steuern eintreibt, wie es in seiner Familie seit Generationen üblich ist, macht weiter seine Arbeit, aber er hat jetzt das *ceri* verlassen. Nur die Mutter ist noch hier. Er und seine Frau sind nach Pondy gezogen. Seine Tochter, die sehr gebildet ist, ist Abgeordnete in der Versammlung. Sie haben Elektrizität in ihrem Haus. Er bekommt ein Gehalt von der Regierung, und sie geben ihm sogar Geld, damit er seine Kinder studieren lassen kann! Sein Bruder arbeitet in der Fabrik, auch in Pondy.

Sinnappan muss überall herumrennen und die Leute mahnen, dass sie ihre Steuern noch nicht bezahlt haben. Die Reddiar, die sind reich. Sie brauchen sich keine Sorgen zu machen, und sie bezahlen ihre Steuern rechtzeitig. Aber die, die nur ein Eckchen Land haben, bitten immer um Aufschub. Sinnappan versucht das zu arrangieren, und der Beamte gewährt die Bitte oder nicht, und er sagt vielleicht zu ihm: ›Welches Haus kann nicht bezahlen? Geh, bring mir eine Kuh oder eine Ziege von ihnen und binde sie vor dem Büro an.‹ Oder wenn sie nicht einmal das als Garantie haben, sagt der Beamte. ›Geh! Bring mir ihr Geschirr!‹ Siehst du, Junge: Sinnappan, obwohl er aus unserer Kaste ist, kann nichts anderes als Geld eintreiben, denn das hat er schon immer gemacht. Er geht in alle Häuser und ruft: ›*Innanga!* Vergesst das Steuergeld nicht!‹ Er erinnert die Leute lange im Voraus daran, und wenn er alles eingesammelt hat, hilft er dem Buchhalter, den großen Sack zuzubinden, und sie bringen ihn nach Pondy, unter Polizeibewachung. Es gibt viele in unserem Dorf, die diese Steuern bezahlen: alle, die Grund und Boden haben. Selbst im *ceri* gibt es Leute, die einen halben Hektar besitzen oder einen viertel oder achtel Hektar. Es geht bis zu zweihundert Rupien Steuern pro Hektar, heißt es. Nun, Junge, ich erzähle dir das alles, um dir zu sagen, dass früher Vengadesa mit seinem zahnlosen Mund und seinem Stock in der Hand unermüdlich in den Straßen vom *ur* herumgelaufen ist, um die Steuern einzutreiben. Die Zeiten haben sich geändert. Sein Sohn Sinnappan ist ein Stadtmensch geworden. Aber das bedeutet nicht, dass er seinen Beruf aufgegeben hat, denn er hat schon immer die Steuern eingesammelt. Und er versäumt es auch nie, an der *puja* zu Ehren von Periyandavan teilzunehmen.«

18
BLUTPONGAL

Wir, die Vettiyan, beten Periyandavan an. Er ist der Gott unseres Klans, und wenn wir ein Gelübde abgelegt haben, opfern wir ihm ein Schwein. Dafür müssen wir viel Geld und zwei Säcke Kokosnüsse ausgeben. Schon viermal habe ich das Schweineopfer gemacht, Sinnamma! Das erste Mal nach dem Tod meiner beiden Ältesten. Mein Mann hatte damals beschlossen, ein Gelübde abzulegen. Er hat ein Ferkel gekauft, das nach fünf Tagen ausgerissen ist: Das war ein schlechtes Omen, und wir haben uns voll Angst gefragt, was für ein Unglück uns erwartet. Und tatsächlich, das Weglaufen des Ferkels hat eine Fehlgeburt angekündigt, die ich vierzehn Tage später hatte. Beim zweiten Mal ist alles gut gegangen. Wir haben die Haare von Anban geopfert, und wir wollten bei der Gelegenheit das Schwein abstechen und eine große Feier daraus machen. Mein Mann und ich sind zum Tomban gegangen und haben ein Ferkel ausgesucht. Es war eines darunter, das schön wie ein Prinz war. In Wahrheit haben wir es gar nicht ausgesucht, sondern es ist zu uns hergelaufen und hat sich streicheln lassen. Das war ein gutes Zeichen. Das Ferkel war ein bisschen teurer als die anderen, weil es rosa gefleckt war, aber es war für den großen Gott, da haben wir keine Kosten gescheut. Mein Mann hat stolz aus seiner *soman*-Falte einen Zehn-Rupien-Schein hervorgeholt und zum Tomban gesagt: »Abgemacht.« Wir sind nach Hause gegangen, und mein Mann hat das Ferkel um seinen Hals getragen. Das war an einem Mittwoch im Monat *maci*, ein Glück bringender Tag. Wir haben beschlossen, das Ferkel gleich am nächsten Tag zu weihen, der auch ein günstiger Tag war. Der Brauch will es, dass das Fest von meinen *pangali* bestritten wird, auch wenn ich das Gelübde abgelegt habe. Ich habe das Ferkel gekauft, ich habe es gefüttert, ich habe die *puja* bis zum Tag des Opfers gemacht. Für alle anderen Kosten müssen die *pangali* aufkommen. Sie müssen dabei sein, wenn das Ferkel geweiht wird, und Geld für das Opfer geben, denn Periyandavan ist nicht nur mein Gott, sondern auch der Gott des Klans meines Mannes. Es war also beschlossene Sache: Am nächsten Tag würde das Ferkel geweiht werden.

Wir hatten keine Zeit zu verlieren, und wir mussten schnell das nötige Geld zusammenbringen. Niemand hatte genug bei sich. Also sind alle zu ihren Herren gegangen, um es sich zu leihen. Wir waren etwa fünfzehn Familien. Jeder musste, nach seinen Möglichkeiten, 20 bis 25 Rupien mitbringen, denn damals war alles billiger. Heute müssten wir 60 bis 70 Rupien pro Familie aufbringen! Gegen Mittag war das nötige Geld beisammen, denn bei solchen Festen leihen die Herren leichter; sie haben Angst, dass unsere Götter ihnen etwas antun. Alle Frauen sind dann losgegangen, den Korb auf dem Kopf, um in Tirulagam einzukaufen. Es war schon Abend, als wir zurückgekommen sind, schwer beladen wie die Ochsen. Unsere Männer haben uns auf der großen Straße bei der Palmweinbude erwartet, und sie waren schon halb betrunken. Sie haben sich unsere Lasten aufgeladen, zusammen mit den Palmweinflaschen und den Currykutteln, und sie sind unter lautem Geschrei nach Hause gewankt. Wir Frauen sind hinterhergegangen. Als wir da waren, haben wir alle Körbe in meinem Haus aufgestellt, denn dort sollte die Weihe-Zeremonie stattfinden. Wir haben uns auf den *tinnai* gesetzt, und unsere Männer haben uns ein kleines Glas Palmwein mit den Currykutteln serviert und eine dicke *ragi*-Suppe dazu. Wir haben ordentlich zugelangt und die Organisation des Festes am nächsten Tag besprochen. Schließlich sind alle nach Hause gegangen, denn wir Frauen mussten schon morgens um vier Uhr am Brunnen sein. Zwei Dinge mussten wir beachten: keinen Verkehr mit dem Ehemann in der Nacht und nicht an den Riten teilnehmen, wenn wir unsere Regel hatten. Sonst würde das Fest zum Bösen ausschlagen, es würde ein Unglück in der Familie geben, oder … das Schwein würde ausreißen! Die zweite Regel, Sinnamma, gilt für die ganzen fünf Jahre, in denen das Schwein heranwächst. Wenn ich unrein bin, kommt eine andere, um es zu füttern und zu baden, bis ich es wieder selber machen kann. Die Frauen müssen diese Vorschrift unbedingt einhalten!

Am nächsten Morgen haben wir uns, wie vereinbart, am Brunnen eingefunden. Als Erstes haben wir gebadet, um uns zu reinigen, dann haben wir uns die Haare gemacht, und jede hat sich einen *pottu* auf die Stirn gemalt. Danach habe ich das Ferkel gewaschen. Ich habe es kräftig gebürstet. Ich habe es mit viel Wasser abgespült. Als es sauber war, habe ich es mit Kurkuma eingeölt. Ich habe es abgespült und ihm eine dicke Blumengirlande um den Hals gehängt. Es war prächtig! Wir haben uns vor ihm niedergeworfen und Kampfer angezündet: Es war geweiht! Jetzt mussten wir es füttern. In einem ganz neuen Tontopf hatte ich ihm eine Suppe aus Reis und Palmzucker zubereitet. Das roch gut! Dem Ferkel hat es geschmeckt, und es hat uns nach jedem Maul voll einen Blick zugeworfen. Die Kinder, die dabei waren, haben geschrien: »Es schmeckt ihm! Es schmeckt ihm! Es sagt uns, dass es gut ist!« Ich war froh, als ich das hörte. Alles ging gut. Es war wie ein Fest. Der Duft des Kampfers und des Räucherwerks erfüllte das *ceri*, und wir fühlten uns wie im Himmel! In dieser freudigen Stimmung, dem Rufen, dem Lärm, haben andere Familien den Glück bringenden Tag genützt, um ebenfalls ein Gelübde abzulegen: Der eine hat die Haare seines Sohnes geweiht, der andere ließ die Ohren seiner Tochter durchstechen. Es war nicht mehr nur »mein« Fest, sondern das Fest von allen, und heute noch höre ich von Müttern, dass sie an dem Tag, an dem ich mein Schwein geweiht habe, ihrem Sohn den Kopf scheren ließen, oder von Töchtern: »Mir haben sie die Ohren durchstochen, an dem Tag, an dem die Velpakkata ihr Ferkel geweiht hat.« Ich bin sehr stolz, wenn ich das höre, Sinnamma, und ich sage mir, dass Gott es gut mit mir gemeint hat!

Nachdem wir das Ferkel angebetet hatten, machten wir den *pongal* für das ganze *ceri*. Ein paar haben den Reis verlesen. Andere die Kokosnüsse geraspelt. Eine dritte Gruppe hat dies gemacht, eine vierte das … In den Duft des Kampfers und des Räucherwerks mischte sich jetzt auch der gute Geruch nach Kardamom und Kokosmilch. Das *ceri* sah nicht mehr aus wie ein elendes Dreckloch, so wie die Leute vom *ur* es sich vorstellen, und die, die vorüberkamen, sagten sich: »Mhmm! Im *ceri* wird gefeiert! Das riecht aber gut!« Wir waren glücklich. Niemand war arbeiten gegangen. Wir kochten. Die Männer und die Kinder waren da und schauten uns zu oder spielten, und wir Frauen haben den *pongal* gekocht und geschwatzt und gekichert ohne Unterlass. Die Sonne stand hoch am Himmel, als alles fertig war: *pongal*, Chutney, Gemüsecurry, denn an diesem Tag sind alle Vegetarier. Wir konnten die Nahrung jetzt Periyandavan weihen.

Wir führten das Ferkel unter den Banyanbaum und banden es fest. Alle *pangali*-Frauen sind von meinem Haus zu dem Platz gezogen, einen neuen Korb mit *pongal* und anderer Nahrung auf den Köpfen. Die Menge ging vor ihnen her, und trotz der ganzen Aufregung sind alle respektvoll geblieben. Bald war das Ferkel umgeben von allem, was wir in den Körben hergetragen hatten: gekochtes Essen, Bananenbüschel, Kokosnüsse, Betelnüsse, Betelblätter, Kampfer, Räucherwerk. Ich habe ein großes, breites Bananenblatt genommen und eine reichliche Portion *pongal* mit Gewürzen, drei Bananen, sieben Kokosnüsse und brennenden Kampfer daraufgetan. Ich habe es Periyandavan dargeboten. Alle Leute haben sich schweigend niedergeworfen. Dann bin ich aufgestanden, und ich habe das Blatt dem Ferkel hingeschoben, das keine Sekunde gezögert hat: Es hat alles im Nu in sich hineingeschlungen, sogar das Bananenblatt. Die Kinder haben sich gebogen vor Lachen! Dann sind die Leute sofort nach Hause gegangen. Zusammen mit den *pangali*-Frauen bin ich von Tür zu Tür gegangen und habe das Essen verteilt. Wir sind durch alle Straßen gegangen; wir haben vor allen Häusern angehalten und keinen ausgelassen, weder Totengräber noch Schuster. Jeder hat seinen Anteil reichlich bekommen! Als wir mit dem Verteilen fertig waren, sind wir zu mir zum Essen gegangen. Es war schon später Nachmittag. Die Weihezeremonie ging zu Ende. Nach dem Essen haben wir noch lange über das Fest gesprochen.

Das Ferkel, das genauso voll war wie wir, wurde gegenüber meiner Tür angebunden. Dort blieb es fünf Jahre lang, bis ein schönes, großes, fettes Schwein aus ihm geworden war und seine Hauer zum Vorschein kamen. Wenn die Hauer durchbrechen, muss sofort das Opfer gemacht werden, ohne einen Tag Aufschub, sonst bringt das Schwein der Familie, die es aufgezogen hat, Unglück. Und wenn wir nicht genug Geld für die Zeremonie haben, müssen wir Schulden machen, sonst kann das Schwein die Familie bis auf die Wurzeln zerstören. Mein Mann und ich haben den Priester befragt, der für Opfer-Zeremonien zuständig ist. Er hat uns geraten, das Schwein am ersten Montag im *purattaci* zu opfern.

Diesmal würden die Vorbereitungen lange dauern, denn das Opfer ist keine einfache Sache. Viele Leute außerhalb der Familie nehmen daran teil, und alles muss bis ins Kleinste vorbereitet sein, wenn man Periyandavan nicht verärgern will. Er ist ein guter Gott, aber sehr empfindlich und jähzornig, und wir haben alle Angst vor ihm. Wenn jemand seinen Willen nicht respektiert, kann er schrecklich wütend werden. Aber der Priester hat uns versichert, dass Periyandavan in bester Laune sei und dass er an diesem Montag von *purattaci* unser Opfer gnädig annehmen würde, denn er hatte nicht vergessen, dass unsere Familie in Karani ihm ein Schwein schuldete. Wir waren beruhigt und haben uns bei dem Priester bedankt, indem wir ihm auf einem Tablett eine Kokosnuss, ein Dutzend Bananen, Kampfer und zehn Rupien überreichten. Wir haben ihn zu dem Opferfest an dem besagten Tag eingeladen.

Wir hatten eine gute Woche vor uns, was nicht viel war, denn wir konnten uns nur außerhalb der Arbeitsstunden um die Vorbereitungen kümmern, und das machte die Tage sehr lang! Als Erstes mussten wir die ganze Familie verständigen und das nötige Geld sammeln. Diesmal war es eine größere Summe als für die Weihezeremonie. Mein Mann ist zum Groß-Reddi gelaufen, um fünfundsiebzig Rupien von ihm zu leihen. Er hat sie ohne weiteres bekommen: Ich habe dir gesagt, warum, Sinnamma! Weil wir das Gelübde abgelegt hatten, war unser Anteil der größte. Mein älterer Schwager hat sechzig Rupien gegeben, die anderen zwischen vierzig und fünfzig. Die Kosten sind hoch: Wir müssen die Musiker, die Töpfer, die Priester, den *urtotti* und alles andere bezahlen. Das ist nicht leicht.

Noch am selben Abend, auf dem Rückweg von der Arbeit, bin ich zum Töpfer ins *ur* gegangen, um das nötige Tongeschirr bei ihm zu bestellen: von den Töpfen bis hin zu den Feuerrosten und Behältern in allen Größen. Kandassami hat mir versichert, dass bis zum Fest alles fertig sein würde und dass ich mich auf ihn verlassen könnte. Ich habe ihm einen Vorschuss von zehn Rupien gegeben, damit er gleich am nächsten Tag mit der Arbeit beginnen würde. Jeden Tag bin ich vorbeigegangen, um zu sehen, wie weit er war. Mein Mann und ein paar Cousins sind nach Tirumangalam gegangen, um die *pambai*- und *udukkai*-Spieler zu bestellen. Wir haben im *ceri* alle Musiker, die wir brauchen, außer diesen beiden. Im *ur* spielt Peramban, der Wäscher, das *udukkai*, und Tirumala Gounder das *pambai*, aber sie arbeiten für die oberen Kasten und würden nie für uns spielen. Wir verstehen es gut: Ein Grundherr und seine *adimai* können nicht dieselben Männer einstellen. Wir haben unsere eigenen, auch wenn sie nicht alle im *ceri* wohnen: Wir brauchen sie nur zu bezahlen, dann kommen sie.

Unsere Männer sind also nach Tirumangalam gegangen, um die Musiker zu bestellen. Sie sind mit ihnen in die Palmweinbude gegangen, um über den Preis zu diskutieren, und sie haben sich auf dreißig Rupien geeinigt. Das war also zum Glück geregelt, denn das Opfer muss von Musik und Rhythmus begleitet sein, damit ein Gott es annimmt: Ein Fest ohne Musiker, das wäre erbärmlich, es wäre wie ein Essen ohne Salz. Mit dem *udukkai* werden Lobgesänge auf Periyandavan gesungen. Wenn er vom Klang der Trommeln berauscht ist, lässt er besser mit sich reden. Deshalb brauchen wir unbedingt Musiker dabei. Wenn die von Tirumangalam nicht frei gewesen wären, hätten wir nach Pombur laufen müssen, meilenweit von hier entfernt, und das hätte die Kosten erhöht. Aber Gott ist immer da und denkt an uns: Er will uns nur Gutes!

Wir Frauen haben nur noch von dem Fest geredet, ob bei der Arbeit oder am Brunnen. Am Abend sind wir lange aufgeblieben, und die Männer haben sich zu uns gesellt. Wir wollten um jeden Preis, dass alles so sein sollte, wie es sich gehörte: Das Fest muss Periyandavan gefallen, aber auch dem ganzen *ceri*. Und ich kann sagen, bis jetzt sind meine Feste immer gelungen! Jeder erinnert sich daran, und die Leute sagen von mir: »Wenn die Velpakkata ein Schwein opfert, ist es grandios!« Alle im *ceri* nehmen an dem Fest teil, alle helfen bei den Vorbereitungen. Meine Nachbarinnen, meine Freundinnen kommen und machen mir Vorschläge und gehen mir in der Küche zur Hand.

Am Vorabend des Fests sind wir Frauen mit einem Korb auf den Köpfen nach Tirulagam gegangen. Wir haben uns am Brunnen gewaschen. Wir haben unsere Ausgeh-Saris angezogen. Die Haare zu einem Knoten geschlungen, einen *pottu* auf der Stirn, haben wir uns schön gemacht wie für eine Hochzeit. Wir sind in der Sonne querfeldein marschiert, eine hinter der anderen, und haben gesummt wie die Bienen bei der Arbeit. Die Leute, die auf den Bus warteten oder sich an der großen Straße herumtrieben, haben sich die Augen ausgeschaut: Frauen in leuchtend bunten Saris, unter einem blauen Himmel, einen Korb auf dem Kopf, all das deutete auf ein wichtiges Ereignis im Dorf hin!

Diesmal mussten wir viele Dinge kaufen, und wir konnten nicht alles in Tirulagam bekommen. Es war eine gute Gelegenheit, in die Stadt zu gehen. Busse nach Pondy gab es genug. Der Bus einer privaten Transportgesellschaft stand da und wollte gerade losfahren. Der Preis war uns egal, wir sind eingestiegen und haben uns auf die Bänke gesetzt, die für Frauen reserviert waren. Der Fahrer hat uns einen Blick zugeworfen und hat uns machen lassen. Oh, ja! Wir waren gut gekleidet, wie Tamilen! Keine Lumpen, kein Schweiß. Wir haben auch keine Körbe mit Kürbissen,

Auberginen oder Bananenblüten und keine Krüge mit Magermilch und Joghurt in den Durchgang gestellt. Und ausnahmsweise mussten wir nicht unsere Geldbeutel aufmachen, um dem Fahrer zu beweisen, dass wir genug dabeihatten. Weil es kein gewöhnlicher Tag war. Der Fahrer hat keine Fragen gestellt, und wir auch nicht. Ich habe ihm dreizehn Rupien hingehalten und dreizehn Tickets verlangt; wir waren dreizehn, eine Glückszahl! Es muss immer eine ungerade Zahl sein.

Eine halbe Stunde später waren wir in Pondy. Wir sind zum großen Basar gegangen, und wir haben mit dem Gewürzstand angefangen. Es war zu einer ruhigen Stunde, und der Händler war nicht allzu sehr beschäftigt. Er hat uns geduldig bedient, ohne sich über unsere Fragen aufzuregen. »Wie viel kostet der Zucker? Wie viel macht das, zehn Gramm Kardamom?« Die Körbe füllten sich: Zucker, Nelken, Zimt, Cashewnüsse, Kardamom, Kandiszucker, getrocknete Rosinen, Kümmel, Kurkuma, rote Linsen, außerdem Räucherwerk mit Rosen-, Safran-, Jasmingeruch und Kampfer, *kungamam* und parfümierte Asche. Beim Blumenhändler haben wir schöne Girlanden mit frischen Blumen ausgesucht, vor allem orangerote Chrysanthemen. Wir haben auch ein gutes Dutzend Ellen Blumen für unsere Haare genommen, den Rest haben wir für die Frauen aufgehoben, die zu Hause geblieben waren. Die Körbe wurden immer schwerer, und das Geld schmolz schnell dahin. Aber bei einer solchen Hitze konnten wir der Versuchung nicht widerstehen, uns beim Eisverkäufer ein Glas gut gekühlten rosa oder gelben Saft zu genehmigen. Nachdem wir uns erfrischt hatten, haben wir beim Fischhändler ein paar *kelti* für das Abendessen gekauft, wie wir das immer machen, wenn wir nach Pondy kommen.

Wir haben die restlichen Einkäufe gemacht und sind dann zu Fuß zum Bus gegangen, auf den wir diesmal eine ganze Stunde warten mussten. Es war dunkel, als wir in Karani ankamen. Unsere Männer haben uns auf der großen Straße erwartet. Sie wissen, dass die Frauen, die nach Pondy gehen, nicht zurückkommen, ehe der Mond aufgeht. Weil wir nicht lesen können, passiert es manchmal, dass wir falsch informiert sind und den Bus verwechseln oder den Bus in die falsche Richtung nehmen. Aber es war alles gut gegangen, und wir waren wieder zu Hause. Wir haben unsere Einkäufe bei mir abgestellt. Das ganze *ceri* war da, um unsere Körbe zu begutachten. Wir haben den Freundinnen und Nachbarinnen Blumen gegeben. Die Kinder, die auf uns gewartet hatten, haben ihre

»Stadtbonbons« verlangt, aber weil nicht genug für alle da war, gab es Geschrei und Tränen! Dann haben wir uns an die Fischsauce gemacht, und unseren Männern lief das Wasser im Mund zusammen bei dem Gedanken an die *kelti*. Das war etwas anderes als die eingesalzenen Fische, die uns Kumari verkauft! Während wir die Chilis zerstampften, erzählten wir, was wir den Tag über erlebt hatten. Mein Mann sagte mir, ein Bote sei gekommen und hätte angekündigt, dass die Musiker von Tirumangalam umsonst spielen würden. Sofort hatten unsere Männer noch drei weitere Korbflaschen Palmwein beim Besitzer der Schenke bestellt: Die Musik wird nur laut und das Fest fröhlich sein, wenn die Musiker gut getrunken haben! Die Sauce war bereit. Ich hatte Reis dazu gekocht, und alles roch gut. Die Kinder waren eingeschlafen. Mein Mann schlürfte seinen Palmwein auf dem *tinnai*, und das Wasser lief ihm im Munde zusammen. Wir hörten keine Autos mehr in der Ferne vorbeifahren, und es war schon spät in der Nacht, als wir endlich die kräftige Fischsauce genießen konnten. Ich brauchte nicht einmal mehr Wein zu trinken, ich war auch so zum Umfallen müde! Wir haben ein wenig Sauce für die Kinder und für uns aufgehoben, damit wir am nächsten Tag den Morgenreis damit würzen konnten.

Die Nacht war kurz, denn wir mussten früh mit den Riten für Periyandavan beginnen. Seit der Priester den Opfertag bestimmt hatte, warfen wir unsere Essensreste nicht mehr dem Schwein vor, und ich hatte keine Beziehungen mehr mit meinem Mann. Das Letztere galt an diesem Tag für alle im *ceri*, und die Frauen, die ihre Regel hatten, durften bei dem Opfer nicht dabei sein, sonst würde das Schwein böse werden oder sogar ausreißen. Sinnamma, ich habe nicht viel geschlafen in jener Nacht! Ich war aufgeregt, und ich habe mich ohne Unterlass in meinem Winkel herumgewälzt, hin und her, hin und her. In Gedanken habe ich das Fest vorbereitet, das wie ein Theaterstück ablaufen würde, von mir geleitet. Es war noch Nacht, als der Hahn zum ersten Mal krähte. Ich bin zum Brunnen gegangen, um mich zu waschen. Das Quietschen der Winde hat meine ältere Schwägerin Vanamayil aufgeweckt, und sie hat sich zu mir gesellt. Nach und nach sind alle *pangali*-Frauen und alle Freundinnen gekommen. Die Männer haben sich an der Pumpe gewaschen, im Reisfeld des Groß-Reddi.

Als der Tag anbrach, waren alle bereit. Ich ging das Schwein holen, um es zu waschen. Es hat ruhig alles mit sich geschehen lassen, und ich habe es vors Haus zurückgebracht. Dann habe ich einen neuen weißen Sari angezogen, auf die Brahmanen-Art, und die Haare im Nacken hochgesteckt. Ich hatte keinen Betel gekaut, damit ich einen sauberen Mund hatte. Ich habe mir einen *pottu* auf die Stirn gemalt, einen dicken roten, und dann habe ich allen ein Zeichen gegeben, dass sie anfangen konnten. Das Fest würde unter dem Banyanbaum stattfinden, auf dem Platz hinter dem *ceri*.

Mein Mann und ich haben die Prozession angeführt. Er trug einen Topf mit Suppe, an dem er das Schwein schnüffeln ließ, damit es uns folgte. Der Priester ging nebenher. Marimuttu, mein älterer Schwager, folgte uns und hielt demütig die Lanze in seinen beiden Händen. Dahinter kamen die Frauen mit dem Tongeschirr und den ganz neuen Körben, die mit Betel, Betelnuss, Räucherwerk, Kampfer und Gewürzen gefüllt waren. Mein junger Schwager Ajakesan trug den Sack Reis, den der Groß-Reddi uns geliehen hatte, zwei Säcke Kokosnüsse, Feuerholz und kleine und große Messer. Hinter ihm kam die Menge. Das *ceri* hatte sich geleert: Alle folgten der Prozession.

Die Sonne ging an einem sehr blauen Himmel auf. Es war ein schöner *purattaci*-Tag! Als wir zum Banyanbaum kamen, stellten wir die Körbe auf den Boden, und alle konnten sich ausruhen. Die Kinder, die wir während der Prozession recht und schlecht ruhig gehalten hatten, waren jetzt nicht mehr zu bändigen, da half auch kein Drohen. Wir haben uns in kleinen Grüppchen zerstreut. Der Priester hat sich darangemacht, den Opferplatz herzurichten. Er hat einen Tontopf genommen. Er hat Reismehl mit Wasser zu einem festen Teig vermengt, mit dem er eine große Anzahl Pillaiyar-Statuen in allen Größen geknetet hat. Er hat sich besondere Mühe mit Munnadiyan[1] gegeben, der der größte von allen war, mit einem schönen runden Bauch, der die Kinder zum Lachen brachte. Er hat ihn in die Mitte gestellt und ihm gegenüber die Lanze aufgepflanzt, in der Richtung der untergehenden Sonne. Er hat die Statue und die Lanze mit Blumen und *kungamam* geschmückt, und er hat kleine Büschel Räucherwerk angezündet: Die ganze Luft war von dem Duft erfüllt. Inzwischen waren Männer und Frauen in kleinen Grüppchen damit beschäftigt, den *pongal* zuzubereiten, die Gewürze für das Schweinecurry zu mahlen und den weißen Reis zu kochen.

Ich habe das Schwein zum letzten Mal gebadet und mit Kurkuma eingerieben. Mein Mann hat ihm Aschemale auf den ganzen Körper gezeichnet. Es war schön wie ein König und grunzte vor Freude. Es hat unter dem Banyanbaum gelegen und die Menge ringsherum betrachtet. Es dachte bestimmt, dass wir ihm die Blumengirlande um den Hals schlingen würden, wie bei einem frisch Vermählten. Auf große Bananenblätter haben wir mehrere Dutzend Bananen, ein großes Stück Kampfer, Betelblätter, Betelnuss und Kokosnüsse gelegt, dazu einen Korb mit *pongal* und weißem Reis, Räucherwerk und Blumen. Die Musiker haben das *udukkai* und das *pambai* gespielt. Der Priester hat die Gebete vorgelesen.

Die Menge hat mit halbem Ohr hingehört, bis der Priester meinem älteren Schwager zugenickt hat. Er war ganz neu eingekleidet, mit einer Chrysanthemengirlande um den Hals. Er hat die Lanze mit beiden Händen gefasst und ist auf das Schwein zugegangen, das angekettet war. Es wurde totenstill. Das war der entscheidende Moment. Jeder fragte sich angstvoll, ob die Lanze so leicht die Seite des Schweins durchbohren wird, wie man eine Banane zerschneidet. Mein Schwager holte aus und trieb die Lanze hinein. Das Schwein brach sofort schreiend zusammen. Die Männer haben schnell das Blut aufgefangen, das hervorschoss, und mein Mann hat es sofort mit dem *pongal* vermischt. Die Trommeln wurden immer lauter, während mein Mann den Blut*pongal* in alle acht Richtungen schleuderte, für die Boten des Periyandavan, die ungeduldig darauf warten: Sie müssen ihn noch in derselben Minute bekommen, in der das Opfer gebracht wird, sonst können sie uns ohrfeigen! Dank Periyandavans Güte ist alles so verlaufen, wie es sein soll. Jetzt mussten wir nur noch die Riten vor Munnadiyan, dem Zeugen des Opfers, durchführen. Mein Schwager hat ein großes Loch vor der Statue gegraben und den restlichen Blut*pongal* und einen Teil von dem, was auf dem Bananenblatt war, hineingetan. Er hat das Loch wieder zugemacht. Unser Dank an Munnadiyan war abgestattet.

Die Riten für die Götter waren beendet. Jetzt mussten wir uns um die kümmern, die an unserem Fest teilgenommen hatten. Die Männer haben das Schwein hochgehoben, das auf dem Boden ausgestreckt lag. Es hatte eine schöne Farbe, wie eine Tamilin, die aus dem Kurkumabad steigt. Mein Schwager hat die *pangali* zusammengerufen, ehe er die Brust des Schweins abgetrennt und mir gegeben hat; dieses Stück gehört der Familie. Dann hat er den Rest unter das ganze *ceri* aufgeteilt. Wie üblich sind wir an alle Türen gegangen, um Fleisch, Reis, Betel und

Kokosnuss anzubieten. Wir, die *pangali*, mussten noch ein letztes Ritual ausführen. Wir mussten die Brust des Schweins, die wir beiseite getan hatten, in Wasser legen und sieben Tage lang anbeten, während wir die Reinheitsgebote befolgten: keine sexuellen Beziehungen, auf dem Boden schlafen, jeden Tag das Wasser wechseln, Kampfer verbrennen. Am Ende der Woche würden wir ein wenig Geld sammeln und Periyandavan ein letztes Fest darbringen.

Im Augenblick war das Fest beendet. Wir hörten die Leute ins *ur* zurückkommen, die in den Spätvorstellungen der Kinos von Tirulagam gewesen waren. Wir waren müde, aber glücklich. Mein Mann und ich, wir konnten ruhig schlafen: Periyandavan war mit uns, und er hat uns seitdem nie im Stich gelassen!

19
KALIYUGAM

Jeden Tag hören wir im Radio des *ceri*: »Bleibt nicht getrennt! Tut euch zusammen! Nieder mit den Kasten!« Und jeden Tag fährt ein Wagen mit einem Lautsprecher vorbei, der uns zuruft: »Kommt, ihr Leute aus dem *ceri!* Informiert euch! Nehmt an Abendkursen teil, ob Groß oder Klein, alle, die nicht lesen, die nicht schreiben können! Wenn ihr gebildet seid, werdet ihr nicht mehr so behandelt wie bisher! Ihr werdet keine niedrige Kaste mehr sein!« Wir sitzen abends draußen, um frische Luft zu schnappen und Betel zu kauen, und wir hören sie sagen: »Ihr lieben Alten! Tut euch mit den Jungen zusammen im Kampf gegen die Trennung in Kasten! Warum schickt ihr eure Kinder für eine halbe, für eineinhalb Rupien arbeiten? Verlangt fünf! Das Maß Reis kostet heutzutage zweieinhalb Rupien: Das ist viel zu hoch! Wenn ein Landbesitzer zehn von euch für drei Rupien am Tag anstellt, reicht das etwa zum Leben? Was machen wir aus unserem Leben, von der Geburt bis zum Tod? Was machen wir mit unserer Familie, mit so wenig Geld? Verlangt eine Lohnerhöhung! Fünf Rupien für die Frauen, zehn Rupien für die Männer!«[1]

Das erzählen sie uns jeden Abend, die Männer von den Parteien, Sinnamma! Und wir antworten ihnen: »*Ayya!* Unsere Eltern haben uns nur gezeigt, wie man mit Pflug und Sichel die Feldern bearbeitet, wie man düngt, wie man bewässert. Sie haben uns beigebracht, unseren Lebensunterhalt damit zu verdienen. Und heute erzählt ihr uns plötzlich alle, dass wir die Hacke mit der Feder vertauschen sollen. Wovon sollen wir dann leben? Im Gegensatz zu euch haben uns unsere Eltern nicht studieren lassen. Sie haben sich den Regeln von Ihm gebeugt, der uns in Kasten eingeteilt hat, in Palli, in Paraiyar, in Komutti, in Kosavan, und sie haben uns nach diesen Regeln aufgezogen. Und jetzt kommt ihr daher! Ihr wollt unser Glück. Ihr wollt diese Trennungen abschaffen, um mehr ›Gerechtigkeit‹ zu geben. Aber wir sind zu alt dafür! Das wird im nächsten *yugam* sein, wenn es eines gibt! Ihr, die ihr schreiben könnt, seid heute noch auf unsere Arbeit angewiesen, auf die, die mit den Händen arbeiten, und wir bleiben noch unter eurer Herrschaft!«

Ja, die Parteien nehmen sich all das zu Herzen und kämpfen für uns. Sieh dir M. G. R. an: Er würde sein Leben für uns, die Armen, geben.[2] Er schickt seine Männer an unsere Türen. Er sagt uns, dass wir hoffen, dass wir kämpfen und einig sein sollen. Aber, Sinnamma, sind wir etwa in dem Alter, in dem man kämpfen möchte? Das Leben liegt jetzt hinter uns. Wir gehen auf die Verbrennungsstätte zu, und ich werde diese Vereinigung der Kasten nicht mehr erleben. Deshalb sagen wir Frauen zu den Parteien: »Ihr kämpft dafür, dass wir einig sein sollen, dass die Kasten verschwinden sollen. Aber das ist unmöglich. Wir haben keine Felder und kein Land, nur das Haus, in dem wir wohnen: Wovon sollen wir also leben? Wenn ihr wirklich für uns kämpfen wollt, für uns Arme, dann gebt uns Geld, damit wir uns Land kaufen können, oder verteilt Felder, die wir anbauen können. Gebt uns eine Kuh, eine Ziege, ein Paar Ochsen, und wir können unseren Lebensunterhalt verdienen, wir werden uns satt essen können, wir werden viele Kinder haben können. Sie werden studieren, einen Beruf ausüben können.«

Zu meiner Zeit gab es die Schule, aber meine Eltern haben sich nicht die Mühe gemacht, mich hinzuschicken. Sie haben nichts verstanden. Sie haben nicht an unsere Zukunft gedacht: Sie haben von Tag zu Tag gelebt ... Wenn sie uns erzogen hätten, hätten wir mehr Geld verdient, aber sie waren unwissend! Wir haben nur einen Sohn gehabt. Ich habe mir von ganzem Herzen gewünscht, dass er studiert. Die Schule von Karani, ich erinnere mich gut daran! Ich habe sie mit Anjalai, Pakkiam, Kannima, Managatti gebaut ... Wir waren jung damals ... Wir haben viel gelacht, viel gesungen, während wir den Kalk gestampft, die Ziegel herbeigeschleppt haben. Wir haben auf der Baustelle gearbeitet, bis das Gebäude fertig war. Ich habe gehofft, dass ich eines Tages meinen Sohn in diese Schule schicken würde – ich hatte Anban damals noch nicht. Und nach seiner Geburt habe ich, ohne jemandem etwas zu sagen, Geld auf die Seite gelegt, um ihm neue Kleider zu kaufen und ihm eine Silberkette statt seinem roten Amulettfaden zu geben. An seinem ersten Schultag habe ich ihm ein Hemd und neue Shorts angezogen, und ich habe ihm ein Tablett mit Bonbons und ein anderes mit Kandiszucker für seinen

Lehrer mitgegeben. Der Groß-Vattiar war gerade ernannt worden. Anban ist drei Jahre bei ihm geblieben, aber dann ist ein neuer Lehrer gekommen, der die Kinder geschlagen hat. Mehr als einmal wollte Anban aufhören, aber ich habe ihn immer wieder in die Schule zurückgebracht. Einmal hat er einen Wettlauf gewonnen und einen Pokal bekommen. Ich habe ihn an unseren Reddiar verkauft, der ihn in einer Glasvitrine aufgestellt hat. Als meine ältere Tochter geheiratet hat, konnte mir niemand mehr die Kleinen hüten. Ich musste Anban aus der Schule nehmen; er musste sie jetzt auf der Hüfte herumtragen, während ich bei der Arbeit war. Anjalai hatte ganz kleine Kinder. Sie hat gesehen, dass ich verzweifelt war, und sie hat mir angeboten, auf die Meinen mit aufzupassen, damit Anban wieder in die Schule gehen konnte. Zum Dank habe ich ihr Reis gegeben. Aber dann musste ich auch aufhören, damit Anban weitermachen konnte. Ich habe wirklich große Opfer gebracht, um ihm eine Ausbildung zu ermöglichen!

Aber ich will dir den wahren Grund sagen, warum er aufgehört hat. Es war eine Zeit, in der wir uns viel gestritten haben, mein Mann und ich. Sundari war noch ein Baby, konnte kaum sitzen, und da wollte mein Mann schon wieder, dass ich seine Frau sein sollte! Ich hatte genug davon, dauernd schwanger zu sein, und ich wollte ihn nicht lassen. Schließlich haben wir uns ernstlich zerstritten, und ich bin mit den Kindern zu meinem Bruder gegangen, der damals in Madras war. Damit Anban die Schule nicht versäumt, habe ich ihn bei meinem Mann gelassen. Er hat sich ein paar Tage um ihn gekümmert, aber dann hat er ihn bei den Nachbarn gelassen und ist fortgegangen, um mich zu suchen. Er ist zuerst nach Velpakkam gegangen. Dort haben sie ihm gesagt, dass ich in Madras bin, und er ist zu meinem Bruder gekommen. Ich wollte nicht gleich mit ihm nach Hause kommen, und er hat auf mich gewartet. In dieser Zeit haben sich die Nachbarn um Anban gekümmert, so gut sie konnten. Sie haben ihm morgens, ehe sie zur Arbeit gegangen sind, zu essen gegeben, und abends, wenn sie von den Feldern gekommen sind, und sie haben ihn allein in die Schule gehen lassen. Anban hatte niemanden, der ihn hingebracht hat, und kein Mittagessen, und so ist er mit anderen Jungen vom *ceri* im Dorf herumgestreunt. Als ich zurückgekommen bin, war es zu spät; er hatte den Unterricht zu oft versäumt und fast alles vergessen. Aber im Kino versteht er alles, und er kann die Worte der Lieder auswendig. Er rackert sich durch die Zeitung. Er kann ein wenig rechnen. Er kann seinen Namen schreiben, sonst nichts. Viele Jungen, die mit ihm in der Schule waren, haben einen Abschluss gemacht. Sie haben jetzt eine Arbeit in der Fabrik oder im Büro in Pondy. Er ist auf den Feldern geblieben. Sieh dir den Bruder von unserem Parasuraman an: Ist er nicht auch dorthin gegangen? Du kennst ihn gut, Sinnamma! Ich erfinde nichts. Er ist aus unserer Kaste, aber er ist von der Polizei rekrutiert worden, wie ein Naicker oder Gounder. Das hat er nur durch seine Studien geschafft.

Als der Reddiar von Naliveli gewählt wurde, hat er Sitzarbeit[3] an ungefähr zwanzig Leute in der Gemeinde vergeben. Aber Anban hat keine bekommen, weil er nicht schreiben kann. Chandran und Kannan haben einen Posten im großen Krankenhaus von Gorimedu bekommen, und Saktivelu ist Polizeiinspektor geworden. Alle drei besitzen heute ein wenig Land und Bewässerungspumpen. Saktivelu hat sein Land im Heimatdorf seiner Großmutter gekauft und ist dorthin gezogen, ins *ur*! Er hat sich ein Grundstück gekauft und ein Haus bauen lassen. Allerdings hat er seit zwei Jahren wegen der Dürre Verluste gehabt, obwohl er eine Pumpe installieren ließ. Das Land ist auch nicht so gut dort. Wenn er es hier gekauft hätte, hätte er keine Probleme gehabt. Aber hier hätte er sich nie im *ur* ansiedeln können; da kann er Inspektor sein, solange er will, wir wissen, aus welcher Kaste er ist! Sein Bruder, der Dickbauch, ist bei uns im *ceri* geblieben, er ist Landarbeiter. Der Reddiar von Naliveli hat auch einen Lehrerposten für unseren Iyer gefunden, der sein Diplom in Tirulagam gemacht hat. Fünf oder sechs andere sind in der Fabrik, darunter Sinnatambi, der Elektriker ist. Aber um das zu erreichen, muss man studiert haben, und das ist nicht jedem gegeben! Weil wir in einer Familie den Lohn von allen brauchen, einschließlich der Kinder. Die Jungen hüten Kühe, die Mädchen pflücken Erdnüsse oder kommen mit uns zum Auspflanzen. Und am Abend erzählen wir den Kindern lehrreiche Geschichten, anstatt sie in die Schule zu schicken: die Geschichte vom Pflüger, die Geschichte vom Krokodil, Tiergeschichten. Sinnamma, die Welt hat sich verändert in diesem *kaliyugam*. Heutzutage können die Jungen oder die Erwachsenen, die lesen und schreiben lernen wollen, in die Abendschule gehen. Ein Lehrer kommt von Pondy, um ihnen Stunden zu geben, dort auf dem *tinnai*. So hat meine Tochter Sundari ganz von sich aus gelernt. Wir haben uns nicht darum gekümmert, und jetzt kann sie ihren Namen schreiben und ein wenig lesen.

Man muss auch sagen, dass heute immer mehr Leute ihre Kinder in die Schule schicken und dass sie sie länger dort lassen. Die Regierung bietet mehr Hilfen an als früher. Unser tugendhafter Vater M. G. R. teilt kostenlos Uniformen aus: Shorts und Hemden für die Jungen; Röcke und Blusen für die Mädchen; Hefte, Bücher, Tafeln, Stifte, alles, was nötig ist! Er gibt den Schülern sogar ein Mittagessen. Die Eltern brauchen sich keine Sorgen mehr wegen der Ausstattung zu machen, sie müssen kein Mittagessen mehr zubereiten, nicht mehr rennen, um nicht zu spät zu kommen. Die Regierung hat die Straßen im *ceri* geteert und Neonlicht installiert. Die Kinder setzen sich darunter und machen still ihre Hausaufgaben. Und warum sollen wir bei so viel Unterstützung unsere Kinder nicht in die Schule schicken? Du hast sie gesehen, wenn sie in den Unterricht gehen, Sinnamma: sauber und ordentlich, gut gekämmt, die Mädchen mit zwei Zöpfen. Du würdest sie mit den Kindern aus dem *ur* verwechseln, nicht wahr? Es heißt, dass unsere Kinder in der Schule, die im *ur* ist, am zahlreichsten sind. So sauber gekleidet, wie sie sind, ist nichts Schlimmes dabei, wenn sie in dieselbe Schule gehen.

Früher haben viele Kinder gefehlt, weil sie zu Hause ihre kleinen Geschwister hüten mussten; die sind nicht so gut mitgekommen. Die Lehrer, die nichts von ihrer Situation zu Hause verstanden haben, haben sie geprügelt oder mit dem Lineal auf die Finger gehauen, oder sie haben die Jungen mitten in der Sonne im Sand knien lassen. Aus Angst vor Strafe wollten die Kinder nicht mehr in die Schule zurück. Da hat M. G. R. wieder an uns gedacht, und um den Frauen mit kleinen Kindern zu helfen, hat er in jedem Dorf eine Kinderkrippe bauen lassen, für die ganz Kleinen. Die Mütter, die aufs Feld arbeiten gehen, lassen ihre Babys in der Krippe, und so müssen die Älteren nicht mehr die Schule versäumen. Zwei Vanniyar-Frauen sind von der Regierung dafür eingesetzt worden. Die eine kommt aus Gorimedu, die andere aus Pondy, und Patti, die Frau von Kannan, hilft ihnen in der Küche. Sie waschen die ganz Kleinen, kämmen ihnen die Haare, malen ihnen einen *pottu* auf die Stirn, dann geben sie ihnen ihr Fläschchen. Die Größeren kommen schon sauber hin: die Jungen gekämmt, die Mädchen mit zwei Zöpfen im Rücken. Sie spielen auf der Schaukel und der Rutschbahn. Mittags waschen sie sich die Hände, und jedes nimmt sich einen Teller von dem Stapel in der Küche. Sie setzen sich in eine Reihe, und sie bekommen ihr Essen ausgeteilt: jeden Tag Reis, mit Linsen und Gemüse. Den Kleineren wird beim Essen geholfen. Nach der Mahlzeit waschen sich die Großen die Hände und gehen wieder spielen, während die Kleinen zum Mittagsschlaf auf ihre Matten gelegt werden, und niemand muss nach Hause zurück. Bevor der Tag zu Ende ist, waschen sich die Großen das Gesicht und die Arme. Sie bekommen noch etwas zu essen, eine Hand voll geröstete Kichererbsen, und dann gehen sie. Die Mütter holen ihre Babys ab. Dann waschen sich die Frauen, während die beiden jungen Mädchen aus dem *ceri* die Krippe mit dem Besen auskehren. Schließlich nehmen die Frauen ihre Handtasche, ihren Regenschirm und fahren im Bus nach Hause zurück.

Jetzt ist die Krippe zu klein. Besonders, weil die Frauen vom *ur* auch gern ihre Kinder dort lassen möchten, so wie die vom *ceri*. Sie sagen, dass die Regierung nur die Leute vom *ceri* unterstützt, und die anderen bekommen gar nichts. Um alle zufrieden zu stellen, lässt die Regierung jetzt eine neue und größere Krippe bauen. Sie wird im *ur* sein, aber die Kinder vom *ur* und die vom *ceri* werden zusammen sein. Die Frauen vom *ur* haben es akzeptiert. Und was sollen sie auch dagegen haben? Kinder sind nicht unrein. Wenn sie mit uns auf dem Feld arbeiten, spielen unsere Kinder den ganzen Tag mit ihren, während sie auf ihre Mütter warten. Und außerdem, in der Krippe werden sie gewaschen und verköstigt, welcher Idiot würde da nein sagen, Sinnamma? Bei den Kudiyanar gibt es auch Arme, und es ist normal, dass die Regierung ihnen hilft. Sie dagegen stoßen uns zurück, weil wir unrein sind; so ist das seit jeher. Wenn jeder für sich lebt, gibt es keinen Ärger. Heute, bei der ganzen Unterstützung, die angeboten wird, um die Armen aus ihrem Elend zu holen, muss jeder ein wenig nachgeben. Die Kudiyanar müssen uns akzeptieren, und wir müssen uns auch bemühen. Wir waren lächerlich früher: ungepflegt, nie gekämmt oder gewaschen. Heute wird es besser mit uns …

Im *ceri* hat sich viel verändert. Früher haben wir für eine viertel Rupie am Tag gearbeitet. Wir waren mit wenig zufrieden. Wir haben uns den Bauch mit dem gefüllt, was wir am Feldrand gefunden haben, oder einfach mit Wasser, und das hat uns genügt. Heute ist das nicht mehr so. Alles kommt aus der Stadt: Brot, Tee, Petroleum, Süßigkeiten. Mit Geld kann man alles kaufen. Das ist auch Zivilisation: das Geld. Mit Geld kann man alles machen, essen, sich anziehen, leben, in einer höheren Kaste sein, alle Rechte haben. Die Jungen haben das verstanden, und deshalb wollen sie alle gebildet sein und viel Geld verdienen. Das war nicht unser

Ziel. Ich erinnere mich, dass wir früher, wenn es keine Arbeit auf den Feldern gab, nicht jeden Tag zu essen hatten. Alles, was meine Großmutter gekauft hat, war ein wenig Öl für die Lampe, und sie hat zu uns gesagt: »Kinder, wir haben heute nichts zu kochen. Wir zünden die Lampe auf dem Herd an, damit ihr keine Angst im Dunkeln habt. Legt euch hin und schlaft schnell ein, dann spürt ihr nicht so, wie euer Magen zwickt.« Wir haben uns auf den Bauch gelegt, eng aneinander gedrückt. Wir haben die Augen zugekniffen, den Kopf eingezogen und die Zähne aufeinander gebissen, um keine Geräusche zu hören, und sind sofort eingeschlafen. Die Eltern haben ihre Erschöpfung und ihren Hunger beschwichtigt, indem sie sich eine Portion Betel teilten. Welches Kind würde heutzutage so etwas machen? Nicht einmal der Ärmste der Parias! Er würde sich auf dem Boden wälzen, damit wir ihm zumindest Brot oder Kuchen kaufen: Das gibt es überall zu kaufen, und man kann sich den Bauch damit füllen, ohne dass man den Herd anzünden muss. Der Reis hat früher nur vier *anna* gekostet, aber wir können keinen rohen Reis essen, während wir heutzutage für ein paar Münzen etwas Fertiges kaufen können. Es gibt jetzt auch mehr kleine Läden im Dorf, und der Markt von Tirulagam ist größer geworden. Wir müssen nicht mehr auf den Wochenmarkt warten. Das Geld beschaffen wir uns irgendwie: Wir leihen es oder versetzen unser Geschirr und zahlen es zurück, wenn wir wieder besser dran sind. Das Geld fließt heute leichter. Wir haben auch früher nur sechs Paise beim Jäten verdient. Nachher ist es auf zwölf erhöht worden. Ich erinnere mich noch, dass ich für einen Paise Salz, einen Paise Tamarinde, einen Paise Chilis und einen Paise gesalzenen Fisch gekauft habe! Wir sind nicht weit damit gekommen, aber wir haben Kodo-Hirse und Futterhirse gegessen: Das hat uns den Bauch gefüllt und Kraft gegeben. Selbst der Komutti hat sie gekauft, weil sie sich so leicht weiter verkaufen ließ. Heute ist es vorbei damit, das wird nicht mehr angebaut. Es gibt nur noch I. R. 30 und *ponni*.[4] Mein Sohn weiß nicht einmal, wie das schmeckt, Futterhirse! Die Kodo-Hirse haben wir gegessen, und die Kleie hat uns gewärmt. Ja, Sinnamma, ich sehe noch meine Großmutter vor mir, im Monat *kartikkai*, wenn es stark geregnet hat und kalt war: Sie hatte einen Tontopf voll heißer Kodo- und Futterhirse neben sich stehen.

Aber alles ändert sich. Das Klima auch. In diesem *kaliyugam* warten wir auf den Regen. Die Sonne ist so heiß, dass die Erde gebraten wird.

Im *ceri* ändert sich auch alles. Wir bessern uns, wir werden zivilisiert. Mein Mann sagt, dass Gandhi als Erster wollte, dass alle Kasten sich zum Guten ändern. Dazu müssen die Leute gebildet werden. Und alle sind ihm gefolgt, sie auch, wir auch.

Wir verstehen die Dinge jetzt besser. Ich habe dir gesagt, dass wir schmutzig, ungepflegt, abstoßend waren. Seife zum Beispiel haben nur Leute benützt, die in ein Büro gegangen sind. Ich weiß noch, wie der Buchhalter, der Steuerherr, Narayana Gounder, und ein paar andere zum Brunnen gekommen sind. Sie hatten Seife. Wenn wir zur Arbeit gegangen sind und daran vorbeikamen, haben wir das schaumige Wasser angestaunt. Heute kauft mein Anban jeden Monat Seifen mit verschiedenen Gerüchen, und ich benütze sie auch. Es gibt alles in Tirulagam oder sogar auf den Märkten: Kämme in allen Farben, Puder, Stifte für die Augen und für die Lippen, *pottu*, die nicht schmieren, und wir lernen allmählich, damit umzugehen. Nimm zum Beispiel die Rasierklinge. Für zehn Paise können wir eine Klinge kaufen. Früher haben wir die Haare unter unseren Achseln und unten mit Asche entfernt. Weil das sehr wehtut, haben wir uns nicht oft enthaart. Und was war? Es gab immer einen Safttrinker, der uns mitten auf der Straße zugerufen hat: »He! Dieser Garten ist aber haarig! Wie muss da erst der Wald sein!« Das war sehr demütigend! Heute rasieren sich unsere Mädchen mit einer Klinge und tragen Blusen wie ihr auch.

Ich mache es wie alle. Auf dem Land trage ich keine Bluse. Eine Paratchi darf keine anziehen, nachdem sie ein Kind gehabt hat, das ist unhöflich. Aber wenn ich in die Stadt komme, zu dir, kann ich nicht mit nackten Schultern gehen! Also leihe ich mir eine Bluse, die Kannima trägt, wenn sie nach Pondy geht. Aber es war mir zu dumm, sie jedes Mal, wenn ich zu dir komme, um ihre Bluse zu bitten. Ich habe mir auf dem Markt von Vagur eine gekauft, die rote mit den gelben Blumen. Und ich habe mich sehr gefreut, dass du mir eine Bluse zu dem Sari gegeben hast, den du mir zu *Dipavali* geschenkt hast; so habe ich eine zum Wechseln! Auf den Feldern kommt es nicht so darauf an. Da gehen wir ohne Bluse, der Sari verbirgt die Brust. Aber natürlich entblößen wir uns beim Arbeiten, und so stehen wir dann vor den Reddiar und Gounder oder vor dem Schullehrer da. Wie oft hat mir die Frau des Reddi gesagt: »He, Velpakkata! Was zeigst du den Männern immer deine Brüste? Verbirg sie doch! Hast du kein Schamgefühl? Zieh eine Bluse an, damit deine Brüste nicht so dick aussehen, das ist besser für dich!« Aber ich kann nicht auf sie hören, weil es im *ceri* nicht an durchlöcherten Ohren und alten Kneifzangen fehlt, die über uns herziehen: »Seht euch die an! Sie haben einen Stall voll Kinder, und da gehen sie in einer Bluse herum, nur um sich vor den Reddiar in Szene zu setzen und ihre Frauen nachzuäffen!« Wenn ich zu dir komme, Sinnamma, bleibe ich vom *ceri* bis Tirulagam mit nackten Brüsten, und dort ziehe ich meine Bluse an, ehe ich in den Bus einsteige – weil die Fahrer uns verspotten oder verächtlich auf uns herabsehen, wenn wir ohne Bluse reisen! Auf dem Rückweg ist es dasselbe. Ich stelle mich unter einen Tamarindenbaum beim Keva Reddi, einem Freund von unserem Reddi, der in einem zweistöckigen Haus neben dem Gewürzladen von Tirulagam wohnt, ich ziehe meine Bluse aus und stecke sie in meine Tasche. Einmal hat mich der Reddiar ertappt und zu mir gesagt: »Frau von Manikkam, du siehst gut aus mit der Bluse, warum ziehst du sie aus?« Ich habe mich geschämt, aber ich bin ohne Bluse weggegangen und habe ihn denken lassen, was er wollte. So mache ich es, wenn ich dich besuche, Sinnamma.

Mit den Haaren ist es das Gleiche. Wenn ich von Pondy zurückkomme, mache ich diesen Knoten auf, den ich für die Stadt habe, und, ohne Kamm, mit den Fingern, fasse ich die Haare zusammen und mache einen Knoten auf der Seite. He, man muss sich nach den Sitten des Landes verkleiden! Aber wenn du heutzutage die Jungen und Mädchen im *ceri* sehen könntest! Welche Kleider! Welche Saris! Welche Blusen! Welche Frisuren! Welcher Haarschnitt! Sinnamma, ich behaupte sogar, dass unsere Mädchen dich bei der Kleidung übertreffen! Du trägst immer Baumwollsaris und legst keinen Schmuck an, während unsere Jungen im *ceri* nach der Arbeit im Nylonsari oder Nylonhemd gehen. Den Männern im *ur* läuft das Wasser im Mund zusammen, wenn sie unsere Mädchen sehen, und wir hören sie sagen: »Sieh sie dir an! Wer würde sie je für eine Paria halten? Sie ist so proper!« Sinnamma, wenn die ganze Welt sich ändert, warum nicht auch wir? Früher war ich immer sauber und gepflegt, wenn ich es machen konnte. Jetzt, wo ich verheiratet bin, warum soll ich da nicht ein Kurkumabad nehmen oder mir einen *pottu* auf die Stirn malen wie alle anderen? Aber ich habe Angst vor übler Nachrede. Im *ceri* finden sie nichts dabei, schlecht über mich zu reden, angefangen von meiner eigenen Schwägerin, vor allem, seit ich zu dir in die Stadt komme. Erst neulich habe ich sie sagen hören: »Wo mag sie nur hingehen, diese Hure – so sauber und gut gekleidet? Sieh sie dir an: ein Nylonsari, ein schöner *pottu*, Blumen im Haar ...« Andere haben mich gefragt: »Wo fährst du die ganze Zeit hin mit dem Bus, Velpakkata, und so gut gekleidet?« Und ich antworte ihnen, damit sie nicht weiterfragen: »Ich gehe zu meiner Tochter in Katterikkuppam!« Danamma, Kitteri, Kuppamma kennen dich. Sie wissen, dass ich zu dir gehe und dass mein Mann Bescheid weiß. Eines Tages werden sie mir im Streit entgegenschleudern: »Wir sind nicht wie du, dass wir unseren Mann und unseren Sohn auf den Feldern schuften lassen, um jeden Tag in die Stadt zu rennen!« Ja, Sinnamma, unsere Frauen sind sehr eifersüchtig, und sie zerreißen sich beim geringsten Anlass die Mäuler über andere.

Zusammen mit anderen jungen Leuten ist Anban jetzt in der neuen Vereinigung, die für sie geschaffen wurde. Die für die Frauen gibt es schon lange, aber die für die jungen Leute ist ganz neu. Sie haben einen Saal gebaut, in dem sie sich treffen und Hochzeiten feiern können. Die Jungen haben sich zusammengetan, um eine Leibrentengemeinschaft zu gründen. Mehr als ein Dutzend sind im heiratsfähigen Alter, und sie geben zehn Rupien im Monat. An dem Tag, an dem einer von ihnen heiratet, leiht ihm die Vereinigung das Geld dafür, ohne Zinsen natürlich, und schickt außerdem noch einen Festzug mit Sodaflaschen, Süßigkeiten, Fotos von Schauspielern und einem Umschlag mit fünfhundert Rupien! Im Lautsprecher wird verkündet: »Geschenk der Vereinigung der jungen Leute: fünfhundert Rupien!«, und alle Leute klatschen. Die Parteien machen das für die Jungen. Manchmal, in bestimmten Dörfern, gibt K. S. der Braut selber den *tali*: in Gold natürlich, mit dem Symbol der Partei darauf, mit der aufgehenden Sonne. Das wird deshalb gemacht, damit wir uns nicht bis ans Ende unserer Tage verschulden – oder noch darüber hinaus. Als wir Anban verheiratet haben, haben wir wie üblich beim Reddi Schulden gemacht. Anban wollte es nicht. Er hat gesagt, das Geld von der Vereinigung sei genug. Aber ich habe ihm geantwortet, wenn ich mir Geld leihe, dann nur vom Reddiar, und sonst nirgends. Mehrere Monate im Voraus habe ich fünfhundert Rupien und vier Säcke Reis verlangt. Der Reddiar hat gesagt, er würde mir dreihundert Rupien vorschießen. Aber allein der *tali* kostet so viel, aus zwei oder vier Gramm Gold, und dann kommt noch der Sari der Braut dazu, die Getränke für die Familie, die Mahlzeit, der *pandal*, die Neonlichter, die Einladungen ... Ich habe es dem Reddiar vorgehalten: »Wenn Ihr mir nur dreihundert Rupien vorschießt, was soll das für eine Hochzeit werden mit so wenig Geld?«

»Leih es dir anderswo, bei der Vereinigung.«

»Aber wer kennt mich denn, außer Euch? Ich bin bei Euch *adimai*, und nicht anderswo!«

»Gut, gut. Wir werden sehen! Aber wie die Dinge heutzutage stehen, fällt euch alles in den Schoß. Ihr werdet uns bald gleichgestellt sein!«

Und unser Reddiar hat angefangen zu lachen. Mein Mann hat sofort zu ihm gesagt: »*Ayo, Sami!* Ich habe das nicht verlangt! Es sind die Leute von anderswo, die wollen, dass ich so werde!«

Dieser Reddi hat trotz allem ein gutes Herz. Er findet insgeheim, dass es eine gute Sache ist, wenn die Leute sich um uns kümmern, dass wir aufsteigen und anständig werden müssen. Aber solchen Leuten wie Lakhsmanan, Vira Reddi oder Bangaru Reddi gefällt es gar nicht. Das sind alte Ratten, und neidisch obendrein! »Selbst die Regierung ist auf ihrer Seite und kämpft für sie! Sie tun viel zu viel für diese Paria-Hunde!« Das sagen sie, wenn sie im *ceri* die beleuchteten und geteerten Straßen sehen. Und es stimmt, dass es früher keine Ordnung im *ceri* gegeben hat. Wir haben die Häuser einfach irgendwohin gebaut. Die Straßen waren voller Buckel. Heute ist sogar in den Häusern drinnen alles verändert: Es gibt Aluminiumbecher, -schüsseln, -teller, während vorher alles aus Ton war. Obwohl ich Aluminiumgeschirr habe, bereite ich die Saucen immer noch in Tonschalen zu; ich finde, sie schmecken besser. Und den Reis kämme ich immer noch mit dem *alavu* durch, einer Art Besen, der aus Kokospalmwedeln gemacht ist und den ich über den Krug breite. Es ist eine alte Gewohnheit, die sich über Generationen hinweg fortgesetzt hat. Oder nimm das Wasser, Sinnamma, auch dort hat sich vieles geändert. Früher gab es nur einen Brunnen im *ceri* und einen im *ur*. Jetzt hat die Regierung Wasserhähne installiert. Es gibt vier oder fünf im *ceri*. Jetzt brauchen wir nicht mehr weit zu gehen, wir müssen nicht in der Schlange stehen und uns herumstreiten, wir drehen einfach den Wasserhahn auf, und das Wasser fließt heraus! Na ja, nicht immer. Seit die Regierung überall Rohre verlegt hat, im *ur* und im *ceri*, und wenn es heißes Wetter ist und sie werden unten beim Becken zu weit aufgemacht, dann kommt das Wasser nicht mehr weiter hoch, zum Tempel von Aiyanar, und die Leute im *ur* sind nicht glücklich. Sie sagen, dass wir zu viel Wasser verbrauchen und dass sie wegen uns nichts mehr zu trinken haben. Wir antworten ihnen höflich, dass die Regierung die Wasserhähne für alle installiert hat und dass wir auch trinken müssen und unsere Tiere ebenfalls. Sie sind nicht die Einzigen, also warum beschweren sie sich? Einige von ihnen holen sich jetzt notfalls ihr Wasser im *ceri*, und wir gehen ins *ur*, wenn unsere Wasserhähne kaputt sind: Ich gehe zum Reddiar, andere gehen ins Zentrum. Es gibt keine Verschmutzung mehr. Die Regierung hat diese Sache geregelt, indem sie geschlossene Brunnen und Wassertürme installiert hat. Das Wasser kommt aus den Hähnen, wie sollen wir es also verschmutzen? Wir tauchen nicht mehr unsere Behälter in die Brunnen, weil sie geschlossen sind. Wir drehen den Wasserhahn auf, und das Wasser fließt in unseren Krug oder in den der Leute aus dem *ur*. Deshalb kommen jetzt viele Leute vom *ur* und holen sich ihr Wasser einfach aus dem *ceri*, wenn sie keines mehr haben. Wir treten höflich beiseite, wenn sie kommen, und wir lassen sie als Erste ihren Krug füllen. »Bedienen Sie sich nur, *Amma*, wir nehmen nach ihnen!« So sagen wir zu ihnen. Aber es gibt immer noch Verstockte, die sich weigern, ins *ceri* zu kommen, und die lieber ihr Wasser weit weg holen, bei den Brunnen auf den Feldern. Aber viele können der Versuchung nicht widerstehen, weil das *ceri* näher ist. Wenn im *ur* kein Wasser fließt, kommen sie sogar von unserem Reddi und schöpfen Wasser bei uns, mit einem Karren, der mit großen Behältern beladen ist: mit Zinkwannen und Kupferkrügen.

Das alles bedeutet, dass wir öfter mit den Leuten vom *ur* sprechen als vorher, obwohl das manchen von ihnen nicht passt. Zum Beispiel bleibe ich unter der Veranda des kleinen Gounder stehen und erkundige mich nach seiner Mutter. Oder neulich, auf dem Heimweg von der Arbeit, haben mich Kudiyanar angesprochen: »Nun, Velpakkata, warst du diese Woche verreist? Wir haben dich nicht beim Reddi gesehen, deine Tochter hat den Kuhdung aufgesammelt ...« Und ich habe ihnen geantwortet, dass ich tatsächlich weg war, dass ich in Madras war ... Weißt du, Sinnamma, früher hätten wir das nicht gemacht. Wir sind zur Arbeit gegangen und ins *ceri* zurück, ohne uns im *ur* aufzuhalten. Wir wussten nicht einmal, wer dort wohnt, abgesehen von unseren Herren. Wir sind einzig zum Arbeiten ins *ur* gegangen. Die Leute dort unten können uns nicht entbehren. Wer würde ihre Kühe hüten, wenn nicht unsere Kinder? Wer würde ihr Land bestellen, wenn nicht wir selber? Heute gibt es mehr Kontakte, wegen der Schule, wegen dem Wasser, oder einfach so, wegen nichts. Wir wohnen immer noch im *ceri*. Wir haben unsere

Gewohnheiten, unsere Sitten, unser eigenes Leben, wir fühlen uns wohler, wenn wir unter uns sind, aber wir sind nicht vollständig vom *ur* abgeschnitten, außerhalb der Arbeit. Anscheinend wollen sie bei der nächsten Wahl das *ceri* und das *ur* zusammenlegen, jedenfalls sagen sie das in den Männerversammlungen. Ich glaube es nicht. Ich glaube nicht, dass die Leute im *ur* das akzeptieren können. Aber wenn es stimmt, habe ich Angst vor dem, was passieren könnte! Wenn ich es mir aussuchen könnte, würde ich drüben neben dem Stall beim Reddi wohnen wollen, weil wir *adimai* bei ihm sind! *(Gelächter)* Ich wünsche mir nur eins, Sinnamma *(Virammas Stimme wird sehr ernst)*: dass wir uns gut verstehen. Wenn sie uns wirklich alle vereinigen, wird es nicht mehr so viel Respekt geben. Davor habe ich Angst.[5]

Nimm dich zum Beispiel: Du bist zu mir gekommen. Ich habe dich nicht geholt. Mit welchem Recht hätte ich das tun sollen? Ich bin glücklich, dass ich dich kenne, ich liebe dich wie meine eigene Tochter. Wenn wir unter uns sind, rede ich ganz offen mit dir, ich fasse dich an beim Reden. Aber könnte ich mich draußen so gegen dich benehmen? Nein! Ich schulde dir Respekt, du bist aus einer hohen Kaste. Mit allem anderen ist es genauso. Sie wollen uns vereinigen, wo doch Gott gesagt hat: »Ein jeder bleibe in seiner Kaste. Lebt getrennt. Dann wird es keinen Streit geben. Harmonie wird herrschen, und die Welt wird sich in der richtigen Richtung drehen.«

Heute denken die Leute das Gegenteil. Sie wollen die ganze Welt vereinigen, alle sollen gleich sein, alle dieselben Rechte haben. Das ist das *kaliyugam*! Es ist gut, dass die Leute uns aufwerten wollen, aber es ist besser, wenn wir an unserem Platz bleiben. Das sage ich immer meinem Sohn, Sinnamma, aber er will nichts davon hören! Er meint, dass ich Unrecht habe, und er sagt mir: »Was ist das für ein unseliger Gott, der uns zu Parias gemacht hat? Wir werden schließlich alle auf dieselbe Weise gezeugt! Der Mann bumst die Frau, und wir wohnen zehn Monate im Mutterleib! Also, warum sind sie dann bei der Geburt auf einmal höher und wir niedrig? Und das sollen wir hinnehmen und für einen Zehn-Rupien-Schein arbeiten? Was ist das für ein Drecksgott, der so etwas gemacht hat? Wenn ich ihn zu fassen kriege, schlage ich ihm die Fresse ein! Warum hat er das gemacht, dieser Hurengott: sie reich, und wir arm?«

Ich antworte ihm: »*De*, Anban! Sprich nicht so! Sei demütig und höflich. Wirf die, die uns einstellen, nicht in den Mülleimer! Ehre sie lieber, das wird uns besser bekommen. Mit Respekt verdienen wir Geld. Die Leute sollen sagen, dass der Junge, der aus dem Bauch der Velpakkata geboren ist, sehr höflich, sehr gut erzogen und respektvoll ist, und kein hochmütiger Nichtsnutz und Krawallmacher, der nur Streit sucht.«

Aber er regt sich auf über meine Ratschläge. Er antwortet mir: »*De!* Du bist wirklich aus den alten Zeiten! Du verlangst von mir, dass ich wie ein Bettler gekleidet zur Arbeit gehe. An allem, was ich anziehe, meckerst du herum. Du schimpfst über meinen Haarschnitt, und es ist das Gleiche, wenn ich mir das Gesicht pudere.«

Ich sage zornig zu ihm: »Dann mach nur weiter so, Junge, und pack dich, da! Pudere dich, so viel du willst, und gehe in die Welt hinaus, ohne dass dich jemand achtet! Nie wirst du einen Namen haben wie ich in diesem Dorf! Ich war so groß, als ich hierher gekommen bin. *(Handbewegung)* Ich habe Kinder und Enkel gehabt. Dein Vater, der hier geboren ist, ist jetzt ein Greis. Sieh nur, mit wie viel Achtung ihm die Leute begegnen! Du, du bist das genaue Gegenteil!«

Ich ermahne ihn sanft, damit er zur Vernunft kommt, Sinnamma: »Wenn der Meister, der dich einstellt, dich schlagen will, bücke dich und lass ihn machen. Wenn er dich in dieser Haltung sieht, schmilzt sein Herz, und er lässt seinen Arm herabsinken. Aber wenn du dich wehrst und sagst: ›Wie kannst du es wagen, den Arm gegen mich zu erheben, nur weil wir aus verschiedenen Kasten sind? Wie kannst du mich schlagen?‹, und wenn du mit ihm diskutierst, dann wird sein Zorn nur noch größer werden, und er wird dir sagen: ›Das sind diese Hunde von der Partei, die dich so arrogant gemacht haben!‹«

So geht das bei uns auf dem Land, Sinnamma.

(Anban, der mit seiner Hacke dabeisteht, hört zu und lächelt. Er sagt:) »Mutter ist immer sehr streng mit mir, Sinnamma. Sie redet wie in den alten Zeiten. Die Wahrheit ist, dass die Leute im *ur* nicht wollen, dass wir aufsteigen und eine Schulbildung bekommen wie sie. Und warum? Weil sie Angst haben, dass sie nicht mehr respektiert werden, wenn wir auch ein paar Hektar besitzen, weil sie keine billigen Tagelöhner mehr finden, weil sie keine *adimai* mehr haben werden. Das fürchten sie! Und deshalb beharren sie auf den alten Regeln: dass ich immer halb nackt vor ihnen sein muss, dass ich mit verschränkten Armen zu ihnen reden muss, dass ich meinen *soman* nicht bis auf den Boden herunterlassen darf, dass ich nicht vor ihnen hergehen oder mich wie sie anziehen darf. Und warum

sollte es so sein? Weder ernähren sie mich, noch sorgen sie für meine Kleidung. Ich schulde ihnen nichts. Ich arbeite, und sie bezahlen meine Arbeit, das ist alles! Neulich habe ich den Groß-Reddi getroffen. Ich war im weißen *soman*, mit einem Nylonhemd, die Haare geölt und gut gekämmt. Er hat zu mir gesagt: ›*Dei*, Sohn von Mannikam! Wo willst du hin, mit deinem *soman* bis auf den Boden? Schämst du dich nicht, so herumzulaufen?‹ Ich habe geantwortet: ›Geben Sie mir etwa meine Kleider? Ich arbeite hart und mache mir ein Vergnügen. Ich bezahle meine Kleider: Warum soll ich nicht das Recht haben, sie zu tragen und auf der Straße zu gehen? Warum werfen Sie mir das vor, Sir?‹ Und er: ›Oh, an Unverschämtheit fehlt es dir nicht neuerdings, dass du so mit mir redest!‹«

Viramma mischt sich ein: »Geh, geh weg, Dummkopf! Schämst du dich nicht, das zu erzählen?« *(Anban geht weg, immer noch lachend.)*

Sinnamma, denk nicht, dass er einen ganzen Stapel *soman* hat. Die Männer haben zwei. Er hat vier, zwei davon mit einem rotschwarzen Rand.[6] Wir Frauen haben drei oder vier Saris. Für die Arbeit ziehen wir uns nicht jeden Tag um, aber wir waschen uns natürlich. Wenn wir dagegen verreisen, ziehen wir uns immer besser an. Wenn wir keinen schönen Sari haben, können wir uns einen leihen. Wenn wir zu einer Hochzeit oder Beerdigung gehen und gut gekleidet sein müssen, bitten wir eine Verwandte oder Freundin: »Große Schwester, leih mir deinen Sari, den du in Madras oder Pondy gekauft hast. Ich gehe zu einer Hochzeit an dem oder dem Ort; ich gebe ihn dir zurück, wenn ich wiederkomme.« Die jungen Burschen machen das auch, aber die Männer nicht.

Anban hat eine Uhr, eine Hose und ein Nylonhemd. Wenn er ins Kino geht, zieht er sich so an. Er geht oft hin, und sogar unsere Sundari liebt das Kino. Es gibt jetzt drei Säle in Tirulagam. Sie kennen alle Schauspieler: M. G. R. ist unschlagbar, Sivaji ist ein Schwuler, Nagesh ist komisch, Sujata ist dies und Rajnikant das. Der ganze Klatsch interessiert sie. Ah! Anban hat natürlich auch ein Radio, um die ganzen Kinolieder anzuhören. Er nimmt es überall hin mit: zum Pflügen, zum Düngen, zum Brunnen, überall, überall! Ich habe auch ein paar Lieder gelernt, weil ich sie so oft im Radio gehört habe. Und ich bin ein- oder zweimal im Kino gewesen, die Mädchen haben mich dazu gedrängt. Aber es hat mir nicht gefallen. Die Schauspieler sprechen zu schnell, und es ist eine reine Sprache, ich verstehe nichts, oder fast nichts. Und ich möchte nicht aufbleiben, nur um lauter Umarmungen und Tänze zu sehen.

20
REDEN WIE IN DEN ALTEN ZEITEN

In unserer Kaste flammt ein Streit so schnell auf, wie wenn man ein Streichholz anzündet, und ich muss dir nicht sagen, wie anders, wie roh unsere Sprache ist: Der Reddiar hat Recht, wenn er sagt, dass wir eine Halbsprache sprechen. Und diese Halbsprache verrät uns überall, sobald wir den Mund aufmachen, selbst wenn wir gut gekleidet sind, selbst auf den Märkten, wo alle Leute durcheinander gemischt sind. In den Bussen rücken die Leute von uns ab, wenn der Fahrer sagt: »Die da, die kommen aus der Paria-Ecke!« Wir werden überall erkannt, im Tempel, im Kino … Deshalb hört mein Sohn die Politiker, die Filmworte, die Stücke, die im Radio kommen, so genau an. Er achtet sehr darauf, was er sagt, um höflich, deutlich und zivilisiert zu sprechen. Er macht sich über mich lustig, und wenn er mit mir in die Stadt geht, sagt er immer, ich soll den Mund halten, oder er verbessert mich die ganze Zeit und sagt zu mir: »Du redest wie früher! Lern doch richtig reden!« Aber das lasse ich mir nicht gefallen, und ich antworte ihm manchmal: »Mein Kleiner, du bist erst gestern aus diesem Bauch gekommen und willst mich verbessern? Ist es die Möglichkeit? Über Generationen hinweg haben wir so geredet, wie sollen wir uns da von heute auf morgen umstellen? Genauso gut könntest du von einer unfruchtbaren Frau verlangen, dass sie gebären soll! Die Leute in meinem Alter werden es nie lernen!« Wenn ihr sagt: »Aber wie konnte dieser Krug nur verschwinden? Haben Sie nicht zufällig den Krug gesehen, den ich hier abgestellt habe?«, so poltern wir los: »He, ihr Huren! Welche Schlampe hat den Krug gestohlen, der hier im Haus war? Ich ficke eure Männer! Ich beiße euch in die Brustwarzen!« Und so weiter … *(Lacht)* In unserer Kaste sagen wir nie den Namen der Leute, so wie ich es bei dir mache, wenn ich Geschichten über sie erzähle. Wir geben ihnen Spitznamen: »Kokospalme«, wenn er groß ist, »Kurzer«, wenn er klein ist; »Rabe« oder »Schwarzer«, wenn er sehr dunkel ist; »Ente«, wenn er krumme Beine hat ... Und wenn wir etwas Nettes zu einem Kind sagen wollen, sagen wir zu ihm: »mein kleiner Dussel«, »mein kleiner Fluch«, »mein kleiner Safttrinker«, während ihr »meine kleine Perle« sagt, »mein Papagei«, »mein Jasminstängel«. Solche Worte kommen uns nur beim Singen über die Lippen. Ansonsten, wenn wir normal reden, oder sogar wenn wir zärtlich sein wollen, braucht es immer eine »Hure«, eine »Fickerin meines Mannes« oder einen »Ficker seiner Schwester«. Es kommt auf den Tonfall an: Diese Worte können nett gemeint sein, aber im Zorn gesagt, sind es Beleidigungen.

Was ein Streit ist, werde ich dir nicht erzählen: Das siehst du jeden Tag. Wenn es keinen gibt – was selten vorkommt –, bekommen die Leute im *ur* Angst und fragen sich, was los ist, ob es ein Unglück im *ceri* gegeben hat. Es gibt kein *ceri* ohne Streit, *ayoyo!* Es ist eine Schande! Du brauchst gar nicht weit zu suchen. In meiner eigenen Familie habe ich eine Schwägerin, du hast sie gesehen, es ist diese Hure, die wegen nichts und wieder nichts Streit sucht. Erst gestern hat sie meinen Mann aufgehetzt und ihm gesagt, niemand wüsste genau, wo ich in Pondy hingehe: zu dir ins Haus oder anderswo, ans Meer zum Beispiel. Ist das zu glauben, Sinnamma, in meinem Alter soll ich am Meer herumspazieren? Wir haben uns furchtbar gestritten. Mein Mann hatte getrunken, und sie hat meine Abwesenheit ausgenützt, um ihm den Kopf mit ihren Geschichten zu füllen. Sonst, du weißt es, ist er ein sanfter Mann. Wenn er von der Palmweinbude nach Hause gewankt kommt, singt er mir:

Ayo, früh am Morgen bin ich mit meiner Hacke gegangen,
Ayo, früh am Morgen wird mir meine reizende Braut die Suppe bringen,
Des Mittags ging ich, meine Ochsen führend,
Ayo, meine Liebste, die mir das Essen bringt, flieg mit mir weg!

Wenn sie ihn hören, Sinnamma, biegen sich die Leute vor Lachen. Der Palmwein macht ihn nicht böse, im Gegenteil, er lässt ihn Lieder für mich singen. Und die Leute um mich herum sagen: »Das ist nicht schlecht! Der Alte ist immer noch in dich verliebt, Velpakkata!« Ich bin sehr stolz darauf, im Geheimen, aber ich zeige es nicht; bei diesen Huren weiß man nie, was für ein Unglück daraus entsteht.

Niemals spreche ich den Namen meines Mannes aus, Sinnamma: Auf dem Land redet keine ihren Mann mit seinem Namen an. Ich achte ihn, und ich rede nicht einfach irgendwie mit ihm. Von ganzem Herzen sage ich: »Oh Geliebter, oh Gütiger, Zärtlicher!« Ich sage zu ihm: »Oh Geliebter! Komm, wir gehen nach Madras!«, oder: »Komm, wir gehen zu deiner Tochter!« In unserer Kaste nennen viele ihren Mann »Onkel«: »*De*, Onkel, komm her!« Ich finde das hässlich. Andere, ohne jeden Respekt, sagen einfach: »*De! De!*« Ich muss zugeben, dass ich das auch manchmal mache, aber nur, wenn ich ungeduldig oder erschöpft bin. Wenn ich ihm von weitem zurufe: »Oh Geliebter, *de*, komm, der Reddiar ruft dich!«, und er hört nicht oder antwortet nicht, dann greife ich auf unsere Halbsprache zurück und sage: »*De, de*, komm, *de*, was sitzt du herum und redest über Frauen, wo der Reddiar dich schon die ganze Zeit ruft!« Das ist alles; weiter gehe ich nicht, selbst nicht bei einem großen Streit. Ich sage mir, dass man in allem Würde bewahren muss, selbst im Streit und im Zorn.

Aber du hast gesehen, wie es hier im *ceri* geht, da gibt es keine Grenzen! Neulich, als Kannappan seine Frau mit einem Messer verfolgt hat, hat sie seine Eier gepackt und so getan, als wollte sie ihn am *soman* festhalten! Wir haben es alle genau gesehen! Und er hat uns als Zeugen angerufen: »Da seht ihr diese Hündin, sie zerquetscht mir die Eier!«, und er hat gebrüllt vor Schmerzen. Welche Schande! Ein Mann, der sich von seiner Frau schlagen lässt, wird am nächsten Tag niemals hoch erhobenen Hauptes aus dem Haus gehen können – das wirst du nie erleben. Aber wenn so ein Dreckskerl dich mit einem Messer verfolgt, was willst du machen? Bis jemand kommt und ihn aufhält, haben die Frauen diesen schlauen Trick gefunden, um sich zu rächen. Das ist sehr wirksam, weißt du! Sie brüllen wie am Spieß, an der Stelle! Kannima ist berüchtigt dafür! Letzten Monat ist ein großer Streit bei ihr ausgebrochen, und sie hat sich überhaupt nicht beherrscht. Sie hat ihn so gepackt, ihren Mann, und ihm ins Gesicht geschrien: »*Dei!* Mein Alter, komm in mein Haus, in das Haus meiner Mutter! Wir schneiden dich in zwei Hälften! Denk an meine Mutter, wie sie leidet, wenn sie sieht, was du mit mir machst, Schwuler, Safttrinker!« Es ist ein schwerer Fehler, so etwas zu seinem Mann zu sagen, Sinnamma, aber es ist auch nicht recht, wie dieser Bastard sie die ganze Zeit als Hure beschimpft! Ich sage immer, dass man sich beherrschen muss, aber nicht jeder hat diese Gabe, und daran kann man uns leicht erkennen. Wir fangen nie Streit mit anderen Kasten an, aber sobald zwei Paria-Frauen im Bus oder auf dem Markt sind, gehen sie aufeinander los, wegen nichts, wegen einem Platz. Wenn er sie nicht beruhigen kann, lässt der Fahrer sie mitten auf der Strecke aussteigen. Das ist schon vorgekommen, *han!* Und in Madras ist es noch schlimmer.

Deshalb sage ich immer zu unseren jungen Mädchen, dass sie ruhig und geduldig bleiben sollen. In den Dörfern gibt es vor allem zwei Orte, an denen der Streit aufflammt, so wie eine Rakete hochgeht: am Brunnen, unter Frauen, und in der Palmweinschenke, unter Männern. Am Brunnen sind es besonders die jungen Mädchen, die Geschichten machen, und Sundari ist dabei genauso schlimm wie Amsa. Sie kommen jede mit zwei oder drei Krügen an, sie reihen sie in der Schlange auf und fangen an zu schwatzen. Dort erfährt man alles, was im Dorf passiert. Wenn man etwas wissen will, braucht man nur zum Brunnen zu gehen, und man ist auf dem Laufenden. Sie reden, sie stürzen sich in große Palaver, und sie vergessen ihre Krüge, so dass eine andere ihre Krüge vor ihnen füllt. Und dann geht es los:

»He, du da! Ich habe meine Krüge vor deine gestellt!«

»Ich auch, ich muss arbeiten gehen! Glaubst du, du bist die Einzige, die es eilig hat?«

Schimpfwörter fliegen hin und her, sie packen sich an den Haaren, sie teilen einander Ohrfeigen aus ... Im *ur* ist es noch schlimmer. Es ist direkt eine Schande für Leute wie die: Die Frauen werfen sich Krüge an den Kopf. Morgens, auf dem Weg zur Arbeit habe ich schon mehrmals die Scherben von zerschlagenen Krügen herumliegen sehen: Das waren die Überreste von den Streitereien am Vorabend!

Wenn ich zum Brunnen gehe, lasse ich die anderen vor, wenn sie es eilig haben, und ich fange keinen Streit an, wenn eine mir sagt: »*Ayo*, Schwester, lass mich vor! Ich habe den Vorschuss für das Auspflanzen genommen, ich muss pünktlich sein! Ich kann nicht stundenlang für das Wasser anstehen, versteh mich bitte, Schwester!« Das passiert uns allen, also muss man Verständnis haben. Man muss auch sagen, dass in der Schlange am Morgen vor allem Frauen zum Wasserholen anstehen, während es am Abend mehr die Mädchen sind, und die trödeln gerne. Wenn ich am Abend dort bin, sage ich ihnen deshalb: »Mädchen! Anstatt eure Krüge zu füllen, redet ihr nur davon, dass ihr es im Keulenbaumwäldchen treibt oder im Schatten der Pumpen oder hier oder dort. Wenn ihr es tut, dann sprecht nicht davon! Das führt nur dazu, dass ihr schlimme Sachen übereinander redet!« Sie lachen immer, wenn ich das sage. *(Viramma lacht.)*

Ich mag die jungen Leute, Mädchen oder Burschen, und ich bringe sie zum Lachen, indem ich die Dinge unverblümt heraussage oder schweinische Lieder singe oder unanständige Rätsel stelle. Sie genieren sich immer, wenn sie meine Späße hören, aber trotzdem können sie nicht genug davon kriegen. Das erinnert mich an meine eigene Jugend. Ich habe diese Sachen auch immer gern gehört, aus dem Mund eines Mannes, der mein Onkel hätte sein können. Ich erinnere mich besonders an dieses Lied:

Ayo! Wenn du Mammutta siehst,
Sami, sag ihr, sie soll ein wenig herkommen.
Sie wird mir Betel geben,
Sami, und mir den Schweiß abwischen.
Oh Mädchen, wohin des Wegs?
Ayo! Mit wem legst du dich hin?
Oh Mädchen, ich gehe überall hin mit dir,
Oh Mädchen, bis zum Land des Ganga-Stroms.

Ayo! Wenn du dich da drüben unterstellst,
Sami, verrate ich dir ein Geheimnis.
Ayo! Jeden Tag ist nichts als Streit,
Sami, in diesem Huren*ceri* von Parias!

Ayo! Was wird aus ihm werden,
Sami, aus dem Körper meines Prinzen?
Ayo! Wie lange muss ich bewässern,
Sami, bis die Nacht anbricht?

Ayo! Ihr auf eurem Weg, alle gleich groß,
Ayo! Ihr auf eurem Weg zum Kuhdung.
Ayo! Wenn ihr den Kuhdung auflest,
Sami, macht ein schönes Bett daraus.

Ayo! Die Schlange, die sich im Kuhdung versteckt.
Sami, wird sie nicht auf sie springen?
Oh Mädchen, gib mir einen Kuss!
Oh Mädchen, stell dich unter!

Ayo! Oh Mädchen, das dort drüben geht,
Ayo, gib mir einen Kuss!
Oh Mädchen, versteck mich in deinem Sari!
Oh Mädchen, gib mir deine Brüste zuerst!

Das ist ein Bewässerungslied, du hast es erraten, Sinnamma. Wenn die Männer auf ihren Pumpen uns vorübergehen sahen, mit zwei oder drei Krügen auf dem Kopf, den Rücken gerade, die Brust herausgestreckt, haben sie dieses Lied aus voller Kehle gesungen. Wir stellten uns wütend. Wir riefen ihnen zu: »Dreckskerle! Haltet den Mund, Schmutzlappen! Ihr habt nichts anderes im Sinn als Brüste! Wartet, dass wir euch unseren Saft ins Gesicht schmeißen! Kommt nur her und grast unsere Mösen ab!« Sinnamma, was die Männer interessiert, ob sie arm sind oder Millionäre, das sind die Brüste! Wenn sie nur hinfassen können, das zählt. Die Arbeit kommt später. Die da oben auf ihrer Pumpe haben die letzte Strophe angestimmt, und wir haben gelacht. Es war eine glückliche Zeit!

Wenn ich eine Gruppe von jungen Leuten irgendwo sitzen sehe, schwatze ich immer mit ihnen. Sie erzählen mir ihre Geschichten, und sie bitten mich, ihnen Rätsel aufzugeben. Sie wissen, dass meine meistens unanständig sind. Es macht sie verlegen, und sie müssen lachen. Erst neulich bin ich Balu Bojakkannan und Sankar begegnet. Sie haben gerufen: »Oh Mutter von Anban! Stell uns ein Rätsel! Komm, Großmutter, her damit! Und vor allem: keine Schweinereien!« Ich habe meinen Betel weitergekaut, und sie haben gedrängt: »Ach komm, Großmutter!«

Also habe ich zu ihnen gesagt: »Ich halte ihn dir hin, und du legst ihn mir an. Was ist das?« Sie sind in Gelächter ausgebrochen.

»*Dei*, Bojakkannan! Du glaubst, dass es etwas Unanständiges ist, aber das stimmt nicht. Denk nach!«

Und diese Dummköpfe, anstatt nachzudenken, haben sie die ganze Zeit nur gelacht und das Rätsel wiederholt.

»Ihr Idioten! Es ist ein Armreif. Beim Armreifen-Verkäufer hält man den Arm zum Anprobieren hin, und er streift ihn über!«

Sie waren überrascht, dass die Antwort so einfach war. Ich habe ihnen ein anderes Rätsel gestellt: »Ich öffne es, und du gibst es mir rein.«

Wieder haben sie gelacht, ohne die Lösung zu finden: Es ist das Bananenblatt. Es wird uns zusammengefaltet gegeben, und wir machen es auf, um uns den Reis darauf geben zu lassen.

Dann habe ich sie gefragt: »Auf welches Gebäude muss man erst hinaufsteigen, bevor man hineingeht?« Sie haben mir eine Menge Namen genannt: Mailam, Pajani, Sabarimalai ... Aber ich habe ihnen gesagt, dass es Sidimalai[1] war! Sie haben schallend losgelacht. »Seht euch diese Alte an! Sie hat uns hereingelegt, als es nicht schweinisch war, aber am Ende fängt sie doch noch von Mösen an!«

Ein anderes Mal war es auf dem Weg zur Arbeit. Ich war gut gelaunt. Wir Frauen gingen voraus. Bald haben uns ein paar Burschen eingeholt, mit ihren Karren und ihren Ochsen. Wir sind alle aufs Feld des Tambu-Reddi gegangen, auf der anderen Seite des Flusses. Ich hatte genug davon, über die Gräben und Wälle zu springen, und ich habe gesungen:

Zeit, über Dämme und Kanäle zu springen,
Seht her, *di!* Die Möse macht ihren Mund auf!
Seht her, *di!* Die Möse lacht und führt nichts Gutes im Schild!

Als die Burschen das hörten, haben sie sich auf die Stirn geschlagen und sind vor Lachen übereinander gepurzelt.

Balu hat laut gesagt: »Diese Alte ist wirklich hitzig! Sie redet nur vom Ficken. Wenn der Alte sie jeden Tag besteigen würde, dann würde sich ihre Raserei legen! Nach so vielen Kindern bist du immer noch in Hitze!«

Ich habe ihm gesagt, dass selbst er, stark wie er war, Mühe haben würde, mich zu befriedigen, und er hat sich geschämt und die Hand vor den Mund geschlagen.

Du siehst selber, Sinnamma, es ist nichts Schlimmes dabei: Ich ziehe die Jungen gern ein wenig auf, das ist alles, und vor allem Bojakkannan, weil er der Schüchternste ist. Ich habe ihm auch gesagt: »Je weiter man eindringt, desto saftiger ist es. Was ist das?« Als er das gehört hat, hat Bojakkannan sich den Kopf mit dem *tundu* verhüllt und gesagt: »Sie wird immer unanständiger, diese Frau! Sie ist wirklich in Hitze!«

Und ich habe ihm geantwortet: »Kleiner Junge, es ist nichts Schmutziges daran, es ist die Cashew-Frucht!« Du weißt, Sinnamma, das ist eine Frucht, die viel Saft enthält. Man steckt sie weit in den Mund, damit der Saft nicht verloren geht, und je mehr man daran saugt, desto mehr fließt heraus. Natürlich muss man dabei an das Ding der Männer denken, und das bringt diese jungen Wandficker zum Lachen!

21
DER JASMINGARTEN

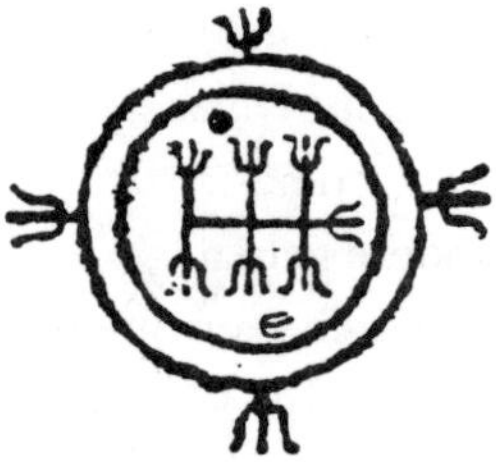

Ich habe dir gesagt, Sinnamma, dass ich Filme nicht so gern mag, und es stimmt, dass mein Mann und ich lieber aufbleiben, um die Geschichten anzuhören, die die Bettler singen, wenn sie in der Erntezeit durch die Dörfer ziehen. *Han!* Diese Leute haben alles verloren, Haus, Arbeit oder sogar Familie, und sie gehen von Dorf zu Dorf und betteln um Korn: Hirse, *ragi*, andere Sachen. Oft lassen sie sich in den Tamarindenwäldern in der Nähe des Dorfs nieder. Tagsüber geht dann jeder von ihnen ins *ur* zum Betteln. Dort lassen die Leute sie im Hof sitzen, hören ihre Lieder an und geben ihnen Korn oder Geld. Am Abend, wenn wir von der Arbeit zurück sind, kommen sie ins *ceri*. An diesen Tagen essen wir sehr früh. Wir geben ihnen auch ein wenig zu essen, und nachdem wir das Geschirr gewaschen haben, setzen wir uns um sie herum und bitten sie, zu singen. Patchamma und ich, wir hören am liebsten die Geschichte von Nallatangal: Sie ist lange, Sinnamma, und manchmal dauert sie zwei Tage.[1] Wenn die Bettler da sind, sparen wir am Betel und geben ihnen das Geld, damit wir die Geschichte von diesem Witwer ganz anhören können:

Mir scheint, es ist bald Hochzeit, Hochzeit,
Bei der Tochter des Königs von Kasi,
Hochzeit ist bald, sag ich,
Und ich fahre übers Meer, um Betel zu geben …

Wenn wir bei der Arbeit dieses Lied schmettern, spüren wir weder unsere schmerzenden Knie noch die Hände im Schlamm oder die Müdigkeit, nichts! Und außerdem geht die Arbeit schneller voran. Von diesen Bettlern habe ich viele Lieder gelernt, Sinnamma. Deshalb haben sie mich gerufen, als du gekommen bist, um Lieder aufzunehmen, damit ich sie dir vorsinge, und so habe ich dich kennen gelernt, meine Liebe! Aber du müsstest sie mit deinen eigenen Ohren hören, diese Leute! Manchmal kommen sie vorbei, und du bist nicht da, oder du bist da, aber sie nicht. Ich habe Danamma, die gerade in Putrai ist, gebeten, dass sie uns benachrichtigen soll, wenn sie in ihr Dorf kommen. Vielleicht haben sie Arbeit gefunden, oder sie sind viel weiter fortgezogen. Das macht nichts, es wird andere geben!

Die Wäscher erzählen auch Geschichten und begleiten sich mit dem *udukkai* dazu. Du kennst sie, du hast sogar ein paar von ihren Geschichten aufgenommen. Die vom Bruder Krokodil, die von den Liebenden von Manjakkuppam. Sinnamma, leg deine Kassette ein: Lass sie uns ein wenig anhören!

BRUDER KROKODIL

Eines Tages ging ein junges Mädchen mit sieben Krügen auf dem Kopf zur Mittagszeit zu seinen sieben Brüdern, die auf der anderen Seite des Flusses in den Feldern arbeiteten, um ihnen ihre Mahlzeit zu bringen. Als sie ans Ufer kam, war die Flut hoch, und das junge Mädchen wusste nicht, wie sie hinüberkommen sollte. Nicht weit davon sah sie ein Krokodil und sagte zu ihm: »Oh Bruder Krokodil! Hilf mir über den Fluss, und ich gebe dir, wenn ich zurückkomme, den restlichen Reis, den meine Brüder übrig lassen.« Das Krokodil war einverstanden. Es trug die sieben Krüge einen nach dem anderen über den Fluss und schließlich das Mädchen selber, das seine Krüge wieder auf den Kopf setzte und zu dem Feld ging, auf dem seine Brüder arbeiteten. Als die Brüder sie sahen, ließen sie ihren Pflug im Stich und kamen zu ihr, um zu essen. Außer dem Jüngsten ließ jeder ein wenig Reissuppe übrig. Zusammengeschüttet, füllten diese Reste einen ganzen Krug.

Auf dem Rückweg hatte das Mädchen Hunger. Sie setzte sich unter einen Baum und leerte fast den ganzen Krug. Da fiel ihr das Versprechen wieder ein, das sie dem Krokodil gegeben hatte. Sie nahm eine große Hand voll Lehm und wälzte ihn in den paar Körnern, die noch übrig waren, so dass es aussah wie eine große Kugel Reis. Das Krokodil lag am Flussufer und wartete auf seinen Lohn. Das Mädchen reichte ihm die Kugel, die das Krokodil auf einen Satz hinunterschlang. Aber welch eine Enttäuschung, als ihm aufging, dass es nur eine Kugel Lehm war! Wutentbrannt stürzte es sich auf das Mädchen und zerkratzte es bis aufs Blut. Das Mädchen wusch seine Wunden im Fluss, zog seinen Sari an, nahm die Krüge wieder auf und kehrte nach Hause zurück. Als ihre Mutter sie in diesem Zustand sah, fragte sie voll Entsetzen, was ihr zugestoßen sei und woher dieses Blut käme. Da sagte diese kleine Hure, die sich an ihrem jüngsten Bruder rächen wollte, er hätte sie geschlagen. Von tiefem Mitleid für ihre Tochter erfasst, beschloss die Mutter, ihren jüngsten Sohn streng zu bestrafen.

Als die Jungen am Abend vom Feld zurückkamen, banden sie die Tiere fest und ruhten sich vor dem Essen ein wenig aus. Die Mutter hatte ein Fischcurry gekocht. Aber für den Jüngsten hatte sie etwas anderes gemacht: ein Schlangencurry! Sie hatte den Kopf in einen Wasserkrug geworfen, den Schwanz auf die Straße und schöne Scheiben für ihren Sohn abgeschnitten. Der Jüngste setzte sich, aß sein Curry, und er gab auch der Katze davon, die um ihn herumschnurrte, und dem Hund, der auch davon haben wollte. Die beiden Tiere starben auf der Stelle, und er machte es auch nicht mehr lange. Um die Wunden ihrer Tochter zu rächen, hatte die Mutter ihren Sohn getötet.

Einige Zeit später kamen sechs oder sieben Freier und hielten um die Hand des Mädchens an, dieser Hure! Schließlich war die Hochzeit beschlossen, der Glück bringende Tag wurde gewählt und das Datum für die Hochzeitszeremonien festgelegt. Aber am Tag der Hochzeit konnten sie keine Blumen finden. Und wenn sie durch die ganze Welt gelaufen wären, durch alle sechsundfünfzig Länder: keine Blumen! Wie sollten sie eine Hochzeit ohne Blumen ausrichten? Alle im Dorf waren untröstlich, da kamen ein paar kleine Kuhhirten, die ihre Tiere weideten, zu der verzweifelten Familie und sagten: »Hört zu! Auf dem Totenacker gibt es eine Stelle, an der unzählige Blumen wachsen, in ganzen Trauben, mitten im Wald: Rosen, Jasmin, *samandi*. Folgt uns!« Erleichtert machten sich der Vater und die Mutter zur Verbrennungsstätte auf, die Mutter mit einem Korb auf der Hüfte. Voller Freude sahen sie die vielen Blumen. Jetzt konnte die Hochzeit doch stattfinden. Die Mutter setzte ihren Korb ab und ging hin, um die ersten Blumen zu pflücken. Aber sobald sie einen Jasminzweig anfasste, sang dieser:

> Oh Mutter, Mutter! Sie hat gesagt, ihr Bruder hätte sie geschlagen, das Luder!

Meine Blüten, sollen sie aus ihrem schwarzen Dutt hervorschauen?
Meine Blüten, sollen sie fallen, um den Dutt dieser Frau
zu schmücken, dieser so »Reinen«?
Meine Blüten, dürfen sie den Dutt einer Hure zieren?

Als sie das hörte, fiel die Mutter beinahe um vor Schreck, und die Beine zitterten ihr. Sie erkannte den Ort, an dem ihr jüngster Sohn, den sie vergiftet hatte, begraben war. Und heute, wo die ganze Welt keine Blumen hatte, blühte die Erde gerade hier, auf diesem Grab! Sie sagte die Wahrheit, diese Pflanze, die die ganze Geschichte des jüngsten Sohnes erzählte und zu singen anfing, sobald man sie berührte: »Wie? Du hast mich vergiftet, weil du auf falsche Anschuldigungen gegen mich gehört hast, und jetzt sollen meine Blüten diese Hure schmücken, für die Hochzeit dieser Hure bestimmt sein?« Da sang die Mutter nun ihrerseits, in tiefer Demut:

Kleiner Bruder, kleiner Bruder,
Gib mir eine Hochzeitsgirlande für kleine Schwester.
Die Leute sollen eine schöne Girlande
Auf ihrem Hochzeitssari sehen!
Alle sollen die Schönheit dieses blühenden Saris sehen!

Die Blume, die sang, war natürlich der kleine Bruder selber, Sinnamma. Und weil er wusste, dass alles so enden würde, hat er den Seinen nicht mehr gezürnt, und als die Mutter zu singen aufhörte, warf er ihr ein großes Büschel Blumen hin. Da sang auch der Vater:

Kleiner Bruder, kleiner Bruder,
Gib eine Girlande für kleine Schwester!
Die Leute sollen eine schöne Girlande sehen
Auf ihrem Hochzeitssari.
Alle sollen die Schönheit dieses blühenden Saris sehen!

Und die Pflanze antwortete ihm:

Oh Vater, Vater! Sie hat gesagt, ihr Bruder hat sie geschlagen,
Das Luder!

Meine Blumen, sollen sie aus ihrem Dutt hervorschauen?
Meine Blumen, sollen sie fallen, um den Dutt dieser Frau zu schmücken, Dieser so »Reinen«?
Meine Blumen, dürfen sie den Dutt einer Hure schmücken?

Aber schließlich warf er ihm doch ein Büschel Blumen hin. Dann waren die Söhne und ihre Frauen an der Reihe: Jeder sang, und jeder bekam ein Büschel Blumen. Als sie genug hatten, flochten sie lange Girlanden daraus. Die Vorbereitungen kamen gut voran. Die Eltern des Bräutigams hatten ihre Sache gut gemacht: Musik, Gesänge, Lichter, Mahlzeiten, alles würde rechtzeitig fertig sein.

Doch am Vorabend der Hochzeit ging die Verlobte mit ihrer ganzen Familie ins Nachbardorf, um die Zeremonie der Abwendung des bösen Blicks zu feiern. Der Weg führte an der Verbrennungsstätte entlang. Die Familie ging, ins Gespräch vertieft, vorüber, als plötzlich ein Totenschädel vor der Braut erschien und ihr mit allen seinen Zähnen ins Gesicht grinste! Sie glaubte diesen Schädel wieder zu erkennen, den die anderen nicht gesehen hatten. Sie ging ein wenig vom Weg ab, als ob sie sich erleichtern wollte. Der Schädel folgte ihr. Sie schaute ihn lange an und erkannte, dass es ihr ehemaliger Geliebter war, den der Tod geholt hatte. Tief bewegt, denn sie fand ihn tot noch schöner als lebend, sang sie:

Ayo! Mein Gatte, mein Geliebter!
Oh mein schöner Kamban!
Oh mein Wüterich mit dem stolzen Schnauzbart!
Oh du Boshafter mit dem schönen Bart!
Da bist du allein im Wald, nachdem du mich verlassen hast!

Sie drückte den Schädel in ihren Händen und küsste ihn leidenschaftlich. Und da war es geschehen! Der Schädel blieb an ihren Lippen haften! Wie sollte sie so zur Zeremonie der Abwendung des bösen Blicks gehen? Wie sollte sie sich so verheiraten, vor den versammelten Leuten? Sie verhüllte sich mit ihrem Sari und ging mit gesenktem Kopf weiter. Im Dorf angekommen, streckte sie sich, den Kopf im Sari verborgen, in einer finsteren Ecke des Hauses aus, vor allen Blicken geschützt, um nicht vor Scham umkommen zu müssen. Wie sollte sie sich so zeigen? Welche Schande! Welch eine Beleidigung für alle! Draußen ging das Fest weiter.

Der böse Blick wurde gebannt, aber die Verlobte war unauffindbar. Alle suchten nach ihr, und die Eltern fanden sie schließlich in einer Ecke, zu einer Kugel zusammengerollt. Sie dachten, es sei der Schmerz über die nahende Trennung, der sie niederdrückte, und sie sagten zu ihr: »Komm, *Ma!* Komm und leg dein Geld für die Zeremonie hin. Steh auf und komm!« Sie musste sich aufsetzen und ihr Gesicht mit dem Totenschädel, der an ihren Lippen klebte, sehen lassen und dabei die ganze Geschichte von ihrem ehemaligen Geliebten erzählen. Alle waren wütend. In welchem Land akzeptiert man als Ehefrau ein Mädchen, das einen Geliebten gehabt hat? Und wer hätte sich nicht über sie lustig gemacht und geschrien: »Ihr Geliebter klebt ihr an den Lippen! Ihr Geliebter klebt ihr an den Lippen!« War das nicht alles schändlich? Die Zeremonie wurde abgebrochen. Die Verlobte wurde ergriffen. Der Kopf wurde ihr kahl geschoren und mit roten und schwarzen Punkten bedeckt. Sie wurde auf einen Esel gesetzt und im Dorf herumgeführt, während die Leute schrien: »Sie hat Ehebruch begangen! Sie hat Ehebruch begangen!« Und sie wurde lebendig verbrannt.

DIE LIEBENDEN VON MANJAKKUPPAM

Ein Mann und seine Frau gingen auf einem Weg an einem Reisfeld entlang, das ein schöner junger Bursche pflügte. Die Frau wollte sich erleichtern. Sie ließ ihren Mann ein wenig vorausgehen und hockte sich abseits, hinter einen Erdwall. Der schöne junge Bursche, der ihr mit den Augen gefolgt war, sah sie, wie sie da hockte und aussah, als ob sie etwas schreiben würde. Er sagte sich, dass diese Frau, die in sein Reisfeld hinabgestiegen war, dort sicherlich etwas versteckt hatte, von dem ihr Mann nichts wissen durfte. Kaum war die Frau verschwunden, da näherte er sich neugierig der Stelle, an der sie gehockt hatte. Er sah auf der feuchten Erde einen nassen Backstein mit Kurkumaspuren darauf. Sie hatte ihren Urin in der Hand aufgefangen, den Backstein damit besprengt und ihn mit einem Stück Kurkuma eingerieben, das sie aus ihrem Betelsack geholt hatte. Deshalb hatte er gemeint, sie schreiben zu sehen. Verwundert blieb er einen Augenblick stehen und betrachtete den Ziegel, dann ging er entschlossenen Schrittes seine Ochsen ausspannen, nahm seinen Pflug über die Schulter und machte sich auf den Weg nach Hause. Er band die Ochsen bei der Tränke an und brachte ihnen zwei

Arme voll Stroh, während er sich sagte: »Oh! Sicher wollte sie mir sagen, dass ich nach Manjakkuppam[2] kommen soll!« Und ohne ein Wort zu irgendjemandem ging er fort. Aber wie sollte er sie in Manjakkuppam finden? In welcher Straße wohnte sie? In welchem Haus? All diese Fragen flogen ihm durch den Kopf, und so setzte er sich erst einmal auf die Stufen des Teichs. Vielleicht würde sie hier Wasser schöpfen? Er ließ sich am Ufer nieder, unter einem Banyanbaum. Und tatsächlich sah er sie bald daherkommen, zwei Krüge auf dem Kopf, einen anderen auf der Hüfte, mit einem Dutzend anderer Frauen. Er erkannte sie von weitem. Ihre strahlende Haut und ihre Hüften, die wie ein Bananenbaum waren, sprangen ihm in die Augen. Wie die anderen Frauen schöpfte sie Wasser im Teich. Sie füllte zwei Krüge und stellte sie ans Ufer. Aber als sie den dritten aus dem Wasser holte, tauchte sie das Ende ihres Saris hinein. Sie wrang es aus und tat so, ganz rasch, als wollte sie es zum Trocknen ausbreiten. Der junge Pflüger, der sie nicht aus den Augen gelassen hatte, verstand die Botschaft: »Ich soll beim Wäscher auf sie warten«, sagte er sich. Er stand auf und ging um den Teich herum zu den Häusern der Wäscher. Er wartete bis zum Abend. Als es dunkel war, so schwarz, dass er die Hand nicht mehr vor den Augen sehen konnte, kamen die Wäscher zu ihm und fragten: »Von welchem Dorf bist du, Appa? Wo willst du hin?« Er sagte zu ihnen: »Ich bin von Karikam. Ich bin seit heute Morgen auf den Beinen, und ich bin sehr müde. Ich habe noch einen langen Weg bis Saram. Könnt ihr mich diese Nacht bei euch aufnehmen? Ich ziehe morgen weiter.« Eine Familie nahm ihn bereitwillig auf. Der Wäscher sagte ihm, er könne die Nacht auf dem *tinnai* schlafen. Der Sohn des Hauses ging ins Dorf, um die Abendmahlzeit zu holen. Die junge Frau, die ihm das Essen reichte, tat drei große Jasminblüten hinein. Als der Sohn zurück war, wurde ein zusätzliches Bananenblatt ausgelegt, und der junge Pflüger fing an zu essen. Er führte den Reis zum Mund und spürte den Jasmin. Einen Augenblick war er verwirrt, doch dann verstand er die Botschaft: »Sie erwartet mich im Jasmingarten.« Sobald die Mahlzeit beendet war, fragte er, ob er auf den *tinnai* gehen und ein *bidi* rauchen dürfe, und ging sofort zum Jasmingarten. Der Garten lag an einem schönen, großen Haus: Dort wohnten sicher reiche Leute. Der Pflüger sprang über die Gartenmauer und versteckte sich hinter einem Bananengehölz. Die Frau kam bald aus dem Haus und gesellte sich zu ihm. Sie nahm ihn an der Hand und zog ihn zu einem anderen Versteck unter der Lablab-

Laube. Dort küssten und umarmten sie sich. Sie redeten, sie lachten, sie nahmen sich an der Hand, kurz, sie machten ihre ganze Geschichte … Plötzlich hörten sie ein Klopfen am Gartentor, und eine Stimme rief: »*Amma!* Steh auf, *Amma!* Wo bist du? *Amma! Amma!*« Es war der Mann, der zurückgekommen war. Er hatte an die Haustür geklopft, dann an die Gartentür. Als er zur Haustür zurückging, kam die Frau schnell unter der Laube hervor, ging zum Eingang und sagte mit schläfriger Stimme: »Ja, ja. Ich komme!« Sie machte die Tür auf. Als er sie so sah, ihre Kleider, die Blumen in den Haaren, schöpfte er Verdacht, sagte aber nichts. Sie goss ihm Wasser ein, damit er sich Hände und Füße waschen konnte, und setzte ihm zu essen vor. Müde von der Reise des Tages, legte er sich gleich nach dem Essen zu Bett. Die Frau nahm das Schreien ihres Babys zum Vorwand und sagte, sie wolle in den Garten gehen, um es in den Schlaf zu wiegen. Sie setzte sich nieder, mit ausgestreckten Beinen, wiegte das Baby und sang:

Oh die raschelnden Lablabranken,
Oh die raschelnden Lablabranken,
Oh der Gatte, oh der Prinz,
Er ist gekommen, er ist da drin,
Araro, araro, araro, araro,
Er wacht über den Palast.

Wieder verstand der Geliebte die Botschaft: »Bleib in der Laube versteckt, mein Mann ist zurück. Ich komme später zu dir.« Sie ging und legte das Baby schlafen und warf einen Blick auf ihren Mann, der schnarchte. Da ging sie wieder hinaus. Und die Umarmungen und das Gelächter in der Laube gingen die ganze Nacht hindurch weiter, bis zum ersten Krähenschrei, bis der Tag anbrach. Da riss sie sich aus den Armen ihres Geliebten los und legte sich auf die Matte neben ihren Mann, für sehr kurze Zeit. Sie musste bald wieder aufstehen, um vor der Tür zu kehren, die Schwelle mit Wasser zu besprenkeln und mit Kuhdung einzuschmieren, ehe sie das *kolam* aufmalte, Wasser für den Kaffee heiß machte und das Bad und das Frühstück für ihren Mann vorbereitete. Der aß und ging zur Arbeit. Seine Frau kochte nun tausend Sachen für ihren Geliebten, wie du dir denken kannst! Sie bereitete *vadai* zu, *payasam*. Sie briet Fleisch und Eier, Kartoffeln und grüne Bananen. Sobald der Mann weg war, hatte sie den Geliebten in die Küche kommen lassen. Die Tür war zu, und ihr Baby würde sie nicht verraten! Die Essensvorbereitungen waren in vollem Gang, sie liebten sich wieder, streichelten sich Wange an Wange, bis es ernst wurde, die ganze Geschichte. Als sie fertig waren, ließ sie ihren Geliebten sich mit warmem Wasser waschen, dann gab sie ihm ein Ölbad und wusch ihm die Haare mit *sikakai*. Während er sich anzog, suchte sie ein schönes Bananenblatt für ihn aus und legte die Gerichte darauf, die sie gekocht hatte. Sie fingen beide an zu essen, lachten und fütterten einander, als plötzlich der Mann erschien und sie auf frischer Tat ertappte. Seit dem Vorabend war er misstrauisch geworden und hatte beschlossen, seine Frau zu überraschen. Unverzüglich brachte er das Liebespaar vor den Dorfrat.

Dort wurden sie gefragt, wie sie sich kennen gelernt hätten. Sie beschrieb, wie sie am Vorabend am Feld des Pflügers entlang gegangen war. Er erzählte die Geschichte in allen Einzelheiten: Wie er sich über den Backstein gewundert hatte, wie er die Botschaften entziffert hatte, wie er nach Manjakkuppam gekommen war, wie er am Ufer des Teichs begriffen hatte, was das nasse Sari-Ende bedeutete, wie er beim Wäscher erraten hatte, dass er die, die er suchte, im Jasmingarten finden würde. Nachdem sie die ganze Geschichte gehört hatten, fragten die Mitglieder des Rats die Frau, ob sie bei ihrem Mann bleiben und ihm versprechen wolle, diese Affäre nicht fortzusetzen, oder ob sie ihr Bündel schnüren und mit ihrem Geliebten fortgehen wolle. Da ihr Name ohnehin beschmutzt war, sagte die Frau, dass sie mit ihrem Geliebten gehen wolle. Der Dorfrat hatte ihr, indem er ihr diese Frage stellte, natürlich das Weggehen erleichtert und für den Geliebten Partei ergriffen, nicht für den Mann. Der Grund war, dass der Geliebte sie nicht verführt hatte. Er war nur der Spur gefolgt, die sie gelegt hatte, während er brav auf seinem Feld arbeitete. Er wusste nichts von ihr, nicht einmal ihren Namen und ihre Herkunft. Es war ihm bestimmt, dass er alle Botschaften verstehen würde. Es war so gefügt, dass die Jasminblüten in dem Reis, den der Wäschersohn gebracht hatte, ihn zu ihr führen sollten. Das war Schicksal. Niemand konnte etwas dagegen tun. Gott hatte bestimmt, dass er mit ihr leben sollte. Es war ein für allemal beschlossen.

In Karani versammelt sich auch der Rat des *ur*, wenn es Probleme gibt, bei der Aufteilung von Häusern oder von Landbesitz oder anderen Gütern, wegen Ehebruchsgeschichten oder sogar wegen Streitereien unter Frauen beim Brunnen. Der *panchayat* hört immer auf Murugaiya Gounder, den *samiar*. Er ist der *nattam* des Dorfs. Alle achten ihn; sein Wort ist Gold, und niemand wagt ihm zu widersprechen, wenn er redet. Zu denen, die sich streiten, sagt er immer: »Redet nicht so miteinander! Beleidigt euch nicht! Morgen werdet ihr vielleicht miteinander verwandt.« Er regelt auch die Ehebruchsgeschichten zwischen unterschiedlichen Kasten: eine Kudiyanar mit einem Mudaliar, eine Udaiyar mit einem Sanar … Er befragt die Liebenden, um herauszufinden, wie der Mann die Frau verführt hat, wo und wann. Dann, je nach Schwere des Verbrechens, lässt er ihn prügeln oder eine Geldbuße zahlen.

»Viramma, was passiert, wenn ein Verhältnis zwischen einem Mann aus dem *ur* und einer Frau aus dem *ceri* aufgedeckt wird?«

Ayo! Ayo! Ayo! Wo könnte es so ein Unheil geben? *(Viramma lacht.)* In Karani niemals, nie haben wir erlebt, dass ein Reddiar oder ein Gounder eine Paratchi heiratet oder offen mit ihr zusammenlebt, vor aller Augen! Wir würden das übrigens auch nicht wollen. Denk nur! Sie würden uns öffentlich schlagen, sie würden uns das Leben zur Hölle machen! Der Rat würde auf der Stelle zusammenkommen und sagen: »Bringt sie her, aber schnell! Sie soll vor aller Welt erscheinen! Du, eine Paratchi, wie kannst du es wagen, einen Mann hier im *ur* zu nehmen!« Sie würden uns alle Schimpfwörter an den Kopf werfen! Welche Schande wäre das!

Affären gibt es natürlich trotzdem. Unsere Mädchen gehen heute ins Kino. Sie wissen sich zu kleiden, zu schminken, zu pudern wie Filmschauspielerinnen. Sie sehen nicht mehr wie Paratchi aus, sondern wie Tamilinnen. Sie sind anziehend und lenken die Blicke auf sich. Wenn ein Pappan, ein Gounder, ein Reddiar ein Verhältnis mit einem Mädchen aus dem *ceri* haben will, geschieht das immer im Verborgenen. Es hat hier einmal so eine Geschichte gegeben, nach meiner Ankunft im Dorf. Die Frau hieß Kokilam. Sie hatte Brüste wie zwei Reiskellen. Sie war die Geliebte eines Naicker vom *ur*. Wenn es dunkel war, hat sie sich einen *soman* über die Schulter gelegt und ist, ganz in Weiß, mit ihm in die Zuckerrohrfelder hinuntergestiegen. Von weitem haben die Leute sie für zwei Männer gehalten, die sich unterhielten und frische Luft schnappen gingen. Aber eines Abends hat ihr Mann sie ertappt. Er hat sie geprügelt wie einen Hund und zu ihrer Mutter zurückgeschickt. In Velpakkam hat ein Reddiar mit einer Paratchi von Perani zusammengelebt. Als er mit ihr ins *ur* ziehen wollte, haben die anderen Reddiar sich gewehrt und ihn aus ihrem Viertel verbannt. Sie mussten ganz allein leben, von seinem alten Haus entfernt. Und dann hat er eine Stelle in einer Kofferfabrik in Madras gefunden. Sie sind dorthin gezogen. Er hat sie mit Schmuck überhäuft: Du musst wissen, dass sie schön war wie eine Zitrone! Aber die Arme hat nie Kinder bekommen ... Es heißt, dass der Reddi jetzt tot ist. Er ist in Madras begraben, und sie lebt immer noch dort.

Solche Affären gibt es hier und da. Ein schönes Mädchen zieht das Auge eines Reddi oder eines Gounder auf sich. Sie lässt sich verführen, und sie treffen sich im Verborgenen, in einem Zuckerrohrfeld, in den Reisfeldern oder in den Kokosplantagen. Aber nicht alle sind Huren, auch wenn manche es akzeptieren. Sinnamma, das passiert nur, wenn wir es wollen. Ob Reddiar oder Naicker oder Gounder oder egal wer: Es geht nur, wenn wir einverstanden sind. Niemand kann uns zwingen, nicht einmal Isan, der uns geschaffen hat. Man kann sie mit allem Gold der Welt überschütten, aber die Frau muss ihre Zustimmung geben. »Komm, *ya!* Ich werde an dem und dem Ort sein. Dort wirst du mich finden.« So kann es gehen. Sonst nicht! Und das ist immer so, egal, wer der Mann ist, aus welcher Kaste, ob Reddiar, Gounder, Komutti oder Kosavan. Angenommen, ich gehe die Straße entlang. Ein Mann begehrt mich, und um meine Aufmerksamkeit zu erregen, wirft er mir einen kleinen Stein zu. Ich wende mich um ... Ich sehe ihn an. Es kann sein, dass ich wütend werde und sage: »Was willst du, Schmutzlappen? Was habe ich dir getan? Warum wirfst du einen Stein nach mir?« Aber wenn ich die Dinge anders nehme und ein wenig weiter gehen will, dann sage ich: »Was ist los? Was wirfst du einen Stein nach mir, einfach so, wo ich doch nur die Straße entlanggehe? Was habe ich dir getan?« Er wird antworten: »He, *me!* Ich habe den Stein aus Liebe zu dir geworfen! Mach nur kein Aufsehens davon, mitten auf der Straße!« Wenn es mir gefällt, kann ich ihn reden lassen, um zu sehen, was er mir zu sagen hat: »*Me*, ich möchte dich morgen wieder sehen, an diesem oder jenem Ort, zu dieser oder jener Stunde. Was meinst du? Lass deinen Onkel nicht im Stich!« Und an diesem Punkt, wenn ich kein Verhältnis mit ihm haben will, kann ich ihn ernsthaft herunterputzen: »He, Esel, du! Soll ich dich mit einem Besen segnen? Hältst du dich für Manmadan, dass du willst, dass ich deine Frau bin? Schmutzlappen! Denkst du, du bist mehr wert als mein Mann?« Oh ja. Nichts geht ohne die Zustimmung der Frau, selbst wenn sie eine Paratchi ist!

»Und was passiert, wenn es ein Verhältnis zwischen einem Mann aus dem *ceri* und einer Frau aus dem *ur* gibt?«

Ayayo! Ayayo! Ayo! Das ist ein Fehler, ein sehr schlimmer Fehler. Das darf man nicht sagen, Sinnamma! So etwas würde die Welt nie akzeptieren! Wenn ein Paria ein Verhältnis mit einer Reddiar oder einer Gounder hätte, dann könnten wir gleich anfangen, seine Knochen zu zählen. Wir könnten sie hier auf dem Boden aufsammeln und in einen Korb tun. Außerdem musst du wissen, dass diese Damen immer zu Hause sind, sie gehen nie allein aus. Das ist nicht wie bei uns. Wir sind immer draußen. Wir gehen auf die Felder, zum Brunnen, wir sammeln den Kuhdung auf. Es ist leicht, uns zu begegnen. Sie dagegen sehen nur die Männer aus ihrer Familie. Ihre Affären, die haben sie untereinander: unter Schwägerinnen und Schwagern, Onkeln und Nichten. Wenn es ein Verhältnis gibt, regeln sie das unter sich, so gut sie können, aber das kommt nicht vor den Dorfrat!

In den Kasten, in denen man sich scheiden lassen kann, ist es anders.[3] Der *panchayat* tritt zusammen, und dann muss man alles sagen: »Du bist die Frau eines anderen. Wo hast du diesen da kennen gelernt? Triffst du ihn regelmäßig? Wer war euer Mittelsmann?«

Wenn alles klar ist, fragt der *nattam* den Ehemann: »Du weißt, dass deine Frau mit einem anderen zusammen war. Bist du bereit, dich mit ihr zu versöhnen? Willst du sie wieder zu dir nehmen oder nicht?« Und die Frau fragt er: »Und du, willst du bei dem bleiben, der sich gebückt hat, um dir den *tali* um den Hals zu legen, oder bei dem, den du für dich gefunden hast und mit dem du zusammen warst?«

Sie wird antworten: »Ich will mit dem fortgehen, mit dem ich zusammen war. Ich will meinen Mann nicht mehr. Ich liebe ihn nicht mehr. Deshalb habe ich mir einen anderen Mann gesucht.«

Dann schickt der *nattam* die Frau mit ihrem Geliebten fort und sagt: »So lebt mit dem, was ihr gewählt habt!«, und zum Ehemann sagt er: »Geh! Sage deiner Familie, sie soll dir ein gutes Mädchen suchen, und heirate wieder!« Der *panchayat* setzt dann die Summe fest, die bezahlt werden muss. Wenn die Frau beschließt, ihren Mann zu verlassen, muss sie die Ausgaben für die Hochzeit ersetzen. Wenn es anders herum ist, muss der Mann die Entschädigung bezahlen. Und was soll mit den Kindern geschehen? Wir heiraten früh, wir machen Kinder, aber wenn der Mann seine Frau verlässt, wie soll er die Kleinen aufziehen? Auch aus diesem Grund kommen die Alten zusammen und legen fest, was an Entschädigungen gezahlt werden muss. Manchmal nehmen der Mann oder die Frau das Geld nicht an, weil sie sagen, dass Geld den Verlust eines Menschen nicht wettmachen kann. Sie sagen: »Nehmt dieses Geld für den Tempel!« Dann wird die Entschädigung halbiert: Die eine Hälfte geht an den Tempel, die andere an den *nattam* und die Ratsmitglieder, die die Sitzung bestritten haben. Auf einem großen Kupfertablett verteilen die beiden Parteien Betelnuss und Betel an alle Mitglieder des *panchayat*. Die Alten, die über die Affäre diskutiert haben, bekommen kein Geld.

Manchmal endet die Diskussion vor dem *panchayat* mit einer Versöhnung: Sandanam hat seine Frau wieder aufgenommen und sich bereit erklärt, über die Affäre hinwegzusehen. Aber im Fall von Rasatti wollte die Frau nicht bei ihrem Mann bleiben, und sie haben sie gehen lassen. Denn die beiden Parteien müssen sich einig sein, Sinnamma! Man kann niemanden zwingen, bei dem anderen zu bleiben oder mit ihm zu schlafen. Das gilt für alle Frauen, für dich wie für mich. Govinda hat uns alle gleich geschaffen, und niemand kann eine Frau berühren, ohne dass sie einverstanden ist. Mann und Frau müssen beide den Willen dazu haben, sonst wird die Hand des Mannes niemals fähig sein, sie auch nur zu streifen!

Ich sehe es bei Sundari, die mir Sorgen macht. Oder vielmehr Anban grämt sich ihretwegen, weil sie sich ganz allein einen Mann gesucht hat. Anban meint, die Leute würden sich über ihn lustig machen, wenn sie seine Schwester mit einem Jungen spazieren gehen sehen, den die Familie nicht ausgesucht hat. Er will, dass seine Schwester es so macht wie ich. Du weißt, Sinnamma, ich wurde ganz jung mit einem Alten verheiratet. Erst danach bin ich geschlechtsreif geworden. Anban selbst hat seine Nichte geheiratet, meine Enkelin Amsa, die noch nicht im heiratsfähigen Alter war. Aber heute werden die Mädchen später verheiratet, lange nach ihrer ersten Regel. Aber Sundari, die hat einen guten Jungen gefunden. Er war bis zur Klasse X[4] in der Schule, er besitzt ein Viertel *kani*, und er ist sehr solide. Anban findet, dass die Hochzeit bald festgesetzt werden muss, sonst ist es eine Beleidigung für den ganzen Klan. Sie haben versprochen, die Hochzeit im *avani* zu machen, und dann haben sie sie auf *panguni* verschoben. Aber man muss sie auch verstehen. Es sind zwei Brüder, die verheiratet werden müssen, und zwei Hochzeiten in derselben Familie, das ist eine große Ausgabe. Früher ist man mit fünfzig Rupien für eine Hochzeit hingekommen. Der künftige Ehemann musste nicht viel geben. Er hat einen Sari und einen Silber*tali* geschenkt, das war alles. Heute ist das anders. Der *tali* ist aus Gold, und das kostet mehr als dreihundert Rupien. Aber natürlich gibt die Familie der Braut am meisten aus, wegen der Mitgift. Heutzutage verlangen die Eltern des Jungen einundzwanzig Sachen mit der Aussteuer, darunter eine Uhr, ein Fahrrad, ein Radio, einen Ventilator, ein Bett, einen Schrank, Hosen, Hemden. Du wirst das alles selber sehen, wenn du deinen Sohn und deine Tochter verheiratest, Sinnamma! Das möchte ich gern sehen, *ayo! Andava*.

22
BESESSENE UND BÜSSER

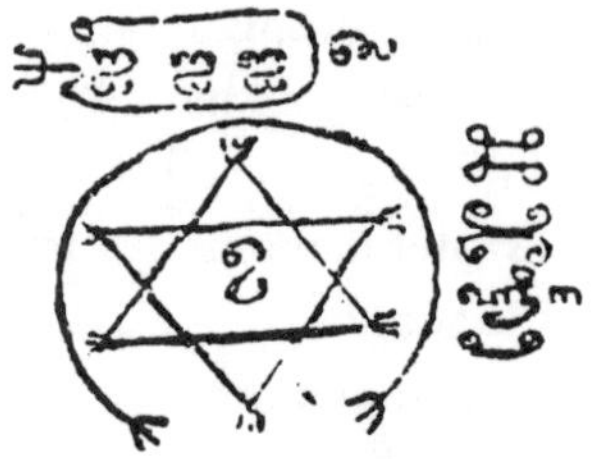

Ich habe dir gesagt, dass die Bettler, die singen, neulich erst ins *ceri* gekommen sind, Sinnamma. Vairakkannu hatte den *nattam* um Erlaubnis gefragt, und er hat für sie gesammelt. Am selben Tag war auch die *puja* für Periyandavan. Die Sänger haben den Zug begleitet, der mit dem *pongal*-Krug zurückgekommen ist. Sie haben für Kali gesungen:

Die rohe Leiche hast du gegessen, nicht wahr,
Triefend vor Milch?
All die Knochen, die herumliegen, hast du zermalmt, nicht wahr,
Und dir gesagt, dass sie süß wie Rohrzucker sind?
Die Kniescheibe hast du gegessen, nicht wahr,
Und dir gesagt, dass es *murukku* ist?
Du hältst den Knüppel in der Hand,
Du trägst den Brustpanzer und den Bogen!
Du packst die Lanze,
Du trägst den Brustpanzer und den Bogen!

Als sie das hörte, ist Amsa in Trance gefallen, und niemand konnte sie bändigen. Wir haben sie zu Murugaiya Gounder gebracht, damit er ihr ein Amulett gibt.

Murugaiya Gounder ist nicht nur der *nattam* im Dorf, er heilt Verhexte und ist ein guter Exorzist. Du weißt es, du hast die Schlange vor seinem Haus gesehen. Jetzt muss man eine Nummer ziehen und warten, bis man an die Reihe kommt. Weil er alles weiß, alles tun kann. Willst du zum Beispiel ein Kind? Oder willst du keins? Er weiß, was zu tun ist. Er gibt geknotete Schnüre, Talismane, Amulette. Er treibt die bösen Geister mit Zedrachblättern aus. Er kann böse Zauber lösen, aber er sagt einem nie die Namen von denen, die sie gemacht haben. Er kann auch jemanden verhexen. Wenn dich zum Beispiel jemand verführen will, und du willst es nicht, wird der Mann zum Gounder gehen, der einen Zauber macht und dich damit belegt. Dann vergisst du die Welt, deinen Vater, deine Mutter, deinen Mann, deine Familie, und du folgst dem, der dich will. Er führt dich in sein Dorf, und du lebst tagein, tagaus mit ihm. Dein Mann, der den schönen Tagen mit dir nachtrauert, wird zu einem anderen Exorzisten gehen, um den Zauber zu brechen, mit dem du belegt bist, denn der, der den Zauber macht, kann nie derjenige sein, der ihn wieder auflöst. Dafür brauchst du jemand anders. Eheleute können sich auch untereinander verhexen. Wenn ein Mann seine Frau nicht mehr dazu bringen kann, dass sie ihm gehorcht, wird er sich sagen: »Sie ist unverschämt geworden, sie redet nicht mehr mit mir, wie es sich gehört. Vielleicht hat sie anderswo etwas Besseres gefunden?« Und er wird zum Gounder gehen, um die Sache zu regeln.

Meine Nichte Virayi ist dadurch sehr krank geworden. Sie war ein schönes Mädchen, fröhlich und arglos. Und plötzlich hat sie den ganzen Tag nur noch im Bett gelegen und ihren Kopf im Sari vergraben. Sie hatte Kopfschmerzen, Schüttelfrost, schwere Beine. Keine Medizin hat geholfen. Ihre Eltern, die Verdacht geschöpft haben, haben sie zu einem *pusari* in Erippattu gebracht. Der *pusari* ist in Trance gefallen. Der Gott ist in ihn gefahren, und er hat alles gesagt: Virayi war auf Verlangen eines Mannes von dieser oder jener Hautfarbe und Größe verhext worden, der in einem nach Süden ausgerichteten Haus lebt. Dann hat der *pusari* verlangt, dass wir ihm Sesamöl bringen, das er Virayi zu trinken gegeben hat. Dann hat er ihr eine Pflanzenmedizin gegeben, die sie mit einem halben Liter *rasam* schlucken musste. Natürlich hat sie den ganzen Tag Durchfall gehabt, und eine kleine glatte Kugel ist herausgekommen. Der *pusari* hat gesagt, dass jemand diese Kugel, die verhext war, in eine Fischsauce getan hat. Virayi hat sie geschluckt, ohne es zu merken. Der *pusari* hat ihr gesagt, dass sie diese Kugel gut sauber machen und allen Leuten zeigen soll, der ganzen Familie, damit jeder weiß, was ihr passiert ist. Seitdem ist Virayi wieder fröhlich und lustig.

Es kommt auch alles auf die Sterne eines jeden an. Wenn Virayis Sterne schlecht gestanden hätten, dann hätte sie sterben oder lauter Fehlgeburten bekommen können, oder ihre Babys wären alle ganz klein gestorben. Aber es gibt solche und solche Zauber. Wenn einer im Essen versteckt ist, kann man ihn leicht wegnehmen. Dagegen kann es sehr gefährlich sein, wenn er in einem Baum versteckt ist: in einer männlichen Kokospalme oder einer Bananenpalme. Und wenn er im Ganges aufgelöst ist, dann ist er tödlich. Wenn er weggeht, nimmt er deinen Kopf mit.

Mein Großvater Samikkannu hat gesagt, dass ein Hexerlehrling immer erst mit einem Hund übt. Ein guter Hexer muss einen Hund auf einen Streich töten können, sonst wird er nie gut sein, und wenn der Hund am Leben bleibt, bellt er Tag und Nacht weiter. Wenn der Hexer nicht Erfolg hat, war sein Mantra nicht stark genug. Der Dämon gehorcht ihm nicht. Denn der Dämon ist der Bote des Hexers. Er bringt den Zauber dort an, wo er hinsoll: da, wo die Leute schlafen oder sich waschen oder den Kuhdung aufsammeln oder arbeiten, im Wald ... Unser Iyer, der, der beim Tempel von Pillaiyar wohnt, ist auch Exorzist. Er gibt Amulette und kennt seine Mantras gut. Aber in den schweren Fällen gehen wir zu Murugaiya, obwohl er teurer ist.

Bevor Murugaiya Gounder Exorzist wurde, haben wir unsere Verhexten nach Kuttavaram gebracht. Wenn jemand zusätzlich noch von einem Dämon besessen war, sind wir nach Malayanur gegangen. Dort waren wir einmal wegen meiner Schwiegermutter. Ich war damals jung verheiratet und hatte noch keine Kinder. Wir haben Geschirr und Essen mitgenommen und am Ufer des Palar gelagert. Mittags haben wir Reis gekocht, mit einer Sauce aus Auberginen und gesalzenem Fisch. Am Nachmittag, gegen vier Uhr, sind wir zu Fuß am Fluss entlang zur Verbrennungsstätte gegangen. Hunderte von Leuten sind wie wir dorthin gepilgert, jeder mit seinem Besessenen. Ich weiß noch, dass vor uns eine schöne Frau ging, die von einem Dämon besessen war. Sie hat aus vollem Hals gesungen:

> Beim großen Banyanbaum, nicht wahr?
> Da hab ich dich getroffen.
> Beim großen Banyanbaum, nicht wahr?
> *Nanna, na, nanna,*
> Oh Dämon, lass ab von mir!

Sie hatten ihr eine dicke Schnur um die Brust und die Hüften gewickelt, und fünf oder sechs Leute zogen sie, aber sie ließ es sich nicht gefallen

Kapok bemalt eine Wand.

Menschen im *ceri* von Karani.

Auf dem Markt von Tirulagam.

Almanache und Kalender (*oben und Mitte*).
Wahlkampagne: Parteien-Vielfalt ... (*unten*).

Im *ur*: der Tempel von Isvaran (*oben*). Büßerprozessionen (*Mitte und unten*).

Tai-pusam-Fest (*die beiden oberen Bilder*).
Das Fest von Draupadi.
Im *ceri*: Harichandra.

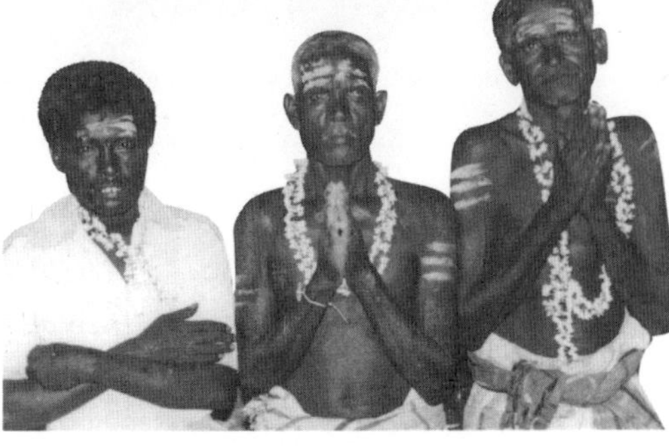

Eine Exorzismus-Szene (*oben rechts*). Beten und Opfern.

Viramma und ihre Tochter mit Josiane und Jean-Luc Racine (*oben*).
Viramma zwischen Josiane Racine und Jean Malaurie (*unten*).

und zerrte in die andere Richtung. Es war der Dämon in ihr, der sich so sträubte, Sinnamma! Arme Frau! Anscheinend war sie aus Maruttur. Wie alle Besessenen lief sie in alle Richtungen, nur nicht in die richtige, die zum Tempel von Malayanur.

Neben dem Tempel ist ein brennender Scheiterhaufen. Sobald die Besessenen zum Tempel kommen, reißen sie sich von ihrer Familie los und stürzen zum Feuer hin. Dort schreien und springen und tanzen sie und wälzen sich auf der Erde. Man braucht wirklich Mut, um das mitanzusehen, Sinnamma! Ich weiß nicht, wie ich es ausgehalten habe. Und dann dieser Banyanbaum, der mit Haarlocken behängt ist! Wenn du diesen Stamm sehen würdest, mit den ganzen Haaren darauf, würdest du wissen, wie viele Leute nach Malayanur gehen! Der *pusari* schlägt die Besessenen mit einem Zedrachzweig, und dann reicht er ihnen ein Leichenstück, das vor Fett trieft. Du kannst dir denken, Sinnamma, dass kein normaler Mensch das essen würde: Es sind diese verfluchten Dämonen, die sich daran mästen, während die Besessenen es kauen! Schon auf dem Weg zum Tempel gehen manche Dämonen nicht weiter und sagen: »Lasst mich, ich kehre in mein Reich zurück.« In der Nähe des Scheiterhaufens gehen auch andere weg: »Ich kann nicht mehr, ich werde sie verlassen. Ich gehe. Ich kehre nach Hause zurück.« Aber die Verstocktesten sträuben sich und sagen: »Nein! Ich weiche nicht von ihr! Gebt mir, was mir zusteht, sonst gehe ich nicht!« Dann opfert der *pusari* einen Hahn oder eine Ziege. Er vermengt ihr Blut mit kleinen Reisbällchen und wirft sie dem Besessenen ins Gesicht. Erst dann ergibt sich der Dämon. Er nimmt die Hand des *pusari* und schwört: »Ich werde sie nicht mehr besessen machen. Es ist zu Ende. Ich weiche von ihr. Bringt mich dorthin zurück, wo ich hinsoll!« Dann packt der *pusari* den Besessenen an einem Haarbüschel mitten auf dem Kopf und wickelt es um eine dünne Spitze. Er führt den Besessenen zu dem großen Banyanbaum und nagelt ihn mit den Haaren am Baumstamm fest. Dann schneidet er das Haarbüschel ab. Er bringt den Besessenen zum Tempel zurück und steckt ihm glühend heiße Asche vom Scheiterhaufen in den Mund. Und jetzt weicht der Dämon endgültig. Es heißt, dass er in die Berge flieht. Erst nachdem sie in Malayanur war, hat meine ältere Schwägerin Kinder bekommen …

Uns hat einmal Murugaiya Gounder geheilt. Mein Mann war krank, und Anban auch, aber bei meinem Mann war es am schlimmsten. Wenn der Gounder nicht gewesen wäre, wäre mein Hals heute nackt.[1] Alles hat mit Hitzeschauern angefangen, dann ist eine kleine Beule gekommen und so groß wie ein Spielzeugkrug für Kinder geworden. Ich habe ihm Umschläge mit Betel und Stechapfel gemacht. Wir hatten das Gefühl, dass es besser wurde. Die Beule ist geplatzt. Aber nach einigen Tagen fing es von vorne an, und es ist aufgegangen und wieder zugeheilt. Der arme Mann hat so gelitten. Und wie sollte er arbeiten gehen, pflügen gehen, mit einem solchen Abszess auf der Brust? Wir haben Geld verloren. Aber das war nicht alles. Eines Tages haben wir Jasmin in der Sauce gefunden, an einem anderen Tag eine menschliche Kniescheibe im Feuer. Oder eine Zitrone in dem Kuhfladen, den ich aufgesammelt hatte. Ein anderes Mal ist Anban ganz außer sich angerannt gekommen: Er hatte Blut in dem Wasserkrug gefunden, der zum Trinken bereitsteht.

Ich hatte genug von diesen ganzen Geschichten. Ich habe einen Exorzisten aus Ottumedu kommen lassen, damit er mir die Wahrheit sagt. Aber nicht alle Exorzisten sind ehrlich. Manche lassen sich für nichts teuer bezahlen. Der Exorzist hat mich in die Mitte des Hauses gesetzt, das ich gründlich sauber gemacht hatte, mit Kuh-Urin besprengt und mit Kuhdung eingerieben. Er hat Kreise und Rechtecke auf den Boden gemalt. Rund herum hat er Opfertabletts aufgestellt und Mantras gesungen, aber er hat nichts gefunden. Er ist mit fünf Rupien wieder abgezogen. Selvaraj hat mir dann einen Kerl aus Pombur empfohlen. Der hat eine komplette Mahlzeit mit weißem Reis, gelbem Reis, Fleisch und Palmwein als Opfer verlangt. Er hat Zitronenviertel in alle Richtungen geworfen und Mantras gesungen. Aber nichts hat sich geändert.

Ich war damals auch krank, so krank, dass ich meine Arbeit beim Reddi nicht mehr machen konnte. Da habe ich beschlossen, zum Gounder zu gehen. Zu ihm kommen Leute aus allen Ländern, warum sollte er mich nicht auch heilen können? Aber ich hatte Angst, dass es sehr teuer war. Das haben alle gesagt. Er hat nichts für sich verlangt, aber man musste eine große Summe in die Opferbüchse werfen. Ich hatte nicht die Mittel dazu und traute mich nicht. Doch eines Tages habe ich meinen Mut zusammengerafft und eine Nummer gezogen, und mein Mann und ich sind zum Gounder gegangen. Ich habe zu ihm gesagt: »*Sami!* Wir sind seit Monaten krank und wissen nicht, was wir tun sollen. Wir wenden uns an Euch. Heilt uns!«

Er hat die Augen geschlossen. Er hat etwas gemurmelt und mir geantwortet: »Deine eigene Schwägerin, die jüngere Schwester deines Mannes, hat dich vor einem Jahr und neunzig Tagen mit drei Eiern verhext, die sie an drei verschiedene Stellen gelegt hat. Willst du von dem Zauber befreit werden, ohne dich zu rächen, oder willst du es ihr heimzahlen?«

Diese Dinge entscheidet er nicht eigenmächtig: Er macht, was man ihm sagt. Ich habe ihm gesagt: »*Sami*, diese Frau ist eine Eselin! Sie hat keinen Verstand, deshalb hat sie das getan. Ich will es ihr nicht heimzahlen. Heilt uns einfach, das genügt.«

Wir mussten ihm Kupfertäfelchen bringen, die ich beim Goldschmied von Tirulagam gekauft habe. Er hat uns mit Zedrachzweigen exorziert. Dann hat er Kreise und Rechtecke auf die Täfelchen gemalt und etwas darauf geschrieben. Er hat die Täfelchen zusammengerollt und in silberne Röhrchen gesteckt, die er uns gegeben hat.

Zu Hause habe ich der ganzen Familie erzählt, was diese Schwägerin gemacht hat. Wir haben sie angespuckt. Mein Mann hat sich geschämt für seine Schwester. Warum war sie uns so übel gesinnt? Wir hatten uns die Sachen der Eltern redlich geteilt. Die beiden Schwestern waren verheiratet, wie es sich gehörte. Warum also hat sie sich uns gegenüber so benommen? Es war die reine Eifersucht, Sinnamma. Weil wir *adimai* beim Reddiar sind und dank ihm ein paar Tiere kaufen konnten und weil wir unsere Kinder anständig verheiraten konnten. Seitdem gehe ich nicht mehr so oft zum Reddiar und arbeite mehr zu Hause. Das alles hat sie neidisch gemacht. Übrigens ist sie nicht zu Anbans Hochzeit gekommen, und wir sind auch nicht zu der Hochzeit von ihrem Sohn gegangen. Der *nattam* wollte uns versöhnen: »Ihr seid die Älteren, ihr müsst die Eltern ersetzen. Legt euren Groll beiseite und ehrt die Alten.« Aber mein Mann und ich wollten nicht. Ich habe gesagt, dass wir den Brautleuten schicken würden, was sich geziemt: einen *soman*, einen *tundu* und einen Sari, aber dass wir ihnen nicht die Ehre erweisen würden, hinzugehen.

Wenn ich erzähle, was wir alles erdulden mussten, kann ich es kaum fassen, dass sie uns so übel wollte. Anban will nichts mehr von diesen Geschichten hören, und er sagt, er glaubt nicht an Hexerei. »*De!* Hör auf mit dem Geschwätz, *de!* Wie, diese einäugige Hure hat eine verhexte Zitrone bei dir hingelegt, und das soll dich krank gemacht haben? Und du erzählst das alles, als ob es wirklich wahr ist?«

Ich sage ihm: »*Ayo!* Anban! Beleidige sie nicht so! Sie hat ihre Fehler, aber deshalb darfst du trotzdem nicht so über sie reden! Sie ist schließlich eine Frau wie ich auch!«

Und das stimmt. Ich verstehe mich nicht mit ihr, aber das ist kein Grund, schlecht über sie zu reden. Glaub nicht, dass sie eine Hure ist, Sinnamma! Nein, nein, nein! Aber sie kann sich nicht beherrschen. Sie brüllt und flucht wegen nichts. Sie hat vor niemandem Respekt. Sie sagt zu meinem Alten: »Schmutzlappen! Schwuler! Du bist nur auf den Saft deiner Frau aus! Dein Schwanz arbeitet nur für sie! Ich möchte wissen, warum er so viel Getue um sie macht, dieser Schwule!« Nein! Sie hat überhaupt keine Zurückhaltung! Reden wir nicht mehr von dieser Frau, Sinnamma.

Auf jeden Fall haben die Talismane von Murugaiya Gounder die Geister und Dämonen vertrieben und uns bis heute beschützt! Ich trage meinen um den Hals, zusammen mit meinem *tali*. Mein Mann und Anban tragen ihren um die Hüfte. Wenn du Probleme hast oder jemand krank bei dir ist, dann geh nur zum Gounder, Sinnamma, auch für die Kinder oder den Sir. Ich werde eine Nummer für dich ziehen. Er ist ein *samiar*, er hat viel Macht. Die Leute kommen von weither zu ihm: von Mysore, Bangalore, Haiderabad, und er hat bei allen Erfolg!

Er hat auch das *bhakti*, hier im Dorf. Weil er rein ist. Er hat die Macht, sich Murugan zu nähern. Natürlich befolgt er dazu alle Regeln, aber das genügt nicht. Er kann es machen, weil er das *bhakti* von Murugan hat. Er hat den Tempel von Murugan in Karani bauen lassen, und er organisiert jedes Jahr das *Tai-pusam*-Fest. Im ersten Jahr, als das Dorf *Tai pusam* gefeiert hat, hat er Murugan ein Gelübde abgelegt, dass er hundert Kokosnüsse auf seinem Kopf zerschlagen würde. Aber die Ältesten haben ihn bei zehn angehalten. Jedes Jahr zu *Tai pusam* werden dem Gounder sieben Reinigungen gemacht: fünf mit frisch gemahlenem rotem Chilipulver, eine mit Milch und eine mit Joghurt, zur Erfrischung. Während dieser Zeit lassen sich die Pilger Nadeln dort hineinstechen, wo es ihnen wehtut: in die Wangen, in die Schläfen, in die Zunge.[2] Dieses Jahr sind ein paar Leute vom *ceri* zum Gounder gegangen, um ihn zu fragen, was man tun muss, um ein Büßer zu sein und sich die Nadeln setzen zu lassen, sei es zum Dank oder um geheilt zu werden, so wie Virayi, die seit Monaten Schmerzen in der Brust hat. Er hat ihnen gesagt, dass man sauber sein muss, keine Beziehungen haben darf, auf einer neuen Matte schlafen und in neuen Krügen kochen muss, nur Gemüse. Er hat auch die Tage genannt, an denen man fasten muss. Die Büßer haben alles befolgt, was er gesagt hat, selbst die Kleinen, die die *kavadi* tragen. Der Gounder selbst verkauft schöne, mit farbigem Papier bezogene *kavadi*, die er beim Schreiner machen lässt. Jeder kann *kavadi* tragen, auch die Alten.

Du hast gesehen, wie sie dem Buchhalter Haken in den Rücken gemacht haben, um ihn aufzuhängen und mit zwei anderen Männern herumzudrehen, Sinnamma. Viele stürzen sich dann auf sie und legen ihnen kranke Neugeborene in den Arm. *Ayo! Ayo!* Manche kommen von weither, um Büßer zu sein. Es gibt welche, die Traktoranhänger mit Haken im Rücken ziehen. Wir haben alle Angst um den Sohn von Kannan und den Bruder von Nettappakkatta gehabt: Der eine hat einen kleinen Karren gezogen, der andere einen Mahlstein. Bei uns kann man nie wissen, Sinnamma! Wir sind unrein, wir können einen Fehler machen, ohne es zu merken. Maduraipakkitan hatte zehn Kokosnüsse an zwei Haken an seinem Rücken hängen. Wir sind ihnen gefolgt und haben gerufen: »Govinda! Govinda!« Ihre Verwandten haben sie auf dem ganzen Weg mit Kurkuma-Wasser besprengt und geschrien: »Vel Muruga! Vela! Vel Muruga!« Gott sei Dank haben sie die drei Runden geschafft, ohne dass es Probleme gab. Als die Jungen endlich beim Tempel angekommen sind, hat der *pusari* ihnen die Haken herausgezogen. Er hat Asche auf die Wunden getan. Er hat sie auf eine Matte gelegt, fern von allen Unreinheiten, und hat sie mit Kuh-Urin und Kurkumawasser besprengt. Dann hat er sie mit Zedrachzweigen geschlagen. Er hat sie mehrmals die Büßergesten machen lassen und schließlich nach Hause geschickt. Ihr *bhakti* hat sie gerettet. Wenn sie einen Fehler gemacht hätten, hätte es ihnen das Fleisch herausgerissen, die Wunden hätten sich entzündet, sie hätten sogar ersticken können. Kein Unreiner darf sie in diesem Augenblick ansehen, damit Murugan nicht zornig wird und sie zurückweist. Das ist der Grund, warum die *kavadi*-Träger niemals ins *ceri* kommen und sehr wenig Leute an diesem Fest teilnehmen. Wir kochen nur *pongal* beim Teich drüben und sehen von ferne zu. Nur die Kinder gehen hin, um etwas von den Opfergaben zu bekommen, die die Leute dem Gounder geben, wenn er vorüberkommt, von einer Lanze durchbohrt, auf Holzsandalen, die mit Nägeln, so lang wie mein Finger, gespickt sind. Er geht an der Spitze der Büßer, die alle eine Lanze durch ihre Wange gebohrt haben. *Ayo*, Sinnamma! Welche Gefühle! Welche Spannung! Wir schreien: »Muruga! Oh Muruga!« Die Leute kommen mit einer Kelle *kungamam* aus den Häusern und schütten es auf den Weg, den die Büßer nehmen. Sie besprengen den Gounder mit Fieberstrauch- und Kurkumawasser.

Sie stellen Milchsuppe, Joghurtreis, Reismehlkuchen, geröstete Kichererbsen zu ihren Füßen hin.

Ich habe dieses Fest noch nie von so nahe gesehen wie dieses Jahr, Sinnamma. Sonst sehe ich von weitem einen Augenblick zu, dann gehe ich weiter, denn es gibt immer zu tun: die Kühe, die Ziegen, den *kanji* bringen. Und wenn ich die Gendarmen mit ihren Küppeln sehe, habe ich Angst, dass ich in eine Schlägerei gerate. Und vor allem, um das mitanzusehen, muss man viel *bhakti* haben. Und wir, die Leute der Hölle, wir haben es nicht, da können wir uns noch so sehr anstrengen. Ich habe Angst, dass Murugan böse wird. Ich habe Angst, dass er mich peitscht oder mir ein Bein lähmt oder mich sogar in Fetzen reißt! Ich, die ich so viele Kinder habe, ich, die ich sogar Enkelkinder habe, ich bin noch nie zum Tempel von Murugan gegangen. Ich habe zu viel Angst. Bei uns kann man nie wissen, unrein wie wir sind. Aber dieses Jahr, Sinnamma, habe ich am Morgen die Kuh angebunden, ich habe ihr zu fressen für den Tag gegeben, und weil du da warst, habe ich die Gelegenheit genützt und bin mit den anderen gegangen, alle sehr gut gekleidet, um die Bräuche der Anbeter von Murugan zu sehen.

23
WIE EIN FELD MIT ROTEM HIBISKUS

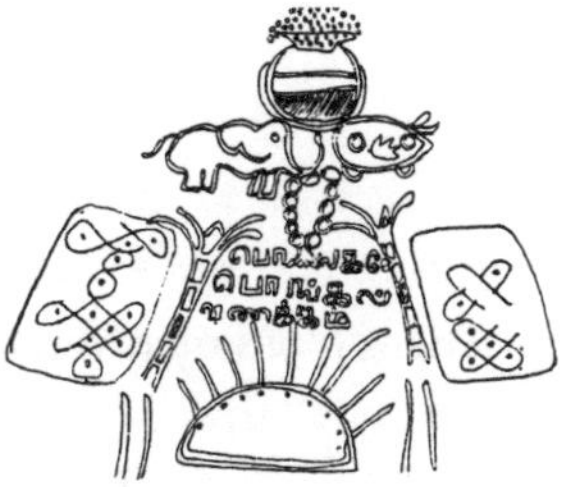

Vor Murugan habe ich Angst, Sinnamma, aber ich liebe Aiyanar. Er ist ein Gott für alle, groß und gut, und wir beten oft zu ihm. Er ist im *ur*, im Osten.[1] Niemals dürfen wir in seinen Tempel gehen, selbst heute nicht. Oft opfere ich ihm Kampfer, den ich dem Priester gebe; er macht die *puja* im Tempel für mich und zeigt mir nachher die Asche. Auf dem Weg zu oder von der Arbeit – denn viele Felder sind auf dieser Seite – werfen wir uns vor ihm nieder und grüßen ihn mit zusammengelegten Händen, mit den Worten: »Vater Aiyanar, erhalte uns in guter Gesundheit hier unten und behüte uns, wo wir später hingehen müssen!«

Als mein Schwager sehr krank war und jeden Tag Blut spuckte, hat er Aiyanar ein Gelübde abgelegt. Er hat versprochen, ihm ein Schaf zu opfern. Am Tag des Opfers hat er das Schaf gut vorbereitet, mit einem *pottu* auf der Stirn und einer Blumenkette um den Hals. Wir sind im Prozessionszug aufgebrochen, mit allem, was für die *puja* nötig war. Und was sag ich, dem Schaf musste niemand den Weg zeigen, es hat sich direkt vor dem Tempel von Aiyanar niedergelegt. Vom *puja*-Tablett hat der Priester die Hälfte zurückgegeben und den Rest für sich behalten. Nach dem Schafsopfer, am nächsten Tag, hat er der Familie Fleisch gegeben, ungefähr acht bis zehn Kilo. Mein Schwager hat es mit *pongal* an alle *pangali* verteilt. Ich habe Aiyanar einmal für meine schwarze Kuh ein Opfer gebracht. Die Kuh hatte die ganze Zeit gelben Ausfluss. Ich habe ein Gelübde abgelegt. Und als meine Kuh geheilt war, habe ich Aiyanar ein Maß Reis, eine Kokosnuss, Blumen und Bananen geopfert, und ich habe ihm *pongal* gekocht. Der Priester hat ihm das alles geweiht, und er hat mir den *pongal* zurückgegeben. Zu Hause habe ich ihn an die ganze Familie verteilt.

Am Tag des *Pongal* feiern wir auch Aiyanar.[2] Das Fest findet auf dem großen Platz vor seinem Tempel statt. Aiyanar ist da, mit seinen Pferden, bereit, im Wald zu jagen. Zwei junge Burschen bewachen seinen Tempel. Der eine, der im Sitzen die Trommel schlägt, ist ein Armer wie wir. Der andere, der mit seinem Stock und seinem Silberbeutel dasteht, ist der Sohn eines Reichen, er ist der westliche Wächter. Alle diese Statuen von Pferden oder Wächtern sind Opfergaben der Gläubigen. Die ganze Welt betet Aiyanar an. Und weil er die ganze Welt beschützt, Mensch und Vieh, bringen wir am Tag des *Pongal* alle Tiere zu seinem Tempel.

Das große *Pongal* feiern wir bei uns nicht. Das ist das *Pongal* für Leute wie du oder der Reddiar. Beim Reddiar kochen sie an diesem Tag ein volles Maß neuen Reis in einem großen neuen Krug, der mit Ingwer- und Kurkumawurzeln geschmückt und mit Girlanden aus Reisähren behängt ist. Sobald der Reis zu kochen anfängt und das Wasser überläuft, rufen sie: »*Pongalo! Pongalo! Pongalo!*«, und sie fangen schnell das Wasser, das über den Krug schwappt, in einem anderen Krug auf. In einem großen Krug wird dieses *Pongal*-Wasser mit Wasser aus dem Brunnen des Tempels von Aiyanar vermischt, das vom Priester gesegnet wurde. Dann muss jeder dieses Wasser so schnell wie möglich auf sein Land tragen. Ob jemand nur ein paar Morgen oder hundert Morgen besitzt, er muss seine Felder mit diesem *Pongal*-Wasser besprengen, an allen vier Ecken, und rufen: »*Pongalo! Pongalo! Pongalo!*« Dann gehen alle nach Hause zurück und nehmen ein Bad.

Für uns zählt nur das *Pongal* der Ochsen, der Tag des Fleisches, dann das *Pongal* der Kälber. Eine Woche vor Beginn des Monats *tai* holt mein Mann mit dem Reddiar den ganzen Schmuck für die Kühe und Ochsen hervor: Glöckchen, *koppi* … Dann säubert er alles und hält es bereit. Anschließend kauft er Farbtöpfe in Tirulagam. Der Reddiar sucht die Farben aus: Rot, Grün, Blau, Gelb. Manche nehmen die Farben der Kongress-Partei, andere die des D. M. K. Mein Mann malt die Hörner von allen Tieren des Reddi an – es sind mindestens dreißig –, und mit der restlichen Farbe macht er auch die Hörner unserer Tiere. Dann holt er Hirseähren, Sesamstängel, junge grüne Mangos, Malakka- und Malabarfrüchte, Schwarzbohnen, alle möglichen Pflanzen … Er vergisst auch die Kokosfasern nicht, die er in großer Menge mitbringt, um Seile daraus zu machen. Mit all dem windet er lange Girlanden, die er dem Reddi am Vorabend des Ochsen-Pongal in einem großen Korb bringt. Der Reddiar gibt ihm dann zwei Rupien, *sikakai* und Öl für ein Bad. Am nächsten Tag in aller Frühe holt er die Kühe und Ochsen heraus und führt sie zum

Teich. Er wäscht alle Tiere, eines nach dem anderen, und reibt sie mit Kurkuma ein, ehe er ihnen einen *pottu* auf die Stirn malt. Dann bringt er den Schmuck an und führt die Tiere in den Stall, um ihnen zu fressen zu geben. Endlich wäscht er sich selber, nimmt sein Ölbad und geht zum Reddiar, der ihm an diesem Tag eine komplette Mahlzeit auf einem Bananenblatt vorsetzt. Nach seiner Mahlzeit bindet er die Girlanden um den Hals der Tiere, die jetzt fertig sind für die Parade. Er zieht sich um, legt den *soman* und den *tundu* an, den der Reddiar ihm bei der Mahlzeit gegeben hat, und er kehrt ins *ceri* zurück. Er macht unsere eigenen Tiere fertig, die Anban gewaschen hat, und alle beide hängen ihnen die Girlanden um. Alle Parias, die *adimai* bei einem Reddiar sind, machen es wie wir. Sie bereiten erst die Tiere ihres Herrn vor, und dann ihre eigenen.

Auf diese Weise ist das gesamte Vieh des Dorfs gegen vier Uhr fertig, die Tiere vom *ur* und die vom *ceri*. Um diese Zeit findet die große Parade statt. Alle schließen sich mit ihrer Herde der Menge an. Mein Mann führt die Tiere des Reddiar, Anban die unseren. An der Spitze der Prozession hört man die Trommeln der Paria-Musiker dröhnen: *para para para!* Dann kommt das *naiyandi*-Orchester und dahinter die Herden. Noch weiter hinten folgen die Karren mit den Kindern, und wir Frauen, alle sauber gekleidet, mit Blumen in den Haaren, dem *pottu* auf der Stirn, dem *puja*-Korb auf den Hüften, wir beschließen den Zug. So ziehen wir alle durch die Hauptstraße, in der es von Tieren wimmelt. Die Pflugochsen gehen stolz im Takt mit ihren Glocken: *dschalog, dschalog, dschalog!* Alle Tiere vom *ceri* und alle vom *ur*, ohne Ausnahme, das ergibt eine Menge, Sinnamma! Die Kühe sind übermütig, sie machen kleine Sätze mit ihren Klingelglöckchen: *dim dam dim dam dim!* Und die Kinder sind selig und schreien vor Freude. Alle gehen zum großen Platz des Tempels von Aiyanar. Dort werden alle Tiere in der Mitte versammelt, und wir stellen uns im Kreis herum. Niemand kann entkommen, so viele Leute sind da! Wir warten jetzt auf die Ankunft der Götter aus den Tempeln von Isvaran und Perumal, die, von Traktoren gezogen und vom Orchester der Barbiere begleitet, erscheinen. Die Götter halten vor dem Tempel von Aiyanar an. Kampfer wird für sie angezündet, die Musiker spielen sehr laut, und unsere *totti* rufen: »*Pongalo, pongal!*« Dann ist es so weit, die *puja* für Aiyanar wird gemacht, und die Kühe werden gejagt. Die Kinder rennen ihnen durch alle Straßen hinterher und schreien auch: »*Pongalo, pongal!*«, während sie versuchen, Zuckerrohrstückchen, junge Mangos, Hirseähren von den Hälsen der Kühe zu reißen.

Inzwischen gehen alle mit ihrem Korb voll Opfergaben zum Tempel hinauf: Ich gebe den unseren, mein Mann den des Reddiar: mit Kokosnüssen, Bananen, Kampfer, Blumen, gezuckertem Reismehl. Wir Frauen tanzen den *kondam* und singen *kavadi*-Lieder, Arbeitslieder, Lachlieder … Danach sammelt jeder seine Tiere ein und geht nach Hause. Mein Mann bringt den Opferkorb zum Reddiar zurück, der ihm ein wenig von allem gibt: eine halbe Kokosnuss, Bananen, Reismehl. Und der Reddiar füllt uns, seinen *adimai*, den Bauch, indem er der ganzen Familie eine richtige Mahlzeit auf Bananenblättern vorsetzt. Es gibt alle Sorten Gemüse, gebratene Auberginen, Kürbis, Zuckerrüben, Karotten, *sambar*. Alles wurde in seiner Küche zubereitet. Nach dieser Mahlzeit gibt der Reddiar seinen *adimai* die Kleider des Jahres; die anderen Arbeiter bekommen Geld. Ich habe dieses Jahr zu meinem geblümten Sari noch eine rote Bluse bekommen. Mein Mann, ich habe es dir gesagt, hat einen *soman* und einen *tundu* bekommen. Aber unserem Anban, weil er jung ist, hat der Reddiar eine Hose und ein Hemd gegeben …

An diesem Tag des Ochsen-*Pongal* kochen wir auch *pongal* im *ceri*. Jeder gräbt ein Loch vor seinem Haus, macht ein Feuer darin, und in dem Feuer kochen wir Reis in einem großen neuen Topf. Zu diesem Fest werden alle Häuser frisch geweißt und geschmückt. Du hast es gesehen, Sinnamma: Kapok, den du kennst, macht die Zeichnungen auf den Wänden. Ich mag ihn gern, diesen Jungen. Oft kommt er an meine Tür, um zu reden, und ich gebe ihm Betel. Seine Frau hat ihn verlassen, sie sagt, dass er impotent ist … Er arbeitet sehr sorgfältig, Kapok. Vor *Pongal* probiert er alle Arten von Pflanzen auf der Erde aus, um die Farben herzustellen. Er wählt die, die länger halten; am schwierigsten sind die Grüns. Er mahlt auch Backsteine, so wie wir es beim Reismehl machen. Jedes Jahr geht er mir bei den *kolam* zur Hand, und er zeichnet auf meine Wände. Er hilft auch, alles für die *puja* für unseren Gott vorzubereiten. Das Werkzeug muss an seinen Platz gebracht werden, die Hacke, die Sichel, die Hippe; aber auch der Pflug und die Reiskelle, all das gut geschmückt mit Kokosnüssen, Bananen, Blumen, Kampfer. Wenn wir die *puja* gemacht haben, gebe ich ihm eine große Portion *pongal*. Auf ein anderes Bananenblatt lege ich von allem ein wenig und gebe es meinen Kühen zu fressen.

Am Tag nach dem Ochsen-*Pongal* ist der Tag des Fleisches. Das ist ein großer Tag für uns! Auf den freuen wir uns am meisten! Im *ceri* wird an diesem Tag Rindfleisch verkauft. Selbst im *ur* wird Fleisch gegessen, aber dort natürlich Lamm! Ich kaufe immer zwei oder drei Stück Rindfleisch, das ich mit einer Sauce zum *pongal* koche: Ich mache genug für zwei Mahlzeiten. An diesem Tag sind wir fröhlich und trinken! Das Sprichwort sagt: »*Karinal, verinal!* – Tag des Fleisches, Tag des Übermuts!« Genau so ist es im *ceri*! Am Tag darauf ist dann das *Pongal* der Kälber. Wir kochen ein neues *pongal* auf kleinem Feuer in einem kleinen Krug. Wir treiben alle kleinen Kälber zusammen, dann jagen wir sie und rufen: »*Pongalo, pongal!*« An diesem Tag machen wir auch die Kuhfladen-*puja* beim Reddiar. Wir reiben den Stall mit Dung ein und kehren ein paar Kuhfladen in der Mitte zu einem Haufen zusammen. Wenn der Stall bereit ist, kommt die Frau des Reddiar mit einem Tablett mit Kokosnuss, Palmzuckermehl, *kungamam*, Kampferblüten. Sie lässt mich Pillaiyar-Statuen aus Kuhfladen formen. Sie reicht sie mir nacheinander zu, und ich schmücke sie: erst mit Rot, dann mit Blumen. Dann muss ich mich selber fertig machen. Ich wasche mir das Gesicht, reibe es mit Kurkumapaste ein und stecke Blumen in mein Haar. Die Frau des Reddi zündet den Kampfer auf dem Tablett an und gibt es mir, damit ich es allen Pillaiyar darbiete. Wenn das gemacht ist, setze ich das Tablett auf den Boden, und wir werfen uns vor den Pillaiyar nieder und vor dem Haufen Kuhdung. Endlich stehe ich auf und klebe ein Dutzend Kuhfladen an die Wände. Ich nehme meinen Krug, um mir den *kanji* geben zu lassen, und ich halte das Ende meines Saris auf. Die Frau des Reddiar legt eine halbe Kokosnuss, eine Banane, ein wenig Palmzuckermehl hinein, und damit kehre ich nach Hause zurück.

Meinen ersten *pongal* habe ich der Mutter meiner schwarzen Kuh gegeben. Ich hatte sie auf dem Markt von Nagapalaiyam gekauft. Mein Mann kauft lieber Ochsen: Sie arbeiten besser, und wenn sie älter werden, kann man sie dem Metzger verkaufen. Aber einmal habe ich es durchgesetzt, dass wir eine Kuh kaufen. Wir haben eine schöne ausgesucht, mit einem großen weißen Fleck auf der Stirn, aber mein verdammter Sohn hat sie verletzt, als er sie auf die Weide geführt hat. Anstatt zu ihr zu gehen, hat er ihr einen Stein nachgeworfen, damit sie zu ihm herkommt, und dabei hat er ihr den Fuß aufgerissen. Ich war so traurig, als ich sie in diesem Zustand daherkommen sah! Ich habe Kurkumapaste auf ihre Wunde getan, ich habe alles gemacht, was die Leute mir geraten haben, aber nichts hat sie geheilt. Der Sakkili hat mir von einem Onkel mütterlicherseits erzählt, der sich auskennt mit so was. Wir sind zu ihm gegangen, um ihn zu holen, und er ist sofort mitgekommen. Er hat den Fuß massiert und eine Bandage angelegt: Das alles hat mich mehr als dreißig Rupien gekostet, aber nichts hat geholfen, und meine Kuh hinkte immer noch. Da haben wir uns entschlossen, sie wegzugeben. Wir haben sie an einen Metzger in einem fernen Dorf verkauft, aber vorher habe ich ihr ein paar Schwanzhaare abgeschnitten und zur Erinnerung behalten. Es war eine Kuh, die uns Glück gebracht hat. Wir waren glücklich, solange sie da war! Und heute noch zünde ich jeden Dienstag und Freitag Kampfer an und bete zu ihr …

Als ich diese Kuh gekauft hatte, habe ich sie im Stall des Reddiar angebunden, und bis sie wieder trächtig war, hat die Familie des Reddiar ihre Milch – ihre ganze Milch – getrunken. Ich habe nicht die Hand ausgestreckt, um auch nur zehn Paise für diese Milch zu verlangen, denn der Reddiar hat uns für Anbans Hochzeit alles gegeben: den Hochzeitssari, den Reis, die Kokosnüsse, den *tali*. Außerdem mussten wir sie auch nicht füttern, solange sie bei ihm war. Wenn ich von der Arbeit gekommen bin, habe ich ihr einen Arm voll Heu vom Reddiar gegeben. Damals war sein Stall fast leer. Auf jeden Fall kümmere ich mich sehr sorgfältig um Tiere, denn sie sind Götter. Du hast den Ochsen am Tempeleingang gesehen, er hat geschmückte Hörner, er ist ganz sauber, ganz schön, nicht wahr? Siehst du, so muss man sie halten, die Tiere. Eine Kuh ist heilig, sie ist Lakshmi![3] Jeden Freitag reibe ich das Haus mit Kuhdung ein, denn die Kuh, das ist Sridevi. Ich fange ihren Urin auf, und ich besprenge das Haus damit: Das bringt Glück. Um Mudevi zu verjagen, die uns am hellen Tag, mitten in der Arbeit, einschlafen lässt, baden wir unser Gesicht in Kuh-Urin, und Mudevi geht weg. Es liegt viel Macht in diesem Urin, viel Glück. Er befreit uns von Unreinheit, und besonders während der Regel müssen wir davon trinken, die Älteren gießen uns ein wenig in die Hand, wie geweihtes Wasser. Dieser Urin, das ist auch *bhakti*! Einmal ist die Tochter von der Nachbarin gegenüber zu mir gekommen und hat um Feuer gebeten. Ich habe zu ihr gesagt: »Komm, tritt ein und nimm es dir.« Am selben Abend habe ich mich mit ihrer Mutter gestritten, und mir war unwohl: Ich hatte ständig Kopfschmerzen und Streitereien ohne Ende mit allen bei mir zu Hause. Ich habe etwas vermutet und bin zu einem Besessenen in Mangalur gegangen. Sobald ich mich ihm genähert habe, hat er gesagt: »Ist nicht ein junges Mädchen zu dir gekommen und hat um Feuer gebeten?«

»Ja!«

»Sie hatte ihre Regel. Ihr unreines Blut – drei Tropfen – ist vor deine Tür gefallen. Das ist das *dosham*, mit dem du geschlagen bist. Deshalb herrscht Zwietracht bei dir zu Hause. Zünde drei Tage lang eine Lampe mit drei verschiedenen Ölen an: mit Erdnussöl, Sesamöl, Rizinusöl, nachdem du jeden Tag dein Haus mit Kuhdung eingerieben und mit Kuh-Urin besprengt hast. Am dritten Tag musst du an die Witwen und unfruchtbaren Frauen *pongal* verteilen.«

Ich habe getan, was er gesagt hat, und ich wurde von diesem *dosham* befreit.

Am Freitag wasche ich meine Ochsen und Kühe mit viel Wasser. Ich bürste sorgfältig die Hufe der Ochsen ab, die voller Schlamm sind. Den Kühen gebe ich ein Ölbad, wie einer verheirateten Frau, und ich male ihnen einen roten *pottu* auf die Stirn. Es muss immer eine verheiratete Frau sein, die das mit den Kühen macht, und bei uns bin ich das. Ich denke dabei an Lakshmi. Und ich sage zu meiner Kuh: »Dir, Mutter Lakshmi, sind wir es schuldig, anständig zu leben. Mutter, beschütze uns.« Und sie beschützt uns auch, uns Frauen, wenn wir ungerecht verdächtigt werden, unseren Mann betrogen zu haben. Du kannst dir das Gezänk zwischen Mann und Frau im *ceri* vorstellen, Sinnamma! Der Ehemann wird sagen: »Du warst heute Nacht an dem und dem Ort, Schlampe! Du hast mich heute Nacht betrogen!« Und die Frau packt einen Kuhschwanz und antwortet: »Mutter! Höre, was er von mir sagt! Das ist eine Lüge. Antworte du für mich!« Denn jeder weiß, dass man nicht lügen darf, wenn man bei einem Kuhschwanz schwört, sonst kann man blind werden oder sogar sterben. Deshalb muss man auch die Kühe so sorgfältig hüten. Am Abend, zu der Stunde, in der ich die Lampen anzünde, halte ich ihnen ein Tablett mit Kampfer hin. Lakshmi, das ist der Reichtum. Dank ihrer Güte haben wir mehrere Tiere im Haus. Du kannst dir ausrechnen, wie viel man mit einem Paar Ochsen verdienen kann. Und wie viel Milch wir von unseren Kühen verkaufen können.[4] Welch ein Segen, dank diesen Tieren! Natürlich, wenn das Gras fehlt, müssen wir Futter für die Ochsen und Kühe kaufen. Auf dem Markt von Tirulagam kaufen wir Stärkungsmittel: Kleie, Sesam- und Erdnuss-

Ölkuchen. Wenn der Reddiar Sesamöl pressen lässt, gibt er uns die Ölkuchen, aber die Erdnuss-Ölkuchen müssen wir uns auf dem Markt besorgen. Vor dem Melken geben wir den Kühen einen Brei aus diesen Ölkuchen, die wir vom Morgen an gären lassen, ehe wir zur Arbeit gehen. Der Teig geht auf, bis er doppelt so groß ist, er wird cremig wie Joghurt, und ich vermenge ihn mit Reiskleie. Wenn sie das fressen, geben die Kühe viel Milch.

Zweimal am Tag führe ich meine Kühe zu der Kooperative, bei der wir Mitglieder sind. Der kleine Gounder ist der Chef der Kooperative. Er hat Geld von der Regierung bekommen, damit er sich darum kümmert. Die Milch von den Kühen aus dem *ur* und dem *ceri* geht an die Kooperative, und ein großer Lastwagen bringt sie nach Pondy. Es ist reine Milch, ohne einen Tropfen Wasser. Sie wird an Ort und Stelle mit einem Instrument geprüft, das dir sofort sagt, ob ein wenig Wasser in deiner Milch ist. Zwei Frauen vom *ceri* und eine vom *ur* hatten ihre Milch ein wenig verwässert – und was war? Sie wurden damit nach Hause geschickt. Weil sie reine Milch brauchen, um Butter zu machen, mit einer Buttermaschine. Diese Butter wird auch in Pondy verkauft. Wir bekommen zweieinhalb Rupien dafür, die sie uns alle zwei Wochen auszahlen. Das bringt mir sechzig bis achtzig Rupien im Monat für zwei Kühe. Wenn die Leute von der Kooperative selber melken, behalten sie fünf Rupien pro Kuh ein. Aber ich kann melken, und Anban auch. Wir gehen alle beide mit unseren Kühen hin; ich melke, und er misst und gießt ab. Wenn wir die Melkstunde in der Kooperative verpassen, mache ich Joghurt und verkaufe ihn auf dem Markt. Aber im Augenblick ist meine schwarze Kuh trächtig und gibt nur wenig Milch; wir behalten sie für zu Hause, weil mein Mann und die Kinder Tee trinken. Wenn etwas übrig bleibt, machen wir Joghurt.

Ich habe im Kuhkrankenhaus gesagt, dass sie kommen und unsere Kühe decken lassen sollen, denn die Stiere aus dem Ausland, die sie uns bringen, sind prächtig, riesig. Wir auf dem Land mögen sie sehr. Übrigens sind alle Tiere, die man jetzt in Karani sieht, Kreuzungen von diesen Stieren, und die Kühe sind gute Milchproduzentinnen, meine gibt mir drei bis vier Liter pro Tag. Deshalb lasse ich lieber die Leute vom Kuhkrankenhaus kommen. Sie nehmen vier oder fünf Rupien pro Kuh, aber ich zahle lieber, weil es keine leichte Sache ist, wenn man sie auf natürliche Weise bespringen lässt. Ich sehe es immer bei den kleinen Kuhhirten vom Naicker, von Nadana Reddiar und von Lakshmanan Reddiar. Diese Jungen sind alle befreundet und führen ihre Tiere gemeinsam auf die Weide, und ich lasse meine auch in derselben Ecke grasen. Wenn ich sehe, wie diese großen Stiere ganz kleine Kühe brutal bespringen und sie fast dabei ersticken, dann packt mich die Wut, und ich jage sie weg und schreie: »Diese Kuhlecker, keinen Schritt wollen sie machen, nur ficken, das wollen sie! Dreckige Ficker!«

Wenn sie das hören, brüllen die kleinen Kuhhirten vor Lachen, und sie sagen untereinander: »Seht euch die Alte an! Hast du gehört, was sie zu den Stieren sagt! Diese Alte von Velpakkam denkt doch immer nur an das eine!« Wenn wir zusammen im Schatten sitzen, am Teichufer unten, und über dies und jenes reden, sage ich plötzlich zu ihnen: »He, ihr Burschen, seht euch den Schwanz da an, wie der runterhängt!« Und das wirkt immer: Sie lachen alle und halten sich die Hand vor den Mund, und ich habe meinen Spaß, wenn ich sie so aus vollem Herzen lachen sehe …

Das letzte Mal musste ich zehn Rupien ausgeben, um meine Kühe decken zu lassen, aber es kann bis zu siebzig Rupien kosten. Der Mann hat sie eine nach der anderen hergeholt. Er hat sie an dem Baum hinter dem Haus angebunden, an einem ruhigen Ort, und den Stier aufspringen lassen. Diese Leute sind Kuhdoktoren. Sie wissen, was für Vorsichtsmaßnahmen nötig sind und was man nicht tun darf. Bei der weißen Kuh ist es Gott sei Dank geglückt. Aber bei der schwarzen ist das Sperma auf die Erde geflossen, und es ist nichts passiert. Beim vorigen Mal war es auch schon so, und sie hatte dauernd gelben Ausfluss. Der Doktor hat sie untersucht, indem er seine Hand ganz hineingesteckt hat, und ich habe so lange den Kopf der Kuh zwischen zwei Stangen festgehalten. Sie hat vor Schmerzen gebrüllt, und dann allmählich hat sie aufgehört; anscheinend hat sie sich daran gewöhnt. Dann hat er ihr das Sperma hineingespritzt. Bei dieser Gelegenheit habe ich gesehen, wie viel Spermavorräte sie haben! Sie haben mir Medikamente gegeben und gesagt, ich soll in einem Monat wiederkommen. Im Monat darauf hat der Doktor wieder seine Hand hineingesteckt und gesagt, dass nichts da war. Er hat ihr zum zweiten Mal Sperma hineingespritzt. Als ich wieder hingekommen bin, hat der Doktor diesmal gesagt: »Sie ist im zweiten Monat trächtig. Sie muss Suppe aus ungedörrtem Reis bekommen und darf nicht auf die Weide gebracht werden.« Bei jeder Trächtigkeit geben sie uns kostenlos Futter und Stärkungsmittel.

Nach dieser Spritze hat meine schwarze Kuh das Kalb ohne Horn bekommen, das du gesehen hast. Sie ist sehr zerbrechlich, sehr zart, meine schwarze Kuh. Sie hat an einem Tag gekalbt, als ich sie zur Weide geführt habe. Ich habe gemerkt, dass sie nicht wie sonst ging. Nach ein paar Schritten hat sie sich niedergelegt, dann ist sie weitergegangen, hat sich wieder hingelegt ... Ihre Zitzen waren steif wie Ruten, ihr Euter geschwollen, ihre Flanken eingefallen, ihr Bauch fast am Boden. Sie hat sich aufgebäumt, und es kamen ein paar klebrige Ausscheidungen heraus. Als ich das gesehen habe, war mir klar, dass sie gleich kalben würde. Weder mein Mann noch Anban waren an dem Tag in Karani, und ich habe mich alleine darum gekümmert: Ich habe Erfahrung mit Frauen, und mit Kühen auch. Kühe brauchen außerdem niemanden. Meine hat ganz von selber gepresst. Sie hat sich hingelegt, alle vier Hufe von sich gestreckt und ganz stark gepresst. Manche Kühe machen das im Stehen, aber meine nicht. Das Kalb ist mit dem Kopf voran herausgekommen, und der Rest gleich hinterher. Man darf auf keinen Fall laut das Geschlecht des Kalbs sagen, wenn es herauskommt, sondern man muss warten, bis es sich hochgerappelt hat, so machen wir es immer. Danach habe ich die Kuh und ihr Kalb vorsichtig ins *ceri* zurückgebracht, ehe die Plazenta herauskam. Dabei kann es Probleme geben, und wenn das der Fall ist, holen wir einen Mann von Kodikkuppam. Aber dieses Mal ist alles gut gegangen. Ich habe meiner Kuh Hirsemehl, mit Palmzucker gemischt, gegeben. Das hat sie gestärkt, und sie hat die Plazenta ausgestoßen, die ich sofort in Stroh eingerollt und auf dem Banyanbaum hinter dem *ceri* aufgehängt habe. Wir binden sie immer ganz fest an, damit die Hunde oder die Katzen sie nicht holen können, denn sonst würde die Kuh keine Milch mehr geben. Wenn man die Plazenta an einem Jackbaum festbinden kann, ist es noch besser. Das ist ein Baum, der Milch in seinen Ästen hat, und die Kuh wird dann so viel Milch haben wie eine Brust, aus der Milch hervorspritzt.

Nach dem Kalben gebe ich der Kuh sieben Tage lang ein Bad mit heißem Wasser, in das ich ein Maß Reis einweiche, und ich besprenge ihr Euter und ihre Hufe damit. In den ersten Tagen fange ich eine gelbe Milch auf, und ich mache Süßigkeiten daraus, eine gelbe, glänzende Creme, gut und duftend, die ich in die Mitte des Hauses stelle, als Opfergabe für unseren Gott. Dann bringe ich ein wenig Creme in den Tempel von Mariamman, um auch ihr zu opfern, und schließlich gebe ich allen davon und verkünde das Geschlecht des Kalbs. Beim Reddiar machen sie es auch so, und so bekomme ich oft Creme bei ihnen. Am Freitag nach dem Kalben gebe ich der Kuh ein Kurkumabad, und ich male ihr einen großen *pottu* auf die Stirn, genau wie bei den Frauen. Und schließlich, so wie wir es am Tag des Ochsen-*Pongal* machen, fülle ich getrockneten Chili und Salz in eine Kokosnuss und wende damit den bösen Blick von der Kuh und ihrem Kalb ab.

Ich habe dir nichts von den Büffeln erzählt, Sinnamma, weil der Büffel das Reittier von Yama ist, von dem, der uns wegführt. Diese Tiere feiern wir nicht, so wie die Kühe und Ochsen, wir beten sie nicht an. Wir schmücken sie nicht, außer an einem einzigen Tag, bei dem Fest, an dem die Leute auf dem Feuer gehen, wenn der Blutreis auf Pakkasuran[5] geworfen und der Karren von Büffeln gezogen wird, die mit Kurkuma gewaschen wurden und eine Girlande um den Hals tragen.

An diesem Tag verkleidet sich ein Gounder als Pakkasuran, um den Reis einzusammeln. Er malt sein Gesicht rot an, er trägt Flügel wie Garudan, und er wird mit sechs dicken Seilen gefesselt, die drei Männer auf jeder Seite halten, denn er wird von den Dämonen angezogen. Er ruft: »Ich bin der Viran, *da!* Der Viran!« Jedes Haus gibt Reis, einen ganzen Krug voll, vor allem bei den Reddiar und bei denen, die ein Gelübde abgelegt haben. Diese ganzen Reiskrüge werden im Karren von Pakkasuran transportiert, vor seinem Kopf, und hinter dem Tempel von Murugan in der Nähe des Teichs abgesetzt, hinter den letzten Häusern des *ur*, die nach Süden zeigen. Hunderte von Leuten warten dort, um zu sehen, wie der Blutreis geworfen wird. Diesen Reis bekommt man umsonst, aber manche Anbeter, vor allem solche, die keine Kinder haben, bezahlen zwei oder drei Rupien, um etwas zu bekommen. Es ist der letzte Tag des Fests von Draupadi, an dem das gemacht wird, und erst danach gehen die Leute auf dem Feuer.

Du hast es selbst gesehen, das Fest von Draupadi, es ist das größte Fest im Dorf. Es dauert achtzehn Tage, in denen das Bharatam vorgelesen wird, und alle hören zu, die, die seinen Sinn und seine Macht verstehen, und wir, die Analphabeten, um unsere Fehler abzubüßen. Ein Iyer wird eingeladen, es ist sein Beruf, das Bharatam in den Tempeln von Draupadi zu lesen.[6] Er setzt sich am Morgen mit seinem Buch hin, und er steht erst am Abend auf, wenn das Licht angezündet wird und die Menge auseinander läuft. Man muss nicht in seiner Nähe sein. Eine Plattform wird für ihn gebaut, und er hat ein Mikrophon. Ein Lautsprecher ist an der Spitze des Tempels angebracht, und ein anderer ist beim Teich im *ur* befestigt, damit man alles vom *ceri* aus hören kann.

Am dritten Tag nach dem Neumond von *panguni* bekommt jeder, der das Fest anführt, eine gelbe Schnur um sein Handgelenk gebunden: die Musiker, die Priester, die Iyer, die Gounder und Tänzer, die aus Mailam geholt werden, um in diesen achtzehn Tagen zu spielen. Dann wird das Datum für das Aufziehen der Fahne festgelegt.[7] Murugaiya Gounder lässt die *totti* holen und sagt ihnen: »*Dei*, die Fahne wird an dem und dem Tag aufgezogen. Dann müsst ihr mit euren Instrumenten da sein«, und er schickt den *urtotti* los, um die Nachricht mit seiner Trommel von Dorf zu Dorf zu verkünden. Bei diesem Fest sind unsere *totti* Tag und Nacht im Einsatz. Von morgens bis abends begleiten sie die Prozessionen. Denn für diese Göttin braucht es zwei Orchester, das der Parias und das vom Tempel, mit dem *karna*. Unsere Musiker sind immer vorne; sie bahnen den Weg. Ihre Trommeln sind sehr laut: *para para para*, und wenn die Leute sie hören, laufen sie von den Nachbardörfern herbei und sagen: »Die Gottheit ist aus Karani herausgekommen. Es wird sicher Theater gespielt. Lasst es uns ansehen!« Dank der Paria-Trommeln kommen Leute von überall her: von Sinnampet, von Kodukkur, von Tirulagam. Das ganze Fest über gibt es Musik und Licht, und unsere *totti* nehmen sich nicht einmal einen viertel Tag frei. Weil es unsere Pflicht ist, die Trommel zu spielen, wenn eine Gottheit in einem Dorf herauskommt. Die Barbiere müssen nicht spielen, aber wir, wir sind dazu verpflichtet. Wir bekommen dafür, was uns zusteht, so wie die anderen. Wir bekommen unseren Anteil an der Ernte von den Tempelfeldern, wir Vettiyan, die Barbiere, der *karna*-Spieler, der Wäscher. Murugaiya Gounder gibt jedem seinen Anteil Reis. Jeder *totti* hat Anspruch auf vier Maß Reis und ein bisschen Geld, und das ist wenig für all diese Mühe! Deshalb hat es Streit gegeben. Ich habe es dir gesagt, unsere Jungen wollen wie richtige Musiker bezahlt werden.

Ganz früh am Morgen, noch ehe wir zur Arbeit gehen, sieht man unsere *totti* mit ihrer Trommel unter dem Arm weggehen. Sie setzen sich beim Tempel nieder und warten, dass die Gottheit herauskommt, und sie wärmen ihre Trommeln an, schlagen darauf, damit sie gut klingen: *dong, dong, dong, dong!* Man muss sie von weitem hören können, die Paria-Musiker, wie sollen die Leute sonst wissen, dass der Gott herausgekommen ist, wie sollen sie rechtzeitig zum Fest kommen? Auf das Orchester der Barbiere kann man in dieser Hinsicht nicht zählen. Sie sind ganz nahe beim Karren, sie spielen für den Gott. Wir dagegen verkünden seine Ankunft, wir spielen für die anderen. Wir sagen ihnen: »Der Wagen kommt! Bereitet eure Tabletts vor!« Die Barbiere haben nur einen Pflichttag, den Tag, an dem auf dem Feuer gegangen wird. An den anderen Tagen spielen sie für die, die sie bezahlen können. Bei unseren *totti* ist das nicht so, sie müssen von morgens bis abends da sein.

Es sind immer die männlichen Götter, die herauskommen, niemals eine Göttin. Ich weiß nicht mehr, welcher es morgens ist. Warte … *Han* … Es ist Perumal. Perumal kommt morgens heraus, mit Garudan. Ganz früh macht er die Runde im *ur*. Er holt die Opfergaben in allen Ecken des *ur* ab, sogar beim Tempel von Aiyanar. Die Priester sind auf dem Wagen, mit ihrer Glocke in der Hand, und sie weihen Perumal jedes Tablett, das die Leute bringen. Der Wagen ist in Wahrheit ein Karren mit Reifen, der von Ochsen gezogen wird, außer an dem Tag, an dem der Reddiar bezahlt. Er lässt den Gott auf ein Taxi setzen. Für jeden der achtzehn Tage ist eine Familie zuständig, und alle *pangali* nehmen daran teil.

Am ersten Tag ist die Familie des Amtsvorstehers dran. Es ist ein bescheidenes Fest, aber die Schauspieler spielen. Sobald das Datum für das Aufziehen der Fahne festgelegt ist, geht der Amtsvorsteher zu einer Schauspielertruppe und bietet ihnen Betel an. Die Truppe wechselt jedes Jahr: Sie kann aus Mailam sein, aber auch aus Nettappakkam, Nellikkuppam, Kolappakkam … Die Schauspieler ziehen für achtzehn Tage ins *ur*. Jeder gibt ihnen, was sie zum Essen brauchen: Reis, Gemüse. Sie machen sich ihr Essen im Tempelhof und schlafen auch dort. Aber sie geben nicht jeden Tag eine Vorstellung, denn nicht alle Leute können es sich erlauben, eine Truppe für eine ganze Episode zu bezahlen! Aber man kann auch kein Fest ohne Theater machen, das wäre eine Schande! Also wird die Truppe für ein paar Tänze und ein paar einzelne Lieder engagiert.

Am zweiten Tag ist eine Familie von Udaiyar verantwortlich. Da passiert nicht viel. Die Gottheit kommt heraus, und einige Knallkörper gehen los, und das ist alles. Am dritten Tag ist Murugaiya Gounder dran. Das ist grandios! Alles ist beleuchtet, Knallkörper gehen los und Feuerwerk. Und der Gounder verteilt Essen an alle: an die, die den Wagen ziehen, an die Tänzer, die *totti*. Am vierten Tag sind die Nadar an der Reihe. Da passiert sehr wenig, und es gibt kein Theater. Am nächsten Tag ist auch eine kleine Familie dran, das Haus von Ambadi: Da gibt es nichts. Aber am sechsten, siebten und achten Tag sind die Naicker zuständig. Und da gibt es alles! Der Gott, der Butter stiehlt, kommt heraus. Man sieht ihn auf seinem Karren, wie er Butter isst. Er spielt auch später die Flöte. Ich habe seinen Namen vergessen. Er trägt einen Haarknoten auf der Seite. Ah! Es ist Kishtan, ja![8] Die Statue fängt seine Bewegungen sehr gut ein, als ob er lebendig wäre! Die Naicker weihen ihm einen vollen Krug Butter. An diesen Tagen gibt es Theater: Die Truppe erzählt die Geschichte von Kishtan, wie er die Butter stiehlt, die Mädchen hofiert, auf die Kokospalme steigt. Der neunte Tag ist der Tag der Diebe – wir nennen sie die »neuen Häuser«. Sie machen es ganz groß, es gibt Lichter und Lautsprecher. Am zehnten Tag ist eine Gounderfamilie an der Reihe, vermögende Leute; am Abend gibt es Theater. Am elften und zwölften Tag, da weiß ich nicht mehr, wer dran ist, auf jeden Fall Gounder, aber es gibt kein Theater. Am dreizehnten Tag ist Tambu Reddiar verantwortlich. Da ist es auch grandios. Es gibt alles: Knallkörper, Feuerwerk, Lichter, Theater am Abend. Und danach? Am vierzehnten Tag? Ich weiß nicht, wer sich darum kümmert, und auch am nächsten Tag nicht. Am sechzehnten Tag, ah! Die Hochzeit von Draupadi – die macht der *kambattam*, wie eine richtige Hochzeit! An diesem Tag ist niemand im *ceri*. Alle sind im *ur*, um es anzusehen, ein Fest, das mindestens zweitausend Rupien kostet! Das Ehehaus von Mutter Draupadi ist in Kodukkur. Hier in Karani ist das Haus ihrer Mutter. Deshalb gehen die Frauen nach Kodukkur Tabletts holen. Die Göttin trägt an diesem Tag einen roten Hochzeitssari, Girlanden um den Hals und einen großen Gold*tali*. In ihren Sari wird die Kokosnuss eingebunden, Bananen, Betel, Betelnuss, Reis und Geld. Und den *totti*, den Schauspielern, allen wird eine Mahlzeit vorgesetzt: weil es eine Hochzeit ist! Am nächsten Tag kümmert sich die Familie von Gopala Gounder um das Fest, und der Perlenwagen kommt heraus. Alle bekommen zu essen, es gibt ein Feuerwerk und natürlich Theater.

Der letzte Tag schließlich ist der Tag der Schreiner und des Feuerlaufs. Neben dem Ort, wo die Leute auf dem Feuer gehen, wird am Morgen das Schlachtfeld dargestellt. Die Leute werden mit Zedrachzweigen geschlagen und ihre Körper in weißes Tuch gehüllt.[9] *Ayo!* Der Bharatam-Priester liest weiter aus seinem Buch, während die Schreiner das Feuer vorbereiten. Zwei große Rechtecke von fünfzehn Schritt Länge werden beim Tempel von Murugan gegraben. Das erste für das Feuer, das zweite für das Wasser, den Fluss Palar, denn die, die auf dem Feuer gehen, steigen hinterher ins Wasser hinunter.[10] Vom frühen Morgen an bringen die Pilger Sachen aus Holz für das Feuer: Stößel, Mörser … Selbst die Leute vom *ceri* geben die ihren. Zedrachstämme werden zersägt und die Holzscheite aufgereiht. Das frische Holz fängt auch Feuer. Du müsstest sehen, wie das alles brennt, das geht *kola kola kola* … Wie ein Feld mit rotem Hibiskus … Das *bhakti* dieser Mutter macht das möglich! Am Nachmittag wird die Glut auf dem ersten Rechteck ausgebreitet. Viele von unseren Leuten aus dem *ceri*, Anbeter, die, die ein Gelübde abgelegt haben, stechen sich an diesem Tag Nadeln überall hin: in die Nähe der Augen, in den Hals, in die Schläfen, in den Rücken, überall. Wir gehen sehr sauber, in neues gelbes Tuch gekleidet, ins *ur*, in der Hand einen Topf Kurkumawasser, mit Kuh-Urin vermischt. Vor dem Tempel kaufen wir ganz kleine Nadeln, die die Priester uns setzen. Wir werfen uns nieder, wir gehen im *ur* herum und rufen: »Govinda! Govinda!« Aber manche haben lange Spitzen, Hunderte von Spitzen, die in ihrem Bauch stecken. Andere ziehen Karren mit Haken in ihrem Rücken. Ihr *bhakti* beschützt sie! Die Haken werden in ihr Fleisch gestochen, aber sie spüren nichts, sie gehen sehr langsam, mit kleinen Schritten, ohne plötzliche Bewegungen. Jemand führt den Anbeter und lässt ihn dreimal um den Tempel herumgehen, dann bringt er ihn zu dem großen Wagen, der neben der Glut beim Teich ist. Dort werden die Haken herausgezogen und Asche wird auf die Wunden getan. Du müsstest das Gesicht von dieser Mutter sehen, die dort auf ihrem Wagen ist – es ist wie aufgegangener Sesam!

Am Nachmittag trägt Murugaiya Gounder den *karagam*. Er hat seit mehreren Tagen Buße getan und die Reinheitsgebote befolgt. Die Anbeter müssen auch diese Gebote befolgen. Am Handgelenk tragen sie, zum Zeichen ihres Gelübdes, einen geknoteten Faden, der sie beschützen wird, wenn sie ins Feuer hinuntersteigen. Mit seinem *karagam*, einen Knebel im Mund (weil die Göttin ihn umstoßen oder ohrfeigen kann) kommt Murugaiya Gounder mit einem Dutzend frommer Anbeter wie er aus dem Tempel heraus. Er geht dreimal um den Tempel herum. Er ist der Erste, der ins Feuer steigt. Hinter ihm folgt die Menge der Anbeter: große, kleine, alte, junge, sogar ein Baby von ein paar Stunden, das einem Anbeter in den Arm gelegt wird. Sie gehen auf dem Feuer, eine Girlande um den Hals und Blumen am Handgelenk, und rufen: »Govinda! Oh Govinda!« Und wir, die wir zusehen, rufen auch »Govinda«! Dann steigen alle in den Palar, und wenn sie aus dem Wasser kommen, gibt ein Priester jedem einen Peitschenhieb, sogar dem *kambattam*. Selbst dein Großvater wird einen bekommen haben! Man hört die Peitsche klatschen: *pada pada pada*. Die Haut verfärbt sich und wird rot. Ohne diesen Peitschenhieb würden sie sterben! Im Tempel von Draupadi bekommen sie einen zweiten Peitschenhieb. Und dort kommen sie zu sich, das Leben kehrt ihnen wieder – aber das, das kommt nicht von den Menschen, das ist die Gnade Gottes!

Wir Parias können nur zusehen, wir dürfen nicht auf dem Feuer gehen. Schon am frühen Morgen, gut gekleidet, mit einem sauberen Sari, Blumen in den Haaren, einem *pottu* auf der Stirn, verlassen wir in einer langen Reihe das *ceri* und gehen zum Teich. Auf dem Kopf tragen wir einen Korb mit Krügen von verschiedener Größe, Schöpfkellen, einem Opfertablett, Reis, Holz für das Feuer, Blumen, Wasser: kurz, mit allem, was wir brauchen, um den *pongal* zu kochen. Jeder lässt sich am Rand des Beckens nieder, zündet sein Feuer an und kocht seinen *pongal*. Am späten Vormittag reihen wir alle Krüge vor dem Tor des Tempels auf und bringen sie als Opfer dar. Dann kehren wir nach Hause zurück, nachdem wir den Feuerlauf gesehen und uns noch ein wenig auf dem Jahrmarkt verweilt haben, der für das Fest ins Dorf gekommen ist. Man kann kaum herumgehen, so viele Leute sind da. Manchmal erstickt sogar jemand im Gedränge, weil alle reisenden Händler und die Standbesitzer von Tirulagam sich für zwei Tage beim Teich niederlassen. Es gibt kleine Buden, die Tee verkaufen, Bananen, Süßigkeiten, Geschirr aus Kupfer, Alu, rostfreiem Stahl. Die Händler machen gute Geschäfte an diesem Tag. Es kommen Pilger von überall her – von Andhra, Madras, Pondy und natürlich, im Ochsenkarren, von Tirulagam und den Nachbardörfern –, um am achtzehnten Tag unserer Mutter Draupadi *pongal* zu opfern.

24
DER ANTEIL DER KNECHTE

Heute, Sinnamma, hat unser Reddiar den Brahmanen holen lassen, damit er in den Almanach schaut. Er tut nichts ohne seinen Rat, und er geht auch noch nach Pondy und befragt andere Brahmanen wegen seinen Kulturen; anscheinend sind sie dort besser informiert. Wir befragen auch unsere Priester. Für Hochzeiten gehen wir zum Valluvar, der neben dem Tempel von Perumal wohnt. Er sagt uns, ob die Sterne der Verlobten übereinstimmen und ob das Paar gut zusammenpasst. Für die Ernten gehen wir zum Pandaram. Er hat alle nötigen Almanache, die alten und die neuen, und darin findet er die Auskünfte, die wir brauchen – über Zyklone, Überschwemmungen und Dürrezeiten. Er sagt uns, wann die Regen kommen und welches das beste Datum für diese oder jene Kultur ist.

Wir säen nicht einfach aus, wann wir wollen, Sinnamma. Der Reddiar rührt die Saaten erst an, wenn der Brahmane ihm gesagt hat, welches die Glück bringenden Tage sind. Wenn das Datum feststeht, kommt er zu uns und sagt: »*Dei*, heute ist der achte Tag nach Neumond – oder der neunte Tag nach Vollmond –, du kannst das Saatgut vorbereiten.« Nicht jeder kann die Sämlinge als Erster anfassen. Es muss jemand sein, der einen Namen mit guter Vorbedeutung hat, der Glück bringt oder einen grünen Daumen hat. Beim Reddiar bin ich das. In einen großen Tontopf gieße ich sieben Maß *samba*-Reissaat für jeden viertel *kani* und bedecke es mit Wasser. Meistens ist es zu viel, und es bleibt noch etwas für uns. Wenn ich ein Feld habe, säe ich am selben Tag wie der Reddiar und frage nur noch unseren Iyer, ob meine Ernte gut sein wird. Nach drei Tagen haben die Körner gekeimt, und die Triebe zeigen sich. Das ist schön anzusehen, ganz winzige Triebe, so dünn wie Nadeln. Am dritten Tag wird ausgesät. Am fünften Tag kommen die Schösslinge aus der Erde hervor, und am sechsten, achten, zehnten Tag sieht man sie immer besser. Am zehnten Tag ist schon der Stängel mit seinen Blättern sichtbar: wie ein grünes Licht, das dir in die Augen springt …

Unter dem verschiedenen Saatgut gibt es auch Sorten, die gleich ausgesät werden, ohne dass man sie vorher einweicht. Wir nennen sie *vilvirai*. Wir bringen sie einfach so, auf dem Kopf, in einem Jutesack, auf die Felder. Wir gehen beim ersten Hahnenschrei, denn wir müssen vor den anderen dort sein und dürfen unterwegs niemandem begegen.

Mein Mann und Anban säen immer beim Reddiar. Das müssen Männer machen, niemals Frauen, und sie müssen zu zweit sein. Wenn sie aufs Feld kommen, gehen mein Mann und Anban sofort in die Ecke von Sani.[1] Dort stellt Anban den Korb ab, den ich zu Hause für die *puja* vorbereitet habe. Ich habe Backsteine und einen kleinen Hocker, Blumen, Queckengras, Kampfer, Kurkumapaste, rotes Pulver und Kuhdung hineingetan. Mein Mann bereitet die *puja* vor. Auf den niedrigen Hocker stellt er die Backsteine, und davor formt er Pillaiyar-Figürchen aus Kuhdung. Er reibt sie mit Kurkumapaste ein und malt ihnen einen roten *pottu* auf die Stirn. Dann ordnet er die Blumen und Quecken so an, wie wir Frauen sie uns in die Haare stecken. Mit beiden Händen nimmt er die Saat und legt ein Häufchen vor jeden Pillaiyar hin. Dann zündet er die Lampe an und wirft sich mit Anban nieder. Jetzt bereiten sie das Saatbett vor. An der Stelle, die sie ausgesucht haben, machen sie ein Rechteck. Vor dem Säen graben sie die Erde mit der Hacke um und ebnen sie ganz regelmäßig ein, damit es keine Löcher und Buckel gibt. Jeder stellt sich dann mit einer Schwinge voll Saatgut an ein Ende des Feldes, und sie säen, indem sie die Schwinge hochheben und sich dabei einmal um sich selber drehen: Die Körner fallen wie Regen, ohne eine Lücke zu lassen. So säen sie weiter, bis kein Saatgut mehr da ist. Sie markieren das Rechteck, indem sie in jede Ecke einen Zedrachzweig stecken, und damit sind die Aussaat-Riten beendet. Sie kehren in die Ecke von Sani zurück und nehmen die Saat, die sie Pillaiyar geopfert haben, denn sie gehört jetzt ihnen. Sie waschen sich an der Pumpe und gehen nach Hause zurück. Dort nehme ich die Körner entgegen. Ich lege sie auf einen Teller in der Mitte des Hauses, und wir werfen uns alle nieder. Am Nachmittag nehme ich die Körner und schäle sie, dann zerstampfe ich sie und mache Flocken daraus. Ich mische sie mit Palmzucker, und wenn ich Sesamsamen habe, gebe ich sie dazu, sonst kann man auch grüne Linsen nehmen, das ist genauso gut. Zuerst weihen wir diese Mischung dem Gott und bitten ihn, dass alles wächst, wie es soll, und dass wir gut leben können, ohne dass es uns an Nahrung fehlt. Dann verteilen wir es an die Nachbarn und an die, die mich stampfen sehen haben und zu mir sagen: »Schwägerin, du stampfst Saatkorn. Gib mir ein wenig, da!« Den Rest essen wir mit unseren Kindern.

Beim Reddiar werden an diesem Tag keine Flocken aus dem Saatgut gemacht, das sie behalten haben, um es ihrem Gott zu weihen. Sie puffen ihr Korn. Ich muss das machen, und es dauert so lange. Ich bin immer ganz krumm vor Schmerzen, und ich habe Schwielen an den Händen von der Pfanne, in der ich den *paddy* rüttle. Wenn die Körner platzen, sehen sie wie schöne Blumen aus, und ich muss sie noch glühend in den Mörser kippen. Darum kümmert sich die Frau des Reddiar, und wir stampfen zu zweit. Es muss genau richtig gemacht werden, im selben Rhythmus, und schnell, ohne einen einzigen Augenblick anzuhalten, denn wenn man zu langsam ist, gibt es keine Flocken, sondern gerösteten Reis. Wenn alles fertig ist, mischt die Frau des Reddiar die Flocken mit Zucker. Sie legt einen Teil davon auf ein Bananenblatt, um es Gott zu weihen, und sie teilt ihren Verwandten davon aus. Wir bekommen auch unseren Teil, den wir wiederum im *ceri* verteilen.

Nachdem wir ausgesät haben, warten wir einige Tage, bis die Schösslinge aus der Erde kommen. Wenn sie einen Finger über dem Boden sind und ein oder zwei Blättchen gut sichtbar, ist das ein Zeichen, dass die Ernte gut sein wird; sonst, wenn das Saatgut nicht von guter Qualität ist, kommt der eine Schössling hier heraus, und der andere verfault dort, oder sie sind völlig verbrannt. Aber wenn sie alle auf einen Schlag herauskommen, schwupp, so wie ein Lichtstrahl, können wir am elften oder dreizehnten Tag beruhigt sein und uns zufrieden sagen: »Es ist in Ordnung! Das Rechteck, das ich gemacht habe, ist gut angewachsen. Die Schösslinge kommen schön heraus, ich kann sie bald alle auspflanzen.« Wenn die Schösslinge sich zeigen, behandeln wir sie, damit sie nicht von Insekten aufgefressen werden. Wir werfen ein Pulver darüber, das wie die Kuhdung-Asche aussieht, mit der wir uns die Zähne putzen. Erst danach tun wir den chemischen Dünger drauf. Sie sagen uns alles über die Kulturen im Radio, und jetzt, wo jeder hier ein Gerät hat, brauchen wir nur einen Knopf zu drehen, um es auf dem *tinnai* zu hören! Sie empfehlen IR.8 oder IR.50, *kannagi*, *samba* oder *ponni*.[2] Die Körner sind so klein, dass sie wie Jasminblüten aussehen, wenn sie gekocht sind, oder wie Pulao-Reis aus Madras. Und zwei Stunden nachdem man gegessen hat, kriegt man schon wieder Hunger!

Übermorgen will ich mir sechs Maß *samba* ausleihen gehen. Und natürlich muss ich es mit Zinsen zurückgeben: Du kannst dir denken, dass niemand umsonst leiht. Das ist hier genau wie in den anderen 56 Ländern der Welt. Überall machen es die Leute gleich, bei euch genauso wie beim Gounder. Beim Korn wird das Doppelte gerechnet. Wenn du dir ein *marakka ragi* leihst, musst du nach der Ernte zwei zurückgeben. Und genauso ist es, wenn wir *paddy* oder Hirse, Hunderte von Maßen, für eine Hochzeit leihen.

Ich habe, dank Gottes Güte, meiner Nachbarin ein Maß *paddy* leihen können, als sie ihren Sohn verheiratet hat. Sie hat mir gesagt: »Schwägerin, gib mir einen Sack *paddy*, ich gebe ihn dir mit Zinsen zurück, wenn dein Anban heiratet.« Ein anderes Mal ist Pakkiam zu mir gekommen: »Viramma, Viramma! Gib mir ein wenig *paddy*! Meine Enkelin ist heiratsfähig geworden, und ich muss ihr ein Kurkumawasserbad machen. Ich gebe ihn dir zurück, wenn mein Reis gekeimt hat!« Für einen Sack *paddy* nimmt man zehn *marakka* Zinsen, und man braucht drei Säcke *paddy*, um zwei Säcke Reis zu bekommen. Wir brauchen viel Reis für eine Hochzeit. Alle werden in Naturalien bezahlt. Der Iyer bekommt sein Maß ungekochten Reis, aber wir müssen auch die Musiker und Wäscher verköstigen. Woher sollen wir das Geld nehmen? Beim Reddiar können wir in bestimmten Grenzen leihen; er holt es sich von unserem Lohn zurück, zuerst die Zinsen, dann das Kapital. Aber wenn wir damit nicht hinkommen, sehen wir zu, dass wir anderswo Geld verdienen können, als Tagelöhner bei anderen Grundbesitzern oder indem wir ein Stück Erde pachten, sei es auf öffentlichem oder Tempelland.

Wir Vettiyan haben Anspruch auf zwei *kani* Tempelland, so wie die Musiker vom *ur* oder die Barbiere. Dieses Land gehört uns, und wir teilen uns, was wir daraus ziehen. Aber oft rackern wir uns ganz vergeblich ab, denn es ist schlechte, trockene Erde. Deshalb wollen unsere Jungen auch nicht mehr die Musiker machen, denn wir ziehen nichts aus diesen zwei *kani*, und der Lohn, den sie bekommen, ist wirklich niedrig: zweieinhalb Rupien für einen Totengräber und jetzt sieben Rupien für einen Musiker. Aber lassen wir das, ich habe schon darüber gesprochen … Das öffentliche Land ist auch schwierig zu bebauen, weil es sehr weit weg ist.

Die Tempel dagegen besitzen mehr als dreißig *kani* gute Erde, die sie jedes Jahr verpachten.

Bis jetzt habe ich immer einen viertel *kani* Tempelland bekommen, gegen acht Säcke *paddy*. Wenn wir zweihundert Rupien für Dünger und Insektenmittel ausgeben und das Land selber bearbeiten – Anban, Sundari, Amsa und ich –, können wir drei Ernten von je acht Säcken einbringen. Ich gebe also acht Säcke für die Pacht, und was mir bleibt, teile ich mit dem Reddiar, der für uns bewässert, halbe-halbe. Auf diese Weise haben wir genug zu essen und können zurückzahlen, was wir schuldig sind, oder eine Hochzeit ausrichten oder einen Verwandten anständig begraben. Manche werden auch reicher, indem sie das, was sie verdienen, gut verwalten. Und es gibt sogar einige, die sich ein Backsteinhaus bauen und dem Reddiar alle Schulden zurückzahlen, weil sie nicht mehr *adimai* sein wollen. »*Ayya!*«, sagen sie ihm, »ich ziehe mich zurück, ich habe nicht mehr die Kraft, für Euch zu arbeiten. Ich gehe.«

Aber dieses Jahr, Sinnamma, haben wir kein Tempelland bekommen, weil die Pacht auf zehn Säcke erhöht wurde. Wir können nicht so viel riskieren, denn es ist nicht sicher, dass wir genug ernten, und wenn wir zehn Säcke bezahlen müssen, was bleibt uns dann noch? Wenn wir ein Feld pachten, muss alles nach drei Jahren beglichen sein, weil alle drei Jahre Gebote gemacht werden. Bei uns ist gerade eine Pacht zu Ende gegangen. Wir haben uns zu sechs Pariafamilien zusammengetan, um eineinhalb *kani* zu pachten, aber diesmal konnten wir bei den neuen Versteigerungen nicht mithalten. Und außerdem wollten sie dieses Jahr eine Kaution, eine Hypothek. Nur die, die Land besitzen, können sie geben, aber niemand wollte es für zehn Säcke machen. Wenn das Risiko nicht so groß wäre, wären einige Gounder bereit gewesen, uns die Erde weiterzuverpachten; der von Karimangalam zum Beispiel, weil er weiß, dass wir bezahlen, selbst bei Verlusten.

Für uns wird es immer schwieriger, Land von privaten Besitzern zu pachten, denn sie haben Angst, dass wir ihnen nach einiger Zeit die Erde wegnehmen. Du weißt, dass das nicht unsere Art ist, Sinnamma, und dass man uns vertrauen kann. Aber die Regierung ist dafür, und sie ermutigt die, die das Land bebauen, es sich nach einiger Zeit anzueignen. Ich habe gehört, dass es deshalb Gerichtsprozesse gegeben hat, und ein Chettiar von Pondy soll auf diese Weise seine Felder verloren haben. Deshalb ist es sehr schwierig, Land von einem Grundbesitzer zu bekommen, und wenn er es verpachtet, teilt er es in kleine Parzellen auf und gibt dem einen einen viertel *kani*, dem anderen einen achtel. Du verstehst, warum wir, die Armen, *adimai* bei den Reddiar sind – weil wir ihr Vertrauen gewinnen müssen. Wir haben keine eigenen Felder, also versucht jeder, ein wenig Land von ihnen zu pachten, ohne Vermittler, ohne Hypothek. Wir sind darauf angewiesen, dass man uns vertraut, wie sollen wir uns sonst durchschlagen, ohne ein eigenes Fleckchen Erde?

In manchen Jahren, wenn nichts wächst, kommt die Regierung, um das zu bestätigen, und dann bezahlen wir nichts. Der Grundbesitzer kommt, er sieht, dass die Ähren herunterhängen, weil das Wasser fehlt. Er geht, ohne etwas zu verlangen, und wir sitzen da mit unserem Verlust. Was tun? Mahadevan[3] hat uns keinen Regen geschickt, und mein Bauch ist leer! Danach fangen wir wieder von vorne an, indem wir uns hundert Rupien leihen, zu zehn Prozent Zinsen im Monat. Wenn wir nichts leihen können, verpfänden wir Kupferkrüge, Geschirr oder ein Schmuckstück beim Marwari in Tirulagam: Er leiht zehn Rupien für einen Gegenstand, der hundert wert ist. Die, die Land haben, können Hypotheken darauf nehmen und es trotzdem bebauen, und sie bekommen es zurück, wenn sie die Hypotheken abbezahlt haben.

Seit die Leute aus Pondy im Dorf arbeiten, in der Schule, in der Krankenstation und in der Krippe, können wir auch von ihnen leihen, denn sie verleihen Geld gegen *paddy*. Ich habe dieses Jahr sogar eine Anleihe für Arayi vermittelt, die ein wenig *paddy* pflanzen wollte, aber nicht das Geld für die Saat hatte. Die Schwester von der Krankenstation hat gerade jemanden gesucht, der *paddy* macht, denn sie hatte fünfhundert Rupien zu verleihen. Ich habe als Bürge gedient, weil die Schwester Vertrauen zu mir hat; sie kennt mich von den Geburten, bei denen ich mithelfe. Nach ihrer Ernte hat Arayi ihr die fünfhundert Rupien und zwei Säcke *paddy* zurückgegeben. Manchmal können wir nicht auf einen Schlag zurückzahlen, dann geben wir erst die Zinsen und nach und nach das Kapital. So können wir uns retten. Wenn es bei einer Ernte Verluste gibt, müssen wir versuchen, es mit der nächsten wettzumachen. So ist das in der Landwirtschaft. Aber wenn es gut geht, nützen wir es, um eine Kuh zu kaufen, oder wir tun etwas auf die Seite, wenn wir das Geld in der Hand haben, um ein Kind zu verheiraten oder das Haus zu renovieren.

Weil es wichtig ist, ein wenig Land zu bekommen, habe ich den kleinen Gounder gebeten, mir einen viertel *kani* zu verpachten. Jetzt ist die beste Zeit für Sesam, der auch nicht viel Regen braucht. Wir müssen nur pflügen, jäten, und er wächst von alleine; später brauchen wir nur noch zu ernten. Das würde mir drei oder vier Säcke Sesam bringen, und ein Sack kostet jetzt achthundert bis neunhundert Rupien, die eine Hälfte für ihn, die andere Hälfte für mich, denn es gibt beim Sesam keinen Anteil für den, der das Wasser gibt, oder wir bezahlen nur pro Stunde Bewässerung. Ich hoffe, dass der kleine Gounder ja sagt. Sein Vater ist alt und macht nichts mehr, und er selber kümmert sich auch weniger um die Landwirtschaft, seit er einen Kredit von der Regierung bekommen hat, um einen Fahrrad-Verleih aufzumachen. Außerdem hat er genug Geld, und bei allem, was er verliehen hat, könnte er bequem von den Zinsen leben. In der letzten Saison hat er die Hälfte von seinem Land verpachtet, die Parzellen, die weit weg von den Pumpen sind, und er hat sich gesagt: »Wenn jemand sich die Mühe macht, sie zu bepflanzen, begnüge ich mich mit einem Drittel der Ernte.« Ja, so ist das bei trockener Erde: Wenn es Verluste gibt, dann ist der Pächter der Dumme, und wenn er Gewinne hat, behält der Besitzer ein Drittel. Wir besitzen nichts, und wir akzeptieren das. Wir arbeiten selber, ohne jemanden anzustellen, mit unseren eigenen Ochsen. Ich hoffe, der kleine Gounder wird sich in der Regenzeit entscheiden; er hat mir gesagt, ich soll den Dünger, der mir noch bleibt, nicht verkaufen. Denn sonst müssen wir, wenn wir heute ein Dutzend Ar gutes Land mit drei Ernten bekommen wollen, zweitausendfünfhundert Rupien Kaution bezahlen und tausendfünfhundert für Land mit zwei Ernten. Die Kaution wird am Ende der Pachtzeit zurückgezahlt, aber dieses Geld müssen wir erst einmal aufbringen, und dann liegt es für Monate fest: Das ist unmöglich für uns Arme.

Manche Leute im *ceri* haben auch Land. Einige haben einen viertel *kani*, andere halb so viel. Insgesamt sind es nur wenige, acht vielleicht. Aber es heißt, dass die Familie zur Zeit meines Schwiegervaters und seiner Vorfahren hier Land besessen hat. Aber diese Witwer haben alles verloren. Die Parias waren früher unwissend. Sie haben ihr Land an Gounder und Reddiar verpfändet, und sie haben es nie zurückbekommen. Die Alten im *ceri* haben mir oft gesagt, dass die Familie ein großes Haus mit Patio gehabt hat. Irgendein Safttrinker hat es in Brand gesteckt, weil eine Tochter aus dem Haus ihn wegen einem anderen versetzt hat. Das Feuer war schrecklich, und die Krüge mit Sesamöl und Erdnussöl haben einen ganzen Tag und eine ganze Nacht gebrannt. Mein Mann hatte vier Brüder und eine Schwester. Seine Mutter hatte viele Kinder, aber nur diese haben überlebt. Mein Mann war also der Sohn angesehener Leute, und das hat man auch gemerkt, als sein Bruder von Penang gekommen ist. Diesen Bruder hat jemand übertölpelt, als er noch ein kleiner Junge war. Eines Tages, als er die Kühe hütete, hat ihn so ein Kerl entführt und an einen anderen verkauft, der ihn übers Wasser genommen hat. Aber dieser Junge hat sich an den Namen seines Dorfes und der Seinen erinnert, und lange Zeit danach hat er uns wieder gefunden. Er hat uns sein Foto geschickt; ich habe es dir gezeigt, es ist an der Wand in meinem Haus. Er hat auch eine Geldanweisung geschickt, die der Vater vom Gounder für uns unterschrieben hat, damit wir das Geld bekommen. Dieser Bruder hat dort unten geheiratet, das erste Mal eine Frau aus Tiruppakkam, aber sie hat keine Kinder bekommen. Er hat ein zweites Mal geheiratet, eine Frau von Porattur, die ihm vier Kinder geschenkt hat. Eines Tages ist er hierher gekommen, und ich habe ihn gesehen. Er war sehr dick, und er hatte eine Goldkette um den Hals, die noch schwerer war als deine, Sinnamma. Er hatte auch Ringe an allen seinen Fingern, da und da und da! Alle im *ur* haben höflich mit ihm geredet. Er ist dieses Jahr gestorben, und wir haben die Zeremonie des sechzehnten Tages mit seinem Foto gemacht. Mein Mann hat die Trauer angeführt, weil er der Älteste ist.

Anscheinend war es früher nicht so schwierig, Land zu bekommen. Übrigens, du siehst, es ist auch jetzt noch nicht alles bepflanzt. Du kannst jeden um Land bitten, es ist da. Was heute fehlt, ist das Wasser. Alles ist ausgetrocknet, die Kanäle, die Teiche, die Flüsse, die Brunnen, alles! Es regnet sehr selten, und wenn es regnet, bedient sich der, der die Pumpen hat, als Erster, und die anderen haben nichts mehr, ihre Kulturen sind ruiniert. Die Regierung tut, was sie kann. Sie installiert Wasserhähne bei den Häusern und Pumpen auf den Feldern, aber die Motoren drehen sich im Leeren. Früher war das anders. Es hat bei jedem Fest geregnet. Alles war grün das ganze Jahr über, so kommt es mir vor. Die Flüsse und Kanäle waren mit Wasser gefüllt, die Reisfelder immer bewässert, und die Leute konnten etwas auf die Seite legen und ein Tier kaufen oder einen viertel *kani*, aber unsere Unwissenden haben alles den Gounder und Reddiar überlassen. Und heute, wenn mein Mann auf den Feldern des Groß-Reddi arbeitet, die neben denen vom Gounder liegen, und wenn der Vater des Groß-Reddi da ist, auf seinem Seilbett im Schatten einer

Kokospalme, ruft er ihm mit seiner unwirschen Stimme und seinem Telugu-Akzent zu: »*Dei*, Manikkam! *Dei*, Sohn von Patchayappan! Deine Ahnen haben Land angehäuft, aber sie haben es nicht verstanden, es ihren Kindern zu hinterlassen, und jetzt schuftest du auf dem Feld, das einmal deiner Familie gehört hat!«

Ja, damals war es nicht das *kaliyugam*, und das Klima war nicht so wie heute, sagt mir der Zahnlose immer. Damals war die Armut nicht so schlimm. Es gab weniger Leute, und sie haben sich alle gekannt, diese Tugendhaften. Der Zahnlose sagt auch, weil eine keusche Hirtin die Erde verfluchte, hat sich alles geändert, so dass wir heute den Wassermangel haben. Diese Hirtin trug sieben *kanji*-Krüge zu ihren Brüdern, die ihre Kühe weideten. Der oberste Krug ist am Himmel angestoßen und umgekippt. Die Hirtin war keusch, tugendhaft, und in ihrem Zorn hat sie den Himmel verflucht und geschrien: »Weiche zurück von der Erde, dass wir dich nicht erreichen, selbst wenn wir zehn Wagenladungen voll Faden abrollen!« Der Himmel, der sehr niedrig war, hat sich von der Erde entfernt, und er hat sie nicht mehr ständig begossen, so wie früher. Auf dem Rückweg hat die Hirtin immer Reisähren abgezupft, um sie unterwegs zu essen, denn alles wuchs auf Armeslänge. Aber der Reis, der damals wuchs, war ohne Hülsen, und vom vielen Kauen tat ihr der Kiefer weh. Von Schmerzen übermannt, sagte sie: »Ich fühle das *kaliyugam* nahen! Ich bin eine keusche Frau. Meine Mutter war es auch. Möge sich der Reis mit einer Hülle bedecken!« Und deshalb erntet man in diesem *kaliyugam paddy* und keinen Reis.

Ich erinnere mich an ein Dürrejahr, Sinnamma. Der Himmel war ohne Regen. Nichts wuchs. Wir haben nichts zu essen gefunden. Das Maß Reis war von eineinhalb Rupien auf fünfeinhalb gestiegen. Wie sollten wir in einem Haushalt mit zehn Personen satt werden? Wir haben wie die Tiere gegessen, Erdnuss-Ölkuchen und grüne Blätter. Sogar die Futterhirse hat eine Rupie das Maß im *ceri* gekostet. Bei der Zwiebelernte haben wir nichts weggeworfen. Wir haben die Triebe und die Schalen mit der Futterhirse gegessen. Die Welt war trocken geworden. Alles war knapp: Reis, Öl, Salz. Ich hatte wie immer Eierkürbisse und andere Kürbisse gepflanzt, und davon haben wir die ganze Zeit gegessen.

In einem anderen Jahr – ich war noch ganz klein – hat die ganze Welt vor Hitze gebraten, ohne Regen, ohne Wasser. Die Löhne waren damals vier Groschen. Während dieser Hungersnot wurde der Reis nicht nach Schöpfmaß verkauft, sondern nach Eierschalenmaß! Wenn wir eine Eierschale voll Reis gekauft haben, wurde er nicht gleich gekocht. Er wurde in ein Tuch gewickelt und einige Minuten in kochendes Wasser getaucht, dann haben wir das Kochwasser getrunken. Wir haben den halb garen Reis trocknen lassen, und am nächsten Tag wurde er wieder in ein Tuch getan, damit wir noch einmal das Kochwasser trinken konnten. Erst beim dritten Mal wurde der Reis wirklich gegessen.

Damals wurden andere Reissorten angebaut als heute. Der *sirumani* war wie richtige Jasminblüten. Wir haben ihn auch *samba de Garuda* genannt, weil seine Körner eine gebogene Spitze wie bei einem Adlerschnabel haben. Andere *samba*-Sorten haben längliche Körner, wie Bananen. Der *vaikundam*, *mukkutti*, *kammal* hat in einundzwanzig Tagen gekeimt, und wir haben ihn nach sieben Monaten geerntet. Alle diese Reissorten haben den Bauch für mehrere Stunden gefüllt, und wenn man Reis für den nächsten Tag aufgehoben hat, ist er schön hart geblieben. Jetzt, bei den Sorten, die wir heute haben, bekommt man gleich wieder Hunger und endet noch im Krankenhaus von Gorimedu! Diese Sorten wachsen im Handumdrehen, und wir können drei Ernten daraus ziehen, bei dem Dünger, den wir verteilen. Früher haben wir nichts von all dem draufgetan. Wir haben die Felder gepflügt und gut bewässert. Der Reddiar hat Pumpen auf seinen Feldern. Sie müssen nur in Gang gesetzt werden – einer seiner Brüder macht das –, und die Felder werden bewässert. Aber man braucht immer viele Arbeiter. Jetzt heuert mein Sohn die Pflüger an. Er fragt alle im *ceri*: »Großer Bruder, willst du beim Reddiar pflügen? Und du, Onkel, kommst du?« Sie gehen mehrmals darüber. Beim ersten Mal mit einer Pflugschar. Beim zweiten Mal mit dem großen Pflug. Beim dritten Mal wird der Schlamm schön gleichmäßig eingeebnet, mit einer Tür von uns und einem Ochsen auf jeder Seite. Dann muss der Schlamm einundzwanzig Tage lang aufweichen. Früher haben wir die Blätter von Tulpenbaumzweigen abgestreift und Ölkuchen und Kürbiskraut dazugegeben und alles mit der Erde vermengt: Das war unser Dünger, und damit sind alle diese Reissorten gewachsen, die uns gesund und kräftig erhalten haben, auch wenn wir manchmal nicht genug hatten, wie diese beiden Male, von denen ich dir erzählt habe. Es stimmt, dass wir heute keine solchen Hungersnöte mehr haben. Sie kümmern sich mehr um uns, und es gibt die *ration shops*.[4] Das ist ein Schutz für uns, so wie der Schädel für das Hirn: Die Welt hat sich geändert.

Seitdem müssen wir fast jedes Jahr ein *kodumbavi*-Püppchen hinausstellen, um den Regen herbeizubeschwören. Unsere *totti* bringen Lehm von den Reisfeldern zum Töpfer und gehen mit ihren Trommeln ins *ur*, um Reis zu sammeln. Ein Mann mit einer Fackel ist bei ihnen. Der Töpfer vom *ur* formt eine Lehmfrau, das ist die *kodumbavi*. Die *totti* schleifen dann die Puppe durch alle Straßen, während ein Witwenchor Klagelieder singt. Die Göttin soll Mitleid bekommen, wenn sie sieht, wie schwach, wie eingeschrumpft wir von der Dürre sind. Dann wird die Puppe in den Teich beim Tempel von Aiyanar geworfen, und sie passen auf, nach welcher Seite sie treibt. Von dort wird dann der Regen kommen, entweder sofort oder vier oder fünf Tage später.

Einmal hatten wir auch kein Trinkwasser, wegen einem Zyklon. Wir mussten zum Teich gehen und lange im Sand graben. Wir haben das Wasser mit einer halben Kokosnussschale in unsere Krüge geschöpft, und zu Hause haben wir das schmutzige Wasser durchgeseiht, ehe wir den Reis damit gekocht haben. Zweimal in meinem Leben habe ich einen großen Zyklon gesehen. Beim ersten Mal war ich schon verheiratet, aber ich habe noch in Velpakkam gelebt. Wir haben einen großen Krug gefunden, der im Wasser trieb, und wir haben ihn zu mehreren herausgeholt. Er war mit Erdnüssen gefüllt, die wir uns geteilt haben. Es sind auch Tiere im Wasser getrieben, Ochsen, Kühe, Lämmer – manche noch lebend, andere tot –, Hasen, Rebhühner, Raben und alle möglichen Sachen: Zweige, Baumstämme, Kisten. Ich habe sogar einen Fünf-Rupien-Schein gefunden! Im *ceri* gab es weniger Verwüstungen als im *ur*. Das Wasser ist nicht bis zu uns hochgestiegen, dank dem Kanal, der am *ceri*-Land entlangfließt. Wir haben nichts verloren in unserem Haus, aber im *ur* waren Backsteinhäuser beschädigt, und eine ganze Familie ist unter einem eingestürzten Haus umgekommen; man konnte nichts für sie tun. Seitdem habe ich zwölf Kinder gehabt, ich habe Enkelkinder bekommen, aber niemand hat dieses eingestürzte Haus angerührt, und das Grundstück ist leer geblieben.

Beim zweiten großen Zyklon hatte ich schon Kinder, und ich war hier. Die Häuser beim Teich wurden mitgerissen. Im *ceri* wurden die Dächer abgedeckt oder auf den Kopf gestellt. Die Kudiyanar sind zum Teich gekommen und haben die lebenden Tiere zurückgeholt, aber die toten haben sie uns überlassen. Mein Mann hat mit anderen Parias die Kuh- und Lämmerkadaver geholt. Er hat auch einen Pflug und eine Walze gefunden. Vayu Bhagavan[5] schickt das alles, der die Bäume und Häuser einstürzen lässt und die Erde überschwemmt. Es heißt auch, dass es wegen zwei Göttern ist, ein Bruder, der seine Schwester besitzen wollte. Um ihm zu entkommen, hat sie sich in einem Kürbis versteckt und ist gerollt und gerollt, bis zum Meer. Sie sind noch heute da: die hohen Wellen, die sich brechen, das ist die Schwester, die als Erste zerschmettert wird; der Bruder jagt gleich hinterher. Wenn eines Tages die männliche Welle die weibliche einholt, ist es aus. Dann wird die ganze Welt überflutet. Die 56 Länder werden ausgelöscht. Es ist niemand mehr da.

Wenn die Felder bereit sind, pflanzen wir Frauen den Reis aus. Die Männer pflügen, säen, bewässern, graben, aber wir pflanzen aus. Am Vorabend sagt mir der Groß-Reddiar: »Velpakkata! Du musst morgen zweiunddreißig Paratchi bringen! Gib ihnen heute Abend einen Vorschuss.« Wir geben immer ein wenig Geld, um die Frauen zu halten, sonst gehen sie zu dem, der am meisten bezahlt, denn beim Auspflanzen gibt es immer Leute, die mehr bieten, besonders bei den Reddiar. Manche gehen trotzdem anderswo arbeiten, auch wenn sie einen Vorschuss bekommen haben, aber die, die ich anstelle, halten ihr Wort.

Am Tag des Auspflanzens gehen wir alle zusammen hin, nachdem wir die Morgenarbeiten gemacht haben. Gleich nach dem Aufstehen säubern wir das Haus. Wir besprengen den Boden mit Wasser und schmieren ihn mit Kuhdung ein, dann machen wir den Stall sauber und sammeln den Kuhdung auf. Danach laufe ich zum Reddi, um vor seinem Haus zu kehren, den Stall auszumisten, die Krüge zu waschen. Manchmal muss ich auch Reis stampfen oder Linsen verlesen, dann bekomme ich zu essen und gehe nach Hause zurück. Dort mache ich den *kuj*, verdünne ihn mit Wasser und Salz, und ich schicke ihn meinem Mann, der auf den Feldern ist. Erst danach gehen wir alle zusammen los, die *adimai* und die Tagelöhnerinnen, die Schwiegermütter und Schwiegertöchter. Unterwegs fangen wir an zu singen. Wenn ältere Frauen bei uns sind, singen wir Klagelieder für sie:

Ayo! Tante! Wenn eine Krankheit dich hinrafft,
Die du nicht hättest bekommen sollen,
Wenn du aufgebahrt wirst auf dem *tinnai*,

Für dich, Tante, zünde ich Räucherwerk an,
Ich kaufe dir eine Kokospalme.

Ayo! Tante! Wenn eine unheilbare Krankheit dich hinrafft,
Wenn du aufgebahrt wirst im Hof,
Für dich, Tante, zünde ich Räucherwerk an,
Ich gehe den Sohn des Wäschers für dich holen …

Und dann fangen wir an zu lachen, während sie schelten: »*Dei!* Warum wollt ihr mir den Sohn des Wäschers schicken! Ich habe Kinder! Söhne, die mir den Holzstoß anzünden können!«

Wenn wir auf dem Feld sind, singen wir nicht, denn der Reddiar ist da. Aus Respekt vor ihm arbeiten wir schweigend, solange er unter seinem Schirm bleibt. Wenn er sich bei der Pumpe ausstreckt, im Schatten einer Kokospalme, muss eine *udimai* die Arbeit überwachen. Beim Reddiar bin ich das. »Du im roten Sari, arbeite ordentlich! Pflanzt ein wenig dichter aus, sonst beißt euch der Reddi den Kopf ab!« Dann nimmt der Reddi sein Motorrad und fährt zum Mittagessen davon. Jetzt gehört das Feld uns! Jeder singt, so laut er kann, Klagelieder, Pflanzlieder, *sunnambu*-Lieder. Wenn wir einen oder zwei *kani* bepflanzen, müssen wir die Schmerzen in den Armen und Beinen ertragen, und in der heißen Sonne knurrt uns der Magen vor Hunger: Das halten wir nur aus, indem wir singen. Wenn der Reddi zurückkommt, ist es ein Uhr. Er kontrolliert alles und sagt zu mir: »Velpakkata, komm her. Hier ist das Geld für die Paratchi.« Ich nehme das Geld und verteile es an alle, und wir gehen zurück, weil wir Frauen das Mittagessen machen müssen.

Die Männer bekommen es, aber nur, wenn sie pflügen. Wenn sie für unseren *kambattam* pflügen, kann man bis zu zwanzig Pflüge zählen. In einer Stunde sind sie fertig. Sie säubern die Ochsen und Pflüge, sie waschen sich, und sie warten auf ihre Mehlsuppe, die vom Reddiar kommt. Die Alten behalten die Gewohnheit bei, sie direkt aus der Hand zu schlürfen, in die sie ihnen gegossen wird. Anban nimmt einen Becher oder macht sich einen aus Palmwedeln. Sie ruhen ein wenig im Schatten der Pumpe aus, und wenn die Sonne die Seite gewechselt hat, machen sie sich wieder an die Arbeit. Sie bessern die Dämme aus, tragen Dünger oder Insektengifte auf, ebnen das Reisfeld ein. Dann kommt der Reddi auf seinem Motorrad zurück, nachdem er seine Siesta beendet hat, und vom Feldrand aus fragt er: »*Dei!* Habt ihr das Feld dort unten gut eingedämmt? Macht die Dämme ein wenig höher! Und ihr, habt ihr Dünger draufgetan? Ist alles fertig?« Mein Mann antwortet ihm. Er bekommt Geld und verteilt es an alle.

Wir hören lange vor den Männern auf. Auf dem Rückweg pflücken wir grüne Blätter, Amaranth und Wassergräser, die wir in unseren Sari tun. Ich säe auch Gemüse um die Felder des Reddiar herum und bei seiner Pumpe. Früher haben wir auch mit einem Schachtbrunnen bewässert. Ein Mann unten, der andere auf der Schwinge, und ein großer Wasserschlauch, der das Wasser ausgeschüttet hat, wenn die Schwinge wieder nach oben ging. Die Männer haben beim Arbeiten gesungen, um im Takt zu bleiben:

Möge Pillaiyar kommen!
Möge Perumal kommen!
Mögen Shiva und Perumal gemeinsam kommen!
Oh Omavalli, ich habe dich so lange nicht gesehen!
Muttamma und ich, wir sind nach Patnam gegangen.
Gib mir einen Kuss, oh Frau, einen Kuss,
Und vor allem, gib mir deine Brüste!

Bei den Pumpen haben wir Auberginen gepflanzt, Okra, Lablab-Bohnen. Wir haben kleine *pandal* gemacht, um Zucchini und Balsamäpfel daran hochranken zu lassen. Die Palmyra-Palmfrucht, die ich dir heute Morgen gegeben habe, kommt von einem Baum, den ich vor zwei Jahren bei der Pumpe gepflanzt habe. Er ist jetzt sehr hoch, und er trägt so gut, dass wir nicht mehr wissen, wohin mit seinen Früchten. Das alles hätten wir auch bei unseren Häusern anbauen können, wir hätten die Saaten problemlos bekommen. Aber es ist eine Frage des Wassers: Wir haben keines, und wir müssten es holen, um zu gießen. Wir pflanzen lieber ein bisschen was am Feldrand an. Eine kleine Familie wie unsere kann einen halben *kuji* bei den Zäunen des Chilifeldes einsäen und Okra oder Lablab-Bohnen ziehen. Wir können auch braune Hanfkörner aussäen. Das wächst ohne viel Mühe, und wenn die Pflanzen ziemlich hoch sind, pflücken und essen wir sie. Die Stängel und Zweige lassen wir im Schlamm liegen. Wenn sie zu faulen anfangen, schlagen wir sie gegen einen Stein, und die Fasern lösen sich. Wir flechten sie in Hanfseile ein, für die Nüstern und Stirnen der Kühe. Wenn ich etwas übrig habe, gebe ich es denen, die es brauchen.

Wenn ich ein Feld gepachtet habe, pflanze ich nach dem Reis manchmal Auberginen. Man muss mindestens drei Monate dafür rechnen, und es kostet viel Mühe. Wir warten, bis die Triebe so groß sind, bis wir zum ersten Mal jäten. Wir gießen gut, es wächst weiter, und jetzt tun wir Dünger drauf und jäten ein zweites Mal. Wenn endlich die Früchte zum Vorschein kommen, jäten wir zum dritten Mal und tun Erdnuss-Ölkuchen drauf. Das fruchtet, und nach drei Monaten ernten wir fünfzig bis sechzig Kilo Auberginen, manchmal hundert Kilo. Die Händler kaufen sie direkt vom Feld weg.

Wenn meine Auberginen oder meine Chilis nicht angehen, bitte ich Mariamman: »Mutter Mariamman, wenn meine Auberginen und meine Chilis dieses Jahr gut wachsen, bringe ich dir ein Opfer von der ersten Ernte.« Am Tag des Feuerlaufs werden auf diese Weise zwei oder drei Kilo Chilis, Auberginen, Mangos, Meerrettichbaumfrüchte herausgeworfen. Alle Leute stürzen sich darauf. Letztes Mal konnte ich drei, vier Meerrettichbaumfrüchte zusammenraffen. Ich selber werfe meine Opfergaben im Tempel von Mariamman, am ersten Tag des *citterai*. Andere machen es im Tempel von Vinayagar. Wir werfen sehr hoch, damit jeder die Chance hat, etwas zu bekommen, und Groß und Klein ruft uns zu: »*De, de, de!* Für mich, für mich, *de, de!*«

Der Reddiar pflanzt eher grüne Linsen oder Erdnüsse nach dem Reis. Du müsstest sehen, wie dick die Schoten sind! Wir können so viele Linsen von jeder bekommen *(Handbewegung)*. Zur Linsenernte nehme ich nur Kinder mit, alle etwa im gleichen Alter, eher Kleine als Große, weil sie je nach ihrer Größe eine Rupie für die Kleinen, zwei für die Mittleren, drei für die Großen bekommen. Der Reddiar überwacht die Ernte bis zum Schluss, aus Angst, dass die Kinder etwas stehlen. Mich kontrolliert er nicht, aber ich bestehle ihn auch nicht. Am Ende gibt er mir ein großes Maß grüne Linsen und einige Pflanzen. Ich muss auch die Linsen sieben und verlesen, ehe sie in den Sack kommen. Dafür bekomme ich ein großes Maß Linsenbruch und zwei kleine Maß schöne Linsen.

Ich stelle auch die Arbeiter für die Erdnussernte an. Ich gehe zuerst ins *ur*, zu den Kudiyanar. »Morgen ernten wir Erdnüsse beim Reddiar. Helft ihr pflücken?« Dann gehe ich ins *ceri*: »*De*, ihr Jungen! Kommt Erdnüsse pflücken, ihr sollt auch eine Menge bekommen! Wir ernten morgen beim Reddiar.« Ich nehme auch Kinder mit. Jeder pflückt und macht einen Haufen in seiner Reihe. Ich kontrolliere es. Ich gehe mit meiner Hippe durch die Reihen und drehe die Erde bei den Pflanzen um, und ich sage: »Lest ordentlich auf! Hebt die Pflanze schön hoch! Pflückt alles, was darunter ist, lasst nichts auf die Erde fallen!« Es stimmt, dass die Pflückerinnen arm sind wie ich. Sie können ein paar Erdnüsse mausen, aber sie dürfen es nicht ausnützen. Was würde aus dem Besitzer werden, wenn jeder ein Maß stehlen würde? Du kannst dir ausrechnen, was das bei zwanzig oder dreißig Leuten geben würde! Was würde dem bleiben, der es wachsen lässt? Er wäre der Dumme dabei! Und deshalb muss ich, seine *adimai*, das Pflücken überwachen und selbst zu den Kudiyanar sagen: »Legt zurück, was ihr in eurem Sari versteckt habt. Nehmt euch eine Hand voll zum Essen und lasst den Rest liegen. Wie, ihr wollt nicht auf mich hören? Ihr macht es nicht, weil ich es sage? Muss erst der Reddiar kommen und euch mit seinem Schirm piksen und sagen: Was habt ihr da in eurem Sari?« So rede ich mit ihnen, Sinnamma, sonst kommt der Reddiar zu mir und herrscht mich an oder schüttelt mich sogar, während er knurrt: »Wozu bist du hier, he, du Paratchi? Glaubst du, dein Topf wird kochen, wenn sie alles forttragen? Wenn es bei mir bleibt, kann dein Mann essen, dein Sohn kann essen, du kannst essen. Und selbst wenn ich dich schlage, weißt du doch, dass du dich auf meinem Land bedienen kannst!« Und deshalb sage ich zu den Pflückerinnen: »Seid ehrlich. Ihr seid Kudiyanar, ich bin eine Paratchi. Der Reddiar wird wegen euch böse auf mich sein. Nehmt ein paar Erdnüsse und lasst den Rest!«

Wenn die Arbeit des Tages fertig ist, bringt jeder, was er aufgelesen hat, zu einem großen Rechteck auf dem Feld. Der Reddiar ist mit seinem Heft da, und mein Mann misst die Ernte mit einem Korb ab. Alle kommen der Reihe nach zu dem Rechteck vor, mein Mann misst und wirft die Erdnüsse in das Rechteck. Der Reddiar schreibt alles auf und bezahlt jedem, was ihm zusteht, und fügt noch eine Hand voll Erdnüsse für jeden vollen Korb hinzu. Wer schnell ist, kann vier bis fünf Körbe pflücken, die Alten eineinhalb, die Kinder einen dreiviertel Korb oder einen halben oder einen viertel Korb bei den ganz Kleinen. Danach muss ich das Feld sauber kehren und alle Erdnüsse aufsammeln, die herumliegen. Das ist die härteste Arbeit. Wenn ich fertig bin, gehe ich auch zum Rechteck, schweißüberströmt und zitternd vor Erschöpfung, und der Reddiar sagt zu meinem Mann: »Gib der Velpakkata Erdnüsse!« Und er, obwohl er mein Mann ist, gibt mir drei oder vier Maß, nicht mehr, nicht weniger, genau wie den anderen. Aber ich sage es dir jetzt, Sinnamma, ich begnüge mich nicht mit dem, was der Reddi für all diese Arbeit gibt. Wenn ich aufs Feld komme, fülle ich einen kleinen Krug mit schönen, dicken Erdnüssen, weiß wie Milch, wenn man sie kocht. Ich verstecke den Krug unter einer Erdnusspflanze. Am Ende des Tages hole ich unbemerkt, was ich versteckt habe, ich lege die Blätter, die ich für meine Ochsen gepflückt habe, über den Krug und gehe.

»Und wenn der Reddi dich dabei ertappt?«

Er würde so tun, als ob er nichts merkt, und nichts sagen. Aber sind wir nicht da, um seine Felder zu versorgen, um uns von den Schlangen oder Eidechsen zwicken zu lassen, die Ernten zu überwachen, weil wir seine *adimai* sind? Würden sich etwa die Paratchi-Tagelöhnerinnen so gut darum kümmern wie wir? Würden sie so viel für ihn tun?

»Und was ist, wenn dich die anderen ertappen?«

Die anderen sagen auch nichts. Warum sollen sie mich eine Diebin heißen? Sie sind Tagelöhnerinnen. Sie kommen nur für die Stunde, und dann gehen sie wieder. Ich muss drei oder vier Parzellen sauber kehren, mitten in der heißen Sonne. Wenn ich meine Arbeit gemacht habe, wenn ich bezahlt werde, dann nehme ich es, aber ich kann auch gehen, ohne bezahlt zu werden, weil ich ihre *adimai* bin. Ich rackere mich für die Familie des Reddiar ab, mein Mann rackert sich für sie ab, mein Sohn auch, und meine Ochsen schuften auch für sie. Seit Generationen, Männer wie Frauen, arbeiten wir für sie. Da ist es keine Schande, wenn wir ein paar Erdnüsse abzweigen. Die anderen haben keinen Grund, uns Diebe zu schimpfen. Aber sie dürfen das nicht machen. Wir zwacken also während der Erntetage mal hier, mal da etwas ab. Am letzten Tag, wenn alles aufgesammelt und eingesackt ist, gibt uns der Reddiar acht Maß: vier für seine *adimai*, vier für seine Paratchi, die den Kuhdung aufliest.

Auch bei der Hirseernte bekomme ich meinen Anteil als Kuhdung-Aufleserin. Dort gibt das eine Sarifalte voll, so dass ich aussehe wie eine Schwangere, die sich nur mühsam vorwärtsschleppt. Wenn ich diese Hirse schäle, habe ich einen halben Sack Körner, zusätzlich zu dem, was ich in meinem Korb behalten kann, und den zwei Rupien, die ich bekomme. Niemals würden sie mir sagen, dass ich zurückgeben soll, was ich genommen habe, weil es wie etwas ist, das mir zusteht, weil ich ihre eigene Paratchi bin. Die anderen würden nicht damit durchkommen, sie müssten zurückgeben, was sie in ihren Korb gleiten lassen. Sie würden zu mir sagen: »Velpakkata! Nimm ihnen allen die Ähren wieder ab. Durchsuch sie eine nach der anderen, bevor du sie gehen lässt.« Nach der Durchsuchung, wenn sie alles zurückgegeben haben, geben die Reddiar jeder drei Ähren und fünf Rupien, und sie passen auf, dass sie nichts auf dem Feld versteckt haben: Die Besitzerinnen sind da, auf den Dämmen, unter ihren Sonnenschirmen. Vor allem bei den Kindern sind sie misstrauisch, sie drücken jedem eine Ähre in die Hand und jagen sie weg: »*Dei!* Nimm das und geh nach Hause!« So können die Mütter ihren Kindern nicht die gestohlenen Ähren geben.

Mein Mann und mein Sohn bekommen auch ihren Anteil an der Hirse- und Sagoernte. Jeder einen Korb voll, das ist der Anteil der *adimai*. Der Korb wird gut gefüllt, und es steigt sogar jemand oben drauf, um das Korn festzustampfen. Der Reddiar schaut zu, dann sagt er: »Gut! Nun, habt ihr ihn ordentlich gefüllt? *Dei*, heb ihn hoch, damit wir sehen, wie viel er wiegt!« Dann antwortet ihm jemand vielleicht: »Oh, das sind sicher zwanzig Liter ...« Und der Reddiar sagt: »Gut, nimm ihn weg. Dieser Esel braucht nur noch zu kommen, und seine Familie kann in Saus und Braus leben!«

Auch wenn wir *adimai* sind, Sinnamma, möchten wir gern ein wenig bequem leben, vielleicht sogar ein Stück Land kaufen. Aber man muss sich anständig benehmen. Wir dürfen unseren Meister nicht zu sehr schädigen. Er hat Vertrauen in uns, seine eigenen Paratchi, seine eigenen Paraiyan. Er lässt uns bei der Hirse- und *ragi*-Ernte mit den Tagelöhnerinnen allein, während er essen geht. Ich darf dieses Vertrauen nicht missbrauchen und ihm vier große Maß Korn stehlen. Es würde mich jedenfalls nicht glücklich machen, und es wäre zwecklos. Aber wenn ich in gewissen Grenzen nehme, dann kann ich in Frieden leben. Sie, die uns für sich arbeiten lassen, müssen sich ihrerseits sagen: »Lassen wir sie! Diese Armen kommen, um sich den Bauch zu füllen. Ich werde mit dem bisschen kein Land kaufen können oder ein neues Stockwerk bauen oder einen Brunnen ausheben!« Im *ur* gibt es ein paar Grundbesitzer, die hartherzige Geizhälse sind. Andere, wie unser Reddi, sagen sich dagegen: »Diese Esel stehen unter unserem Befehl und passen für uns auf. Lassen wir sie machen ...«[6]

Sinnamma, an Arbeit fehlt es nicht beim Reddiar! Während der *paddy*-Ernte, die zehn Tage dauert, arbeiten fünfzig bis neunzig Tagelöhner bei ihm. Sie bekommen fünf Sack *paddy* pro *kani* für fünfzig Arbeiter. In dieser Zeit zünde ich frühmorgens ein großes Feuer beim Reddi an, um die Mehlsuppe für die Arbeiter zu kochen. Alle, die ernten oder das Stroh zu Ballen pressen, bekommen ein Mittagessen. Ich zünde das Feuer an und halte es in Gang, darin ist keine Unreinheit. Aber kochen, das machen Kudiyanar, weil unter den Arbeitern auch Vanniyar sind. Bei unserem Reddiar ist die Mahlzeit immer dieselbe: ein *kanji* gut gekochter Reis, mit eingemachten Bitterorangen vom vorigen Jahr. Andere geben andere Sachen zum *kanji*, Mangoschalen zum Beispiel. Nach dem Kochen gehen wir zu den Arbeitern auf die Felder. Dort reichen die Frauen die geschnittenen Ähren den Männern, die sie ein erstes Mal dreschen, um das Korn auszulösen. Die Frauen dreschen es ein zweites Mal, damit alle Körner herausfallen, und machen Strohhaufen. Früher hat ein Karren die Strohballen zum Stall gebracht, jetzt ist es ein Traktor. Der Reddiar leiht sich eine Dreschmaschine aus, und es sind nur noch halb so viele wie früher bei dieser Arbeit. In der Hitze sind wir schnell schweißnass, und die Zunge hängt uns aus dem Hals. Punkt zwölf Uhr wird uns das Essen gebracht. Ein paar Kudiyanar verteilen es. Wir in unserer Familie gießen den *kanji* in Krüge, um ihn abkühlen zu lassen, aber manche, ich habe es dir gesagt, trinken ihn direkt aus der Hand. Die Frauen, die Kinder haben, denken nicht nur an ihren eigenen Bauch, sie kommen mit einem Behälter, um das Essen mit ihnen zu teilen. Manchmal sieht mich der Reddiar mit meinen Enkeln. Dann sagt er zum Essensausteiler: »*Dei!* Es sind zwei Kinder bei der Velpakkata. Gib jedem auch eine Kelle voll!« Er ist immer da bei den Mahlzeiten, um aufzupassen, dass der *kanji* gerecht verteilt wird. Manchmal ruft er einen Essensausteiler: »Sag der Velpakkata, sie soll ihre Mahlzeit bei uns essen, sie ist unsere Paratchi!«, und dann bekomme ich ein Essen mit Reis und Gemüse. Hinterher gehe ich nach Hause zurück, nachdem ich gefragt habe, ob es noch etwas zu tun gibt. Manchmal wird mir gesagt, ich soll jemanden holen, und dann erledige ich den Auftrag auf dem Rückweg ins *ceri*.

Die Männer, die die Ernte machen, stapeln am Ende des Tages die Strohballen auf dem Mahlstein auf. Sie nehmen ihren Lohn entgegen und gehen. Sie werden Tag für Tag bezahlt, und wenn die Ernte zu Ende ist, bekommt jeder sechs Maß *paddy*. Dort ist es unmöglich, etwas abzuzweigen! Wenn du ein Maß *paddy* mitnimmst, sind das zwei Tage Reis: Wie sollst du damit durchkommen? Wir werden scharf überwacht, und der Reddiar lässt nichts abhanden kommen. Mir lässt er die letzten beiden Säcke *paddy*-Bruch mit Steinen. Aber selbst wenn es kein schönes Korn ist, das Gewicht ist da! Meinem Sohn gibt er einen Strohballen und ein Maß *paddy*, weil Anban kommt, sobald er gerufen wird, und Dämme baut, Kühe wäscht, ihnen zu essen und zu trinken gibt. Er macht alles, was man von ihm verlangt, er fährt sogar den Karren, und deshalb gibt ihm der Reddiar diesen Anteil und sagt zu ihm: »*Dei*, Ettyan! Nimm, das ist für dich!« Meinem Mann gibt er zehn Maß *paddy*, weil er die Ernte in der Nacht bewacht. Am letzten Abend, wenn alles fertig ist, versiegelt der Reddiar die Ernte, ehe er nach Hause geht. Wir kehren den ganzen Bereich, wir häufen den *paddy* zu einem Hügel auf, den wir auf beiden Seiten mit der Hand einebnen. Dann verbrennen wir ein wenig Stroh: Reisstroh fängt schnell Feuer und gibt viel Asche. Wir mischen die Asche mit zwei Maß *paddy*, und damit kennzeichnen wir die Ernte, indem wir Buchstaben machen, so wie die in deinem Heft. Danach kann es niemand mehr stehlen. Mein Mann geht schnell nach Hause zurück. Er wäscht sich, isst und geht mit einer Laterne und einem Stock wieder fort, um die Ernte zu bewachen. Er bewacht die vom Reddiar, während andere die von anderen Besitzern bewachen. Die Wächter tun sich alle zusammen und verbringen die Nacht mit Reden und Lachen. Von Zeit zu Zeit schlagen sie mit ihren Stöcken auf den Boden, um zu zeigen, dass jemand da ist, und um die Streuner und Tiere abzuschrecken. Am nächsten Morgen wird die Ernte an Ort und Stelle verkauft. Jedes Jahr macht das einen ganzen Traktoranhänger für unseren Reddiar, ohne die Säcke mitzuzählen, die er zu sich nach Hause nimmt.

Sie bauen *samba* an, und einen anderen Reis, *karai*, den wir für Kuchen verwenden. Diese *paddy*-Säcke werden zum Reddiar gebracht. Es dauert einen ganzen Tag, den Reis zu trocknen. An diesem Tag arbeiten mein Mann und ich im *ur*, ohne mittags nach Hause zu gehen. Mein Mann schleppt den gedörrten Reis auf den zementierten Hof, und ich breite ihn mit den Füßen aus, denn mit der Hand wäre es auf eine solche Länge nicht möglich. Wenn ich der Meinung bin, dass der Reis genug getrocknet ist, zeige ich ein Korn vor und sage: »Seht her, kein Körnchen ist zerbrochen. Kann ich ihn sieben und in die Säcke füllen?« Sie werfen einen Blick darauf, schälen ein Korn, und wenn es beim Schälen zerbricht, sagen sie mir, dass es noch länger trocknen muss. Früher haben wir von Hand geschält, mit einem eisernen Stößel, oder sogar mit einem

Wiegemesser. Heute geben wir das Korn in die Maschine. Wir zählen die Säcke vor dem Reddiar. Mein Mann legt sie in den Karren, der dem Reddiar gehört, und spannt die Ochsen an. Er fährt, und ich setze mich auf die Säcke. Der Reddi fährt mit dem Motorrad voraus, und wir treffen uns beim *kambattam* von Anaikollai wieder, der eine Schälmaschine hat. Auf dem Rückweg, wenn alles fertig ist, geht mein Mann zu den *paddy*-Lagerräumen und schöpft sieben oder acht Maß in seinen Korb. Das ist sein wahrer Lohn, und der Reddi wird nichts sagen. Dieser *paddy* ist nur für meinen Mann. Er verkauft ihn und behält das Geld für sich allein, zum Trinken, um seine Tochter zu besuchen und den Kindern etwas zu kaufen, und um zu essen, worauf er Lust hat – ein Fleischgericht oder Kutteln, *dosai*.

Wir haben nicht oft die Möglichkeit, solche Sachen zu essen. Wenn wir schwarze Linsen beim Reddiar schälen, nehme ich alles an mich, was zerbrochen oder von Tieren angenagt ist. Das gibt zwei kleine Maß, und dazu noch eins, das ich als Lohn bekomme. Ich vermische alles, lasse es in der Sonne trocknen, dann bedecke ich es mit Öl und bewahre es für Gelegenheiten wie *kartikkai* oder *ammavasai* auf, das sind Tage, an denen ich gern *dosai* und *idli* für die ganze Familie mache. Sonst haben wir früher vor allem Gemüse gegessen: Auberginen und Kürbisse sind überall gewachsen, wir brauchten sie nur zu pflücken. Wenn wir von der Arbeit zurückgekommen sind, haben wir eine gute, mit viel Chili gewürzte Sauce gemacht, manchmal gebratenen Fisch und auch Erdnüsse. Wir haben wenig Reis gegessen, sondern vor allem Futterhirse und Kodohirse. Der Reddiar hat schon immer Auberginen angebaut, und wir haben auch welche durch ihn bekommen. Das ist wie bei den Chilis, er baut immer welche an, und ich bekomme zwei große Hände voll, die ich mit grobem Salz eine Woche lang in der Sonne dörren lasse. Danach halten sich die Chilis lange und bekommen einen guten Geruch. Mein Mann mag sie in der Suppe, die ich ihm am Morgen schicke. Mittags trinken wir *kuj* von den Reddiar, und jeder von uns hat Anspruch auf einen Krug *kanji*. Mein Sohn und meine Tochter kommen und essen davon, nachdem sie die Tiere geweidet haben. Früher haben wir es anders gemacht. Wir haben gepflückt, was um uns herum wuchs, und mitgenommen, was wir konnten. Zum Beispiel haben wir im Pressschuppen die Erdnuss-Ölkuchen aufgesammelt, die in den Schlamm gefallen waren. Wir haben sie in Wasser eingeweicht, um sie zu säubern, wir haben

Meerrettichbaumblätter abgezupft und getrennt angebräunt, und dann haben wir die Ölkuchen und Blätter mit Futterhirse gegessen. Heute verwenden wir diese Ölkuchen nicht mehr, weder zum Essen noch als Dünger, sondern wir geben sie den Ochsen.

Der Reddiar baut auch ein wenig Sesam an, auf einem viertel oder halben *kani*, und ich mache es auch manchmal. Wir ernten für ihn. Wir reißen die Pflanzen aus und schütteln sie, um die Körner herauszulösen. Wir Frauen sieben sie, um die Steine und Erde zu entfernen, und geben sie in Säcke. Die Säcke werden in einem großen Zementbecken eingeweicht, und ein pechschwarzes Wasser kommt heraus: Die Farbe und der Schmutz gehen ab. Dann breiten wir die Körner im Hof aus, und mit vier Stößeln stampfen wir sie und stoßen sie mit den Füßen. Die Hülle platzt ab, und der Sesam wird ganz weiß. Wir sieben ihn noch ein- oder zweimal, bis alle Häute entfernt sind und nur noch die weißen Körner übrig bleiben. Dann gehen wir zum Ölmüller in Tirulagam. Die Männer tragen die Kanister, und die Frauen haben einen großen Korb auf dem Kopf, in dem auch vier oder fünf Kilo Palmzucker sind. Der Ölmüller gibt uns das Öl in den Kanistern und die Rückstände in einem Korb zurück. Sesam-Ölkuchen, das ist eine Delikatesse, und der Reddiar gibt erst seinen Verwandten davon, den Vanniyar und allen, die kein Öl machen, und den Rest überlässt er uns, seinen Parias. Er behält sein Öl für ein ganzes Jahr. Es ist wie Rosenwasser! Andere Grundbesitzer verteilen ihre Ölkuchen nicht. Sie verkaufen sie an Gemüsehändler in Tirulagam, die kleine Stücke daraus machen und sie zu einem guten Preis weiterverkaufen, denn es sind Saisonprodukte. Ich kaufe auch Sesam-Ölkuchen in Tirulagam, Sinnamma! Die Welt hat sich geändert: Ich kaufe keine Erdnuss-Ölkuchen mehr, weil ich finde, dass sie zu schwer und nicht sehr gut sind.

Am Abend essen wir jetzt Reis, eineinhalb Maß für vier. Am Morgen, ich habe es dir gesagt, *kanji* mit einer Zwiebel oder einer Chilischote, wenn es nichts Grünes gibt. Am Nachmittag, wenn ich mit der Arbeit beim Reddiar fertig bin, gibt mir seine Frau manchmal einen Kuchen, *murukku* oder Süßigkeiten, die sie zubereitet hat, zum Kosten. Ich nehme es und gehe damit nach Hause. Je nachdem, wie ich Lust habe, hebe ich es für die Kinder und meinen Mann auf oder esse es unterwegs selber. Danach nehme ich den Korb und gehe mit meinen Enkeln auf den Markt von Tirulagam. Dort kaufe ich ihnen Bonbons in allen Farben und rosa Eiscreme, oder ich suche einen ganz frischen Fisch für das Abendessen aus. Früher hätten wir mit dem, was wir verdient haben, nicht dorthin gehen können, und außerdem gab es damals noch nicht diese ganzen Läden ...

Ja, zu meiner Zeit war es besser für euch. Ihr habt uns für ein oder eineinhalb Rupien pro Tag eingestellt, und wir haben gegessen, was auf den Feldern wächst. Heute, in diesem *kaliyugam*, verlangen die Arbeiter zehn oder fünfzehn Rupien. Die Regierung tritt für uns ein und legt die Löhne fest. Hätte es früher jemals eine Regierung gegeben, die sich so um uns kümmert? Wenn wir auf den Markt gingen, konnten wir immer nur für einen Tag einkaufen. Jetzt kann ich mir Vorräte anlegen, Gewürze für zwei oder drei Tage kaufen. Ich kaufe Reis, gesalzenen Fisch und Betel, und es bleibt mir noch ein wenig Geld übrig, das ich für eine Leibrente oder in die Frauengenossenschaft einzahle. Wenn mein Sohn und ich einen vollen Sack Reis bekommen, behalten wir die Hälfte für zu Hause und verkaufen den Rest zu einem guten Preis. So können wir allmählich unsere Schulden beim Reddiar zurückzahlen. Ich zahle sie auch nach und nach mit meiner Arbeit zurück, und wenn ich sterbe, löst mein Sohn mich ab. Er bezahlt, was er schuldet, auch mit seiner Arbeit ab. Und wenn er eines Tages nicht mehr *adimai* sein will, verkauft er die Kälber, die Kühe und Ziegen. Dann ist er frei und kann Tagelöhner werden.

Arbeit finden wir genug im Dorf! Im *ur* gibt es große Besitztümer, Familien mit fünfzig, sechzig oder achtzig *kani*. Es braucht eine Menge Leute, um das zu bepflanzen! Und wir, wir sind zum Arbeiten da. Wir sind da, um für die zu arbeiten, die Land haben. Ihr Beruf, das ist Grundbesitzer sein, reich sein. Warum sollen sie in die Felder hinuntersteigen? Ihr Platz ist im Schatten ihres Hauses oder unter ihrem Sonnenschirm auf den Wällen. Sie sind nicht dafür gemacht, das Land zu pflügen, das ihnen gehört. Wir, die Parias, einige Palli, einige Padaiyatchi, die armen Kudiyanar, wir sind da, um Landarbeiter zu sein. Die Besitzer brauchen uns, Sinnamma. Wie könnte das *ur* ohne uns existieren? Es genügt nicht, dass du zehn Kühe besitzt, dein Sohn wird sie nicht auf die Weide bringen, sondern meiner. Dein Kind ist da, um zu studieren und eine Sitzarbeit im Schatten zu machen. Wenn also ein Grundbesitzer zu einem Paria sagt: »Ich gebe dir acht Rupien, damit du mein Feld eindeichst. Kommst du?«, wird der Paria antworten: »Nein, das kann nicht angehen! Ich habe Kinder, sie müssen essen und sich anständig kleiden. Was soll ich mit diesen acht Rupien anfangen?« Früher haben wir gearbeitet, um unseren Bauch zu füllen und uns zu verheiraten. Nur der Reddiar war immer sauber, mit einem ganz weißen *soman*, einem Hemd, die Haare gut geschnitten, Ringen an den Fingern, einer Uhr am Handgelenk. Unsere Männer vom *ceri* hatten nur einen kleinen *soman* um die Hüften geschlungen und einen anderen als Turban um den Kopf gebunden: Mit diesem Aufzug haben sie ihren Herren Respekt erwiesen. Heute tragen wir dieselben Kleider wie ihr, aber es kostet viel Geld. Weil wir keine Angst vor harter Arbeit haben, sind wir bereit, alles zu machen, was man uns gibt. Sieh dir Anban an, ich schicke ihn weit weg zum Arbeiten, zu der Familie des Reddiar von Andhra Pradesh. Dort bekommt er Unterkunft, Essen und zwanzig Rupien am Tag! Auch wenn man nicht studiert hat, kann man heute anständig verdienen.

Für die, die studiert haben, ist es übrigens nicht immer leicht. Die, die Karani verlassen haben, um in der Fabrik von Pondy zu arbeiten, sind ins Dorf zurückgekommen, seit die Fabrik geschlossen ist. Ein Sanar arbeitet als Eisverkäufer in Tirulagam, andere verkaufen jetzt frischen oder gesalzenen Fisch. Und was tun, wenn man keine Arbeit in der Stadt findet? Weil es dort unten viele Leute gibt, die studiert haben und auch eine Stelle suchen. Die haben nicht auf unsere Jungen gewartet, damit sie die Dinge im Büro oder in der Fabrik voranbringen, während sie sich sagen: »Warum sollen wir auf den Feldern arbeiten, wenn wir studiert haben?« Ja, aber wenn du nichts findest, musst du wohl oder übel zur Erde zurück, und jetzt bringen die, die geblieben sind, den anderen bei, wie man pflügt, Wälle baut, Saaten versetzt. Jeder muss eine Arbeit haben und essen! Aber meistens versuchen die Studierten, die keine Arbeit haben, ein kleines Geschäft in Tirulagam aufzumachen.

Jeden Abend gehe ich mit meinem Korb zum Einkaufen dorthin. Ich trödle gern auf dem Markt herum, weil es so viel zu sehen gibt! Neulich, als ich nachmittags um vier von meiner Tochter Miniyamma zurückgekommen bin, bin ich aus dem Bus gestiegen und habe in Tirulagam Halt gemacht. Ich habe Fisch für das Abendessen gekauft, Chilipulver, Ingwer und Curryblätter. Und plötzlich höre ich jemanden durch den Lärm schreien: »Schwägerin! Schwägerin! Willst du keine grünen Bananen oder Okras fürs Abendessen!« Es war Selvaraj, unser Eunuch von Mangappakkam, der ein herumziehender Gemüsehändler in Tirulagam ist. Ich bin zu ihm gegangen, und er hat zu mir gesagt: »Komm, Schwägerin! Woher des Weges? Setz dich eine Weile zu mir. Hier, nimm ein wenig

Betel. Du gehst jetzt oft nach Pondy, haben sie mir im *ceri* gesagt. Du singst für Sinnamma ...«

Ich habe mich gefreut, ihn wieder zu sehen. Er hat sein Gemüse seit einiger Zeit woanders verkauft. Also habe ich mich neben ihn auf den Boden gesetzt und ihm im selben singenden Ton wie er gesagt: »*Ayo!* Komm du auch einmal mit mir zu Sinnamma. Ich nehme dich einmal nach Pondy mit. Dann werden wir sehen, ob du es mir gleichtun kannst, mit einer Geschichte oder einem Lied.«

Da hat er sofort ein Klagelied angestimmt und sich nach der ersten Strophe die Nase an meinem Sari geschnäuzt. Alle Straßenhändler, die neben dem Laden des Muslimen saßen – die Maniok verkaufen oder Süßkartoffeln, Guaven –, haben gelacht. Es kommen ohnehin alle zu ihm her, sobald er auf dem Markt auftaucht, weil er immer Geschichten erzählt und Lieder singt. Er hat mich auch das »Klagelied von dem Telegramm, das eine schlechte Nachricht bringt« gelehrt und gesagt: »*De!* Sing es Sinnamma vor, sie wird sich freuen!«

Dieser Eunuch lebt in Mangappakkam, aber er ist aus Periyambakkam. Er ist schön wie eine Bajadere, und er ist ein großer Tänzer; du müssest ihn sehen beim Fest der Draupadi! Bei der Ernte kommen die Eunuchen und singen Arbeitslieder, Scherzlieder und andere Lieder. Ich mag ihre Lieder sehr. Ich sage ihnen, sie sollen sich hersetzen, und gebe ihnen fünfzig oder fünfundsiebzig Paise, um sie singen zu hören und ihre Lieder zu lernen. Eines Tages habe ich meine Hand in den *soman* von Selvaraj gesteckt und gesagt: »Dann hast du also gar keine Eier?«

»Nein, ich bin eine Frau wie du!«

»Komm, lass sehen!«

Sinnamma, er hatte keine Eier und nichts. Ambigai und ich haben unseren Augen nicht getraut! Wir haben ihn in ein Haus gebracht und ganz nackt ausgezogen und alles angefasst: Da war wirklich nichts. Nur eine große Narbe an der Stelle, die so flach war wie bei uns. Alles war weggeschnitten worden! Und als wir zu lachen anfingen, hat er gesagt: »*Aye, di!* Fickerinnen! Huren!« *Ayo*, Sinnamma! Sie reden so komisch, so spaßig. Ich ärgere ihn immer, bis er mich beschimpft, nur um ihn reden zu hören!

Eines Tages bringe ich dich nach Nellipet zu Ponnuttambi. Du kennst ihn, ich habe ihn dir gezeigt. Beim Fest der Draupadi verkauft er in Teig ausgebackene grüne Bananen, gezuckerte Linsen und Grießkuchen.

Seine Bewegungen, seine Worte, seine Stimme, alles ist wie bei einer Frau, mehr noch als bei einer Frau! Er ist sehr liebenswürdig, sehr nett. Ich habe ihn neulich abends getroffen, als er nach Tirulagam gegangen ist, mit ein paar Kanistern in der Hand, um Öl auf dem Markt zu holen. Er hatte ein Band am Handgelenk, das ihn beschützt. Als ich ihn gefragt habe, wie es ihm geht, hat er gesagt: »*Ayo!* Diese Schmutzlappen, diese Schwulen, diese Schwanzlutscher! Sie haben mich entführt und schändlich missbraucht, Mutter von Anban!«

Als ich das hörte, kamen mir die Tränen, und ich habe sogar geweint. Er war von den Seinen entführt worden, von diesen Safttrinkern, und er musste sie lutschen, und dann haben sie ihn von hinten gefickt, den armen Kerl. Diese Schwulen führen sich untereinander auf wie die Tiere! Er, der so gesund, so kräftig war, mit seinen schönen Haaren, die er in einem Knoten trägt, mit den großen Ohrringen und seiner schönen Brust! Er ist ein Chettiar, oder vielmehr ist er aus der Kaste der Ölmüller. Normalerweise verkauft er *idli*, *dosai*, Fettgebackenes, und wenn er ins *ceri* kommt, setzt er sich auf die Veranda von dem Backsteinhaus im Wäscherviertel.

In seinem Dorf gibt es noch zwei andere, die ich dir zeigen möchte, Sinnamma. Sie sind vor nicht langer Zeit hergezogen. Sie sind schön, die beiden, der eine schwarz, der andere hell wie eine Frau aus dem Norden. Und wie sie sich affig benehmen, die beiden! Bei ihrem bloßen Anblick tut einem der Bauch weh vor Lachen! Sie sind neulich zu mir gekommen, mit Spangen im Haar. Sie haben sich auf den *tinnai* gesetzt, und ich habe zu ihnen gesagt: »He, *de!* Wie geht es euch, ihr beiden Lochkrapfen?« Mit ihnen hat man immer seinen Spaß! Sie waren geschminkt wie Filmschauspielerinnen, die Augen sorgfältig zurechtgemacht. Wenn wir beide mit Gottes Hilfe dieser Tage nach Nellipet gehen, mit deinem Apparat, kannst du alle ihre Reden aufnehmen, und obendrein werden wir unseren Spaß haben! Der Helle kann nicht gut singen. Aber der andere schon, und er ist geschickt! Und wie sorgfältig der sich kleidet! Er wechselt dauernd den Sari, immer aus Baumwolle. Und Schmuck überall, an den Füßen, an den Händen, und einen *tali*. Gott hat ihn aus Versehen als Mann geschaffen. Ihr Gott, das ist Kuttandavar. Für ihn tragen sie den *tali*.[7] Für das jährliche Fest von Kuttandavar, das in Pillaiyarkkuppam stattfindet, machen sie sich schon Monate vorher bereit. Sie singen auf den Jahrmärkten und Märkten, bei der Ernte, sie gehen von Dorf zu

Dorf, um Reis, Korn und Geld zu sammeln. Damit kaufen sie Ziegenböcke, denn sie müssen Blutreis opfern. Tausende von Eunuchen versammeln sich bei diesem Fest, alle elegant gekleidet, mit falschen Brüsten. Dort opfern sie ihren *tali* oder werfen ihrem Gott Armbänder hin. Drei Krüge Milch und sieben Krüge Wasser werden über sie gegossen. Das ist ihr *bhakti*. An diesem Tag gibt es viele Besessene. Deshalb geht vor dem Fest ein Eunuch durch die Dörfer, mit einer runden Trommel mit zwei Fellen, und kündigt an, dass das Fest stattfindet und dass Frauen, die mehr als drei Monate schwanger sind, nicht daran teilnehmen dürfen. Es heißt sogar, dass die ganze Welt von dem Dinatandi[8] benachrichtigt wird. Anscheinend füllen sie an dem Tag in Pillaiyarkkuppam mit einer Pumpe den Fluss, der ausgetrocknet ist.

Ich träume davon, das eines Tages zu sehen, Sinnamma. Wirst du mit mir kommen? Aber du bist jung: Du musst vorsichtig sein. Ambigai ist einmal hingegangen. Die Schwägerin meiner Tochter hat nach Vandipalaiyam geheiratet, nicht weit von dort, in eine sehr wohlhabende Familie, die einen Karren, zwei *kani* und eine Pumpe besitzt. Bei Anbans Hochzeit hat ihre Mutter ein gutes Tablett geschickt. Diese Frau hat uns eingeladen, das Fest von Kuttandavar anzusehen, aber wir konnten nicht hingehen, weil Amsa von einem Geist besessen war. Bevor ich sterbe, möchte ich einmal dieses Fest sehen. Wir gehen zusammen, Sinnamma.

25
SO GEHT ES IN DER WELT

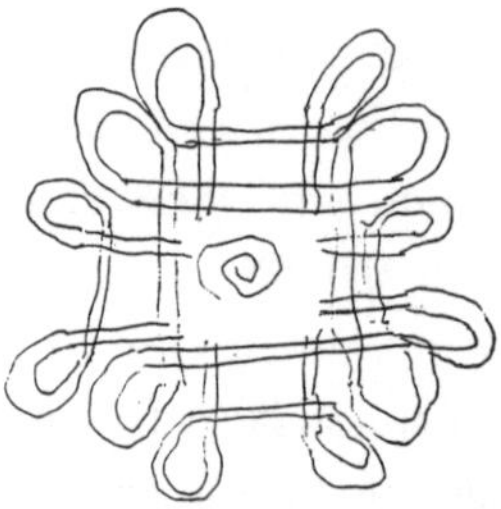

Der Reddiar geht oft geschäftlich nach Pondy, und auch wegen Partei-Angelegenheiten, glaube ich: Zweimal hat er die Wahl gewonnen! Frag mich nicht, in welcher Partei! Ich glaube, es war die mit dem Spinnrad. Ich verstehe nicht viel davon …[1]

»Großpapa Gandhi! Großpapa Gandhi, iss kein *bundi* …« Das habe ich von den Schulliedern behalten, den Slogans, den Diskussionen der Männer über Kamaraj, den Verräter, Onkel Nehru, Indira, die keusche Mutter, Annadurai, unseren Meister, Karunanidhi, den Dichter …

Früher wurde dieses Land anscheinend von einem weißen König regiert, dem Meister des Königreichs von Pondy, der viel Geld zusammengerafft und es unter seinem Hintern versteckt hat. Alle hier sagen das: der Vater von Vattiar, die Gounder, mein Schwiegervater auch. Es heißt, dass es ein tatteriger Greis war, der wie ein Erdwurm aussah. Aber er hatte ein großes Herz und konnte gut reden. Von all diesen Leuten hat seine Tochter, Indira Gandhi[2], am meisten gemacht. Diese keusche Frau hat für uns Arme gekämpft. Als sie gekommen ist, wurden die Dinge besser für uns. Sie hat Wasser ins *ceri* gebracht; sie hat Brunnen graben lassen, sie hat zu denen mit vierzig oder fünfzig *kani* gesagt, sie sollen einen oder einen halben den Armen geben, damit sie sich satt essen können. Im Radio und über die Wagen, die sie ausgesandt hat, hat sie sagen lassen, dass die Regierung Land beim Teich und bei den Kanälen verteilen wird und dass sie auf unserer Seite ist, dass sie für uns kämpfen wird. Aber die feindliche Partei hat ihre Regierung angegriffen. Es heißt, dass sie sogar ins Gefängnis musste. Die Männer waren neidisch, dass eine Frau an der Spitze des Landes war. Und schließlich wurde sie von diesen Safttrinkern getötet, wie ich dir gesagt habe. Arme Indira Gandhi! Ich habe sie sehr gern gehabt, obwohl ich sie nie gesehen habe. An dem Tag, an dem sie nach Pondy gekommen ist, konnte ich nicht hingehen, trotz den Lastwagen, die uns hingebracht haben. Ich hatte zu viel Arbeit an dem Tag, ich musste Erdnüsse auf dem Feld vom Klein-Reddiar pflücken. Aber viele Leute sind hingegangen und haben sie gesehen. Anscheinend war sie hell wie eine Weiße, und ihr Kopf war immer bedeckt. Sie war schön wie der Mond. Die keusche Frau!

Der gesegnete Vater Annadurai war einer von den Männern, die das Tamilenland regiert haben. Anscheinend hat er viel für uns gekämpft. Aber die, die für die Armen arbeiten, leben nicht lange. Ein Witwer von der feindlichen Partei hat einen Zauber gegen ihn machen lassen, und diese Inkarnation der großen Götter ist daran gestorben. Sinnamma, wir können nicht länger auf dieser Erde weilen, als es uns gegeben ist. Es hat mir das Herz gebrochen, als ich gehört habe, dass er tot ist. Ich bin schnell zu Anjalai gelaufen, zu Kannima, zu Araiyakka, und wir haben ein Klagelied gesungen, das sehr lange gedauert hat, um diesen Mann mit dem goldenen Herzen zu rühmen, den Vater von tausend armen Leuten. Ich habe so angefangen:

> Oh Seliger!
> Ihr wart das Licht, das für die Armen auf dieser Erde geleuchtet hat!
> Oh Mann des *dharma*!
> Oh Großmütiger, ist es wahr, dass Ihr uns verlassen habt?
> So sind wir jetzt verwaist …

Unsere Klagegesänge waren so traurig, dass die Männer, die gekommen sind, um uns zuzuhören, geweint haben, und wir haben die Lieder sehr lange ausgedehnt … Später hat mich mein Mann im Zug nach Madras mitgenommen. Als ich mit meinem Vater dort war, hätte er nie gewagt, auch nur um Haaresbreite die Grenzen des Paria-Viertels zu überschreiten. Damals haben wir nichts besichtigt. Aber heute steht uns alles offen, auch wenn wir wissen, wo wir Halt machen müssen! Ich habe die Gelegenheit genützt, mir alles anzusehen: das College der Lebenden, das College der Toten, die Märkte, und wir haben den *samadi* von Annadurai besucht.[3] Ich habe einen Arm voll Jasmin hingelegt. Sein Grab war mit Blumen und Räucherstäbchen bedeckt. Es gibt nicht nur Undankbare auf dieser Erde!

Davon abgesehen, ich persönlich habe nie etwas von Indira Gandhi oder Annadurai bekommen: kein Eckchen Land, keine Rupie. Es genügt mir zu wissen, dass ein paar gute Seelen an uns Arme denken. Heute wird im *ur* und im *ceri* nur noch von Parteien und Meetings und Versammlungen geredet, und die Jungen sind die Ersten, die daran teilnehmen. Aber ich sehe nur, dass es Uneinigkeit schafft, Feindschaft, Groll, Streit, Rachegelüste und Morde. Und uns Frauen macht es Angst, denn unsere Männer, wenn sie getrunken haben, dann scherzen und singen sie nicht mehr. Sie beschimpfen sich und prügeln sich wegen irgendwelchen Parteigeschichten. Vor allem unsere Jungen werden immer gewalttätiger. Zum Glück sind die Alten da und beschwichtigen sie ein wenig. Anban ist Meister in diesen Parteigeschichten, aber wenn ich ihm sage, er soll es mir erklären, verstehe ich nichts, und ich kann dir nichts darüber sagen. Wenn er von der Arbeit kommt, musst du mit ihm reden oder mit meinem Mann, und du kannst sie fragen, was du willst. Sie können dir eine Menge darüber sagen. Ich höre mit dir zu.

(Am nächsten Tag ist Manikkam bei seiner Frau und setzt sich her.)

»He, Sinnamma! Nachdem du das Leben von Viramma gehört hast, soll ich dir jetzt das meine erzählen?«

(Viramma:) »Ja, ja. Du bist älter als ich. Du hast viel gesehen und gemacht: Erzähle Sinnamma alles. Ich habe dir gesagt, worüber du sprechen sollst: über die Parteien, die Politiker. Und kümmere dich nicht um den Apparat!« *(Viramma zeigt auf den Kassettenrekorder.)*

(Manikkam, lachend:) »Bald wird sie mehr Dinge gesehen haben als ich! Sie wird zivilisierter sein als ich!«

(Viramma:) »Das hat dich niemand gefragt! Erzähle, was du über die Parteien weißt. Los, gib dein Bestes.«

(Und Manikkam beginnt:)

Am Anfang gab es bei uns in Indien nur die Kongresspartei. Ich meine: in der Zeit, als Krieg zwischen Indien und England war.[4] Es gab auch eine zweite Partei, die von Russland gekommen ist, die Kommunistische Partei. Politiker, die dorthin gegangen sind, haben sich gedacht, dass man dasselbe auch hier für die Arbeiter machen könnte. Die Wahlen haben unter den Weißen angefangen: Es wird einen ganzen Tag gewählt, und das Volk entscheidet sich für die oder die Partei, wie es ihm beliebt. Die beiden Parteien kämpfen alle beide für die Armen, aber sie haben trotzdem nichts miteinander zu tun. In der Kommunistischen Partei kämpfen die Armen für die Armen, während es in der Kongresspartei beides gibt: Arme und Reiche, ehrliche Leute und solche, die es nicht ehrlich meinen. Die Ideen der Kongresspartei waren gut, und es hat große Seelen darunter gegeben: Indira, Kamaraj, Nehru, Gandhi … Gandhi war der Erste, glaube ich. Er ist viel gereist. In jeder Region, in jeder Stadt, in jedem Viertel, in jeder Straße hat er die Leute zusammengerufen, er hat Meetings gemacht, er hat ihnen beigebracht, sich die Zukunft vorzustellen. Er hat ihnen gesagt: »Ein Land kann sich nur entwickeln, wenn man die Unwissenheit aus der Welt schafft.« Gandhi hat auch gegen die Engländer gekämpft. Er hat Indien befreit. Ja, die Weißen, die Engländer hatten sich hier eingenistet und behauptet, dass das Land ihnen gehört. Gandhi hat ihnen gesagt: »Ihr habt alle Welt betrogen. Ihr seid als Gäste gekommen, und ihr habt unser Indien an euch gerissen. Geht den Weg zurück, auf dem ihr hergekommen seid!« Und nachdem er viel gekämpft und die Fahne der Kongresspartei überall im Land aufgepflanzt hat, hat er die Unabhängigkeit bekommen. Einmal habe ich ihn reden hören. Er hat mit einfachen Worten gesprochen: »Habt vor niemandem Angst: nicht vor den Reddiar, nicht vor den Gounder, die euch arbeiten lassen. Als Erstes müsst ihr eure Unwissenheit überwinden. Dieses *kaliyugam* meint es gut mit euch Harijans. Ihr selber müsst euer Bestes tun, um eure Unwissenheit zu besiegen. Fragt die Reddiar und die Gounder, ob der Fortschritt ihnen allein gehört, ob sie allein sich daran bereichern dürfen?« Das hat er gesagt, und er, Gandhi, hat uns die Kaste wechseln lassen, so dass wir jetzt Harijans sind und keine Unberührbaren mehr. Aber trotz seinem großen Herzen, trotz seiner Großmut wurde er getötet. Es heißt, ein Muslim, ein Nabab, hat ihn umgebracht.[5]

Zur selben Zeit oder ein wenig später gab es den Krieg zwischen Frankreich und den Leuten von der Union. Mein Vater hat mir oft gesagt, es sei besser gewesen zur Zeit der Weißen. Damals gab es alles zu einem vernünftigen Preis. Ein *anna* oder eineinhalb *fanon*, das war sein Lohn. Damit konnte die ganze Familie sich satt essen. Für einen Groschen Auberginen, für einen Groschen Gewürze, das genügte. Alles wuchs im Überfluss. Es gab überall Wasser: Man musste nur zwei Fuß tief graben, um darauf zu stoßen, und es reichte bequem, um Auberginen, Kürbisse, *ragi*, Sesam zu bewässern, und die Armen haben davon profitiert. Heute muss man mehr als hundert Fuß tief graben, um eine Pumpe zu installieren, und wir haben nicht die Mittel dazu. Und die Weißen haben auch Leute eingestellt, die bei ihnen in Pondy gearbeitet haben, und die Gounder konnten hoffen, dass ihre Söhne eine Büroarbeit bekommen würden. Und die Weißen haben Alkohol getrunken wie wir; sie haben Rindfleisch gegessen wie wir. Wir, wir wollten sie nicht verjagen. Aber die Reddi, die waren anderer Meinung …

Sie haben sich zusammengetan, die Reddi aus mehreren Gemeinden, und sie haben Tausende von Männern zusammengezogen. Sie haben sie bewaffnet, und sie haben sie überall hingeschickt, um Angst zu verbreiten. Ihr Handstreich war gut geplant. Goubert Papa und die Reddi von Nilugarai, Cinnappalayam und Naliveli haben die ganze Sache organisiert.[6] Sie hatten alles, was sie wollten: Jeeps, Lastwagen, Männer und die Polizei in Madras. Bahur ist als Erstes gefallen, dann Nettappakkam, und nach und nach haben sie alle achtzehn Gemeinden erobert. Es blieb nur noch unsere. Anscheinend war es nicht leicht, sie einzunehmen. Karmegam und Dakshnamurti Gounder haben Widerstand geleistet, wo sie nur konnten, aber Gundurayan Reddiar war natürlich auf der Seite der anderen Reddi. Er hat Kerle bezahlt, die mit *mattai* und Eisenstangen gekommen sind, und er hat auch die Polizei in Madras mit ihren Gewehren zu Hilfe gerufen. Tag und Nacht sind die Männer in Karani patrouilliert, im *ur* und im *ceri*, aber die Gounder haben die Hilfe, die sie aus Pondy erwartet haben, nicht bekommen. Eines Nachts, als unsere Männer eingeschlafen waren, sind bewaffnete Kerle auf Lastwagen gekommen. Sie sind in das Dorf eingedrungen und haben in die Luft geschossen, um Angst zu verbreiten, aber dann, als sie gesehen haben, dass nichts passiert, haben sie einfach wahllos herumgeschossen. Die Leute haben versucht zu fliehen, aber wohin? Tirulagam war schon in den Händen der Kongressleute. Es blieben nur noch Sellipattu und Nellipet, aber von dort waren auch Schüsse zu hören. Meine Schwiegereltern haben die Kinder auf den Rücken genommen und sich mit der Familie von Muttuvel im Pandang-Dickicht versteckt, und von dort haben sie alles gesehen: Blut, Verletzte, Feuer. Der Reddi hat eingegriffen und seine Männer daran gehindert, die Häuser zu verbrennen, denn es bringt Unglück, ein Haus anzuzünden, das nicht verlassen ist. Aber gleichzeitig hat er befohlen, die Gefangenen in einen Lastwagen zu werfen und nach Nettappakkam zu bringen. In dieser Zeit haben andere Kerle die Ernten verwüstet. Sie haben alle Körner, die sie gefunden haben, auf einen Haufen geschmissen: *paddy*, *ragi*, Futterhirse, Hirse. Sie haben Petroleum darübergegossen und es angezündet. Im *ur* haben sie Geld gestohlen und die Schuldscheine verbrannt. Als alles zu Ende war, haben die Reddi Reis aus Mangappakkam kommen lassen, und ihre Männer haben ein Festmahl gemacht und die Kongressfahne aufgepflanzt.

Der Aufruhr hat eine gute Woche gedauert, und dann sind nach und nach die Leute, die fliehen konnten, zurückgekehrt. Die, die in die Ferne geflohen sind, zu ihren Verwandten in der Stadt, sind erst zwei oder drei Monate später wieder gekommen. Und schließlich sind auch die, die im Gefängnis von Nettappakkam waren, zurückgekommen und haben uns alles erzählt: von den Schlägen mit dem Gewehrkolben, von dem Urin, den sie trinken mussten ... Alle hier reden davon, als ob es gestern gewesen wäre, und die Alten erzählen es der jungen Generation und lachen von Herzen darüber. Das hatten wir davon, dass wir die Weißen unterstützt haben ...

Im Dorf gibt es jetzt alle Parteien: die kommunistische, die Kongresspartei, die DMK, die Anna DMK, die Partei der Vanniyar, den Janata.[7] Sie kämpfen alle für die Armen, für die Harijan. Sie sind alle für uns, aber wir dürfen nur einen von ihnen an die Macht bringen. So wählen wir den, der die Kampagne anführt. Zum Beispiel die DMK. Das ist eine neue Partei. Sie haben ein M an die alte Partei von Periyar gehängt, die DK, die Partei der Adi-Dravidar. Anna hat die DMK gegründet.[8] Diese Partei hat für die Armen gekämpft, gegen die Trennung der Kasten. Der große DK-Kämpfer im *ur* war Ananda Gounder, und im *ceri* war es Kaliyappa. Die DK war früher eine starke Partei, und deshalb ist die DMK hier in Karani gut angekommen. Jetzt ist niemand mehr in der DK, sie ist aus der Mode. Nach Annas Tod haben sich Karunanidhi und MGR gestritten und zwei getrennte Parteien gemacht. Bei uns ist Anban in der DMK. Diese beiden Parteien denken gleich, sie wollen die Demokratie und etwas für die Armen tun, aber wenn sie erst an der Macht sind, kümmern sie sich nicht mehr um uns. Sie sind alle unehrlich, in diesem Punkt. Anfangs, zu Annas Zeiten, hatte die Partei noch ein Gewissen. Die Leute haben sich gesagt, dass sie für die Armen arbeiten müssen, die sie gewählt haben. Sie hatten Programme. Aber wenn sie an der Macht waren, haben die Abgeordneten das Geld entdeckt und ihre Ideen geändert; sie haben sich gesagt: »Warum sollen wir denen, die unter unserem Befehl stehen, so viele Einrichtungen geben? Nein! Wir müssen uns zuerst die Taschen füllen und zusehen, dass wir uns bereichern!« Und wir, wir sind wie vorher geblieben, ohne lesen und schreiben zu lernen. Es gibt wohl ein Büro für die Harijans in Pondy, aber wir wissen nicht, wie wir einen Antrag stellen, wie wir unterzeichnen müssen. Wenn Sie in ein Büro gehen und lesen und schreiben können, werden Sie freundlich behandelt und bekommen, was Sie wollen. Bei uns, wenn wir etwas verlangen, heißt es: »Komm in zwanzig Tagen wieder!«, oder: »Warte drei Monate.« Was wir verstehen, ist: »Bau den Damm höher! Tu hier Dünger drauf und bewässere dort!« Und dafür bekommen wir fünfzehn oder zwanzig Rupien am Tag.

Seit wir in die Gesellschaft aufgenommen und zum Wählen aufgefordert wurden, habe ich immer für Gopala Gounder gestimmt. Er war auch Arbeiter. Er kennt unsere Probleme, und wir konnten ihm unseren Ärger erzählen, ihn bitten, dass er uns ein paar Flecken Dorf- und Tempelland gibt. Er hat die Dinge verstanden und zumindest eine Antwort gegeben. Die Reddi leben im Schatten und essen Früchte und trinken Milch. Sie empfangen uns nicht, wenn wir zu ihnen gehen. Wir müssen stundenlang warten, bis wir mit ihnen reden können, und wir müssen mehrmals wiederkommen. »Der Sir schläft gerade« oder »Der Sir nimmt gerade sein Bad« … Auf jeden Fall verstehen sie unsere Sorgen nicht. Wir arbeiten bei ihnen, aber wir sympathisieren mit der Kommunistischen Partei. Sie ist eine Partei für die Armen. Ihr Ziel ist es, für die, die nichts haben, zu kämpfen. Die anderen Parteien haben nur eins im Sinn: Geld verdienen oder Land absahnen und in die Taschen der Reichen zu arbeiten. Als Anna noch lebte, war seine Partei ehrlich, aber jetzt ist alles korrupt.

Eines Tages gab es ein großes Drama wegen diesen Parteien. Der Groß-Reddi wusste nicht, dass ich für die Kommunisten stimme. Er hat gedacht, wir würden alle wählen, was er uns sagt. In einem Jahr, am Vorabend der Wahl, hat Gopala Gounder alle seine Männer zu einer Demonstration zusammengerufen. Aber Kuppussami war nicht da und konnte diesmal nicht mit der roten Fahne an der Spitze des Zuges gehen, und so hat Gopala mich darum gebeten. Ich habe gezögert, denn ich wusste, dass der Groß-Reddi nicht begeistert sein würde! Aber ich habe schließlich ja gesagt, und wir sind durchs *ur* gezogen und haben gebrüllt: »Es lebe Mr. Subbaiah! Es lebe unsere Partei!« – »Wählt die Kommunistische Partei, die Partei des Volkes!«

Leider hatte die Partei mit den zwei Blättern beschlossen, am selben Tag auch eine Demonstration zu machen. Sie brüllten: »*Podungayya ottu irattaiyilaiyai pattu!* – Macht euer Kreuz gut sichtbar neben den beiden Blättern!«[9]

Jede der beiden Gruppen hat versucht, die andere zu übertönen. Auf der Höhe des Tempels von Draupadi hat mir der Fahnenträger der Anna DMK ein Bein gestellt. Ich habe gesagt: »*Innappa!* Tu das nicht, oder es gibt eine Schlägerei. Macht ihr eure Demonstration, und wir unsere!« Aber seine Bande hat mir die Fahne aus der Hand gerissen, um mich mit der Stange zu schlagen. Wir haben zurückgeschlagen, und schließlich haben wir sie auseinander getrieben. Aber die Polizei war alarmiert worden. Einer der Polizisten ist mit dem Gewehr im Anschlag auf mich zugekommen. Ich habe mich auf die Seite geworfen und an ihn gehängt. Die Gounder, die da waren, haben mich verteidigt, und alles hat sich beruhigt. Trotzdem hat mich die Polizei mit ein paar anderen verhaftet und nach Pondy mitgenommen. Beim Gericht sind die Gounder wieder für mich eingetreten. Schließlich, nach einer Nacht auf dem Polizeirevier und ein paar Schlägen, sind wir nach Hause zurück.

Danach, als K. S. gewählt wurde, bin ich aus der Kommunistischen Partei ausgetreten. Am selben Abend bin ich zu Gopala Gounder gegangen und habe ihm gesagt: »*Ayya!* Ich habe mich lange für die Partei geschlagen, und gestern noch haben Sie es sehen können. Die Partei hat gute Ideen, aber ich habe Kinder zu ernähren. Ich brauche meine Arbeit, mein Sohn auch. Meine ganze Familie ist beim Reddiar im Dienst, und wir essen den *kuj*, den er uns gibt. Ich bin ganz von ihm abhängig. Zu ihm muss ich hinrennen und Geld leihen, wenn wir nichts zu essen haben oder ein wichtiges Ereignis feiern müssen. Ich will ihn nicht in Zorn bringen, und wir müssen für ihn stimmen. Verstehen Sie mich, und verzeihen Sie mir!« Gopala Gounder hat gesagt, er versteht meine Gründe, und hinzugefügt: »Alles, was ich will, ist, dass deine Familie uns eine Stimme gibt, deine zum Beispiel. Der Rest kann an den Reddi gehen.« Und so haben wir gewählt, und alle im *ceri* haben es wie wir gemacht.

Alle finden, dass der Kongress früher sehr gut war, mit Gandhi, Nehru, Kamaraj. Aber jetzt verstehen wir nicht mehr, was dort im Norden vor sich geht. Bei den Parlamentswahlen stimmen die Leute für den Kongress, aus Anhänglichkeit an Gandhi, der viel für uns gekämpft hat. Er hat treu zu uns gehalten, und er hat uns in den Rang von Harijans erhoben. Und dann, was könnte eine Tamilenpartei wie die DMK im Parlament von Delhi schon ausrichten? Die DMK ist eine Partei für die, die Tamil sprechen, für die Probleme des Tamilenlandes. Die Leute haben für den *dharmaraja* gestimmt, aber seit seinem Tod kommt die Anna-DMK nicht mehr hoch, und es ist nur normal, dass Karunanidhi an der Macht ist. Er ist auch von Anfang an in der Partei und kämpft für uns.[10] Unser Reddi hat in den letzten Jahren die Anna-DMK gewählt, und die Leute haben wie er gestimmt. Ein *kambattam* muss wissen, wen er unterstützt und wen nicht. Seit dem Tod von M. G. R. wählt er die DMK, und die Leute auch. Wir sagen uns: »Ich mache es wie er. Ich bin Arbeiter, er ist *kambattam*. Ich bin sein *adimai*. Wenn es ihm gut geht, verdiene ich dank ihm meine vier bis fünf Maß *paddy*. Ich muss hart bei ihm arbeiten, meine Familie rackert sich für ihn ab, aber mein Lohn ist mir sicher.« Also wählen wir wie er. Außerdem wird in unserem Wahlkreis viel für uns getan: fließendes Wasser für die Armen wurde installiert, das *ceri* hat Elektrizität bekommen, wir dürfen drei Jahre lang Tamarinden-Früchte einsammeln, wir haben eine Zuteilungskarte, die Witwen und Kranken bekommen Reis und Kleider, die Kinder werden in der Schule verköstigt. Sogar ein Mädchen wie Shanti kann studieren und zur Polizei gehen …

Aber das ist nicht genug, um alles in Ordnung zu bringen! Das Gemeindeland, zum Beispiel. Es wurde an uns verpachtet, aber als der Kongress wieder an die Macht gekommen ist, haben sie es uns wieder weggenommen. Die Kongresspartei kämpft vielleicht für die Armen, aber die, die drin sind, haben Geld. Das sind Leute, die in den Läden mit Tee oder Kaffee empfangen werden. Leute, die in Sesseln sitzen, im Kühlen, am Abend auf ihren Veranden, die ihre Pläne machen, die über dem Essen entscheiden, welchem Dorfvorsteher sie zweihundert oder dreihundert Rupien geben sollen, welchem Beamten sie Geld zustecken sollen, um die Grundbuchregister zu bekommen. Es sind genau die Leute, die uns das Land nehmen, das wir hätten bekommen sollen. Und wenn wir um dieses Land kämpfen, sagen sie zum Amtsvorsteher: »*Innappa!* Der Reddiar und der Gounder brauchen diese Felder! Streichen Sie den oder den Namen von der Liste. Sorgen Sie dafür, dass das aus den Registern verschwindet; es wird Ihnen so und so viel einbringen.« Und sie teilen es unter sich, diese Leute, der Dorfvorsteher, der Beamte und der *talaiyari*. Am nächsten Tag kommt ein Offizieller mit einer Kette und misst das Gemeindeland und sagt zu uns: »*Innappa!* Das gehört jetzt alles dem Reddiar. Kommt ja nicht mehr hierher, sonst endet ihr im Gefängnis, mit Handschellen an den Händen!« Und wenn wir uns wehren, wird er sagen: »Hurensohn! Wie, du wagst es, aufzumucken?«, und sie lassen uns prügeln. Aber wir haben trotzdem schon aufgemuckt! Alle Familienoberhäupter, die für die Kommunistische Partei gestimmt hatten, waren da, mit der Fahne, und haben geschrien: »Es lebe die Kommunistische Partei! Es lebe Indien! Es lebe Mr. Subbaiah! Es lebe Gopala Gounder! Das Gemeindeland den Armen! Lasst uns das Gemeindeland bebauen! Nieder mit der Regierung!« Und wir haben die rote Fahne in die Erde gerammt.

Die Polizei ist gekommen und hat uns verhaftet. Sie haben uns mit unseren Fahnen aufs Revier mitgenommen und gesagt: »*Innappa!* Warum demonstriert ihr einfach so? Ihr hättet einen Antrag beim Gouverneur, beim obersten Minister, bei denen, die an der Regierung sind, stellen müssen. Was demonstriert ihr mit den Fahnen der Kommunistischen Partei und schreit: Subbaiah, Subbaiah? Glaubt ihr etwa, dass er euch das Gemeindeland geben wird?« – »Ja«, haben wir gesagt. »Er kämpft für uns! Er ist der Ehrlichste, und wir haben Vertrauen zu ihm. Die anderen dienen nur den Reichen!«

Dann sind die Kämpfer von den anderen Parteien dahergekommen, vor allem die von der DMK: »Also! Wir werden uns alle zusammensetzen, um über die Sache zu diskutieren und einen schnellen Entschluss zu fassen. Lasst sehen: Wie viele Haushalte gibt es im *ceri*: sechzig, siebzig? Wir geben jeder Familie zwanzig *kuji*. Kein Grund zum Demonstrieren! Wir kümmern uns um euch. Also geht nach Hause. Wir nehmen Kontakt mit euch auf.«

Das hören wir jedes Mal, wenn wir demonstrieren, aber es passiert nie etwas, und das Gemeindeland wird immer noch an die Leute vom *ur* verteilt, nicht an uns. Manchmal, vor den Wahlen, verpachten sie ein wenig Land an ein oder zwei Leute aus dem *ceri*. Bei den Teichen ist es genauso. Früher haben wir Muscheln, Schnecken, Krebse von den Reisfeldern, Süßwasserfische gegessen. Niemand sonst hat das gegessen. Jetzt haben sogar die Vanniyar damit angefangen, und sie bekommen das Fischrecht. Sie fischen mit großen Netzen, und sie verkaufen uns ihre Fische! Und wenn ich meinem Sohn sage, er soll das Fischrecht für einen Teil des Teichs verlangen, sagt er, dass er sich schämt! Dabei sind wir doch die Ärmsten! Wir können uns nur satt essen, wenn wir Arbeit haben, sonst bleibt der Bauch leer! Also, warum können sie uns nicht ein Fleckchen Erde zur Pacht oder einen Teich überlassen, uns, den Landlosen? Es ist die Herrschaft der Reichen, die sich nicht um die Armen scheren …

Ich habe es erlebt, als ich den Reddiar wegen Anbans Hochzeit aufgesucht habe. Ich habe zu ihm gesagt: »Ich muss meinen Sohn verheiraten. Ich will ihm ein Mädchen aussuchen, *Sami!*«

»*Han!* Du musst deinen Sohn verheiraten und ihm ein Mädchen suchen? *Han!* Wie viel brauchst du dafür?«

»Ich brauche fünfhundert Rupien und fünf Sack *paddy*, *Sami*.«

Er, immer noch in seinem Sessel, mit den Füßen baumelnd: »*Han!* Du brauchst fünfhundert Rupien und fünf Sack *paddy*? Das sind tausend Rupien! Wann willst du mir das zurückzahlen?«

»*Innanga!* Ich rackere mich bei Euch ab, mein Sohn auch, und meine Frau und meine Tochter. Alle vier schuften wir für Euch, und Ihr glaubt, dass Ihr es nicht zurückgezahlt bekommt?«

»Gut, du meinst also, du kannst es abtragen! Aber auf jeden Fall kann ich dir nicht so viel geben. Nimm zweihundert Rupien und einen Sack *paddy*. Ich werde den Hochzeitssari und den *tali* kaufen. Es wird eine grandiose Hochzeit sein! Diese zweihundert Rupien und den Sack *paddy* werdet ihr später abtragen, indem ihr für mich arbeitet.«

»Wie, *Sami!* Wir haben schon für Euch gearbeitet. Gebt Ihr uns dafür nichts?«

»*Dei!* Als dein Vater ist gestorben ist, habe ich hundert Rupien gegeben. Als deine Mutter gestorben ist, wieder hundert. Als dein Bruder gestorben ist, habe ich fünfzig gegeben. Bei jedem Todesfall und jeder Geburt kommst du und willst etwas von mir!«

»Es stimmt, dass ihr mir jedes Mal etwas gebt, *Sami*, aber ich trage es immer getreulich ab. Wenn ihr mir gebt, was ich verlange, macht das mit meinen Ersparnissen 1500 Rupien. Damit kann ich meinem Sohn eine anständige Hochzeit ausrichten.«

»Oh, nein! Ich kann dir das nicht geben: nur zweihundert Rupien und einen Sack *paddy*. Frag woanders.«

»Wie soll ich woanders fragen, *Sami?* Bei euch bin ich *adimai*. Meine Ochsen und meine Familie arbeiten für Euch, und ihr wollt gar nichts dafür tun?«

»Aber ich gebe dir einen Lohn!«

»Ja, aber ein großes Maß Reis kostet drei Rupien zwanzig. Wie soll ich da leben? Wenn Ihr mir einen viertel *kani* Land verpachten würdet, könnte ich zurechtkommen. Ich würde drei oder vier Sack daraus ziehen, ich könnte essen und noch etwas sparen, und ich könnte Euch meine Schulden zurückzahlen …«

Aber so läuft es nicht, weil die Reddi gar nicht wollen, dass wir zurechtkommen. Sie sagen sich, wenn ich mit einem viertel *kani* Land zwei Sack auf die Seite tun kann, werde ich keinen Respekt mehr vor ihnen haben. »He, der wird sich noch die Haare schneiden wie wir, er wird einen *soman* und ein Hemd anziehen, er wird sich eine Zigarette anzünden … aber wenn wir ihm diesen viertel *kani* verweigern, werden wir ihn weiter in Knechtschaft halten können, mit seinem Lendenschurz und seinem Turban …«

Hier bei uns auf dem Land, Sinnamma, ist es nicht erwünscht, dass die Arbeiter achtbar und zivilisiert sind. Nein, sie wollen, dass wir rückständig bleiben und sie fortschrittlich. Wir Parias haben mehr Solidarität, wir möchten, dass es den anderen gut geht, und wir helfen einander. Wenn einer von uns am Verhungern ist, wird ihm ein Bruder, ein *pangali*, zu essen geben. Wenn eine Frau zu Viramma kommt und sagt: »Schwägerin, ich habe heute Abend nichts zu essen. Kannst du mir ein Maß Reis leihen? Morgen gebe ich es dir zurück, wenn mein Sohn das Pflügergeld nach Hause bringt«, dann leihen wir es ihr sofort. Wenn jemand unerwartet zu uns kommt, laufen wir zum Nachbarn und leihen uns Geld von ihm, das wir am nächsten Tag zurückgeben. Wir helfen uns gegenseitig aus im *ceri*: Wir können doch die Leute nicht verhungern lassen!

Aber in euren Kasten wollen sie die Parias herunterdrücken. Wenn ihr schwitzt, dann ist es Wasser. Wir schwitzen Blut! Unter einem Schirm stehen und uns beim Arbeiten zusehen, das ist nicht anstrengend, und wenn es an der Zeit ist, geht ihr essen oder Kaffee trinken. Aber ich laufe am frühen Morgen auf die Felder, ohne etwas zu essen. Erst gegen acht wird mir meine erste Mahlzeit gebracht. Der Reddi isst mittags Reis und mehrere Sorten Gemüse auf einem schönen Bananenblatt, und bei mir heißt es: »*Dei!* Geh dir die Hände waschen!«, und dann wird mir die Suppe hineingegossen. Am Abend nehme ich meinen Lendenschurz ab, wasche ihn, knote mir den *soman* um, kreuze höflich die Arme und nehme meinen Lohn in Empfang. Erst dann kann ich mich wirklich ausruhen. Ich kaufe mir ein wenig Linsen, Auberginen und gesalzenen Fisch.

»Und vergiss nicht den Palmwein für zwei Rupien!« *(sagt Viramma und lacht.)*

»Das ist mein einziges Vergnügen am Tag!«

(Viramma:) »Gut, gut, erzähle weiter.«

(Manikkam fährt fort:) Wenn der Reddiar mich früher weglassen würde, könnte ich auch früher essen und schlafen gehen, aber stattdessen gehe ich spät schlafen und stehe früh auf. Und wenn ich ein wenig zu spät zur Arbeit komme, erfährt es der Reddiar und schimpft: »*Dei!* Hat deine Frau dich nicht weggelassen? Hat sie dich fest in ihre Arme genommen? Warst du schön in ihr drin?«

Warum sollen nur sie mit ihrer Frau schlafen, mit ihr reden dürfen? Sollen sie allein das Recht haben, Kinder zu machen, und wir nicht? Wir sind auch Mann und Frau. Wir haben auch Begierden, und so wird es Mitternacht. Während sie sich um sechs Uhr die Hände waschen, ihre Frau bringt ihnen zu essen, und dann ruhen sie sich auf dem Bett aus oder spielen mit ihrer Frau: Sie spüren keine Müdigkeit. Wir, nachdem wir den ganzen Tag mit der Hacke gearbeitet haben, wir essen in Eile, und erst nachher sprechen wir, spielen wir, streicheln wir uns, sind wir Mann und Frau. Darin liegt unser Glück.

So arbeiten wir also ein ganzes Leben für einen Reddiar, und wenn wir Geld für eine wichtige Angelegenheit brauchen, um eine Lampe in einem neuen Heim anzuzünden, dann gibt er uns zweihundert Rupien und einen Sack Reis. Wie sollen wir damit hinkommen? Und am Tag nach der Hochzeit, wenn wir nicht gleich wieder arbeiten wie sonst, sagt er: »Ich habe diesem Paria Geld für die Hochzeit gegeben, und jetzt kommt er nicht mehr zur Arbeit! Was nimmt er sich heraus?«

Aber so ist es: Wenn du Reddiar bist, hast du das Recht, dich auszuruhen. Wenn du aus einer hohen Kaste bist, kannst du sagen: »Dieser Witwer von Paria ist nicht gekommen!« Aber wer ist dieser Witwer, der uns so genannt hat: Parias, Parias? Und all die anderen Witwer, die uns auch Parias nennen! Wir sind nicht nur arm, wir müssen auch noch das große Unrecht erdulden, als Paria geboren zu sein …

»*Dei!* Mach voran und bring diese Kühe zurück, oder du wirst den Stock zu spüren bekommen!« So hat der Reddi mir gedroht, als ich noch klein war. Jetzt würde er es nicht mehr wagen, die Hand gegen mich zu erheben, ich bin im selben Alter wie er. Und wenn er jemals die Beherrschung verlieren, wenn er mich schlagen würde, wäre immer jemand zur Stelle, ein Gounder, ein Naicker oder sogar ein Paria, der ihm sagen würde: »*Innayya!* Auch wenn er Euer *adimai* ist, es ist nicht in Ordnung, dass Ihr einen Mann in Eurem Alter schlagt! Ihr schlagt ihn einfach, ohne Euch etwas zu denken, wo selbst seine Eltern, die ihn zur Welt gebracht, die ihn gewiegt und liebkost, gepflegt und beschützt haben, es nicht wagen würden!« Der Reddiar respektiert mich jetzt, weil ich ein vernünftiger Mann bin, gerecht, keiner, der extrem ist. Ich weiß an meinem Platz zu bleiben. Aber wenn jemand Streit mit mir anfängt, bin ich auch fähig, mich zu verteidigen, zu reden!

Vor sechs Monaten ist mein Sohn Anban geschlagen worden. Ich war so wütend! Das hat mich an das erste Mal erinnert, als ich sehr schlimm geschlagen wurde. Ich war damals noch jung, vielleicht zwölf Jahre alt, und ich erinnere mich genau daran. Ich musste eine Herde von ungefähr zwanzig Tieren weiden, darunter zwei ungebärdige Ochsen und zwei Kühe, die immer in die Ernten hineinrannten. Unmöglich, sie in Ruhe grasen zu lassen. Kaum waren sie aus dem Stall, haben sich diese diebischen Kühe über das Reisfeld des Gounder hergemacht. Er ist wutentbrannt dahergekommen und hat gesagt: »*Innaya!* Du glaubst wohl, weil du bei einem Reddi arbeitest, bei einem *kambattam*, kannst du dir alles erlauben? Denkt dein Reddiar, dass er seine Kühe in meinem Reisfeld grasen lassen kann? Warte nur, bis ich ihn frage!«

»*Innanga!* Ich bin sein Kuhhirte, aber wie soll ich die Tiere in Frieden weiden, wenn diese Kühe dort dauernd ausreißen!«

»Dann musst du ihnen einen Huf an den Hals binden!«

Ich habe ihm gesagt, dass ich das schon gemacht hätte, dass sie aber trotzdem schnell rennen konnten und ausrissen. Aber er wollte nichts hören und hat mich angeherrscht: »*Innada!* Hurensohn! Mutterficker! Wenn du aus einer guten Kaste wärst, würdest du dich nicht so aufführen! Du bist ein rechter Paria, Witwer, elender!« Und er hat mich mit seinem Stock auf den Schenkel geschlagen. Das hat sehr wehgetan, und da habe ich ihn auch beschimpft: »Dreckiger Palli, der Gounder geworden ist! Hurensohn! Du wagst es, mich zu schlagen, wo nicht einmal meine eigenen Eltern die Hand gegen mich erheben würden!«

Er ist sofort zum Reddi gelaufen und hat gesagt: »*Innayya!* Ihr Paria-Junge beschimpft mich ohne Rücksicht auf meine Kaste, als gäbe es keinen Unterschied zwischen den hohen und niedrigen Kasten! Ich bin ein Gounder, er ein Paria, und er nennt mich Hurensohn, Schwesternficker!«

Am Mittag bin ich zurückgekommen. Ich habe andere Kuhhirten meinen *kanji* beim Reddi holen lassen, während ich auf ihre Tiere aufpasste. Als sie zu ihm gekommen sind, hat der Reddi gefragt: »*Dei!* Wo ist mein Paria?«

»*Innanga!* Er hütet alle Kühe. Er kann sie alle gleichzeitig bewachen und am Weglaufen hindern. Er wollte lieber dort bleiben und hat uns gebeten, ihm seine Mahlzeit zu bringen.«

»Gut, gut. Dann bekommt er seine Prügel heute Abend. Geht!«

Als die Jungen mir das erzählt haben, habe ich mir gesagt: »Warum will er mich schlagen, nachdem das schon der andere gemacht hat?« Am Abend habe ich die Tiere in den Stall gebracht und angebunden. Ich habe ihnen zu fressen gegeben, dann bin ich zur Frau des Reddi gegangen und habe mein halbes Maß Reis verlangt.

Während ich den Reis in meinen *tundu* gefüllt bekam, ist der Reddi von hinten gekommen, ohne dass ich ihn gesehen habe, und hat mich brutal mit einem Rohrstock geschlagen. Ich habe geschrien: »*Ayoyo!* Warum schlagt Ihr mich?«

»*Dei!* Was hast du zu dem Palli gesagt, zu dem Padaiyatchi?«

»*Ayo, Sami!* Er hat mich zuerst Hurensohn und Mutterficker geschimpft! Deshalb habe ich ihn beleidigt!«

Mein Vater, der dort arbeitete, ist mir zu Hilfe gekommen: »*Sami!* Wenn diese Kuh die Ernte des Palli zertrampelt hat, hätte er einfach die Kuh beschlagnahmen müssen oder sich bei Euch beschweren, eine Entschädigung verlangen! Aber wie soll mein Sohn mit diesen ungebärdigen Tieren fertig werden? Und wie viel bezahlt Ihr ihm? Sechs kleine Maß Reis pro Monat, weil wir Eure *adimai* sind, weil wir alle Arbeiten für Euch machen und Euch unsere Kinder bringen ...«

Es war das erste Mal, dass der Reddi mich geschlagen hat. Ein anderes Mal hat er wieder damit angefangen. Es war kurz vor meiner Heirat. Er hat vom Feldrand aus die Erdnussernte überwacht; ungefähr fünfzig Leute haben dort gearbeitet. Ich habe eine Kuh ganz in der Nähe gehütet. Der Reddiar hat mich gerufen: »Manikkam! Manikkam!« Aber ich habe nichts gehört, wegen dem Wind, der von Süden kam, und dem Lärm der Leute, und ich bin neben meiner Kuh sitzen geblieben, ohne zu antworten. Er hat einen Tamarindenzweig aufgelesen und mir einen harten Schlag auf den Kopf gegeben, und ich bin ohnmächtig auf den Boden gestürzt. Alle haben sich um mich versammelt und gesagt: »Was ist das, ein *kambattam*, der einen Jungen schlägt? Ein so starker Bursche, den hätte er niemals niederschlagen können: Er hat ihn von hinten überfallen!« Alle haben die Arbeit niedergelegt und ihre Werkzeuge und Körbe an Ort und Stelle gelassen – ein paar Frauen haben es ausgenützt, um schnell ihre Sarifalte mit Erdnüssen zu füllen. Sie sind weggegangen und haben mich mitgenommen, und dann wurde ich ins Krankenhaus gebracht. Der Reddiar ist nach Hause gegangen und hat erzählt, was passiert war: »Ich habe Manikkam mit einem Tamarindenzweig geschlagen, und sie haben ihn ins Krankenhaus gebracht. Er ist, scheint's, in einem schlimmen Zustand …«

Da hat ihn seine Mutter auf Telugu heruntergeputzt: »Wie kannst du diesen Jungen schlagen, den wir wie einen Sohn aufgezogen haben? Wenn er sich erholt, wird er sich rächen! Glaubst du, er hat Angst vor deinem Geld?«

Im Krankenhaus haben sie mich gefragt, was passiert ist. Ich habe nicht die Wahrheit gesagt, weil ich nicht wollte, dass es bis zur Polizei durchdringt und dass sie mir sagen, ich soll den Reddi verklagen: Ich muss bei ihm arbeiten, um zu leben! Und außerdem müsste ich dann jedes Mal kommen, wenn das Gericht es verlangt. Ich bin nicht reich, dass ich mir so etwas erlauben kann. Ich möchte lieber sterben, als den ganzen Ärger haben. Also habe ich dem Doktor gesagt, mir ist eine Kiste auf den Kopf gefallen. Der Vater des Reddiar hat mich im Krankenhaus besucht und dem Doktor bestätigt, was ich gesagt hatte. Aber draußen sind die Leute, die auf mich gewartet haben, zu ihm gekommen und haben sich über seinen Sohn beschwert. Er hat geantwortet: »*Yeppa!* Ich habe ihn nicht geheißen, das zu tun. Aber das Unglück ist geschehen. Sagt Manikkam, er soll nicht böse sein.« Er hat ihnen fünfundzwanzig Rupien gegeben, damit ich gutes Essen im Krankenhaus bekommen sollte, und ein wenig Brandy oder Bier. Aber mein Vater hat zu ihm gesagt: »Ich habe Euch immer wie einen Vater betrachtet, und Ihr hättet Euch auch nicht so benommen. Aber wie wollt Ihr mit Geld wieder gutmachen, was passiert ist?«

Ich habe mir derweil gesagt: »Ich werde es nicht so hinnehmen, und wenn ich dabei auf der Strecke bleibe. Meine Hand wird sich gegen ihn erheben! Ich werde mich rächen!«

Als ich wieder hergestellt war, wollte ich nicht mehr für diesen Reddiar arbeiten, aber mein Vater hat mich gezwungen.

Eines Tages, in der folgenden Saison, als ich mit meiner Mutter Erdnüsse pflückte, hat der Groß-Reddi sie gerufen: »*Adi*, Muniyamma! Komm her, *di!*«

Ich habe gesagt: »Mutter, Mutter er ruft dich! Anstatt zu sagen: ›Muniyamma, komm her!‹, sagt er: *›Adi, adi!* Komm hierher, *vadi-podi!*‹«[11]

Als er das hörte, hat er gerufen: »*Aye!* Hurensohn von Paria! Warte, dass ich dir deine Frau ficke! Schwesternficker!«

Sein Sohn, der da war, hat mich mit seinem Regenschirm geschlagen. Ich habe die Gelegenheit genutzt und ihm einen Hieb mit der Hacke in den Rücken und auf den Schenkel versetzt. Er hat sofort die Polizei geholt und ihnen gesagt, dass ihn ein Paria-Junge, der bei ihm arbeitet, geschlagen hätte und dass die Tagelöhner Angst bekommen hätten und weggelaufen wären. Ich bin auch nach Hause gegangen. Alle hatten Angst, dass sie mich aufs Polizeirevier mitnehmen und schlagen würden. Ich hatte kaum die Zeit, mich zu waschen, als ein Inspektor und ein Polizist auf dem Motorrad dahergekommen sind. Der Inspektor hat mich gerufen: »*Dei!* Komm her!«

Die Leute sind sofort zusammengelaufen. Ich habe geantwortet: »Wie soll ich kommen ohne Kleider? Ich wasche mich gerade.«

»*Dei*, was erlaubst du dir? Komm sofort her, oder du kannst deine Knochen zählen!«

»Geht woanders hin! Ich habe schon andere Polizisten gesehen als euch. Von euch lasse ich mich nicht einschüchtern!«

»*Dei!* Du hast den Reddi geschlagen und willst auch noch Widerworte geben? Wir stecken dich ins Gefängnis und prügeln dich, Junge!«

»*Ayo!* Verdient euch ein wenig Respekt und respektiert das Gesetz! Überschreitet nicht eure Rolle als Polizisten und treibt es nicht zu weit mit mir! Ihr glaubt, dass ich ein Mann vom *ceri* bin, ein Paria, den man beleidigen kann und der Angst hat? Ich gehe nicht mit euch aufs Revier. Ihr sagt, dass ich den Reddi geschlagen habe? Nun, dann führt mich zur Hauptwache in Pondy. Wenn der Richter mich ruft, werde ich zur Stelle sein.«

»Ah, du kommst nicht! Willst du, dass ich die Leute von Pondy schicke? Wenn wir mit dir fertig sind, kannst du deine Knochen zählen!«

»Geht, *ya!* Leute wie euch, die habe ich genug gesehen. Fasst mich nur an, dann werdet ihr sehen! Los, geht, anstatt fünf oder sechs Rupien von mir zu verlangen, weil ich arm bin, und von der anderen Seite fünfzig oder sechzig. Ihr redet ganz vergeblich.«

»Und warum? Weil du ein Paria-Junge bist und weil du deinen Reddi schlägst, anstatt deine Arbeit zu machen!«

»Sie sagen uns: Komm her!, und wir kommen; geh dorthin!, und wir gehen; setz dich!, und wir setzen uns. Sie können uns schlagen, aber wenn wir es ihnen zurückzahlen, schicken sie die Polizei, und die bringen uns aufs Revier und schlagen uns.«

»Aber was willst du, *ya!* Das ist der Lauf der Welt! Ihr Paria-Burschen rackert euch bei der Arbeit ab, und wenn ihr Widerworte gebt, müsst ihr auch noch die Schläge einstecken!«

»Ja, ihr nehmt ein Schmiergeld von den Reichen, und dann schlagt ihr uns Parias!«

Sinnamma, wenn wir gerade heraus mit ihnen reden und ihnen sagen, was los ist, und ihnen ein paar Scheine zuschieben, dann gehen sie zum Reddiar und reden anders mit ihm: »*Innayya!* Sie lassen sie arbeiten, wie es Ihnen passt, Sie halten sich an keine Vorschriften, und dann schlagen Sie sie auch noch. Auch wenn Sie die ganze Polizei auf Ihrer Seite haben, ist das noch lange kein Grund, sie zu schlagen. Dieser Junge wird Sie verklagen. Er will zu unseren Oberen gehen. Und wenn wir ihn zu sehr schlagen, werden wir noch suspendiert. Wenn Sie wollen, können Sie auch klagen.«

Am Ende haben sie mich aufs Revier geschleppt, und dort habe ich es zuwege gebracht, jedem zehn Rupien zu geben: Man gibt, was man kann. Danach haben sie mich freigelassen und sind zum Reddi gegangen: »*Innanga!* Er war nicht zu Hause. Er hat sich irgendwo versteckt. Gedulden Sie sich ein wenig, bis wir ihn finden: Wir stecken ihn ins Loch und schlagen ihm die Knochen zu Brei.«

Zwei Tage später ist der Reddi zu ihnen gekommen: »Nun, habt ihr ihn gefunden? Habt ihr ihn geschlagen, diesen Nichtsnutz?«

»*Innanga!* Er hat Sie verklagt. Sie werden übermorgen zu einer Gegenüberstellung vorgeladen.«

»Ah! Wo nimmt er die Frechheit her, dieser Paria, so weit zu gehen! Sicher ist er nicht allein auf die Idee gekommen. Jemand hat ihn aufgehetzt. Aber wir werden ja sehen, wie weit es dieser Herr treibt. Hält er sich für einen Reichen? Er kann nur seine Grashütte verpfänden – wo will er das Geld hernehmen?«

Und dann hat er sich überall beschwert: »Dieser Paria hat mich verklagt, und er ist entschlossen, es durchzufechten.«

Und die anderen, ein Nachbar, ein Freund, oder sogar ein Unberührbarer wie ich, haben zu ihm gesagt: »*Innanga!* Ein Paria hat es gewagt, mit Ihnen zu diskutieren. Sie haben ihn geschlagen, um ihn zu bestrafen, und er hat es Ihnen zurückgezahlt. Wo soll das hinführen, wenn die Leute sich so prügeln? Die Sache ist erledigt, also wo ist der Reddiar und wo der Paria in all dem?«

Aber die, die die Parias unterstützen, haben gesagt: »Was ändert das, dass er ein Paria ist? Fließt etwa nur in den Adern der Reddiar Blut, und nicht in denen der Parias? Sie lachen, wenn wir über die Parias reden. Aber haben die Parias nicht Frauen und Kinder wie alle Leute? Nicht nur die Reddiar haben Kinder. Die ihren, die werden gehegt und gepflegt. Aber der Sohn des Paria muss sich mit wenig begnügen: Öl, um sich zu waschen, und ein wenig *sikakai*. Der Sohn des Reddiar hat diese Seife, die so gut riecht, wie heißt das noch? Und er hat Mahlzeiten mit allen möglichen Sachen. Der Paria kann das seinem Sohn nicht geben. Deshalb schickt er ihn zum Reddiar zum Kühehüten, um sein *adimai* zu sein und sich prügeln zu lassen.«

Und dann gibt es noch andere, die zum Reddi sagen: »Nein, nein! Er darf nicht damit durchkommen! Ihr müsst ihn tüchtig durchbläuen, um ihn kleinzukriegen.«

Nach dieser Sache habe ich aufgehört, beim Reddi zu arbeiten, und die ganze Familie mit mir. Der Stall wurde nicht gesäubert, die Kuhfladen nicht aufgesammelt, die Kühe kamen nicht heraus. Der Reddi hat andere Leute eingestellt, aber die Arbeit wurde nicht gut gemacht. Ich kannte die Gewohnheiten der Familie. Die anderen konnten meine Arbeit nicht auf die gleiche Weise machen wie ich, und der Reddi hatte nicht die Geduld, ihnen beizubringen, wie er es haben wollte. Mir konnte er tausend Rupien anvertrauen, um sie einem anderen *kambattam* in einem Nachbardorf zu bringen, und ich habe viele solche Dinge gemacht, abgesehen von der Feldarbeit. Das kann man von einem Neuen nicht verlangen.

Sechs Monate lang habe ich ihm die Stirn geboten, und ich wollte, dass niemand von meiner Familie bei diesem Reddiar arbeitet. Ich habe mich als Tagelöhner verdingt, und meine Mutter auch. Ich habe Bäume beschnitten, ich habe gepflügt, ich habe die Pumpe betätigt. Und nach sechs Monaten hat sich der Reddi gesagt: »Ohne diese Parias geht es nicht. Ich habe es mit anderen Leuten probiert, aber sie arbeiten nicht anständig.« Er hat also zu dem Reddiar, bei dem Ambigai arbeitet, gesagt, dass er mich holen lassen soll. Der hat zu Pajani Gounder gesagt: »Der Paria vom Groß-Reddi hat dies und das getan. Er hat ihn geschlagen, und seitdem kommt er nicht mehr zur Arbeit. Sagt ihm, er soll zurückkommen!« Und Murugaiya Gounder hat mich auch gerufen: »*Innappa!* Es heißt, du gehst nicht mehr zum Groß-Reddi. Was ist passiert?«

»Ja, *Sami*, ich will nicht mehr bei ihm arbeiten. Er bezahlt mich nicht gut. Er lässt mir kein Fleckchen Erde zum Anbauen, und er schlägt mich. Warum soll ich unter diesen Bedingungen bei ihm arbeiten?«

»Gut, gut. Das ist alles nicht in Ordnung. Er muss dich hüten wie eine Mutter ihr Kind, und du, du musst deine Tage bei diesem Reddiar beschließen. Du darfst nicht woanders hingehen.«

»Nein, *Ayya!* Ich gehe nicht von mir aus zu ihm. Soll er mich holen, wenn er mich will. Sonst sagt er sich: Ah, es war hart für ihn, deshalb kommt er jetzt zurück. Der Reddiar soll mich rufen: Komm, da! Komm, Manikkam! Dann gehe ich. Aber ich gehe nicht von mir aus.«

Und der Reddiar hat mich geholt. Die Leute haben sich um uns zusammengerottet. Ich habe ihnen gesagt: »Ich habe nur wenig für die Hochzeit meines Sohnes bekommen. Ich bin geschlagen, verletzt worden. Die Polizei hat mich verhaftet. Ist das eines *kambattam* würdig, sich so zu benehmen?«

Ein Alter vom *ceri* hat gerufen: »Ja! Er glaubt immer noch, dass wir Parias Angst vor den Reddiar haben und dass man uns nur rufen muss, damit wir kommen. Das soll er nur nicht denken.«

Sadayan hat gesagt: »*Dei!* Soll er woanders hingehen. Sechs Monate lang hat er dich fallen lassen! Er hat dich geschlagen, er hat dich der Polizei übergeben, er hat dich verklagt, und jetzt kommt er daher wie ein Prinz und sagt: Komm, da, Manikkam!«

Als er das hörte, hat der Reddiar begriffen, dass er wirklich im Unrecht war, dass die Parias das alle wussten und es laut heraussagten. Also hat er gesagt: »Gut, gut. Komm nur! Ich tu dir nichts mehr! Du arbeitest ehrlich und anständig und bekommst anständig zu essen. Ich gebe dir ein wenig Land zum Anbauen. Aber ich will, dass mein Besitz gut gepflegt wird.«

Da hat jemand anders geantwortet: »Würdet Ihr Euren Sohn so schlagen? Er ist das Kind reicher Leute: Er hat ein Recht auf bessere Behandlung. Wir sind wehrlos. Wir müssen uns schlagen lassen. Wir werden vor Gericht geschickt. Ihr habt Geld und könnt lesen! Wir sind die Unberührbaren, wir sind arm, und wir können nur an Eurer Seite leben.«

»Gut, gut«, hat der Reddi geantwortet, »verlangt, was ihr wollt, aber Manikkam muss kommen und seine Arbeit machen.«

Als alle Alten vom *ceri* zu Ende geredet hatten, hat Murugaiya Gounder das Wort ergriffen: »Gut! Ihr habt gesagt, was ihr zu sagen hattet. Aber wenn ein *kambattam* persönlich seinen Arbeiter holen kommt, muss er hingehen. Du kennst die Gewohnheiten der Familie, ihre Geschichte, ihre Art zu leben. Sie brauchen dich. Geh hin!«

Und da bin ich hingegangen und wieder *adimai* geworden ...

(Viramma nimmt den Faden wieder auf:)

Dieses Jahr haben wir die Papiere für die Wahlen sehr früh bekommen. Mein Sohn und mein Neffe haben auch welche bekommen. Es waren viele Leute beim Reddiar, und der *kambattam* von Ariyanallur hat mit seiner Frau bei ihm gewohnt. Tag und Nacht waren Besucher da. Es gab ein großes Fest, eine Mahlzeit für alle Wähler, Musik aus Lautsprechern. Der Reddiar hat uns gerufen, die Paratchi, um Reis zu sieben. Es waren vier Säcke, um all diese Leute zu verköstigen! Wir haben in der Zeit zu Hause nichts gekocht, weil wir alle Reste bekommen haben. Auf der Straße war ein großer *pandal* aufgerichtet, mit schmalen Matten in mehreren Reihen, und davor Bananenblätter: Das war für die Kudiyanar, für die dienenden Kasten und die Parias. Niemand hat sich die Mahlzeit entgehen lassen, auch wenn es kein Fleisch gab. So gut können wir selten essen! Die wichtigen Leute, wie die Gounder, Naicker oder Udaiyar, sind ohne ihre Familie gekommen. Ihnen wurde die Mahlzeit im ersten Stock des Hauses serviert. Anscheinend gab es Brandy und Huhn aus einem großen Restaurant in Pondy. Pakkiri, die Frau des Schusters, hat es mir gesagt: Sie hat nach dem Essen die schmutzigen Blätter eingesammelt. Es waren Unmengen! Die Frau des Reddi war sehr großzügig zu ihr, sie hat ihr einen schönen Sari, einen Rock und eine Bluse geschenkt. Aber weil Pakkiri keine Blusen trägt, hat sie die, die sie bekommen hat, ihrer Schwiegertochter gegeben. Wir haben für das Reisverlesen jede nur fünf Rupien bekommen, aber ich will lieber weniger verdienen, als eine erniedrigende Arbeit machen.

Bei dieser Wahl hat jeder die Stimmzettel für seine Partei verteilt: die Reddi für ihre Seite, die Gounder für ihre. Wir wählen, wie wir wollen, aber ich stimme für den Reddi, für den ich arbeite, ein anderer stimmt für seinen Herrn, aber wir können auch für den stimmen, der uns passt. Danach erzählen wir Geschichten und sagen zu den anderen, dass wir sie gewählt haben. Aber wir nehmen Geld von allen! Denn sie haben alle Geld. Einmal haben wir von fünf Parteien etwas bekommen. Die Partei der Pflüger hat zwanzig Rupien und eine Flasche Brandy gegeben; die Partei der zwei Blätter fünfundzwanzig Rupien und einen ganz buntfarbigen Fabriksari; die Partei der Kuh und des Kalbes fünfundzwanzig Rupien und Erdnussöl; die Partei des Spinnrads fünfzehn Rupien und noch eine andere auch fünfzehn Rupien.[12] Wir sagen jedem, dass wir für ihn stimmen, und nehmen das Geld. Aber auf jeden Fall hat jeder nur eine Stimme, und man darf nur für eine einzige Person stimmen. Alle geben etwas, aber wir können nicht alle wählen, die etwas gegeben haben! Du kannst nicht zweimal wählen, weil du zwei Hände hast. *(Viramma lacht.)*

Ayo, Sinnamma! Es sind viele Leute dort, wo man wählen geht: Es ist fast so, wie wenn man vor dem Kino Schlange steht. Es sind zwei Polizeilastwagen da, Polizisten, Inspektoren, Sanitäter. Die Polizisten stehen mit ihren Stöcken in der Hand da und sagen: »Los, weiter! Einer nach dem anderen! Durch diese Tür, und dann in das Zimmer dort.« Wir nehmen, was man uns gibt, und kommen schließlich zu dem, der die Liste hat und nach der Liste aufruft: »Manikkam«, dann »Frau von Manikkam: Viramma«, und dann »Anban« … Als ich vorgetreten bin, haben sie zu mir gesagt: »Wie heißt dein Mann? Zeig deine Karte.« Jemand Älteres prüft und schreibt alles auf: »Seht nach, ob ihr Name dasteht. Der ihres Mannes. Wo ist der Stimmzettel?« Wir machen zwei Schlangen: eine für die Männer, eine für die Frauen. Die Stimmzettel, die wir zu Hause bekommen, gelten nicht. Wir müssen von hier einen nehmen. Wenn wir zu der Urne kommen, nehmen wir den Stempel und machen damit ein Zeichen vor dem Bild, das wir wollen, und dann werden alle Stimmzettel in eine einzige Urne getan …

Einmal habe ich es falsch gemacht: Ich sollte den Stempel auf die aufgehende Sonne drücken, und ich habe ihn auf die Hand gedrückt. Als ich herausgekommen bin, hat mein Mann mich angeschnauzt: »Kannst du eine aufgehende Sonne nicht von einer Hand unterscheiden?« Natürlich kann ich das, aber wenn alles auf ein Papier gezeichnet ist, dann ist es verschwommen, und ich kann gar nichts mehr sehen. Er war in Rage, und die anderen auch. Ich habe zu ihnen gesagt: »Lasst mich in Ruhe! Ich zittere an allen meinen Gliedern vor diesen vielen Männern. Wie soll ich da etwas unterscheiden? Bei der nächsten Wahl wird man sehen.«

Jetzt machen sie vor jeder Wahl neue Arbeiten im *ceri*. Sieh her: Im neuen *ceri* sind die Straßen gut markiert und geteert. An jeder Ecke ist ein Wasserhahn, und es ist beleuchtet. Das ist wirklich sehr angenehm, und wir haben jetzt nachts keine Angst mehr, wenn wir nach Hause gehen, nicht so wie vorher, wo sich im Dunkeln die Kerle in den Zuckerrohrfeldern versteckt und uns belästigt haben. Alles, was eng war im alten *ceri*, ist jetzt breit und geräumig, auf einem größeren Stück Land: Es kommt ganz auf die Größe der Familie an. Wir haben nichts bekommen, weil wir schon unser Haus haben und nur noch ein Kind bei uns wohnt. Sie haben zu meinem Mann gesagt: »Du kannst bleiben, wo du bist. Dein Familienhaus ist groß genug für euch. Aber dein Bruder hat Anspruch auf ein Stück Land in der neuen Kolonie.« So machen sie es. Wenn Brüder zusammenleben, dann bekommt einer von zweien oder zwei von vieren ein neues Stück Land. Und auf diesem Landstück, das die Regierung gegeben hat, baut jeder sein Haus, wie er kann.

Alle im *ceri* haben jetzt ihr eigenes Haus. Ich muss mein Dach neu machen. Ich warte, bis das Zuckerrohr geschnitten wird, dann leihe ich mir einen Karren und hole die Blätter. Zwei Tage muss man für diese Arbeit rechnen. Wir nützen die Ernte des *citterai*, um unser Dach neu zu machen. Früher haben wir auch das Stroh von *karudai samba* genommen, und das hat länger als zwei Jahre gehalten. Aber bei den neuen Reissorten, die wir jetzt anbauen, hält das Stroh nicht mehr so gut. Ich habe gestern gesehen, dass sie das Dach von Sinnappan neu gemacht haben, dem *talaiyari*, der jetzt in Pondy lebt. Er kommt jedes Jahr zum Fest von Draupadi und wohnt einen Monat mit seiner Familie hier. Alle, die das Dorf verlassen haben, behalten so ein Haus, um von Zeit zu Zeit zurückzukommen. Die Regierung hat seine Arbeit anerkannt. Ich bin noch die Einzige, die für nichts oder fast nichts als Hebamme arbeitet. Die Frau von Sinnappan führt den Vorsitz bei der Frauengenossenschaft hier. Sie gleicht dir, Sinnamma. Sie sieht aus wie eine Frau vom *ur*, nicht wie eine Paratchi. Die Genossenschaft hat jetzt einen Saal in der neuen Kolonie, und die Frau von Sinnappan redet dort, mit anderen Frauen von Pondy. Ich habe ihr gesagt, dass ich einen Lohn für meine Arbeit als Hebamme haben möchte, und ich habe es auch Kaliyan gesagt, dem *nattam*. Aber keiner von diesen beiden Witwersöhnen hat sich darum gekümmert. Niemand will einen Antrag für mich stellen.

Ich habe auch mit Murali, einem Jungen vom *ceri*, der sehr gebildet ist, darüber gesprochen. Er hat alle seine Examen bestanden, und er arbeitet jetzt in einem Büro der Regierung in Pondy. Er ist in der Partei der aufgehenden Sonne. Er könnte bei den Leuten von seiner Partei ein gutes Wort für mich einlegen, aber er sagt immer: »Warte, Tante. Nur nichts überstürzen: Du bekommst eine Vorladung.« – »Ja, ja«, sage ich ihm. »Die bekomme ich, wenn ich auf dem Totenfeld liege!« Dieser Junge ist trotzdem sehr hilfsbereit. Er stellt Anträge für uns beim Harijan-Büro. Durch ihn habe ich den Kredit bekommen, mit dem wir unsere Ochsen bezahlt haben. Ich habe ihm fünfundzwanzig Rupien gegeben, und dem *nattam* auch. Sie gehen beide in die Büros, um die Anträge zu stellen, und dort stecken sie zwei oder drei Leuten Geld zu, ehe sie die nötige Unterschrift bekommen. Wenn man nichts bezahlt, bekommt man nichts!

Murali hält unsere Jungen auf dem Laufenden, was in den Parteien vorgeht. Er hetzt sie auf, und das endet mit Prügeleien. »Der Reddi zahlt euch nicht genug, ihr müsst rebellieren!« »Der da ist ein Verräter, und dieser dort ein wahrer Dieb!« Das ist es, worüber sie reden, unsere Jungen! Nur das interessiert sie. Unsere Herren können nicht mehr mit ihnen schimpfen, weil sie gleich hochgehen. Und genau das predigen die Parteien. Auch im Kino setzen sie ihnen Flöhe in den Kopf. Eines Tages habe ich gesehen, wie der Sohn von Kannima in den Teeladen von Kuppussami gegangen ist und verlangt hat, dass er bedient wird. Kuppussami hat ihn höflich gebeten, sein eigenes Glas mitzubringen, aber dieser Junge hat verlangt, dass ihm ein Glas vom Teeladen vorgesetzt wird, und er hat Kuppussami beschimpft. Das ist wirklich unverfroren! Nur weil man im Kino diese Mister aus den Gläsern von allen Leuten trinken sieht, muss man es nicht genauso machen! Was soll aus Kuppussamis Geschäft werden, wenn die Parias jetzt aus seinen Gläsern trinken! Kein Mensch aus dem *ur* wird mehr hingehen![13]

Das kommt davon, dass sie auf alle diese Politiker hören. Sicher, im Moment müssen sie sich keine Sorgen machen. Dank Gottes Güte können wir, die Eltern, noch arbeiten. Aber es wird die Zeit kommen, wo wir es nicht mehr können. Dann werden sie unsere Herren um Unterstützung bitten müssen. Der Bauch wartet nicht. Weder ihre Partei noch die Männer von der Regierung werden sie satt machen. Diebe können nicht ewig von ihren Diebstählen leben. Eines Tages müssen sie wieder ein normales Leben führen. Und unsere Jungen können auch nicht ewig von der Politik leben. Sie sind hirnlose Vögel. Sie machen ein großes Geschrei, nur um im Wassertrog zu enden. Von irgendetwas muss man leben. Können wir vielleicht etwas verpfänden, um Geld vom Marwari in Tirulagam zu leihen? Das Einzige, was wir haben, sind unsere Hände. Wenn der Tag kommt, wo wir keinen *kuj* haben, können wir zum Reddi laufen, und er leiht uns am Ende immer ein paar Maß *paddy* oder ein paar Rupien. Deshalb predige ich Respekt und Gehorsam gegenüber unseren Herren. Und deshalb stimme ich auch für den Reddiar. Das sagt mir mein Gewissen. Ich arbeite für ihn. Er beschützt mich, und ich muss ihm auch meinen Schutz geben. Alle werden das Gleiche denken wie ich: Man darf nicht unehrlich gegen den sein, der einen ernährt! Die Gounder verteilen viel mehr Geld, um unsere Stimmen zu bekommen, als der Reddiar. Sie sagen uns allen: »Du sollst nicht deinen Reddiar wählen. Wähle uns!« Aber der Reddiar hat alle unsere Kinder verheiratet! Die Gounder dagegen würden nichts für mich tun, selbst wenn ich für sie stimmen würde. Vor der Wahl, da denken sie an uns, aber nachher wissen sie nicht mehr, wo wir wohnen!

Drei Wahlen vor dieser hier, Sinnamma, hat es Kämpfe gegeben. Unsere Jungen hatten beschlossen, nicht mehr für die Partei von Perumal Gounder zu stimmen, sondern für die neue Partei von M. G. R. Tagelang hat es Streit zwischen den Männern der beiden Parteien gegeben. Und eines Abends sind die Männer von Perumal Gounder mit Stöcken gekommen. Unter ihnen war vor allem ein Gounder, der Vadivelu heißt und immer ins *ceri* kommt und große Töne spuckt. Diesmal hat er gesagt: »*Dei!* Schwesterficker! Wer hat euch die ganzen Einrichtungen gegeben? Doch der, der in Pondy regiert, oder?«

Jeden Abend sind sie dahergekommen, die ganze Horde, nachdem sie viel getrunken hatten, und dieser Vadivelu hat uns zugerufen: »*Dei!* Ihr Schlitze, es heißt, ihr seid ganz großartig und erhaben und wollt uns eure Stimme nicht geben? He, niemand zwingt euch, wie? Wählt uns, wenn ihr wollt, und wenn nicht, behaltet eure Stimme!«

Wir haben zugehört, ohne etwas zu sagen, aber es sind immer ein paar Junge da, die zurückschreien: »Die Zeiten sind vorbei, als ihr die Großartigen gespielt habt! Jetzt könnt ihr euren Schwanz nicht mehr schwingen, so wie früher, oder uns die Mütze über den Kopf ziehen! Ihr habt uns ausgetrickst, aber das funktioniert nicht mehr!«[14]

Zum Glück haben die Alten sie beschwichtigt. Am nächsten Tag sind wir zum Reddiar und zu den Alten im *ur* gegangen: »*Sami*, ihr Ältesten! Wir haben nichts gemacht, und gestern Abend ist Vadivelu Gounder ins *ceri* gekommen. Er hat gedroht, dass er uns schlägt. Er hat uns grob beleidigt. Wir konnten unsere Jungen nur mit Mühe zurückhalten!«

Der Reddiar hat sofort den Gounder holen lassen, und er hat ihn streng angefahren: »*Innada!* Du hast gestern getrunken und wolltest diese Leute schlagen: verängstigte arme Leute, die sich wie Tiere im Wald verstecken!« Und der Gounder hat geantwortet: »*Innanga!* Weil sie nicht für mich stimmen wollten, nachdem sie Geld genommen hatten. Deshalb bin ich zu ihnen gegangen!«

Wir sind zufrieden wieder abgezogen, nachdem der Reddi eingegriffen hatte. Dieser Vadivelu ist wirklich der Einzige, der den Schwanz im *ceri* schwingt!

Ein anderes Mal, vor langer Zeit, war es viel ernster. Ich hatte damals noch meine fünfte Tochter im Arm, und es gab kein Wasser. Unser *paddy*-Vorrat war erschöpft, und wir mussten Reis auf dem Markt kaufen. Jeden Tag ging ich nach Naliveli, nach Mangappakkam oder Nellipet, um Erdnüsse aufzusammeln. Ich konnte nicht tageweise arbeiten, denn ich musste das Baby stillen, und die Besitzer hätten nicht erlaubt, dass ich dafür mehrmals am Tag aufhöre. Ich habe mein Baby mitgenommen und einfach alles aufgesammelt, was die Tagelöhnerinnen liegen ließen: kleine Schoten oder solche, die schwer zu pflücken waren. Das ergab zwischen einem und drei Maß am Ende des Tages, die ich für drei bis vier Rupien verkauft habe. Es hatte seit Monaten nicht geregnet, alles war verbrannt, wir sind vor Hunger fast krepiert. Mein Vater hat damals in Madras gearbeitet, und wir haben beschlossen, zu ihm zu gehen und dort Arbeit zu suchen. Mein Mann hat uns dort unten gelassen und ist zu einer Mannschaft gegangen, die für einen *nabab* von Cuddalore[15] geschmuggelt hat. Sie haben heimlich Schnaps gebrannt in den Dörfern, mit Palmzucker, Rinden, Gewürzen, Mandarinenschalen. Mein Mann hat das transportiert. Für den Nabab von Cuddalore hat er auch Zigaretten geschmuggelt und Gold. Dafür hat er fünfundzwanzig Rupien am Tag bekommen und zu trinken und die Mahlzeiten. Wie hätten wir anders über die Runden kommen sollen? Wir mussten etwas finden, der Reis war so teuer! Aber einmal ist er erwischt worden und musste ins Gefängnis. Als wir wieder nach Karani zurückgekommen sind, ist diese Geschichte mit dem Reddi von Naliveli passiert.

Es war vor einer Wahl, und jeden Tag sind Lautsprecherwagen nach Karani gekommen, um uns zu sagen, dass wir für den Reddi von Naliveli stimmen sollen, der gegen unseren Reddi angetreten ist. Niemand ist stehen geblieben, um diesem Wagen zuzuhören, weder im *ceri* noch im *ur*. Der Reddi von Naliveli hat begriffen, dass er nicht auf unsere Stimmen zählen konnte, und eines Tages ist der Wagen gekommen, und sie haben uns bedroht und verlangt, dass wir diesen Reddi wählen sollen. Niemand hat das ernst genommen, weder im *ceri* noch im *ur*. Wir haben uns gesagt: »Was können sie unserem Dorf schon antun, und wer ist so dumm und wählt dieses Affengesicht?« Die Wahlen sind ruhig verlaufen, und zwei Tage lang haben wir niemanden mehr gesehen. Und dann, eines Unglückmorgens, am dritten Tag, als noch alle in den Häusern waren, ist ein Lastwagen voll dicken *mattai* angefahren gekommen. Der Lastwagen hat zwischen dem *ceri* und dem *ur* gehalten. Es waren nur zwei Kerle drin. Ein wenig später sind zwei andere Lastwagen, diesmal voller Männer, angekommen. Wir waren gerade erst aufgestanden und begriffen nicht, was vor sich ging. Und plötzlich sind die Kerle aus den Lastwagen gesprungen, haben die *mattai* genommen und sich in alle Richtungen zerstreut.

Sie sind in alle Häuser gegangen, und sie haben auf alle eingeschlagen, die ihnen über den Weg gelaufen sind, sie haben das Geschirr zerschlagen und geplündert. Wir haben zu fliehen versucht. Der Groß-Reddi und seine Familie sind im Auto weggefahren, auf dem Weg, der hinter dem Dorf vorbeiführt. Manche, wie die Eltern von Vattiyar, haben sich in den Bus gerettet und sind nach Pondy gefahren. Andere haben sich im Teich versteckt, in den Bäumen. Es war wie in einem zertretenen Ameisenhaufen. Alle sind weggelaufen. Im *ur* wurde viel Schmuck gestohlen. Zwei Lastwagen voller Männer, nur um uns zu schlagen oder zu töten! Sie haben uns aus den Häusern gejagt: »*Dei!* Ihr wolltet nicht für uns stimmen, da habt ihr es jetzt!« Zum Glück war mein Mann nicht da, sonst wäre er auch geschlagen worden. Ich hatte meine Tochter im Arm. Ich saß in der Sonne mit dem alten Schuster, der dir Lieder vorgesungen hat. Drei Kerle sind gekommen, groß wie Bhima, und haben zu dem Alten gesagt: »*Dei*, Alter! Steh auf!«

Aber er hat zu ihnen gesagt: »Wie soll ich aufstehen, *Sami?* Ich zittere, ich habe alte Beine!«

Mit einem Fußtritt haben sie ihn umgestoßen, und dann sind sie zu Pakkiam gegangen und haben zu ihr gesagt: »*Aye!* Komm raus mit deinem Balg, du Hure! Du wolltest nicht für uns stimmen, wie?«

Ich weiß nicht, wie ich es gemacht habe. Ich war ganz betäubt von ihren Schlägen. Ich habe mich auf der Straße von Velpakkam wiedergefunden, ohne recht zu wissen, wie mir geschah, so viel Angst hatte ich. Sie haben alles zerstört, verwüstet, und sie haben die Amtsstube neben dem Reddiar in Brand gesteckt. Es war niemand mehr im Dorf: keine Seele, kein Stäubchen. Sie konnten alles in Ruhe plündern. Nur Rayappan war schwer verletzt worden. Sie haben ihn auf einer Trage nach Pondy ins Krankenhaus gebracht. Er ist tagelang dort geblieben. Als er zurückkam, hat er wie eine muslimische Leiche ausgesehen, mit Bandagen überall!

Am nächsten Tag sind wir allmählich zurückgegangen. Die Amtsstube hat noch gebrannt. Einige Tiere waren geflüchtet, andere waren tot. Eine Menge Sachen waren zerstört oder gestohlen. Im *ceri* war das ganze Geschirr zerschlagen, das Essen zertrampelt, die Kornvorräte hatten Löcher oder waren geplündert. Das Leben war hart, denn wir mussten mit fast nichts wieder neu anfangen.

Aber, Sinnamma, dieser Reddi von Naliveli hat sich schnell davongemacht!

»Wohin?«

Nach *vaikundam! (Viramma lacht.)*

Zwei Nächte und drei Tage hat man nur noch Verwünschungen der Armen gegen diesen Hund gehört: »Er soll verrecken, der Safttrinker! Mit offenem Mund soll er krepieren, der Dämonenficker! Seine Nachkommen sollen von der Erde verschwinden! Möge seiner Frau der *tali* weggerissen werden!«

Und wir haben uns gesagt: »*Innanga!* Gibt es nur Huren hier, in diesem *ceri* und diesem *ur*? Gibt es nicht eine einzige keusche Frau, damit zumindest ihre Flüche erhört werden?«

Einige Zeit danach, als wir auf den Feldern des Reddiar arbeiteten, haben wir erfahren, dass der Reddi von Naliveli an einem Herzschlag gestorben war! Wir haben alles stehen und liegen lassen und sind mit unseren Kindern fortgelaufen, die Frauen als Erste. Die Männer sind uns nachgekommen. Wir wollten, dass dieser Yama-Ficker jetzt, wo er tot war, unsere Flüche auf sich herabregnen hörte! Sie haben versucht, uns zurückzudrängen, aber wir waren zu viele, die ein Hühnchen mit ihm zu rupfen hatten!

»Stinkende Fotze! Du hast deine Männer geschickt, um uns zu schlagen, aber Gott hat sich früher um dich gekümmert, als vorgesehen war! Gute Reise, niemand auf dieser Erde wird dir nachweinen!«

Han! Der großmütige Mann! Wenn er seine Arbeiter bezahlt hat, hatte er sein Geld nicht in einem Beutel oder einer *soman*-Falte: Er hat es auf eine Schaufel gelegt und auf den Boden geworfen und sich daran ergötzt, wie die Tagelöhner sich gegenseitig über den Haufen gerannt haben, um es aufzulesen! Wenn er Paratchi auf der Straße gesehen hat, hat er ihnen zugerufen: »*Aye!* Schwesternficker! Was hast du hier herumzulungern?« Und andere Worte in der Art … Dank seinem Geld ist er auf einer Totenbahre, mit Blumen bedeckt, auf die Reise gegangen, aber diese Blumen sind unter unseren Flüchen verwelkt! Und als sie unseren Zorn und den ganzen Aufruhr gesehen haben, haben die Familie und die Politiker beschlossen, den Leichnam nicht allzu lange zu behalten. Sie haben die Stunde der Verbrennung vorverlegt. Alles ging überstürzt, die Riten wurden in aller Eile abgespult. Er wird lange auf dieser Verbrennungsstätte warten müssen, bis er siebenmal wiedergeboren und als Gepfählter enden wird: Das kann Isvaran solchen Kreaturen auferlegen!

Eine Geschichte wie diese wäre in diesem *kaliyugam* nicht mehr möglich. Sie kommen zu uns, und wir werden für das Wählen bezahlt, und unsere Jungen sind jetzt aus der Unwissenheit herausgekommen. Die Regierung selber arbeitet für uns. Früher haben die, die etwas besaßen, die Armen für sich arbeiten lassen und ihnen zu essen gegeben. Sie haben das Gesetz gemacht. Niemand ist gekommen und hat uns gefragt, was wir wollen. Und dann wollten sie, dass wir wählen, und heute werden wir Parias zivilisiert. Es gibt auch mehr Leute als früher, mehr Arme, und sie stellen jetzt auch ihre Forderungen. Ich meinerseits, ich arbeite für ein Haus, das sehr schwer wiegt, und uns allen geht es gut. Dank ihrem *dharma* lebe ich auch gut. Meine Kinder sind verheiratet. Ich habe Enkelkinder. Es fehlt mir an nichts. Ich lebe, ohne zu hungern, Sinnamma.

NACHWORT ZUR DEUTSCHEN AUSGABE

UNTER DEM BANYANBAUM: VON UNTEN SPRECHEN

Als dieses Buch 1995[1] in Frankreich erschien, war es tröstlich zu sehen, dass das Ziel, das wir angestrebt hatten, erreicht war: Virammas Stimme wurde gehört und verstanden. Ausführliche Rezensionen – besonders der Beitrag des Dichters André Velter in Le Monde – hoben Virammas Würde und universelle Menschlichkeit hervor und den Reichtum dessen, was im stummen Gedächtnis der analphabetischen »Unberührbaren« verborgen lag. Schon im Vorfeld wurde Virammas Geschichte von jenen gewürdigt, die sich zu einer Koproduktion des Buches entschlossen. Der Erste unter ihnen war Jean Malaurie, Gründer und Verleger von »Terre Humaine«, einer der angesehensten französischen Buchreihen. In dieser Edition werden Bücher von hoch qualifizierten Akademikern veröffentlicht, die es sich zur Aufgabe gemacht haben, über ihre Erfahrung in subjektiver Weise für ein breites Publikum zu schreiben (Claude Lévi-Strauss' »Traurige Tropen« wurde 1955 als zweites Buch in dieser Reihe veröffentlicht), sowie die Lebensgeschichten einfacher, ganz normaler und manchmal analphabetischer Menschen, seien es Indianer der Hopi- oder Sioux-Stämme aus Amerika, Bergarbeiter und Bauern aus Frankreich, Dorfbewohner aus Osteuropa oder Westafrika, Häftlinge aus amerikanischen Gefängnissen oder Nazi-Konzentrationslagern. Nachdem sie Eingang in diese prestigevolle Reihe gefunden hatte, befand sich Viramma in guter und vielfältiger Gesellschaft und wurde Mitglied einer weltumfassenden Familie, in der eine auf lokale Traditionen gegründete kulturelle Identität kein Hindernis für ein Gefühl der Verbundenheit ist. Der gemeinsame Kern der Menschheit kann sich auch durch einzelne Lebensgeschichten herausschälen.

Die zweite Anerkennung noch vor dem Erscheinen des Buches kam, als die UNESCO sich zu einer Kopublikation bei Plon entschloss, dem französischen Verlagshaus von »Terre Humaine«, und – was noch wichtiger war – Virammas Geschichte in die UNESCO-Sammlung repräsentativer Werke aufnahm, eine Auszeichnung, die normalerweise nur jahrhundertealten Klassikern und den Meisterwerken der Moderne zuteil wird. Die Äußerungen einer »Paria«, in ihrer unverfälschten Sprache, erreichten also eine Sphäre, in der früher Namen wie Kalidasa, Tukaram, Kabir, Surdas und Tagore zu finden waren, um nur einige zu nennen. Der Geschichte einer analphabetischen Dalit-Landarbeiterin wurde eine Ehre zuteil wie vorher Brahmanas, Pancatantra und Vetala Pancavimsatika (Sanskrit), den Jatakas (Pali) sowie Kural und Silappatikaram (Tamil).

Das Buch war in gewisser Weise unvorhergesehen. Wir sind beide Wissenschaftler, aber mit einem jeweils anderen Hintergrund. Jean-Luc war damals ein junger Geograf, der ein paar Jahre am French College in Pondicherry unterrichtete, seine ersten Feldforschungen in den frühen Siebzigerjahren in dem Dorf Karani begann, sich in der Nähe von dessen altem Bewässerungstank niederließ, inmitten von *paddy*- und Zuckerrohrfeldern in einer der Enklaven des Pondicherry-Unionsterritoriums in Tamil Nadu. Josiane ist Tamilin, geboren in Pondicherry, wo sie am French College zur Schule ging, um später Ethnomusikologie in Paris zu studieren. Sie begann ihre Forschungen über die mündliche und populäre Kultur in Tamil Nadu und ging nach Karani: Während sie das Repertoire von Familien aus verschiedenen Kasten sammelte, wurde ihr von den Dorfbewohnern ans Herz gelegt, ins *ceri* zu gehen, um dort noch mehr von dem zu sammeln, was sie so ungeheuer interessierte: das profane Repertoire. *Ceri* ist das tamilische Wort für die Bereiche, in denen die Unberührbaren leben und die außerhalb des eigentlichen Dorfzentrums angesiedelt sind, des *ur*, in dem die anderen Kasten leben, von den Barbieren bis zu den Brahmanen-Priestern, um den Lotosteich des Dorfs und die alten Steintempel herum, die Isvaran (Shiva), Perumal (Vishnu), Pillaiyar (Ganesha) und Draupadi geweiht sind. Nicht dass es im *ur* kein profanes Repertoire gegeben hätte, aber die Dorfkastengesellschaft betrachtete sich als Hort des religiösen Wissens, einschließlich der Musik – Werte, die sehr hoch geschätzt wurden. Das »unreine« *ceri* dagegen war in den Augen des *ur* der richtige Ort für untergeordnete Aktivitäten, einschließlich nicht religiöser Lieder. In Wahrheit kannte jeder im *ur* nicht religiöse Lieder, die ziemlich unanständig waren, und ergötzte sich daran, wenn Umstände wie die Pubertätsriten es gestatteten.

Wobei man sagen muss, dass die Grenze zwischen religiösen und nicht religiösen Liedern schwer zu ziehen ist. Die Dorfkastengesellschaft legte jedoch großen Wert auf diese Unterscheidung, auch wenn in vielen Fällen die Verachtung vonseiten der *ur*-Bewohner für das *ceri*-Repertoire mit Faszination vermischt war. Alles in allem war es auch eine Prestige-Frage, ein *ceri* zu haben, das für seine guten Sänger bekannt war, solange nur jeder »an seinem Platz« blieb.

Im *ceri* hörte Josiane viele Sänger, Frauen wie Männer, an. Eine der Frauen, zart, aber schlagfertig, hob sich aus der Menge hervor, und sie verdiente eindeutig besondere Aufmerksamkeit. Sie verfügte über das größte Repertoire an Liedern, in denen die unterschiedlichsten Emotionen zum Ausdruck kamen – ob dramatische Balladen, *opari* (Klagelieder, die bei Todesfällen improvisiert werden) oder unterhaltsame voll Übermut und Lebenslust. Sie war klein und lebhaft, trug einen verblichenen Sari ohne Bluse darunter und steckte ihr Haar zu einem Knoten hoch. Ihre Zähne ragten schief und unregelmäßig aus dem Zahnfleisch hervor und waren rot vom Betelkauen, was jedoch ihrem herzerwärmenden Lächeln bei fröhlichen oder komischen Anlässen keinen Abbruch tat. Viramma,[2] die Sängerin mit dem reichsten Repertoire in Karani, war eine analphabetische Landarbeiterin, die mit der bedeutendsten örtlichen Grundbesitzerfamilie verbunden war, den Groß-Reddiar, wie sie respektvoll mit ihrem Kastennamen genannt wurden. Außerdem war sie Hebamme und eine geborene Geschichtenerzählerin. Der Name ihres Ehemanns war Manikkam. Viramma war bereits vor der Pubertät verheiratet worden und, wie es der Brauch war, zunächst noch bei ihren Eltern in dem nicht allzu weit entfernten Dorf Velpakkam geblieben, auf der anderen Seite des Flusses, in Tamil Nadu. Ein paar Jahre später, nach der Pubertät, kam sie nach Karani, um dort mit ihrem Mann zu leben. Manikkam wohnte mit seinen Eltern und seinem Bruder in einer großen Hütte mit Lehmwänden und Strohdach, in der jeder Raum seine eigene, niedrige Tür nach draußen hatte. Dort lebt Viramma bis zum heutigen Tag.

Von den späten Siebzigern bis in die frühen Neunzigerjahre führte Josiane, egal ob wir in Kalkutta, Bordeaux oder Pondicherry lebten, lange Gespräche mit Viramma in Karani. Ein neues Verhältnis entwickelte sich allmählich zwischen den beiden Frauen, das von gegenseitiger Wertschätzung geprägt war. Eine Beziehung, die ihrem Wesen nach weit über das hinausging, was das Sammeln von Liedern normalerweise erfordert. Viramma und Josiane waren Tamilinnen, ungeachtet aller Barrieren wie Alter, Kaste, Klasse, Bildung und Glauben, sie waren beide Frauen und – nach 1980 – auch Mütter, und beide lachten gern. So entstand ein gegenseitiges Vertrauensverhältnis, und nach und nach erzählte Viramma in aller Ausführlichkeit die Geschichte ihres Lebens, wobei es ihr immer große Freude machte, am Ende des Tages ihre Stimme vom Band zu hören, besonders wenn sie sang. Es gab keine zeitliche Beschränkung für diese Übung, und es dauerte zehn Jahre, die gesamten Achtziger, um die ganze Geschichte aufzuzeichnen, und ein paar weitere Jahre, um die Übersetzung der Bänder publikationsreif zu machen.

Wir fragten uns, was »publikationsreif« in diesem Fall heißen konnte? Mit Sicherheit nicht literarische Verschönerung und zusätzliche Dramatisierung. Es war nicht leicht, mündliche Äußerungen mit all ihren Wiederholungen, Abschweifungen usw. zu einem stimmigen Text zusammenzufassen, der zugleich lesbar sein und Virammas Worte und Gedanken unverfälscht wiedergeben sollte. Das Streben nach dem richtigen Wort und der genauen Übersetzung war Malauries Motto für »Terre Humaine«. Wir hielten uns also an folgende einfache Prinzipien: Virammas Sprache zu respektieren, Kürzungen nur dann vorzunehmen, wenn eine Wiederholung nichts hinzugefügt hätte, und das Material, das über viele Jahre hinweg aufgezeichnet worden war, nach Themenbereichen zu ordnen. Viele Episoden wurden in diesen zehn Jahren mehr als einmal erörtert. Wir haben die genaueste Version beibehalten, und wenn Widersprüche auftauchten, wurde darüber gesprochen, um die Dinge zu klären. Viramma redete gern, und sie hätte ihre Geschichte aus reiner Fabulierlust ausschmücken können. Aber wenn sie sich Geschichten ausgedacht hätte, wäre das in vielerlei Hinsicht nicht unbemerkt geblieben. Nach all den Jahren gegenseitigen Vertrauens kannten Viramma und Josiane sich gut genug, um dieses Spiel nicht zu spielen. Außerdem wurde immer wieder auf die vorher erzählten Episoden zurückgegriffen, und das hätte unweigerlich zur Entlarvung bewusst erfundener Erinnerungen geführt.

Die Möglichkeit, ungestört zu reden, gab es, wie jeder Feldforscher sich denken kann, in Karani nirgends. Die Leute vom *ceri* waren fast immer mit dabei, bestätigten oder kommentierten Virammas Erzählungen, während ringsum Kinder spielten oder zuhörten. Die persönlichsten Bekenntnisse kamen zum Vorschein, wenn Viramma und Josiane allein waren, wenn sie zusammen über die Felder von Karani gingen oder Viramma zu unserem Zuhause in Pondicherry kam. In Karani war auch die Familie mit dabei, wenn sie am Ende des Tages von den Feldern zurückkamen, besonders Manikkam, Virammas Mann, und Anban, ihr Sohn, die einen wesentlichen Teil des Buches ausmachen. Manikkam war bereit, einen Bericht über das politische Leben in Karani zu geben, an dem er größeren Anteil nahm als Viramma. Er hatte dem etwas konfusen Bild, das Viramma von diesem Bereich des Lebens zeichnete, viel Bedeutsames hinzuzufügen. Im Übrigen ist alles, was hier präsentiert wird, Virammas Werk – es sind ihre Worte, Visionen und Wahrnehmungen. Deshalb wird Viramma mit Fug und Recht als eine der Autorinnen dieses Buches aufgeführt. Und deshalb haben wir uns auch entschlossen, eine klare Trennlinie zwischen dem, was sie zu sagen hatte, und unseren Anmerkungen und Kommentaren zu ziehen. Viele Anthropologen ziehen es vor, in der Lebensgeschichte, die sie für ihren Helden oder ihre Heldin schreiben, abwesend zu bleiben, wobei die erste Person, das »Ich«, ein Erzählkonstrukt ist. Wir haben darauf verzichtet, uns hinter dem »abwesenden Autor« zu verstecken, um David Brumble zu zitieren, der eine Reihe von in den USA publizierten Biografien und Autobiografien amerikanischer Indianer detailliert analysiert hat.[3] In unserem Fall hingegen ist der Bericht von Virammas Lebensgeschichte die Niederschrift dessen, was sie selber uns erzählt hat. Josiane ist in Virammas Geschichte die ganze Zeit eindeutig präsent, und sie tritt auch nicht »verdeckt« auf. Sie erscheint als »Sinnamma« (kleine Mutter), eine Anrede, die ihr Viramma gegeben hat.

Viramma war für uns keineswegs bloßes »Material«, um eine akademische Studie zu schreiben. Viele Volkszählungsbeauftragte, Ärzteteams, Förderorganisationen, Bürokraten und auch Akademiker ziehen durch indische Dörfer, auf der Suche nach »Daten«. Einige dieser Leute repräsentieren verschiedene Machttypen, die manchmal Hoffnungen erwecken (ob diese nun erfüllt werden oder nicht), während sie zu anderen Zeiten verdächtigt werden, äußeren Druck auszuüben, sei es durch hypothetische Steuern oder durch überfallartige Sterilisationen. Sie arbeiten oft mit vorgedruckten Fragebogen und gewähren dem Interviewten nur wenige Minuten oder höchstens ein paar Stunden ihrer Zeit. Wir sind diesen ausgetretenen Pfad nicht gegangen. Wir haben keine

Interviews mit Viramma geführt. Wir haben keine Frage-und-Antwort-Spiele mit ihr gemacht. Wir haben uns lediglich über Jahre hinweg bemüht, getreue Zuhörer zu sein, soweit es nur irgend möglich war, und mit dem denkbar größten Respekt eine Art der Zeugenschaft ans Licht zu bringen, die sonst verachtet und verschmäht und innerhalb der Grenzen der Dorfgemeinschaft gehalten wird. In diesem langen Prozess durften wir auch erleben, wie Viramma sich selbst und ihre Vergangenheit entdeckte; wie sie sich von neuem aneignete, was teilweise in den individuellen, familiären und kollektiven Erinnerungen verschüttet gewesen war. Die Gespräche mit Josiane halfen ihr, mit großem Interesse neu zu bewerten, was ihr Leben ausgemacht hatte, ihre Freuden, ihre Schmerzen; und auszudrücken, was ihre Kultur war und ihre Vorstellung vom Leben.

Wir haben in diesem Buch nicht versucht, eine umfassende gesellschaftspolitische Analyse der tamilischen Dalit zu schreiben.[4] Anstatt *über* Dalit zu reden, haben wir *mit* einer von ihnen geredet, und weil wir hören wollten, was sie uns zu sagen hatte, wurde die Zeit – die so unerlässlich ist, um Vertrauen aufzubauen – nicht rationiert, sondern durfte ungehindert verfließen. In aller Ausführlichkeit erzählt, kann ein einzelnes Leben eine große Ausbeute an Informationen und Einsichten liefern. Wie Malaurie in einer Bemerkung zum Ausdruck brachte, die einen der Leitsätze von »Terre Humaine« enthält: »Um weit zu sehen, muss man genau hinschauen. Wer seinen Blick für das nahe Liegende schärft, öffnet ihn für das Universelle.« Was auch immer die schrecklichen Auswirkungen der Unberührbarkeit sein mögen, Viramma wuchs oft über die Härte des Schickals hinaus, während sie ihre Lebensgeschichte erzählte. Sie griff aus, spontan und ohne sich dessen bewusst zu sein, um Teil zu haben an der Mühsal, den Freuden, den Sehnsüchten, die das menschliche Dasein ausmachen. Es ist zwar verständlich, dass manche Dalit-Intellektuelle behaupten, die Erfahrung der Unberührbarkeit sei so gravierend, dass keiner außer den Dalit selber in realistischer Weise darüber sprechen könne, aber dennoch ist das in vieler Hinsicht ein sehr fragwürdiger Standpunkt. Erstens stärkt eine solche Position in gewisser Weise das Kastenzugehörigkeitsgefühl, selbst wenn sie die Übel der Kastenideologie anprangert. Ob es besser ist, sich dem herrschenden System anzuschließen oder nicht, ist eine andere Frage, und selbst diejenigen, die der Meinung sind, dass die Dalit ein Teil des

Ganzen sein müssen, räumen unter Umständen ein, dass sie im Augenblick immer noch »a part apart« sind,[5] so wie die Vorurteile und Repressalien nun einmal sind. Die Forderung, dass die wahrhaft Unterdrückten abseits bleiben müssen, um verstanden und in ihrer Würde anerkannt zu werden, um befreit zu werden, ist ein völlig anderer Ansatz. Zweitens braucht jede Bewegung Verbündete, und nicht nur auf dem ungewissen Feld der Wahlpolitik. Drittens setzt die Emanzipation der Dalit eine veränderte Wahrnehmung voraus, nicht nur bei den Dalit selber, sondern vor allem auch bei den Nicht-Dalit. Es ist äußerst wichtig für die Virammas von heute, daran zu glauben, dass sie die Kraft haben, die gesellschaftlichen Verhältnisse zu verändern, was Sinn machen wird, wenn die Nicht-Dalit bereit sind, die Würde derjenigen anzuerkennen, die so lange Opfer von Unterdrückung und Verachtung waren. Die Mitwirkung der verschiedenen Gesellschaftsschichten ist eine notwendige Bedingung für die Akzeptanz und Anerkennung der Rechte der Dalit. Und schließlich würde der Anspruch, einer Gemeinschaft das alleinige Recht einzuräumen, über sich selber zu berichten, die Macht der Sprache negieren, die Erblast von Geburt, Kaste und Klasse zu transzendieren.

Um auf Virammas Erzählung zurückzukommen, so hoffen wir, der Leser möge feststellen, dass das, was in puncto Vielfältigkeit der Wahrnehmungen innerhalb der Dalit-Gemeinschaft verloren geht, mehr als wettgemacht wird durch das tiefe Verständnis eines einzelnen Lebens. Die Verschiedenartigkeit der Erfahrungen unter den Dalit findet man in einer ganzen Reihe von Büchern und Stellungnahmen. Einige dieser Bücher sind Memoiren, andere Romane, Kurzgeschichten und »creative writings«. Was Viramma uns erzählt, mag ein bisschen anders sein als das, was Dalit-Autoren publizieren. Sie ist nicht, wie einige der Letzteren, eine gebildete Stadtbewohnerin der ersten oder zweiten Generation, die sich voll Zorn oder Schmerz die Erinnerungen an eine von Unterdrückung geprägte ländliche Vergangenheit ins Gedächtnis ruft. Das Dorfleben und die gängige Praxis der Unberührbarkeit sind nicht ein Teil ihrer Vergangenheit; es war und ist noch immer ihre Gegenwart. Sie redet als Insiderin, als eine reife (und heute alte) Frau, die die Grundmuster des Lebens, der Glaubensvorstellungen und Werte einer aussterbenden Generation festzuhalten versucht. Die Dalit, die lange Zeit nicht gehört wurden, finden heute umso mehr Beachtung. Aber es gibt noch viel aus dem jahrhundertealten Schweigen hervorzuholen. Was Viramma uns in dieser Hinsicht bietet, ist das stumme Gedächtnis ihrer Kaste. Sie lässt sich nicht über die schlimmsten Gräueltaten an ihrer Gemeinschaft aus, weil keine davon in den Dörfern stattfand, die sie kannte, und sie hat, wie wir finden, so viel über ihr Leben und ihre Gefühle zu sagen, dass es in gewisser Weise mehr Sinn machte zu sammeln, was wirklich ein Teil von ihr war, ein Teil ihres dörflichen Horizonts, als auf Ereignisse hinzuweisen – und seien sie auch noch so aufschlussreich –, die sie nicht mit sich selber in Verbindung brachte.

Gewalt war ein wesentlicher Aspekt von Virammas Horizont: die körperliche Gewalt eines Meisters, der *goondas*, die die Dalit im Auftrag mächtiger Männer mit politischen Ambitionen zusammenschlugen, oder Gewalt, wie sie auf den Polizeirevieren verübt wurde. Alles in allem jedoch beschreibt Viramma weniger die brutale Gewalt von Massakern, die die Aufmerksamkeit der Medien auf sich ziehen und Zündstoff für politische Diskussionen und Strategien liefern, als vielmehr die stille Gewalt der Unterdrückung, die so lange und so nachhaltig funktionierte, dass Viramma selber den Beweis dafür liefert, wie sehr sie von denen, die ihren Gesetzen unterworfen sind, verinnerlicht werden kann. Da ist die Gewalt des Hungers, die Viramma zu verschiedenen Zeiten erlebte und die sie dazu bringt, abschließend zu sagen: »Es fehlt mir an nichts. Ich lebe, ohne zu hungern«, als ob dieser elementare Anspruch an sich schon ein Sieg über die Schatten der Vergangenheit wäre. Oder die Gewalt der Krankheit, die neun ihrer Kinder im blühenden Alter tötete. Oder die versteckte Gewalt von Worten oder einer Geste, in alle nur denkbaren Nuancen der Verachtung verpackt, wenn Grundbesitzer, Regierungsbeamte oder auch einfache Bauern mit Dalit oder über sie reden; die Gewalt der Knechtschaft, der Verschuldung, der wirtschaftlichen Abhängigkeit; die Gewalt eines ungewissen Schicksals; die sexuelle Gewalt, die armen Frauen, von denen erwartet wird, dass sie sich für ein bisschen Geld oder medizinische Behandlung hinlegen, manchmal angetragen oder aufgezwungen wird. Und schließlich die unterschwellige, allgemeine und permanente Gewalt, die die tägliche Praxis der Unberührbarkeit am Leben hält; die Gewalt einer Tradition, die die »Parias« missachtet.

Das Wort Paraiyar oder Paria (der Name wurde von den Portugiesen, Franzosen und Engländern geprägt, die jahrhundertelang an der Koromandelküste saßen) kann entweder eine gezielte Beleidigung, ein herablassender Ausdruck der Verachtung oder ein unausweichliches Schicksal sein, je nachdem, wie es benutzt wird. Aber im Gegensatz zu ihrem Mann und ihrem Sohn, die politisch bewusster sind, verwendet Viramma es einfach zur Bezeichnung ihrer Identität, als ihren Kastennamen. Deshalb haben wir es beibehalten, in Respektierung ihres Vokabulars, auch wenn es in der Öffentlichkeit nicht mehr gebraucht wird und viele Leute, einschießlich der Regierung von Tamil Nadu, dafür plädieren, alle Kastennamen abzuschaffen. Vor allem aber haben wir es beibehalten, weil Viramma sich immer als solche gesehen und akzeptiert hat und der Sprache ihres täglichen Lebens treu geblieben ist: *paratchi*, eine Paraiyar-Frau; *paraceri*, die Ansiedlung der Paraiyar, und *paraimelam*, das Paraiyar-Orchester, dessen flache Trommel, das *parai*, der Kaste vermutlich ihren Namen gegeben hat, auch wenn es genau genommen das Attribut der Paraiyar-Unterkaste, der Vettiyar, ist, zu denen Viramma gehört. Um ihren Worten und ihrer Vorstellung von der Welt gerecht zu werden, wollten wir ihr nicht künstlich den Ausdruck »Dalit« in den Mund legen. Das Wort war ihr fremd in den zehn Jahren unserer Gespräche, und sie kannte seine Bedeutung auch in den späten Neunzigern nicht. Aus demselben Grund haben wir ihre unverblümte Sprache nicht beschönigt, durch die sich ihre Kaste in den Augen der puritanischeren oder scheinheiligeren *ur*-Bewohner ins Abseits stellt.

Viele Leser werden vielleicht der Meinung sein, dass Virammas Vorstellungen nicht progressiv sind. Das sind sie auch nicht. Virammas Lebensgeschichte, so wie wir sie hier in ihren eigenen Worten präsentieren, ist kein Dalit-Text – in dem Sinn, dass der Dalit-Literatur nachgesagt wird, sie habe ihre Besonderheiten, sei vor allem von einem tief verwurzelten Zorn und von der Revolte gegen die herrschenden Unberührbarkeitsbräuche geprägt, gegen die Gesellschaftsordnung und die etablierte Ideologie, die sie am Leben hält. Es ist kein Dalit-Text in diesem Sinne, aber Virammas Geschichte ist dennoch der Text einer Dalit, wenn wir das Wort in seiner elementaren Bedeutung verstehen, als jemand, der »unterdrückt und geknechtet« ist, ohne politische oder ideologische Implikationen. Es ist nicht in erster Linie ein Text, der die Unterdrückung anprangert, aber es ist eine Erzählung, die aufzeigt, wie eine unterdrückte Frau lebt und denkt. Sicher, Viramma ist nicht völlig blind gegenüber den Ungerechtigkeiten des Systems: Sie weiß, dass sie sich aufreibt und in der Sonne schmort, so wie ihr Mann, ihr Sohn und ihre Verwandten es seit Generationen im Dienst der Grundherren tun, weil sie »ihren Bauch füllen« muss. In einigen Fällen gebraucht sie starke Worte gegen Grundbesitzer aus den oberen Kasten oder gegen andere Dorfbewohner, die für ihre Schäbigkeit oder Brutalität bekannt sind. Sie ist jedoch niemand, der rebelliert oder eine militante Haltung einnimmt. Wenn sie etwas verurteilt, dann eher Einzelpersonen oder Verhaltensweisen, die in ihren Augen nicht *dharma*-gemäß sind, als Klassen oder auch Kasten.

Für sie, wie für so viele, sind Sinn und Identität an einen Ort geknüpft, eine Gemeinschaft, ein Lebens- und Denksystem und eine etablierte Ordnung, selbst wenn dieses System und diese Ordnung etwas rechtfertigt, das nur als Unterdrückung definiert werden kann und der Emanzipation im Wege steht. In dieser Hinsicht ist Virammas Geschichte ein Beispiel dafür, wie Unterdrückungsmechanismen verinnerlicht werden. Viramma legt Zeugnis von einem ideologischen System ab, das die alte Ordnung der Welt repräsentiert. Für ihren Sohn Anban dagegen ist diese Anhänglichkeit an die alte Ordnung inakzeptabel. Indem sie ihr Leben erzählt und ihre Ansichten zum Ausdruck bringt, formuliert Viramma keine vernichtende Kritik an diesem System: Sie berichtet lediglich, mit ihren eigenen Worten, wie es im Dorfraum zugeht, in den Köpfen der *meljatiar* – »jener aus den hohen Kasten« – und in den Köpfen der so genannten »Other Backward Classes«, wie es im heutigen Jargon heißt. An den Porträts, die sie von ihnen allen zeichnet, in Karani oder in den umliegenden Dörfern, können wir ablesen, wie das System sich so lange halten konnte und warum es heute zerbröckelt.

Beobachter der indischen Dorfgesellschaft bieten verschiedene Möglichkeiten an, wie die ideologische Reaktion auf die Unberührbarkeit zu interpretieren ist. Einige unterstreichen die Bedeutung des Konsenses. Das könnte in Virammas Fall in hohem Maß zutreffen. Andere weisen darauf hin, dass die Dalit sich weder in das Kastensystem eingefügt haben noch von ihm aufgenommen wurden. So gesehen wäre nur eine kleine Minderheit betroffen. Aber sicherlich stellen viele Dalit seit langem die Berechtigung der sozialen Ordnung in Frage. Virammas Mann Manikkam, ein Anhänger der örtlichen Communist Party of India, und ihr Sohn Anban, der mehr von den Dravidar-Munnetra-Kajagam-Parolen beeinflusst ist, treten dafür ein. Beide haben auf ihre Weise rebelliert.

Manikkam hat sich einst gegen seinen Grundherrn erhoben, als dieser ihn schlug, was eine Übertretung des etablierten Verhaltenscodes darstellte. In gewisser Weise war Manikkams Widerstand ein Protest gegen die Missachtung der Pflichten eines Grundbesitzers, wie sie von der traditionellen Ordnung festgelegt waren. Manikkam ging noch weiter, indem er die gesellschaftlichen Beziehungen über diesen konkreten Fall von Misshandlung hinaus analysierte. Als er von dem Widerstreben seines Grundherrn erzählte, ihm ein kleines Stück Land zu verpachten, nannte er den wahren Grund für dieses Verhalten: die Paraiyar in voller Abhängigkeit zu halten, um Gehorsam und Demut zu erzwingen und damit die Sicherheit der herrschenden Klassen zu garantieren.

Virammas Sohn Anban analysiert äußerst klarsichtig, wie das System funktioniert; dass wirtschaftlicher Druck auch auf Verhaltensregeln basiert, die jahrhundertelang Respekt vor den Mächtigen und Bescheidenheit im Auftreten, in der Sprache und in der Kleidung von den Unterdrückten verlangte. Genau wie sein Vater hat Anban begriffen, dass die Mächtigen alles tun, um seiner Gemeinschaft den Zugriff auf jedes noch so winzige Stückchen Land zu verweigern und damit die Möglichkeit, zu etwas mehr Autonomie und Würde zu kommen. Anban wirft den alten Vorwand verinnerlichter Unterwerfung über Bord. Er sieht sich als Arbeiter, der Geld für seine Arbeit bekommt, und nicht mehr als unberührbarer Sohn eines *adimai*, der seit Generationen mit ein und derselben Grundbesitzerfamilie verbunden ist, die ihn bei Festen mit Essen und Kleidern ausstattet und, wo nötig, Kredite, Schutz und Strafen vergibt.[6] All das wird in ein paar Worten gesagt, die die starke, aber ungleiche traditionelle Beziehung zwischen den Grundbesitzern der oberen Kasten und den Dalit-Arbeitern negieren: »Weder ernähren sie mich, noch sorgen sie für meine Kleidung. Ich schulde ihnen nichts. Ich arbeite, und sie bezahlen meine Arbeit, das ist alles!« Anban geht noch weiter als sein Vater Manikkam, indem er die angeblich göttliche Rechtfertigung des Herrschaftssystems bestreitet: »Was ist das für ein unseliger Gott, der uns zu Parias gemacht hat? Also, warum sind sie dann bei der Geburt auf einmal höher und wir niedrig? Was ist das für ein Drecksgott, der so etwas gemacht hat? Wenn ich ihn zu fassen kriege, schlage ich ihm die Fresse ein!«

All das ist sichtlich zu viel für seine Mutter, die ihre Würde anderswo findet. Viramma ist froh über die Verbesserungen, die das *ceri* nach und nach erfahren hat: neue Häuserplätze, Straßenlaternen, eine Wasserzisterne. Sie stellt fest, dass die Mädchen und Jungen viel besser gekleidet sind als früher, dass es viel mehr Kupfergefäße gibt und dass aus manchen Familien im *ceri* ein Mitglied hervorgegangen ist, das eine »Sitzarbeit« in den Büros der Stadt hat, dank Fördermaßnahmen und besserer Ausbildung. All das ist gut, aber nur wenn es dem Wohlwollen des Herrn zu verdanken ist – und ihr Herr ist offener für Veränderungen, freundlicher als andere – oder von Regierungsmaßnahmen kommt. Veränderungen begrüßt Viramma, doch sie fürchtet die Emanzipation. Der ideologische Wandel, der dem *ceri* einen begrenzten wirtschaftlichen Fortschritt gebracht hat, beunruhigt sie. Viramma fürchtet die Ausbreitung der neuen Ideen und die Politisierung der Jugend, und sie hat Angst, die Protektion ihres Herrn zu verlieren, der wichtiger für sie ist als die Politiker, die mit ihren Wahlversprechen ankommen. Sie fürchtet Repressalien und Unterdrückung vonseiten der mächtigen Kasten und deren Missfallen angesichts der Fortschritte ihrer Gemeinschaft. Also rät sie ihrem Sohn, bescheiden zu bleiben, und stellt sich den jungen Leuten entgegen, die – wie Anban einst – nicht mehr länger ihre rituelle Kastenpflicht im *paraimelam* erfüllen wollen, und sie kritisiert die Hitzköpfe, die sich dafür stark machen, dass es nur ein Gläserset für alle Kasten im Teeladen geben darf. Viramma glaubt noch an ihr Kasten-*dharma*, das sich leicht mit ein paar Worten definieren lässt: Akzeptieren der sozialen Stellung und Respekt gegenüber dem Herrn, der seine Arbeiter ernährt. »Die Leute wollen, dass die Welt eins ist und dass alle gleich sind, alle mit denselben Rechten. Das ist das *kaliyugam!* Es ist gut, dass die Leute uns höher stellen wollen, aber es ist besser, wenn wir an unserem Platz bleiben.« Sie findet in sich selber, um Anban zu beschwichtigen, manchmal geradezu Gandhische Worte.[7] Sie glaubt immer noch, dass Respekt mehr bewirkt als Rebellion, und sie ist zufrieden mit dem Wenigen, das ihr Grundherr sie nebenbei auf seinem Feld einheimsen lässt.

Aus marxistischer Sicht könnte Viramma ein ideales Beispiel für Entfremdung sein. In ihrer Entfremdung, in ihren Gewissheiten und ihren Ängsten repräsentiert sie die universale Gestalt jener Frauen und Männer, die nicht in der Lage sind oder nicht den Mut dazu haben, sich eine neue Welt vorzustellen; jener Menschen, die so lange unterdrückt waren, dass sie schließlich mehr auf die Ordnung vertrauen, die sie erniedrigt, als auf die, die manche sich herbeiwünschen und die Befreiung verspricht.

Dass hier Virammas Lebensansichten bezeugt werden, negiert in keiner Weise die Gräuel, deren Opfer die Dalit sind, von Nord-Bihar bis ins südliche Tamil Nadu, noch wird der Kampf unterschätzt, den so viele Gruppen gegen die Unberührbarkeit führen, gegen Diskriminierung und Unterdrückung. Ohne solche Kämpfe, auf allen Ebenen, gibt es keine Emanzipation, und viele Dalit haben einen hohen Preis dafür bezahlt und ihr Leben gegeben, um an dieser Bewegung teilzuhaben. Aber was immer die Zukunft bringen mag, die Unberührbarkeit wird nur dann verschwinden, wenn die Würde der Unterdrückten und Verachteten zuerst von diesen selber anerkannt wird und dann von den anderen. All jenen Dalit-Kämpfern, die Viramma zu unterwürfig finden, möchten wir sagen: »Bitte hört diese Stimme an. Erinnert sie euch nicht an eure Mutter, eure älteste Tante, eure Großmutter? Liefert sie nicht ein authentisches Zeugnis der Unterjochung?« Viramma versteht nicht, dass die Emanzipation längst begonnen hat, und darin hat sie Unrecht. Aber sie schämt sich nicht, sich selber eine Paria zu nennen, und darin hat sie Recht, wenn auch in anderer Weise. Haben nicht auch die Parias einen Anspruch auf Würde, ein Recht, sich selber neu zu bewerten, teilzuhaben an den Menschenrechten, ein Recht auf Respekt, so wie alle anderen? Das mag zwar nicht das sein, was Viramma denkt, denn mit ihrer Akzeptanz, eine Paria zu sein, verbindet sie eine Vision von einer Dorfgesellschaft und einer Generation, wie sie war, ehe das militante Denken Wurzeln schlug. Ihre Sicht der Dinge darzubieten, möge sie einigen Lesern auch noch so unterwürfig erscheinen, ist nicht irrelevant. Diese Stimme und diese Erinnerung an die Vergangenheit zu bewahren, trägt auch dazu bei, eine Zukunft aufzubauen, in der jede Frau und jeder Mann ein Anrecht auf ihre Würde und ihre Wahrheit haben.

Denn hinter Virammas Unterwerfung unter das herrschende Gesellschaftssystem verbirgt sich eine Facette ihrer Persönlichkeit, eine wunderbare Stärke, die, um es einfach auszudrücken, die Kraft des Lebens schlechthin ist. Ihr brennendes Interesse an anderen Menschen, seien es fahrende Sänger, Eunuchen oder Schlangenfänger-Stämme; ihre Freude an Liedern, Geschichten und ihre Begeisterung für das Straßentheater; die Fülle an detaillierten Beobachtungen, die sie über Rituale und Zeremonien liefert, oder die genaue Schilderung der verschiedenen

Nahrungsarten, die für besondere Anlässe zubereitet werden, bezeugen ein lebhaftes Interesse an allen Aspekten des Lebens. Anders als es im Allgemeinen erwartet wird, hat die Last der Armut, Unwissenheit und Unterdrückung Viramma oder andere Dalit nicht in einen Zustand der Hoffnungslosigkeit gestürzt. Sie sind nicht ihre eigenen Herren, sie stehen unter dem Druck sozialer Dominanz und Glaubenssysteme, aber sie haben ihr innerstes Selbst bewahrt. Sie sind nicht wie »die Tiere im Wald«, wie der gönnerhafte Grundbesitzer sagt, um die rücksichtslosen Dorfpolitiker zu beschwichtigen, die sie bedrohen. Jenseits der sozialen Definition ihrer Stellung haben sie etwas anderes, etwas, das einfach der unerschütterliche, unbeugsame, unzerstörbare Kern des Menschseins ist. Was auch immer die Tragödien und Prüfungen ihrer Existenz gewesen sein mögen, der Lebenssaft unter der Rinde ist niemals ausgetrocknet. Und hier, in der Tiefe des Wesens dieser scheinbar so unterwürfigen Dalit verborgen, liegt eine außerordentliche Kraftquelle, die nur darauf wartet, für die Befreiung angezapft zu werden.

Das Herrschaftsverhältnis ist nicht Virammas einzige Lebenstatsache. Ihre Beziehung zu dem Grundbesitzer und seiner Familie ist für sie absolut entscheidend in vielerlei Hinsicht: wirtschaftlich, gesellschaftlich und emotional. Sie arbeitet nicht nur auf den Feldern ihres Herrn, sondern mistet auch den Viehstall auf seinem Grundstück aus. Sie darf zwar das Haus des Reddiar nicht betreten, aber sie hat den Sohn des Grundbesitzers an ihrer Brust genährt. Außerdem, was immer auch gerade anfällt – ob Beerdigung, Hochzeit, Zeremonie des Ohrlöcherstechens, Opfer für einen Klangott –, können Viramma und Manikkam auf eine Anleihe von ihrem Grundherrn zählen, eine Anleihe, die zwar nie ganz ihren Erwartungen entspricht und die in Form von Bargeld, Getreide oder Arbeitsstunden zurückgezahlt werden muss, die in ihren Augen aber dennoch der sicherste Weg ist, ihre Probleme zu lösen, auch wenn es manchmal demütigend sein mag. Obwohl die Herrschaftsverhältnisse ihre Schatten auf nahezu alle Aspekte von Virammas Leben werfen, bleibt ihr dennoch ein gewisses Maß an Autonomie gegenüber den höheren Kasten, das sie ungehindert genießen kann, was ihre Kastenbräuche, ihre Kultur und ihre Beziehungen zu ihren Verwandten angeht, die so wichtig für sie sind, auch wenn es keine Familie ohne Reibereien gibt.[8]

Was Viramma uns in dieser Hinsicht bietet, ist das lebendige Porträt einer Frau, die zwischen den traditionellen Zwängen ihres Status und dem Bestreben, ihre Autonomiespanne zu nutzen und auszudehnen, gefangen ist. Jede Episode ihres Lebens und jeder Aspekt ihrer Identität spielt sich in diesem Raum ab, der von massiven Zwängen und einer zerbrechlichen Autonomie gezeichnet ist. Nacheinander oder gleichzeitig hat sie diese als kleines Mädchen, als unschuldige Kindbraut, als halbwüchsige Ehefrau, als Schwiegertochter, Schwägerin, Mutter und heute als Großmutter erfahren. Von Dalit-Frauen heißt es, dass sie doppelt diskriminiert sind – als Dalit und als Frauen. Auch hier liefert Viramma einen Bericht aus erster Hand, was Frausein bedeuten kann. In dem Porträt, das sie entwirft, tritt ein sehr traditionelles Frauenbild zu Tage – unterwürfig und gehorsam, aber nur bis zu einem gewissen Punkt –, kombiniert mit einer bewundernswerten Stärke, mit der sie die Herausforderungen des täglichen Lebens meistert und ihre Rechte im Familienkreis geltend macht. Diese Balance zwischen Stärke und Schwäche ist an sich schon ein Stereotyp. Aber Viramma haucht der Schilderung eines Frauendaseins Leben ein, allein durch die Aufrichtigkeit ihrer Sprache und durch die Fähigkeit, sehr detailliert Fakten, Beziehungen und Gefühle zu analysieren. Sie lässt ihre Wahrheit aufleuchten, die Geschichte ihres Lebens, die die Erinnerung an ihre Vergangenheit ist, ihre Entdeckung der Sexualität (schrecklich am Anfang, später genussvoll), ihre Geburten, ihre Fürsorge für ihre Kinder, die auch noch als Tote zärtlich geliebt, dann teilweise vergessen werden, ihr Stolz und ihre Angst um die Überlebenden, ihre Beziehung zu Periyandavan, ihrem Klangott, zu Mariamman, der Windpocken-Göttin, zu den Geistern, den Katteri, den Exorzisten.

In vieler Hinsicht übernimmt Viramma einfach, was die üblichen Vorstellungen zu ernsten Themen waren oder noch sind. Zum Beispiel ist sie überzeugt, dass Frauen, die keine Kinder bekommen können, sowohl ihre Ehre als auch ihre Daseinsberechtigung verlieren. Sterilität wird als Fluch angesehen, was jedoch kein Hinderungsgrund ist, Mitleid mit den Betroffenen zu zeigen. Die Leiden der Kinderlosen kommen in Virammas Lieblingsballade zum Ausdruck, dem »Lied von der Frau, die keine Kinder hatte«, das oft gesungen wird, wenn die Frauen gebückt in den schlammigen Reisfeldern stehen und *paddy* auspflanzen, ebenso wie eine andere, sehr beliebte und noch tragischere Ballade, das »Lied von Nallatangal«, in dem die Heldin lieber sich und ihre sieben Kinder tötet, als die Schande auf sich zu nehmen, von ihrer Schwiegerfamilie in einer

Hungersnot zurückgewiesen zu werden. Die mündliche Überlieferung legt immer Zeugnis von menschlichen Schicksalsschlägen ab.

Der Sinn für Spannung und Drama, das Wissen, dass das Leben jederzeit Schmerz und Leid bringen kann und die Schatten des Todes allgegenwärtig sind, zerstört jedoch nicht ihre unerschöpfliche Vitalität und Lachlust, ihre Freude an schlagfertigen Sprüchen, Späßen, Rätseln (besonders unanständigen), an Musik und Liedern, ihre Schönheitsliebe und ihre Loyalität gegenüber Freunden. Musik, Lieder und Straßentheater sind immer ein Teil von Virammas Leben gewesen. Ihr Mann Manikkam spielte in seiner Jugend in einer örtlichen Amateurtruppe, und es waren immer Musiker und Tänzer da, »so leicht wie Tamarindensamen«, die in religiösen Festnächten oder bei Familienzeremonien aller Art, einschließlich Beerdigungen, auftraten. »Aber leider«, sagt Viramma, »sind das Freuden und Vergnügungen aus einer anderen Zeit, die jungen Leute leihen sich heute lieber ein Video aus, als auf Talente aus dem Dorf zurückzugreifen.« Der langsame Zerfall ihres kulturellen Erbes ist nicht nur eine ständige Sorge von Viramma, sondern es verschwindet damit ein Teil der Dalit-Kultur, und was immer manche Leute darüber denken mögen, weder die Kommerzialisierung der Volkskultur durch die Filmindustrie – die mit Vorliebe »folk orchestras« vorführt, inspiriert von den Musikgenres der Paraiyar, besonders dem satirischen *naiyandi*-Repertoire – noch die kleinen Broschüren und billigen Geschichtenbücher, die auf Basaren und Dorffesten verkauft werden, konnten dieses Erbe bewahren. Die echte mündliche Tradition, die so bedeutsam für die ungebildeten Schichten ist, verändert sich nicht einfach. Sie verschwindet und hinterlässt nur armselige, verfälschte Surrogate – harmonisiert und neu transkribiert, um dem zu entsprechen, was die Vertreiber der Popkultur verkaufen möchten.

Es könnte aufschlussreich sein, hier den offensichtlichen Kontrast zwischen Viramma und ihren Töchtern heranzuziehen. Miniyamma und Sundari, ihre beiden einzigen Töchter, die überlebt haben, sind sehr eng mit Virammas Familiensphäre verbunden, und sie redet oft über sie. Aber ihre Töchter haben nie die Gelegenheit genutzt, sich einzumischen, wenn ihre Mutter ihre Geschichte erzählte. Zwar sind sie nach ihrer Heirat von Karani weggegangen, aber ihre Bindung zur Familie ist nach wie vor stark. Die Tatsache, dass sich die beiden jungen Frauen so bewusst aus Virammas Erzählung ihrer Lebensgeschichte herausgehalten haben, genau wie Anbans Frau Amsa, ist vielleicht ein Hinweis, dass diese jungen Dalit-Frauen, auf dem Weg in eine bessere Zukunft, auf ihre Weise das herrschende Bild von der unterwürfigen Ehefrau verinnerlicht haben, im Gegensatz zu den traditionellen und wortgewaltigen *ceri*-Frauen. Das hat viel weniger mit Virammas Vorstellung vom Einfügen in die soziale Ordnung zu tun als mit der Verinnerlichung der herrschenden Werte, die von einer Frau Zurückhaltung verlangen. Virammas Töchter haben die Unbefangenheit ihrer Mutter verloren, ihre Beredsamkeit, ihre Sprachbeherrschung. Das ist nicht zufällig so: In Virammas Generation hatten Frauen und Männer gleichermaßen teil an der Paraiyar-Kultur. Heute setzt das Streben nach einem besseren wirtschaftlichen Los und einem weniger geächteten sozialen Status voraus, dass eben jene kulturellen Bräuche, die Virammas Charakter und Witz bereichert und ihr Redefreiheit verliehen haben, aufgegeben werden. Für viele Dalit-Frauen in Karani hat der Wandel neben den positiven Errungenschaften auch einen kulturellen Verlust gebracht. Aber die Frauen, die anderswo in militanten Dalit-Gruppen engagiert sind (oder sich im herrschenden System eingerichtet haben), verbinden das Streben nach Emanzipation mit einer neuen Redefreiheit, die vielleicht eher gesellschaftspolitischer Natur ist als mit kulturellen Inhalten besetzt. Einige dieser Gruppen sind sehr aktiv und kreativ, und eine der Herausforderungen, mit denen die Dalit-Bewegung konfrontiert ist, besteht gerade in der Frage, inwieweit sie in der Lage ist, die feministische Bewegung in ihre Ziele zu integrieren.

Die Zukunft der mündlichen Kultur, mit der Viramma so reich gesegnet ist, stellt eine zusätzliche Herausforderung für die Verfechter der Dalit-Emanzipation dar. Wir möchten hier nicht in die gegenwärtige Diskussion einsteigen, sondern lediglich ansprechen, was auf dem Spiel steht. Das Streben nach einer »alternativen Kultur« oder die Entscheidung, sich der herrschenden Kultur anzuschließen, sind sehr unterschiedliche Ansatzpunkte, wobei manche mehr von der Kultur der Gemeinschaft bewahren als andere. Das heißt nicht, dass das Paraiyar-Repertoire, das Viramma kennt, so völlig spezifisch ist, weit gefehlt. Das Erbe der so genannten »großen Tradition« lässt sich leicht definieren, da die meisten der gängigen Vorstellungen und eine Reihe von Referenzcharakteren aus den herrschenden Traditionen der oberen Kasten übernommen sind. Das »Lied von der Frau, die keine Kinder hatte« zum Beispiel ist voll von Anspielungen auf die Pandava und die verbreitetsten

Pilgerorte. Die meisten kulturellen Bezugspunkte der Dalit in Karani findet man auch bei den Bauern der Vanniyar-Kaste und anderer »Other Backward Classes«. Die Dalit und die »Other Backward Classes« sind heute überall in Indien auf der Suche nach ihren eigenen Bezugspunkten und speziellen Helden, und es gibt eine ganze Reihe von kulturellen Verwandtschaften zwischen ihnen. Aber diese werden einfach negiert, sobald der Prozess der »Sanskritisierung« dazu führt, dass einige Familien aus den »Other Backward Classes« aufsteigen. Ein gemeinsames kulturelles Mehr ist jedoch nur ein Teil der gemeinsamen Identität der Dalit und »Other Backward Classes«. Die materiellen Lebensbedingungen und das Beziehungsmuster innerhalb der Familie und des *ceri* wird von den Karani-Dalit als etwas für sie Charakteristisches gesehen, ganz zu schweigen von den Ritualen, die für ihre speziellen Klangötter zelebriert werden. Als Verkörperung weiblicher Vitalität, die viel ihrer Sprachgewandtheit und der Ausübung eines gewissen Maßes an Autonomie verdankt, zeigt Viramma den speziellen Platz einer Dalit-Frau in einer bäuerlichen Gesellschaft im Allgemeinen und im *ceri* im Besonderen auf. Jenseits dieser kulturellen Differenzierung tendieren widersprüchliche Einschätzungen ihres jeweiligen Status dazu, die »Other Backward Classes« immer mehr von den Dalit zu trennen. Der Fortschritt, den die Dalit erfahren, sei er auch noch so langsam, wird von manchen »Other Backward Classes« als gute Sache anerkannt, von anderen hingegen als Bedrohung, als etwas, das möglichst blockiert und notfalls unterdrückt werden sollte. Die grausame Ermordung von sechs Dalit (darunter ein frisch gewählter *panchayat*-Vorsitzender) in Melavalavu im Madurai-Distrikt im Juni 1997 zeugt davon, dass die Dalit-Emanzipation nur widerstrebend akzeptiert wird.

Einige radikale Dalit-Intellektuelle sehen sich in einem Dilemma. Sie wehren sich zu Recht gegen die herrschende kulturelle Ordnung, eifern ihr aber zugleich nach, wenn sie die populäre Dalit-Kultur verächtlich machen. Während die Mainstream-Kultur die bloße Existenz einer solchen Kultur untergräbt, sehen einige Dalit sie negativ als ein Symbol der verinnerlichten Unterwerfung, in tragischer Weise von den traditionellen Werten der oberen Kasten korrumpiert und folglich zu verwerfen. Dabei demontieren sie paradoxerweise das Erbe der Dalit-Kultur, in Übereinstimmung mit dem herrschenden kulturellen Paradigma. Wir vertreten eine nuanciertere Meinung und vertrauen darauf, so wie einige Dalit-Intellektuelle, dass ein großer Teil ihres kulturellen Erbes in der alternativen Kultur der Dalit-Befreiungsbewegung Platz finden kann.[9] Denn ungeachtet der »Abschaffung des Kastenwesens«, um Ambedkar zu zitieren, bleiben das kulturelle Erbe und die verschmähte Erinnerung bestehen, die Schlüsselfaktoren des Dalit-Seins sind. D.R. Nagaraj unterschied zwei Hauptschulen in der Kannada-Dalit-Literatur: die »Schule der sozialen Rebellion« und die »Schule der spirituellen Suche«. Die Virammas von Karani und anderswo gehören eindeutig nicht – oder noch nicht – zur Schule der sozialen Rebellion. Wir könnten Virammas Lebensanschauung auch kaum als eine kompromisslose spirituelle Suche bezeichnen, wie groß auch immer die Bedeutung von Göttern, Dämonen, Geistern und Riten für sie sein mag. Doch in dem, was Nagaraj als Charakteristikum der zweiten Schule hervorhebt – »ein Ethos der Schilderung des Lebens, das nicht von Wut und Schmerz bestimmt ist, sondern von der Verherrlichung der Freuden des Lebens und seiner Möglichkeiten, die auch den Willen zur Veränderung mit einschließt«[10] –, finden wir ganz klar ein Echo von Virammas Persönlichkeit wieder. Wir wissen – von Marx' Thesen über Feuerbach –, dass es nicht genug ist, die Welt zu interpretieren, und dass das Ziel sein muss, sie zu verändern. Aber sicher wäre es der Veränderung förderlich, wenn Schmerz und Wut durch Lebensfreude ersetzt würden, wie es Viramma auf ihre Weise praktiziert.

In der Hindu-Mythologie bezahlte Ekalaviya einen hohen Preis dafür, dass er zu lernen verlangte, was das Vorrecht der hohen Kriegerkaste war. Aus Achtung vor seinem Guru Dronacharya musste sich der Waldbewohner aus niederer Kaste den Daumen abschneiden, das heißt er verzichtete darauf, ein erstklassiger Bogenschütze zu werden. Heute ist dank der Politik, die bestimmte Quoten für College-Plätze und Stellen im öffentlichen Dienst vorsieht, der Weg zu sozialer Mobilität für eine Reihe von Dalit offen. Eine Minderheit unter ihnen hat Zugang zu den höheren Sphären der Macht, was lange Zeit das Vorrecht der Politiker aus den höheren Kasten war. Keine Regierung, ob auf nationaler Ebene oder in den Einzelstaaten der indischen Union, kann heute ohne die Beteiligung eines oder mehrerer Dalit-Minister aufgestellt werden. Uttar Pradesh, der bevölkerungsreichste indische Staat, wird, wenn auch noch nicht lange, von einem Dalit-Chefminister regiert. Indien geht mit einem Präsidenten ins 21. Jahrhundert, der ein herausragender Dalit ist, der Sprecher der Nationalversammlung – der Lok Sabha – ist ein Dalit, und selbst die regierende Bharatiya-Janata-Partei, die lange Zeit als Partei der Brahmanen und Banyas (hochkastige Kaufleute) galt, hat einen Dalit zu ihrem Vorsitzenden gewählt, mit dem erklärten Ziel, ihre Wählerschaft auf die so genannten kommenden Kasten auszudehnen, die 160 Millionen von einer Milliarde indischer Bürger ausmachen.

Im täglichen Leben jedoch ist die Unterdrückung trotz des allgemeinen Trends zu wachsender Bestätigung und Anerkennung nicht verschwunden, und die Dalit sind weiterhin Opfer von Gräueltaten. Der Befreiungskampf ist im Gang, und er hat nicht nur soziale, wirtschaftliche und politische Dimensionen. Auch die Kultur steht auf dem Spiel. Wenn »die Erinnerung ein Werkzeug der Massenmobilisierung«[11] ist, wenn »latente kulturelle Ambitionen«,[12] wie Badri Narayan Tiwari schreibt, im Kampf um die Befreiung entschleiert werden, dann müssen Anerkennung und Selbstachtung, das stumme Gedächtnis der analphabetischen Dalit, das riesige Feld der mündlichen Überlieferung ebenfalls wieder erobert und gewürdigt werden. Mögen Virammas Worte, die hier wiedergegeben werden, ein Schritt in diese Richtung sein. Von unten sprechend, innerhalb der Grenzen persönlicher Beziehungen, bestätigt Viramma freudig und ungeachtet der dharmischen Bescheidenheit, zu der sie sich verpflichtet glaubt, dass die Zeiten sich ändern. Nichts wächst angeblich unter dem Banyanbaum. Aber das stimmt nicht mehr. Unter dem majestätischen Banyanbaum des kulturellen und ideologischen Paradigmas der herrschenden oberen Kasten sprießen jetzt Samen, Büsche und Bäume aus dem Vergessen hervor, um Sonne und Licht zu finden, wo jahrhundertelang Schatten herrschte. In den vielen Jahren, in denen wir Viramma zuhörten, durften wir Zeugen dieser historischen Bewegung sein.

Josiane und Jean-Luc Racine,
Paris, November 2000

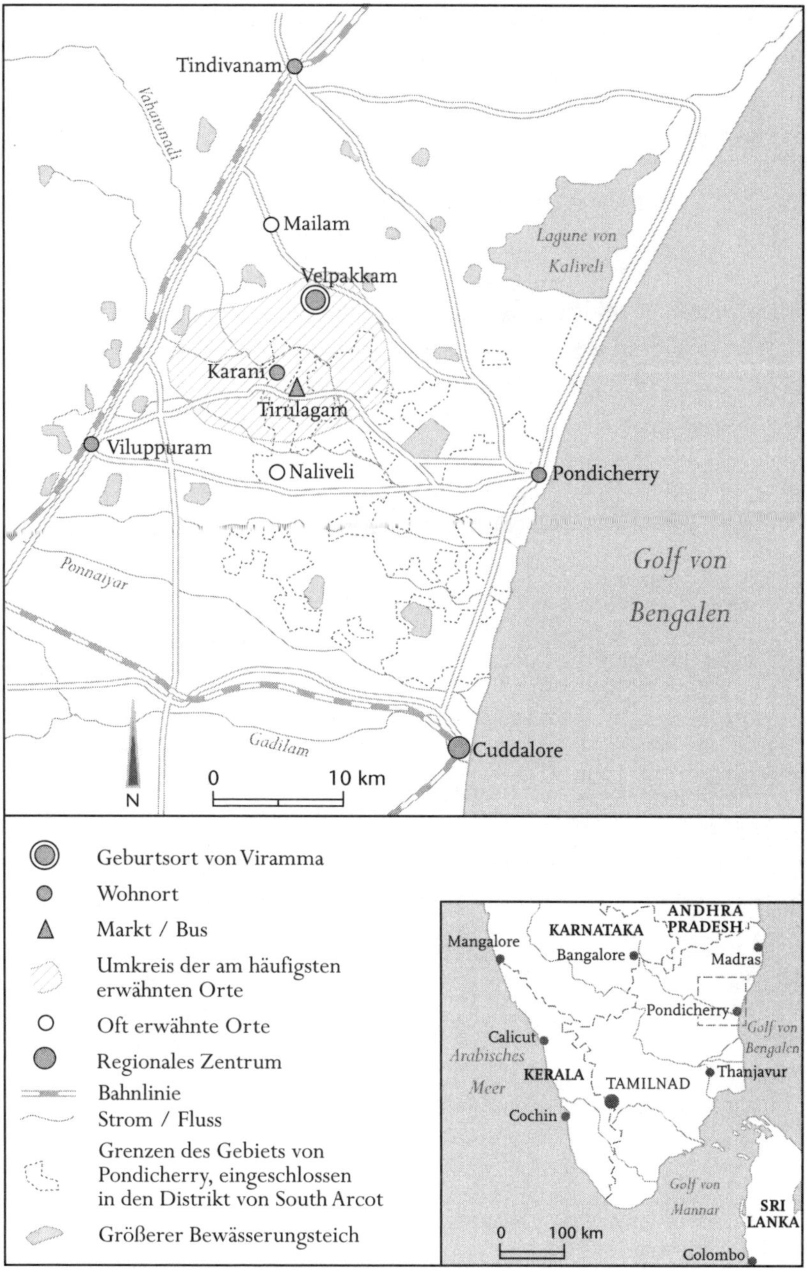

Karani und Umgebung. Nach J.-L. Racine in: Mappemonde, n° 4, 1992

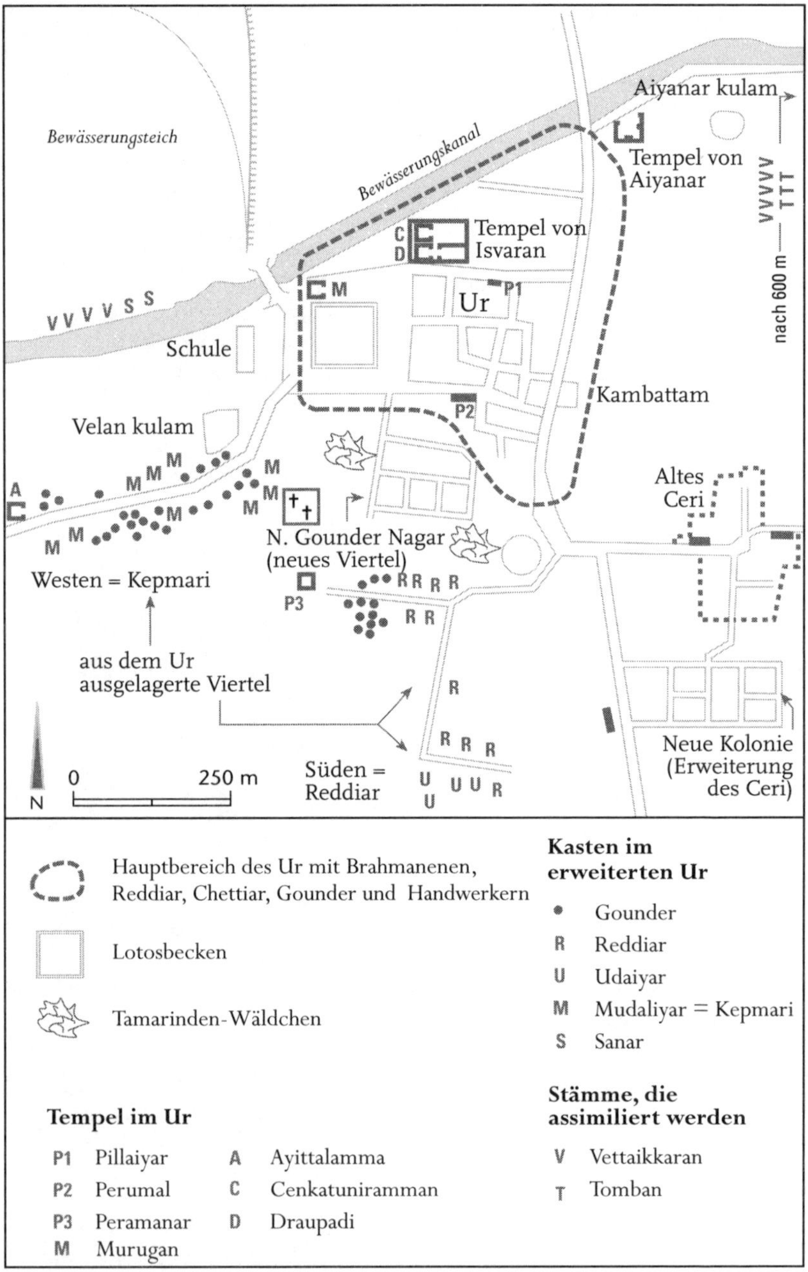

Karani, das Ur und das Ceri

ANMERKUNGEN

1 WIE DAS KÖNIGREICH DER GÖTTER AUF ERDEN

1. Als *adimai* bezeichnet man einen Landarbeiter, dessen Familie über mehrere Generationen mit einem Grundbesitzer verbunden und wirtschaftlich von ihm abhängig war. Diese Art der »hörigen Arbeit« ist heute in Indien verboten. Im Unterschied zur Leibeigenschaft »gehören« *adimai* ihren Herren nicht, und sie haben ein gewisses Maß an Autonomie, insofern es ihnen erlaubt ist, als Pächter oder Tagelöhner für andere Landbesitzer zu arbeiten. Die Bindung an ihre Herren besteht in einem ererbten Abhängigkeitsstatus, der sie dazu verpflichtet, alle schlecht bezahlten Arbeiten auszuführen und jederzeit zur Verfügung zu stehen. Dafür ist ihnen Arbeit garantiert, und für wichtige Anlässe in ihrem Familienleben können sie auf Kredit zählen, zum Beispiel bei rituellen Zeremonien, Hochzeiten, Trauerfeiern. Die Schulden, die sich im Lauf der Jahre anhäufen und von den Eltern auf die Kinder übergehen, haben jedoch dazu geführt, dass ganze Generationen von Schuldnern für Generationen von Gläubigern arbeiten mussten. Im Prinzip gibt es diese Form der Abhängigkeit nicht mehr – die Landbesitzer reduzieren heute ihre *adimai* auf ein Minimum und stellen stattdessen Tagelöhner ein –, aber die traditionellen Herrschaftsverhältnisse sind in Virammas Generation noch sehr lebendig, vor allem der Respekt, der mächtigen Grundbesitzern wie den Reddiar gezollt wird.

2. »Tante« bezeichnet hier keine Blutverwandtschaft. Adi, die Schwester von Virammas Vater Nadesan, ist die einzige blutsverwandte Tante, die Viramma erwähnt; ansonsten verwendet sie, wie allgemein üblich, im gesamten Text Verwandtschaftsbezeichnungen (Großvater, Großmutter, großer Bruder, große Schwester, Schwägerin, Schwager), um die anderen Dorfbewohner anzusprechen. Viramma nennt zum Beispiel ihre Schwiegermutter »Tante«.

3. Die Bewohner des *ceri*, in Karani hauptsächlich Paraiyar, nennen die Bewohner des *ur* gewöhnlich Tamilen; ein Zeichen der Achtung, aber auch eine rein ideologische Praxis, denn ethnisch gesehen sind sie selber genauso Tamilen. Ihr Sprachgebrauch spiegelt die sozialen Ausgrenzungen wider, die eines der wichtigsten Merkmale der Unberührbarkeits-Ideologie sind.

4. In Indien ist es hingegen Brauch, dass ein Kind im Haus der Großeltern mütterlicherseits geboren wird, weshalb die schwangere Mutter für die Entbindung dorthin zurückkehrt, so wie Viramma es auch tun wird.

5. Viramma ist wie Virayi ein Frauenname, der von dem Gott Viran abgeleitet ist.

6. *Sinnamma*, so nennt Viramma Josiane Racine in ihren Gesprächen. Man kann es in etwa mit »kleine Mutter« oder »junge Dame« übersetzen.

7. Das indische Eichhörnchen hat drei Streifen auf dem Rücken, und orthodoxe shivaitische Hindus (insbesondere Brahmanen) zeichnen die drei Streifen, das Symbol für Shiva, auf ihre Stirn, nachdem sie eine *puja* beendet haben.

8. Die »Kasten über uns« ist eine wörtliche Übersetzung von *meljatiar*. Für einen tamilischen Dalit kann der Ausdruck sowohl mittlere als auch höhere Kasten bezeichnen. Aber Viramma benützt nie den Superlativ, und für sie bedeutet »die Kasten über uns« eher die hohen Kasten, *uyarnadajatiar*, als unterschiedslos alle Kasten, die über den Dalit sind.

2 WIE EIN BLITZ AUS HEITEREM HIMMEL

1. *Dipavali* oder *Diwali* ist eines der großen Hindu-Feste, das in ganz Indien gefeiert wird. Es wird am Tag vor Neumond im *Aippaci* (Mitte Oktober bis Mitte November) abgehalten, um Krishnas Sieg über den Dämon Narakasura zu feiern – die Knallkörper sollen an ihren Kampf erinnern –, und alle Teilnehmer tragen neue Kleider.

2. Der Dreizack (*sulam*) ist ein Attribut von Shiva.

3. Das Eheversprechen (*nitchayam*) betrifft nur die beiden Familien, während die Verlobung (*pariyam*) öffentlich ist und Freunde und Nachbarn ebenso wie Verwandte zur Zeremonie eingeladen werden. Die dritte Zeremonie ist die Abwendung des bösen Blickes (*nalungu*) und die vierte, am nächsten Tag, die Hochzeit selber.

4. Es gibt an jedem Tag günstige und ungünstige Stunden, die in Almanachen und Tageskalendern angezeigt sind. Die meisten Leute nehmen diese Einteilung sehr ernst und weigern sich, ein Unternehmen oder eine Reise zu einer ungünstigen Stunde zu beginnen. Es gibt jedoch Möglichkeiten, dies zu umgehen, zum Beispiel durch eine symbolische, nicht reale Abreise vor der ungünstigen Stunde, der dann die echte Abreise folgt; so wird der ungünstige Aspekt durch die vorverlegte symbolische Abreise neutralisiert.

3 EINE FRAU WERDEN

1. Der Onkel mütterlicherseits (der jüngere Bruder der Mutter) ist eine Schlüsselfigur in der Familie. Traditionell ist seine Zustimmung nötig, wenn eine Nichte verheiratet wird, da er das erste Anrecht auf ihre Hand hat, und Ehen zwischen Onkeln mütterlicherseits und Nichten sind immer noch üblich. Zusammen mit seinem älteren Bruder hat er die Pflicht, sich, falls nötig, um seine Nichte zu kümmern.

4 DIE KLEINE KRÄHE, DIE NICHT FLIEGEN KONNTE

1. Velpakkata bedeutet »die Frau aus Velpakkam«. Es ist üblich, eine Frau mit dem Namen des Dorfes anzureden, aus dem sie stammt.

2. Mahadisvaran bedeutet »der große Isvaran«, das heißt, »der große Gott Shiva«, also jemand von außergewöhnlicher Stärke.

3. Koratti sind die Frauen des halbnomadischen Koravan-Stammes.

4. Kolonie ist ein euphemistisches modernes Wort für *ceri*.

5. Tiruvannamalai ist ein berühmter Pilgerort, der ungefähr sechzig Kilometer von Karani entfernt liegt. Beim Fest von *Kartikkai dipam* zünden die Priester vom Tempel des Arunachala ein riesiges Feuer an, mit einem Docht, der in einem Ölfass getränkt wird.

6. *Mattai uri*: *mattai* ist eine Kokosnuss, die noch mit ihren Fasern bedeckt ist; sie wird gerupft, indem die Leute sie sich zwischen die Füße klemmen. Bei der Position, auf die Viramma anspielt, sitzt also der eine Partner auf dem anderen und nimmt sie oder ihn zwischen seine Beine.

5 DER GÖTTLICHE KNÜPPEL

1. *Annakkayiru* ist der Faden, der Kindern um die Hüfte gebunden wird, entweder bei der Geburt oder bei der ersten Krankheit. Er ist mit Knoten oder einem Amulett versehen, das gegen Krankheit und böse Geister schützen soll, und ein Erwachsener behält das Amulett sein ganzes Leben lang um die Taille.

2. Charakteristisches Vorurteil. Die Beziehungen zwischen Hindus und Muslimen im Süden Indiens sind friedlich, aber die Hindus haben eine ganze Reihe von Vorurteilen gegenüber den Muslimen, insbesondere dass diese in Hexerei-Angelegenheiten auf beunruhigende Weise versiert seien.

3. Eine umgangssprachliche Wendung in Tamil, die bedeutet, dass die Krankheit unheilbar ist.

4. Die »große Krankheit« ist Lepra, von der die Leute glauben, dass sie das letzte Stadium bestimmter Geschlechtskrankheiten darstellt.

5. Viramma benützt das Wort *sukkumattadi*, das entweder den Stab des *sanyasi*-Bettelmönchs bezeichnet, der mit göttlicher Energie geladen ist, oder den Knüppel, den die Wächterstatuen im Dorftempel halten. Das Wort impliziert übermenschliche Kraft und kann auch »Zauberstab« heißen.

6. Ein *sanyasi* ist ein Mann oder manchmal auch eine Frau, der oder die sich von der Welt zurückgezogen hat und entweder als Eremit lebt oder als wandernder Bettelmönch, auf der Suche nach spiritueller Erleuchtung und Erlösung vom Rad der Wiedergeburt.

6 EIN GANZER SCHEFFEL VOLL KINDER

1. Die übliche Art zu fragen, ob eine Frau ihre Regel gehabt hat.

2. In Indien ist man im Allgemeinen der Ansicht, dass eine Schwangerschaft zehn Monate dauert, das heißt, es wird von der letzten Regel an gerechnet. In Tamil Nadu gibt es während der Schwangerschaft verschiedene *varisai*-Zeremonien, bei denen Frauen aus dem Haus der Mutter Tabletts mit Essen in einer Reihe bringen (*varisai*). *Arassor*, der Reis der Schwangerschaftsmitte, wird im fünften Monat ausgeteilt; *mudugunir*, die Zeremonie, bei der Wasser oder Milch auf den Rücken gesprengt wird, findet im sechsten oder achten Monat statt, und *simantam*, die Zeremonie des Schmucktragens, wird im siebten Monat abgehalten.

3. »In den Garten gehen« bedeutet: sein Geschäft verrichten.

4. Kühlende und wärmende Nahrungsmittel sind Kategorien der *tridosha*-Theorie, auf der die traditionelle indische Medizin beruht. Es wird angenommen, dass das körperliche Wohlbefinden von einem guten Ausgleich zwischen den drei Elementen Luft, Wärme und Kälte abhängt. Mit Wärme oder Kälte ist allerdings nicht das Gefühl gemeint, das man beim Essen oder Trinken hat, sondern es bezieht sich auf die wärmende oder kühlende Wirkung, die bestimmte Lebensmittel auf den Körper haben.

5. »Sister« ist in den tamilischen Wortschatz übergegangen: Es bedeutet Krankenschwester ganz allgemein, ohne christliche Anklänge.

6. Die sechzehn Pforten sind die verschiedenen Wege, auf denen die Seele eines Toten den Körper verlassen kann. Sie sind in drei Gruppen eingeteilt und beeinflussen das Schicksal der Seele nach dem Tod. Viramma übernimmt hier die Vorstellung, dass Yama, der Gott des Todes, den Weg der Erlösung öffnet und ihr die Wiedergeburt erspart.

7 DIE FRÜCHTE UND DIE KNOSPEN

1. Katteri ist eine Furcht erregende Göttin, die von Shiva verflucht wurde und seither im Wald herumirrt; sie gilt als Ernährerin und Beschützerin der Kinder. Die Katteri sind jedoch auch böse Geister, wie Viramma es in Kapitel 8 beschreibt.

2. Kinder bekommen erst einen endgültigen Namen, wenn ihre Haare zum ersten Mal geschoren werden, eine Zeremonie, bei der sie dem Gott ihres Klans geweiht werden. Bei den Harijan findet diese Zeremonie oft sehr spät statt, mit vier oder fünf Jahren, was vor allem finanzielle Gründe hat. In den reicheren Kasten wird es viel früher gemacht, und der erste Namen wird mit ungefähr sechs Monaten gegeben, wenn das Baby in einer Wiege schläft und nicht mehr bei seiner Mutter.

3. Sundari ist einer der Namen von Draupadi, der Heldin des Mahabharata-Epos, das Viramma »Bharatam« nennt. Was Viramma über das Feuer erzählt, erinnert teilweise an das Mahabharata, wo Draupadi aus den Flammen eines Opferfeuers, von ihrem Vater Drupada angezündet, geboren und die Frau der fünf Pandava-Brüder wird, die schließlich die hundert Kaurava, ihre Vettern, in der Schlacht von Kurukshetra besiegen. Hier bezieht es sich jedoch mehr auf spätere Mythen und die Opferfeuer, die einer der Abkömmlinge der Pandava, König Sunidan, sechs Generationen nach dem Mahabharata angezündet hat. Draupadi taucht aus diesem Feuer auf, um die tausend Köpfe des Dämons Asurapputtiran abzuschlagen. Danach verspricht sie, dass sie die Menschen beschützen will, wenn diese bereit sind, Tempel für sie zu bauen und alljährlich zu ihren Ehren ein Fest von achtzehn Tagen zu feiern (die Dauer der Schlacht von Kurukshetra). Als Höhepunkt ihres Festes, das in Kapitel 23 beschrieben ist, findet ein Feuerlauf statt.

4. Ayodhya ist eine der heiligen Städte der Hindus und die berühmte Hauptstadt von Ramas Vater, dem König Dasaratha im Ramayana.

8 DIE FÖTUSESSERIN

1. Die Muschel ist das Symbol von Vishnu, der Dreizack das Symbol von Shiva.

2. Der Ausdruck »in guter Verfassung sterben« bedeutet, dass jemand bis zu seinem Tod ein normales Leben führen kann und nicht hinfällig oder pflegebedürftig ist.

3. Kerala, der Nachbarstaat von Tamil Nadu, wo Malayalam gesprochen wird. Malayalam ist eine drawidische Sprache, die sich über Jahrhunderte hinweg (zwischen dem vierten und dreizehnten Jahrhundert vor Christus) vom Tamil abgespalten hat.

4. Das *magudi* mit seinem bauchigen Körper und dem langen Hals ist das Instrument des Schlangenbeschwörers. »Das Foto machen« ist der gängige Ausdruck für eine Kobra, die sich aufrichtet und ihren Nacken weitet.

5. Mitglied der Legislative Assembly von Pondicherry, zu dessen Wahlkreis Karani gehört. Es ist üblich, Politiker mit ihren Initialen zu bezeichnen.

9 EINE KUH FÜR DEN BERG

1. Tirupati, im Süden von Andhra Pradesh, ist die wichtigste Pilgerstätte von Südindien. Das Hauptheiligtum ist Perumal geweiht (Vishnu), der dort Venkatesvara oder Venkatapati genannt wird, der »Herr des Berges«; man nennt ihn auch Tirumal. Virammas Aussage, dass sie zwar unrein, aber dennoch tief gläubig seien, spiegelt die Tatsache wider, dass die Harijan eher zweitrangige Götter verehren oder zweitrangige Formen der Hauptgötter, auf Grund ihres niedrigen Status und weil es ihnen verboten ist, in die Tempel der Hauptgötter im *ur* zu gehen. Die großen Pilgertempel sind wegen ihrer Anonymität leichter zugänglich, doch bezeichnenderweise sagt Viramma nichts über Venkatesvara in ihrem Bericht über den Opfergang nach Tirupati. Sie erinnert sich vor allem an den Tempel von Mangavarttamma (mit seinen Kali-Statuen), den sie auf ihrem Weg nach Tirupati besucht hat, und in Tirupati selber an die Arbeit der Barbiere.

2. Das Zeichen von Vishnu: eine senkrechte rote Linie (*namam*) mit zwei weißen, V-förmigen Schrägstrichen auf beiden Seiten. Basilikum ist die Pflanze von Shiva.

10 DIE PERLEN DER PFLICHT

1. Mariamman, die »Mutter der Windpocken«, ist eine der wichtigsten Göttinnen in den Tamil sprechenden Gebieten, besonders bei den Harijan; in Karani hat sie einen Tempel im *ur* und im *ceri*. Sie wurde durch den Mythos, den Viramma teilweise erzählt, in das Pantheon der Hindugötter integriert. Shiva hatte die Gestalt eines weisen Mannes angenommen, und Parvati die seiner Frau, Renukka. Als Renukka eines Morgens am Brunnen stand und Wasser schöpfte, bewunderte sie das Spiegelbild eines göttlichen Boten und zerstörte so den Zauber, der ihr half, das Wasser und die Blumen für die *puja* für ihren Mann zu beschaffen. Shiva ließ ihr durch einen seiner Söhne den Kopf abschlagen, während sie sich in die Arme einer Unberührbaren, der Frau eines Schusters, flüchtete. Shivas Sohn erhielt die Erlaubnis, sie ins Leben zurückzurufen, aber in seiner Verwirrung setzte er ihren Kopf auf den Körper der Unberührbaren, und den Kopf der Unberührbaren auf ihren Körper. Da verfluchte Shiva dieses Zwitterwesen – halb Brahmanin, halb Unberührbare – und verdammte sie dazu, Windpocken auf der Welt zu säen und von vegetarischen und nicht vegetarischen Opfergaben zu leben.

11 DIE MEHLSUPPE VON MARIAMMAN

1. Mit anderen Worten: zwanzig Rupien für einen Mann, fünfzehn für eine Frau und zehn für ein Kind.

2. Die Weihe eines zweitrangigen Tempels – und das sind die Tempel im *ceri*, denn die Priester sind Dalit aus der Valluvar-Kaste – ist die einzige Gelegenheit, bei der ein Brahmane unter Umständen bereit ist, in ein *ceri* zu gehen. Viramma fügt an, dass er ein *artchagar* ist, ein Berufspriester, also ein zweitrangiger Brahmane, und Mariamman wird in diesem Fall als eine andere Gestalt von Shakti begriffen, der wichtigsten weiblichen Gottheit.

3. Narikara ist eine Kurzform von Nari Korava, »Korava der Füchse«, dem wichtigsten Korava-Stamm, der unter anderem billige Halsketten verkauft.

4. Viramma präsentiert das Repertoire des *kuttu*, des populären Theaters, das von halbprofessionellen Schauspielern oder manchmal auch von Amateurtruppen bei religiösen Festen gespielt wird. Die *terrukkuttu*-Truppen sind auf die großen Epen spezialisiert: Lakshmanan ist einer der Helden des Ramayana, Bhima und Arjuna, ihre Frau Draupadi und ihr Feind Karna sind Gestalten aus dem Mahabharata. Die *nadakan*-Truppen halten sich an die Hindu-Mythen der Puranas und an traditionelle tamilische Mythen wie die Geschichten von Kattavarayan und Madurai Viran.

5. Der »Kerl von Pondy« ist ein Aktivist der DMK-Partei, einer regionalen Drawiden-Partei.

12 DIE SIEBEN JUNGFRAUEN

1. Die Schweinemäster sind Mitglieder einer sehr niedrigen, aber nicht »unberührbaren« Tomban-Kaste. Sie haben nie im *ceri* gelebt, aber ihr sozialer Status verurteilte sie im Allgemeinen dazu, irgendwo am Rand des *ur* zu leben, nicht im Dorf selber. Die Veränderungen, die Viramma hier beschreibt, beziehen sich auf Regierungsinitiativen, insbesondere der DMK, um die Isolierung zu unterwandern, die eines der Hauptmerkmale der Unberührbarkeit darstellt. Wie Viramma ausführt, werden gebildete Dalit von außerhalb im *ur* akzeptiert, aber die Mitglieder niedriger Kasten im *ur* würden sich niemals dazu bewegen lassen, ins *ceri* zu ziehen.

2. Die Jäger sind vermutlich Mitglieder des Irular-Stammes, der früher in den Wäldern um Gingee und Tiruvannamalai lebte. Im »Gazetteer of the South Arcot District« von 1906 berichtet W. Francis, dass sich die Irular am Rand der Dörfer angesiedelt haben, wo sie vom Jagen, Ernten und ihrem Lohn als Wächter leben. Virammas Bericht spiegelt eine weitere Stufe ihres Assimilationsprozesses an die herrschende Gesellschaft und Wirtschaft wieder.

13 DIE TROMMELN DES TODES

1. Die Reddiar von Tamil Nadu kommen ursprünglich aus Andhra Pradesh und haben ihre Heimatsprache, das Telugu, beibehalten.

2. Manmadan ist der Gott der Liebe, der auf einem Papagei reitet, und Rati seine Frau. Sie werden in zahlreichen Liedern als der Inbegriff von Liebe und Schönheit gefeiert.

3. Harichandran ist der mythische König von Ayodhya; nachdem er dem weisen Vishvamitra gelobt hatte, alles zu tun, was dieser ihm befehlen würde, um sein Königreich zu retten, musste er Erniedrigungen aller Art über sich ergehen lassen, die schließlich darin gipfelten, dass er als Unberührbarer auf den Verbrennungsstätten arbeitete.

4. In vielen Dörfern dient die Verbrennungsstätte zugleich als Friedhof. Es gibt getrennte Grabbezirke für die Toten der Dalit und der Leute aus dem *ur*.

5. Die Lanze ist das Attribut von Murugan, Shivas Sohn. Virammas Aussage, dass die Parias nicht beten und keine Götter in ihren Häusern haben, ist nicht wörtlich zu nehmen, denn die Harijan haben ein sehr intensives religiöses Leben, und in allen Häusern findet man Andachtsbilder, die Zeichen von Shiva und Vishnu und so weiter. Es zeugt lediglich von einer tiefen Entfremdung, die dazu führt, dass die Harijan ihr eigenes spirituelles Leben abwerten, weil es nicht dieselben Formen annimmt oder denselben Regeln folgt wie die religiösen Bräuche der hohen Kasten.

14 GEISTER UND SCHATTEN

1. Nach einigen populären Mythen wird die Seele nicht sofort nach dem Tod wiedergeboren, wenn Yama sein Urteil gefällt hat, sondern je nachdem, wie er sich entscheidet, geht sie zuerst in den Himmel oder in eine der zahlreichen Hindu-Höllen. Es herrscht jedoch allgemein die Überzeugung, dass ein Toter, wenn er keines natürlichen Todes gestorben ist oder die Trauerriten nicht richtig durchgeführt wurden, ein Geist wird und zurückkehrt, um die Lebenden zu quälen, während er auf seine Wiedergeburt wartet.

2. Der Budam ist ein übernatürliches Wesen, eine Art Riese, der die Menschen, denen er erscheint, in Angst und Schrecken versetzt. Die Katteri und Mohini sind böse weibliche Geister, und die Minisuprayan, manchmal auch einfach Mini, die sowohl männlich als auch weiblich sein können, schneiden ihren Opfern die Kehle durch.

3. Fünf Monate, nachdem die indischen Truppen den Goldenen Tempel von Amritsar gestürmt hatten, dem Hauptquartier der Sikh-Rebellen, wurde Indira Gandhi von zwei

Männern ihrer Sikh-Leibwache am 31. Oktober 1984 erschossen. Die Bestätigung ihres Todes wurde hinausgeschoben, und Rajiv Gandhi, ihr Sohn, wurde am selben Abend zum Premierminister ernannt.

4. Viramma spielt auf die schweren Gewaltausbrüche in Nordindien Anfang November 1984 an, als Tausende von Sikhs getötet oder verletzt wurden.

15 DIE KASTE DER DIEBE

1. Der Notstand, der von Indira Gandhis Regierung zwischen Juni 1975 und März 1977 ausgerufen wurde, ging mit einer Reihe von Maßnahmen gegen Korruption und organisiertes Verbrechen einher, die das Volk für die Aussetzung des Demokratisierungsprozesses entschädigen sollte.

2. Ayittalamma sind die beiden Frauen eines Chettiar von Karani, Ayi und Talamma; sie wurden in den Rang von Göttinnen erhoben, nachdem sie – vor langer Zeit – auf dem Begräbnisscheiterhaufen ihres Gatten verbrannt worden waren.

16 OBEN UND UNTEN

1. Virammas Liste ist nicht erschöpfend und erfordert einige Erklärungen. Von den Kasten im *ur* sind die Udaiyar Bauern und Landbesitzer wie die Reddiar und Gounder – wobei die Reddiar die mächtigste Grundbesitzerkaste darstellen und die Gounder die größte. Es gibt keine Mudaliar in Karani im Hauptsinn einer hohen Kaste von Landbesitzern, aber die Kepmari – die Kaste der Diebe – geben sich selber diesen Titel. Tulukkan ist ein verbreiteter Name für Muslime, und Viramma denkt vermutlich an die Regierungsbeamten, die manchmal ins Dorf geschickt werden, oder an die Händler von Tirulagam. Viramma übergeht die Hauptkaste im *ceri* – die Paraiyar mit ihren beiden Unterkasten, den Vettiyan und den Pannaiyar – und beschreibt sie erst im nächsten Kapitel. Die Vannan sind die Wäscher vom *ceri*, und die Sakkiliar die sehr niedrige Kaste der Schuster. Es gibt im *ceri* keine Koravar – Mitglieder des Nari-Korava-Stammes – als solche, aber hin und wieder kommen einige vorbei, und die Sakkiliar werden oft mit ihnen gleichgesetzt. Talaiyari ist eher ein Beruf als eine Kaste – die Position des Amtsgehilfen, die am Ende von Kapitel 17 erwähnt wird –, und die Tomban werden zu Unrecht als außerhalb des Kastensystems stehend beschrieben. Ihr niedriger Rang verbannt sie an den Rand des *ur*, so wie es am Anfang von Kapitel 12 erklärt wird, und Virammas Übertreibung mag auf den Streit mit einem bestimmten Tomban zurückgehen, von dem sie nachfolgend erzählt.

2. *Kartikkai* ist der achte Monat des tamilischen Kalenders (Mitte November bis Mitte Dezember), in dem das Fest von *Kartikkai dipam* gefeiert wird. Lampen werden in jedem Haus angezündet, zum Gedenken an die Zeremonie für Shiva, die in Tiruvannamalai in der selben Nacht stattfindet. (Siehe Kapitel 4, Anmerkung 5.)

3. Die Regeln des Nahrungstauschs sind ein wesentlicher Aspekt des Kastensystems. Nach herkömmlicher Vorstellung darf gekochtes Essen nur von einem Mitglied einer ebenbürtigen oder höheren Kaste entgegengenommen werden. Obwohl die Kudiyanar wirtschaftlich abhängig von den Tomban sind, kehren sie ihre Kastenüberlegenheit heraus, indem sie gekochte Nahrung verweigern. Rohe Nahrung und Grundnahrungsmittel wie Korn werden unbefangener ausgetauscht – wie Viramma später anmerkt, nimmt der Töpfer Korn von ihr an.

17 DER KNOCHEN DES RABEN

1. Die Paraiyar sind die größte Dalit-Kaste in Tamil Nadu, und durch den Kontakt mit den Portugiesen im sechzehnten sowie mit den Franzosen und Engländern im achtzehnten Jahrhundert ist ihr Kastenname in seiner europäisierten Form zum allgemeinen Ausdruck für »Parias« geworden. Muniyan gibt eine seiner mythischen Namenserklärungen: »Das Volk der Trommel«; *parai* ist die spezielle Ledertrommel, die von den Paraiyar gespielt wird, von den Trommlern der *paraimelam*-Truppe. Nach Michael Moffatt, »An Untouchable Community in South India. Structure and Consensus«, ist mit *Paraiya maraiyade* allerdings eher ein Stück Rindfleisch gemeint – und keine Trommel –, das die vier Söhne von Shiva und Adi untereinander teilen sollten.

2. Viramma benützt hier das englische Wort »decent«, anständig, als Synonym für die gesellschaftlichen Praktiken und die Hygiene- und Kleiderstandards – von den hohen Kasten vorgegeben –, die sie als »zivilisiert« bezeichnet.

3. Die Vettiyan und Pannaiyar sind Unterkasten der Paraiyar, wobei die letztere etwas höher rangiert, weil sie ihrem Gott ein Milchopfer bringt statt einem Blutopfer und weil die Pannaiyar häufiger als die Vettiyan den Platz einnehmen, der heute per Gesetz im *panchayat*, dem Dorfrat, für sie reserviert ist.

18 BLUTPONGAL

1. Munnadiyan, »der, der zuerst kommt«, ist eine zweitrangige Gottheit, die einen Hauptgott bewacht. Der Munnadiyan von Periyandavan hat entfernte Ähnlichkeit mit Pillaiyar, einem der tamilischen Namen für Ganesha.

19 KALIYUGAM

1. Das Gespräch wurde 1983 geführt. Die Löhne in Karani lagen 1990 bei etwa zwanzig bis fünfundzwanzig Rupien pro Tag für einen Pflüger, der mit seinen eigenen Ochsen pflügt; acht bis zehn Rupien für eine Frau, die ein *paddy*-Feld jätet, und zehn Rupien am Tag für eine Frau, die Reis auspflanzt. Die Löhne sind also gestiegen, aber wie Manikkam in Kapitel 25 ausführt, die Preise für den Reis ebenfalls.

2. M. G. Ramachandran war ein berühmter Filmschausspieler und Schatzmeister der DMK bis 1972, als er austrat, um die Anna-DMK zu gründen. Er hat bis zu seinem Tod 1987 die Regierung von Tamil Nadu angeführt. Karani liegt tatsächlich im Staat von Pondicherry, der die meiste Zeit abwechselnd von der Kongress-Partei und der DMK regiert wurde; trotzdem hat Viramma, wenn sie die Veränderungen im Dorf M. G. Ramachandran zuschreibt, insofern Recht, als der Staat Pondicherry von der Ideologie der DMK und Anna-DMK beeinflusst ist.

3. Sitzarbeit: das heißt Büroarbeit.

4. Verschiedene extrem ertragreiche Reissorten.

5. Wenn *ur* und *ceri* zusammengelegt würden, würde das bedeuten, dass die Dalit offiziell die Erlaubnis hätten, ins *ur* zu ziehen. Es gibt zwar kein Gesetz, das die Trennung legalisiert, aber auch keines, das dieser Praxis, ein Dorf nach Kasten aufzuteilen, tatsächlich ein Ende setzen würde.

6. Anhänger der DMK tragen *soman* mit einem rotschwarzen Saum. Die *soman* der Anna-DMK haben einen rot-weiß-schwarzen Saum.

20 REDEN WIE IN DEN ALTEN ZEITEN

1. Das Wortspiel basiert auf *malai*, der Berg. Viele Pilgerstätten – Mailam, Pajani, Sabarimalai – sind auf Hügeln erbaute Tempel, und *sidi* ist eine vulgäre Bezeichnung für Vagina. *Sidimalai* ist also eine weniger poetische Version des Venusbergs.

21 DER JASMINGARTEN

1. Nach dieser volkstümlichen Erzählung hat Nallatangal gegen den Rat ihres Ehemanns ihre sieben Kinder genommen und ist während einer Hungersnot zu ihrem Bruder Nallatambi gezogen. Aber ihre Schwägerin wollte ihr weder Essen noch Wasser geben, und in ihrer Wut und Verzweiflung hat Nallatangal ihre sieben Kinder in einen Brunnenschacht geworfen, bevor sie sich selber tötete. Als Nallatambi herausfand, was passiert war, ließ er seine Ehefrau kahl scheren und auf einem Esel im Dorf herumführen, um sie schließlich zu töten.

2. Die Etymologie trägt hier zum Verständnis der beschriebenen Details bei: Kurkuma heißt *manjal* auf Tamil, und *kuppam* ist eine Stelle beim Wasser, daher der feuchte Grund.

3. Eine Scheidung – die hin und wieder vorkommt – gilt bei den hohen Kasten als nicht achtbar, und Witwen dürfen nicht wieder heiraten. In anderen Kasten – besonders bei den Dalit – lässt man sich leichter scheiden, in gegenseitigem Einverständnis vor dem Dorfrat, und eine Trennung ohne offizielle Scheidung ist nichts Ungewöhnliches. Polygamie ist daher keine Seltenheit, auch wenn es nicht unbedingt zu einem Zusammenleben kommen muss, wie Viramma es in Kapitel 1 im Fall ihres Großvaters beschreibt.

4. Die Schule beginnt in Indien mit Klasse I. Klasse X ist für Kinder von etwa fünfzehn – die meisten Harijan-Kinder haben bis dahin die Schule verlassen.

22 BESESSENE UND BÜSSER

1. Ihr Hals wäre nackt, weil Witwen ihren *tali* abnehmen.

2. Das Fest von *Tai pusam* wird nach dem Stern *pusam* – der achten Mondkonstellation – benannt und findet in der Zeit des Vollmonds des Monats *tai* statt. Es ist ein Fest, das sich durch spektakuläre Bußtaten auszeichnet – von Lanzen durchbohrte Wangen, Haken im Rücken der Büßer, mit denen sie schwere Gegenstände ziehen oder sich vom Boden hochheben lassen –, und es dient vor allem dem Zweck, Krankheiten zu heilen: die Nadeln, die Viramma erwähnt, werden in die befallenen Körperregionen gesteckt. Als Sohn von Shiva ist Murugan ein hochrangiger Gott und daher besonders Furcht erregend für Viramma. Dass das Fest in den letzten Jahren in Karani so populär wurde, ist vor allem dem Einfluss von Murugaiyar Gounder zu verdanken, dem örtlichen *samiar*. Das Fest der Draupadi, bei dem ähnliche Büßerszenen zu sehen sind, war seit jeher das Hauptfest des Dorfes. Brahmanen führen die Rituale an, und alle Kasten spielen die symbolische Rolle, die ihren Platz in der rituellen Hierarchie des Dorfes widerspiegelt – die Parias zum Beispiel führen mit ihrem Orchester die Prozession an, gelten aber als zu unrein, um auf dem Feuer zu gehen. Das *Tai-pusam*-Fest repräsentiert jedoch eine andere Art der Spiritualität. Murugaiyar Gounder gehört zu einer mittleren Kaste, und die Dalit als soziale Gruppe nehmen nicht daran teil, während einzelne Personen die nötigen Reinigungshandlungen durchführen und so vor Murugan Buße tun können.

23 WIE EIN FELD MIT ROTEM HIBISKUS

1. In Tamil Nadu wird Aiyanar als Sohn von Shiva und Vishnu angesehen – Letzterer in seiner weiblichen Form als Mohini –, und er ist der Beschützer des Dorfes. Seine Tempel liegen daher am Ortsrand, so wie in Karani, oder etwas außerhalb, und sie sind für ihre Tonstatuen berühmt – riesige Statuen des Gottes, seiner Wächter und Pferde und zahlreiche kleinere Pferdestatuen, die von Anbetern geopfert wurden.

2. *Pongal*, das Mitte Januar zur Zeit der Reisernte gefeiert wird, ist in erster Linie ein Erntedankfest, bei dem sowohl das Vieh als auch die Erde geehrt werden. Es beginnt am letzten Tag des Monats *markaji* mit den Vorbereitungen, das heißt, die Häuser und Ackergeräte werden gesäubert und geschmückt. Im Folgenden beschreibt Viramma die vier Tage des eigentlichen Festes: das große *Pongal*, an dem frisch geernteter Reis gekocht wird, das *Pongal* der Ochsen, das *Pongal* des Fleisches und das *Pongal* der Kälber.

3. Lakshmi ist die Frau von Vishnu, die Göttin des Wohlstands und der Schönheit, die für weltliche und spirituelle Segnungen angerufen wird. Sridevi ist einer ihrer anderen Namen, und Mudevi ist eine ihrer Schwestern, eine finstere Göttin, die Pech und Ärger bringt.

4. Landarbeiter, die ein Paar Ochsen zum Pflügen besitzen, können das Doppelte von dem verdienen, was sie bekommen, wenn sie mit den Ochsen des Grundbesitzers pflügen.

5. Pakkasuran ist ein *asura*, ein Dämon aus dem Mahabharata; er terrorisiert ein ganzes Dorf, indem er jeden Tag eine Wagenladung Reis verlangt und den Reis samt dem Fuhrmann verschlingt. Er wird schließlich von Bhima getötet, einem der fünf Pandava.

6. Der Vorleser des Bharatam ist kein Iyer (ein shivaitischer Brahmane), wie Viramma behauptet, sondern ein Reddiar, dessen Aufmachung die Verwirrung erklärt.

7. Das Aufziehen der Fahne, *kodi ettram*, ist der erste Tag des Fests von Draupadi, und der Feuerlauf der letzte, der achtzehnte. Die komplexen Riten, die das Aufziehen der Fahne begleiten – Mantras werden in acht Richtungen an den Rändern des Dorfes rezitiert, und bestimmte Götter werden an jedem der acht Kardinalpunkte angerufen –, sollen das Dorf beschützen und verhindern, dass irgendein Gott oder Dämon des Fest stört.

8. Kishtan ist die populäre Form von Krishna in den Tamil sprechenden Ländern. Viramma zählt hier ein paar bekannte Episoden aus seiner Jugend auf: Butter stehlen, mit den Kuhhirtinnen spielen – das *gopi* –, sich in einem Baum verstecken und den Frauen beim Baden zusehen.

9. Die achtzehn Tage des Draupadi-Festes erinnern an die achtzehn Tage der Schlacht von Kurukshetra zwischen den Pandava und den Kaurava im Mahabharata, und das gilt insbesondere für den letzten Tag. Die Darsteller liegen unter einem Leichentuch, zum Gedenken an die Toten, die in der Schlacht gefallen sind.

10. Das Wasser-Rechteck symbolisiert den Palar, einen der heiligsten Flüsse in Tamil Nadu.

24 DER ANTEIL DER KNECHTE

1. Sani oder Saniar entspricht Saturn, einem der neun Planeten, und ist ein Gott, der den Nordosten bewacht, einen der acht Kardinalpunkte. Vor dem Pflügen oder Aussäen wird eine *puja* im Nordosten jedes Feldes durchgeführt.

2. Alles moderne hybride Sorten, die hohe Erträge liefern und schneller wachsen als die älteren Sorten. Die Hauptwachstumsperiode für den Reis, *samba*, ging von Juni/Juli bis Dezember/Januar, und die herkömmlichen *samba*-Sorten brauchten sechs bis sieben Monate zum Reifen. Auf gut bewässertem Land lassen sich heute drei Ernten pro Jahr erwirtschaften. Sorten wie *ponni* brauchen viereinhalb Monate und werden im August ausgesät. *Kannagi* und die I. R.-Sorten 8, 20 und 50 brauchen weniger als vier Monate und werden entweder in der *sornavari*-Saison angebaut, die im April/Mai beginnt, oder in der *navarai*-Saison, die im Dezember/Januar beginnt. Viramma zählt die älteren Sorten nachfolgend auf: *sirumani*, »kleine Glasperle«, *mukutti*, »Nasenschmuck«, *kammal*, »Ohrring«.

3. Mahadevan: »Der große Gott«, einer der Namen von Shiva oder gelegentlich Vishnu.

4. Nach der Nahrungsknappheit in den Mittsechzigern wurde in ganz Indien ein Netzwerk von »ration shops« oder »fair price shops« eingerichtet, in denen die Grundnahrungsmittel unter dem Marktpreis verkauft werden.

5. Vayu ist der vedische Gott des Windes.

6. Viramma zählt die Pflichten eines Grundbesitzers gegenüber seinen *adimai* auf. Der Reddiar soll kleinere Diebstähle dulden, er soll Manikkam und Anban *paddy*, Hirse oder Sago zur Erntezeit geben und ganz allgemein bereit sein, ihnen Geld zu leihen, wenn es nötig ist. Die *adimai* wiederum dürfen sein Vertrauen nicht missbrauchen, indem sie allzu viel mitgehen lassen. Viramma betont immer wieder den persönlichen Charakter ihrer Beziehung – sie sind »seine *adimai*« und »seine eigenen Paratchi oder Paraiyan«.

7. Dem Mythos von Kuttandavar zufolge wurde Aravan, der Sohn von Arjuna, in der Schlacht von Kurukshetra geköpft, und sein Tod hätte den Sieg der Pandava sichern sollen. Aber Aravan war unverheiratet, was den Ausgang des Unternehmens in Frage stellte, und so wurde Krishna wieder zu Vishnu in seiner weiblichen Form als Mohini und heiratete Aravan, der dann als Kuttandavar bekannt wurde. Nach Aravans Tod warf Mohini ihren *tali* weg, eine Geste, die die Eunuchen beim Fest von Kuttandavar wiederholen. Arjuna trägt dieselbe Doppelgeschlechtlichkeit zur Schau wie Vishnu. In volkstümlichen Geschichten heißt es, dass er ein Jahr als Homosexueller lebte, nachdem er in den Wald verbannt worden war Das Mahabharata jedoch sagt nur, dass er ein Jahr am Hof von König Virata verbrachte, als Eunuch und Tanzmeister verkleidet.

8. *Dinatandi* ist eine der großen tamilischen Tageszeitungen.

25 SO GEHT ES IN DER WELT

1. Wenn Viramma oder Manikkam sagen, dass der Reddiar oder der Gounder eine Wahl gewonnen haben, meinen sie damit, dass der Kandidat der von ihnen unterstützten Partei gesiegt hat und nicht sie selber. »Für den Reddiar stimmen«, heißt so zu wählen, wie er es will. In Indien sind auf den Stimmzetteln die Symbole der verschiedenen Parteien aufgedruckt; das Spinnrad war lange Zeit das Symbol der Kongress-Partei.

2. Mit Gandhi und Großvater Gandhi ist Mahatma Gandhi gemeint, der 1919 die politische Bühne betrat – lange bevor Viramma geboren war – und 1948 ermordet wurde. Jawaharlal Nehru war der erste Premier-Minister nach der Unabhängigkeit, von 1947 bis zu seinem Tod 1964. Seine Tochter Indira Gandhi – nicht mit Mahatma verwandt – war Premierministerin von 1966 bis 1977 und von 1980 bis zu ihrer Ermordung 1984. Kamaraj war Führer der Kongresspartei im Staat Madras – dem späteren Tamil Nadu – von 1957 bis 1963, und dann Präsident der allindischen Kongress-Partei. Als Verräter wird er vermutlich wegen der Aufspaltung der Partei im Jahr 1969 bezeichnet, als Indira Gandhi sich von ihm und seinen Anhängern lossagte. Annadurai – auch als Anna bekannt – hat die DMK, die regionalistische Tamilenpartei, 1949 gegründet, und 1967 wurde er Kabinettschef der Regierung von Madras, bis er 1969 an Krebs starb. M. Karunanidhi wurde sein Nachfolger, bis 1977 die Anna-DMK, von M. G. Ramachandran 1972 gegründet, die Parlamentswahlen gewann. Der Tod von M. G. Ramachandran 1987 brachte M. Karunanidhi von 1989 bis 1991 wieder an die Macht, als die Anna-DMK einen weiteren triumphalen Wahlsieg feierte. M. Karunanidhi und die DMK gingen 1996 wieder als Wahlsieger hervor.

3. Ein *samadi* ist das Grab oder das Ehrenmal einer berühmten Persönlichkeit. Das »College der Lebenden« ist der Zoo, das »College der Toten« das Museum.

4. Manikkam redet von der Zeit vor der Unabhängigkeit, der Zeit der großen Nationalismus-Bewegungen, die hauptsächlich von der Kongress-Partei angeführt wurden.

5. Gandhi wurde tatsächlich von einem Hindu-Fanatiker ermordet, der ihm vorwarf, dass er zu viele Zugeständnisse an die Muslime gemacht und so der Spaltung des Landes Tür und Tor geöffnet hätte.

6. »Goubert Papa« ist Edouard Goubert, der Delegierte Französisch-Indiens in der Nationalversammlung von Paris, der 1953 die Kongress-Partei unterstützte, als diese die Rückgabe der Französischen Territorien forderte. Chandernagor kam 1949 wieder zu Indien, und die anderen Handelsposten – Pondicherry, Karikal, Mahe und Yanaon – wurden 1954 von der Regierung Mendès-France de facto zurückgegeben. Die Übergabe wurde 1962 de jure bestätigt, und trotz einiger Gewaltausbrüche, wie Manikkam sie beschreibt, kann von einem Krieg zwischen Indien auf der einen und Frankreich und England auf der anderen Seite nicht die Rede sein.

7. Die Mitglieder der Vanniyar-Kaste, besonders die Bauern und Landwirte, haben viele Namen – Kudiyanar, Palli, Padaiyatchi, Gounder und sogar Naicker – und stellen die größte Kaste im Norden von Tamil Nadu dar. Sie sind in mehreren politischen Parteien organisiert: Farmers und Toilers Party (Bauern und Tagelöhner-Partei) und Commonwealth Party (Gemeinwohl-Partei) in den Fünfzigern und Sechzigern, und bei den Wahlen von 1989 die Pattali Makkal Katchi. Die Janata wurde 1977 in Nord-Indien als Widerpart von Indira Gandhis Kongress-Partei gegründet. Janata Dal hat Rajiv Gandhi bei den 1989er Wahlen geschlagen und die große Koalition gebildet, die nach den Wahlen von 1996 an die Macht gerufen wurde.

8. E.V. Ramassami Naicker, bekannt als Periyar (der Große), hat die antibrahmanische Emanzipationsbewegung, das Self-Respect Movement, 1925 gegründet und 1944 die Dravidar Kajagam, die Drawiden-Vereinigung: eine sozialreformerische Bewegung, die die Befreiung Südindiens von der Hegemonie des Nordens und der höheren Kasten zum Ziel hatte. Mitglieder der DK, angeführt von Annadurai, haben 1949 die DMK gebildet, eine politische Partei mit denselben Zielen. Etymologisch gesehen sind die Adi-Dravidar die »Ersten Drawiden«, die als Ureinwohner Indiens gelten, im Unterschied zu den Ariern, die im dritten Jahrtausend vor Christus Nordindien besiedelten. Die Drawiden hingegen gelten als die Völker Südindiens (der Staaten Tamil Nadu, Andhra Pradesh, Karnataka und Kerala), die eine der drawidischen Sprachen sprechen. Mit Adi-Dravidar können aber auch die Dalit von Tamil Nadu gemeint sein.

9. Mr. Subbaiah war der Führer der Kommunistischen Partei im Gebiet von Pondicherry vor und nach der Vereinigung mit Indien. Die zwei Blätter sind das Symbol der Anna-DMK.

10. Als Bundesstaat hat Indien zwei Arten von Volksvertretungen: die Legislative Assembly auf regionaler Ebene und das Parlament, Lok Sabha und Rajya Sabha, auf nationaler Ebene. Wie Manikkam ausführt, werden im Allgemeinen Kandidaten der Kongresspartei ins Parlament gewählt, während die DMK und die Anna-DMK mit ihren regionalistischen Programmen die Legislative Assembly von Tamil Nadu beherrschen. Der *dharmaraja*, der König des *dharma*, ist M. G. Ramachandran, der Gründer der Anna-DMK.

11. »*Adi! ... vadi-podi*«: eine Anrede, die verächtlich gemeint ist.

12. Die Partei der Pflüger ist die Janata-Partei, deren Symbol ursprünglich der Pflug war. Die zwei Blätter sind das Symbol der Anna-DMK. Das Spinnrad ist das Symbol der Kongress-Partei, das der Old Congress nach der von Indira Gandhi provozierten Spaltung beibehielt. Die Splitterpartei, der New Congress oder Congress-I, gab sich das Symbol der Hand. Wenn also Viramma, wie sie erzählt, den Stempel auf die Hand gedrückt hat, bedeutet das, dass sie Congress-I wählte statt deren Hauptgegner, die DMK.

13. Die Dorf-Teashops haben zwei getrennte Gläserbatterien: eine für die Dalit und eine für die höheren Kasten – ein typisches Beispiel für das Weiterbestehen der Unberührbarkeits-Praktiken. Weniger diskret ist das ungeschriebene Gesetz, das es den Dalit verbietet, die Tempel im *ur* zu betreten.

14. »Eine Mütze über den Kopf ziehen« bedeutet jemanden hereinlegen; der Ausdruck geht auf eine volkstümliche Geschichte zurück, in der ein reisender Händler unter einem Baum einschläft, mit einem Sortiment von Mützen neben sich. Eine Horde Affen stiehlt die Mützen und schleppt sie in den Baum hinauf. Der Händler bekommt seine Ware zurück, indem er sich die einzige Mütze auf den Kopf setzt, die ihm geblieben ist, und ein großes Getue dabei macht. Sofort klettern die Affen herunter, um ihn nachzumachen, und setzen ihm alle Mützen auf den Kopf.

15. Das Wort *nabab* bedeutet hier einfach, dass der Organisator des Schmuggelgeschäfts ein Muslim in der Stadt Cuddalore war, die ungefähr zwanzig Kilometer von Pondicherry entfernt liegt.

NACHWORT ZUR DEUTSCHEN AUSGABE

1. Viramma, Josiane und Jean-Luc Racine: *Une vie paria. Le rire des asservis: Inde du sud*, Plon-UNESCO, Paris 1995.

2. Ein Pseudonym: Die Namen der Personen in Viramma's Erzählung wurden ebenso wie die Namen der Dörfer, die sie erwähnt, geändert. Die Namen der politischen Gestalten und anderer Berühmtheiten hingegen sowie die Namen von Städten und Pilgerorten wurden beibehalten.

3. David Brumble: *American Indian Autobiography*, University of California Press, 1990.

4. Wir haben vor kurzem eine Arbeit über dieses Thema publiziert: »Dalit Identities: The Dialectics of Oppression and Emancipation in a Changing India, The Tamil Case and Beyond«, in *Comparative Studies of South Asia, Africa and the Middle East*, Duke University Press, Band XVIII, Nr. 1, 1998, S. 5–20.

5. Wir übernehmen diesen Ausdruck von S. K. Thorat, »Dalits and Human Rights: A Part of the Whole, but a Part Apart«, einem Vortrag, gehalten auf dem National Workshop on Human Rights and Societal Changes with Reference to SCs and STs, Dalit Liberation Education Trust & National Human Rights Commission, Chennai, 3./4. August 1996.

6. Die Ironie dabei ist, dass die *adimai*, wie Viramma es selber bestätigt, manchmal stolz darauf waren, an eine mächtige Familie gekettet zu sein, ein Band, das ihnen mehr »Sicherheit« und »Prestige« verlieh als den *padiyal*, den Tagelöhnern, die nie sicher sein konnten, ob sie eine Arbeit und einen Lohn bekommen würden. Mit der Ausbreitung der kapitalistischen Landwirtschaft geht die Zahl der *adimai* zurück, während die Zahl der Vertragsarbeiter erheblich anwächst.

7. »Wenn der Meister, der dich einstellt, dich schlagen will, bücke dich und lass ihn machen. Wenn er dich in dieser Haltung sieht, schmilzt sein Herz, und er lässt seinen Arm herabsinken.«

8. Wir haben diesen Punkt ausführlicher behandelt in: »Viramma's Voice: The Changing Face of Change«, *India International Centre Quarterly*, New Delhi, Sonderausgabe, »Women and the Family«, Winter 1996, 19–30.

9. Siehe zum Beispiel die Vorschläge von Katti Padma Rao, *Caste and Alternative Culture*, Centre for Research on New Economic Order, Madras, 1995.

10. D. R. Nagaraj: The Flaming Feet: *A Study of the Dalit Movement in India*, South Forum Press, Institute for Cultural Research and Action, Bangalore, 1993, besonders S. 62–63.

11. Badri Narayan Tiwari (in einem nordindischen Kontext): »Determining Relations: Memory, History and Politics«, *Studies in Humanities and Social Sciences*, Band I, 1998, S. 113.

12. Badri Narayan Tiwari: »Semiology of Dalit Consciousness: A North Indian Experience«, *The Eastern Anthropologist*, Band 51, Nr. 2, 1998, S. 169.

GLOSSAR

adi Vierter Monat des tamilischen Kalenders, Mitte Juli bis Mitte August.

adimai Landarbeiter, der in einer Art von höriger Arbeit an einen Grundbesitzer gebunden ist. *Adimai* verfügen über ein gewisses Maß an Autonomie, weshalb sie nicht als Leibeigene oder Sklaven bezeichnet werden können.

alam Kurkumawasser, mit Kalk gemischt; »das *alam* machen« bedeutet, dass man dieses Wasser mit Betel und brennendem Kampfer auf einem Kupfertablett darbietet und es an das Gesicht der Person führt, die geehrt werden soll.

Amma Als Anrede Mutter oder meine Dame. Kurzform *ma*.

ammavasai Tag des Neumonds, wird besonders in den Monaten *adi*, *purattaci* und *tai* zu Ehren der Ahnen gefeiert.

ammi *Trachyspermum ammi*, Anisähnliche Pflanze.

anna In der alten Tamilen-Währung war ein *anna* eine sechzehntel Rupie oder zwölf Paise; nach der Unabhängigkeit wurde das Dezimalsystem eingeführt, und eine Rupie sind heute hundert Paise, aber »vier anna« wird immer noch benützt, wenn eine viertel Rupie oder fünfundzwanzig Paise gemeint sind.

Anna Dravida Munnetra Kajagam (ADMK) Politische Partei, von M. G. Ramachandran gegründet, der sich 1972 von der DMK lossagte; Anna ist hier die Kurzform von Annadurai, dem Gründer der DMK.

Appa Als Anrede Vater oder mein Herr. Kurzform *pa*.

asura Himmlisches Wesen, im Allgemeinen mit »Dämon« übersetzt. Die *asuras* sind eine Art Titanen, die sehr mächtig sind. Sie sind erbitterte Feinde der *devas*.

avani Fünfter Monat im tamilischen Kalender, Mitte August bis Mitte September.

ayo! Ein Ausruf der Überraschung, des Schmerzes, des Mitgefühls.

ayoyo! Steigerung von *ayo!*

Ayya Respektvolle Anrede anstelle von Sir.

bhakti Starke Liebe zu Gott, in der sich Frömmigkeit, Hingabe und Vertrauen paaren, die auch erwidert wird, denn der Gott gibt sich seinerseits dem Anbeter hin.

bidi Billige Zigarette.

bonda Bratling aus schwarzer Linsenpaste, mit Kümmelsamen, Ingwer, grünen Chilis, Zwiebeln, Kokosnuss und Pfefferkörnern.

bundi Süße oder salzige Kroketten aus Kichererbsenmehl.

ceri Auch als »Kolonie« bekannt. Das *ceri* ist der Teil des Dorfes, in dem die Dalit leben; es ist streng getrennt vom eigentlichen Dorf, dem *ur*, in dem alle anderen Kasten angesiedelt sind.

citterai Erster Monat im tamilischen Kalender, Mitte April bis Mitte Mai.

de! Wohlwollender Ausruf, bekundet Zuneigung gegenüber Frauen oder Mädchen.

dei! Ausruf, der meistens Verachtung ausdrückt, aber manchmal auch Zuneigung gegenüber Jungen oder Männern.

deva Göttliches Himmelswesen; wird mit »Gott« übersetzt, im Gegensatz zu den *asuras*, den »Dämonen«.

devi Gattungsnamen für Göttin, Königin oder Frau.

dharma Weltliche und religiöse Pflichten eines jeden Individuums, wie sie durch seinen gesellschaftlichen Status vorgegeben sind und wie sie erforderlich sind, um das Universum im Gleichgewicht zu halten.

Dipavali Eines der großen Hindufeste.

dosai Eine Art Crêpe aus fermentiertem Reisteig mit Linsen.

dosham Form der Besessenheit (durch Geister), die sich bei Kindern als Durchfall oder Austrocknung äußern kann.

Dravidar Kajagam (DK) »Association of Dravidians – Drawiden-Partei«, eine sozialreformerische Bewegung, 1944 von E.V. Ramassami Naicker, auch Periyar genannt, in Tamil Nadu gegründet, um die drawidischen Staaten (Südindien) von der Vorherrschaft Nordindiens und der höheren Kasten zu befreien.

Dravidar Munnetra Kajagam (DMK) »Association for the Emancipation of Dravidians – Drawidische Emanzipationspartei«; eine regionalistische politische Partei, die 1949 von C.N. Annadurai gegründet wurde, zunächst auf einer ähnlichen ideologischen Basis wie die Dravidar Kajagam.

fanon Eine achtel Rupie in der Währung Französisch-Indiens vor der Unabhängigkeit.

idli Gedämpfte Reis- und Linsenkuchen.

Innada, Innappa, Innaya, Innanga Verschiedene Arten, einen Mann anzureden, je nach dessen Status, wobei Innanga die respektvollste und Innada die verächtlichste Anrede ist.

Janata Politische Partei, die 1977 als Gegenpartei zu Indira Gandhis Kongress-Partei in Nordindien gegründet wurde; Janata Dal hat Rajiv Gandhi in den 1989er Wahlen geschlagen und ist 1996 erneut an die Macht gekommen.

jaya mangalam Glück bringende Hymne, Siegeslied.

jilebi Blätterteigzöpfe in Sirup, die bei Hochzeiten gegessen werden.

kali Dicke Mehlsuppe aus Hirse oder *ragi* – *kuj* ist eine dünne Suppe mit denselben Zutaten.

kaliyugam In der Vorstellung der Hindus das eiserne oder dunkle Zeitalter – Herrschaft der Kali und Unordnung auf der Welt –, das Kalki, die zehnte Inkarnation von Shiva, wieder ins Lot bringen wird; bei Viramma bezieht sich das Wort auf die heutige Zeit und die Veränderungen in der sozialen Ordnung seit ihrer Kindheit.

kambattam Ein Landbesitzer, hier im engeren Sinn der größte Grundbesitzer im Dorf und das Oberhaupt der ältesten und reichsten Grundbesitzerfamilie.

kani Flächenmaß, entspricht 5350 Quadratmetern, wird in 100 *kuji* unterteilt. Viramma spricht oft von einem viertel *kani*, das sind ungefähr 1338 Quadratmeter.

kanji Meistens der Reis vom Vortag, der in Wasser aufbewahrt und am Morgen danach gegessen wird; es kann auch eine Suppe aus zerstampftem Reis sein.

karagam Ein Krug, mit Wasser gefüllt und mit Zedrachzweigen bedeckt – wie das *kumbam* –, der bei Prozessionen verwendet wird, wo er Shakti symbolisiert.

karma Die vergangenen und gegenwärtigen Taten eines Individuums und die Wirkungen, die sie auf sein Schicksal haben – positive, wenn die Handlungen mit dem *dharma* übereinstimmen, negative, wenn sie ihm widersprechen.

karna Ein langes Horn aus Metall, das wegen seines Gewichtes aufrecht stehend gespielt wird.

kartikkai Achter Monat des tamilischen Kalenders, Mitte November bis Mitte Dezember.

karunai *Amorphophallus campanulatus*, eine Pflanze mit kleinen dunklen, übel riechenden Blüten. Man isst die schmackhaften Knollen, denen man zahlreiche Heilwirkungen zuschreibt.

kavadi Geschmückter Holzreifen, der von den Anbetern des Murugan beim Fest von *Tai pusam* auf den Schultern getragen wird, zum Gedenken an das Joch, auf dem der besiegte Dämon Itumpan Murugan seine Opfergaben brachte; die »Lieder von *kavadi*« sind Lieder, in denen Murugan verehrt wird.

kelti Ein Plattfisch.

kodumbavi Lehmfigur einer unfruchtbaren Frau, die bei den Riten zur Abwendung einer Dürre benützt wird.

kolam Gück bringendes geometrisches Muster, das mit Reismehl auf den Boden gemalt wird – eine Kunst, die in abgewandelter Form von den Frauen aller Kasten praktiziert wird.

kondam Rundgesang der Frauen.

Kongress Politische Partei, die mit der Nationalismus-Bewegung verknüpft ist; nach der Unabhängigkeit 1947 und Nehrus Tod 1964 machte sie zahlreiche Spaltungen durch, beherrschte aber weiter die indische Politik – anders als in Tamil Nadu, wo sie 1967 (bis in die 1990er) von den drawidischen Parteien aus der Macht gedrängt wurde.

koppi Kleine Messingkegel, mit Glöckchen behängt, die auf die Hörner der Ochsen gestülpt werden.

kuj Hirse- und *ragi*-Suppe; eine Hauptmahlzeit, die den Arbeitern mittags auf die Felder gebracht wird.

kuji Flächenmaß, entspricht einem Hundertstel *kani*, umfasst also 53,50 Quadratmeter.

kujidosham Besessenheitszustand in der Nähe von Verbrennungsstätten, der bei Kindern zu schweren Durchfällen führt.

kulam Teich oder Wasserbecken, meistens bei einem Tempel.

kumbam Ein Krug, mit Wasser gefüllt und mit Zedrachblättern bedeckt – wie das *karagam* –, der aber im Haus gehalten wird, wo er Mariamman symbolisiert.

kungamam Paste aus Wasser, Zitronensaft, Kalk und Safranpulver für den roten *pottu* auf der Stirn einer verheirateten Frau.

kuttu Püree aus Linsen und Gemüse oder Blättern.

laddu Süße Kroketten aus Kichererbsenmehl, mit Cashew-Nüssen, Rosinen und Kardamom.

maci Elfter Monat des tamilischen Kalenders, Mitte Februar bis Mitte März.

marakka Ein Kornmaß in Pondicherry, entspricht etwa 3,2 Kilo *paddy*.

markaji Neunter Monat des tamilischen Kalenders, von Mitte Dezember bis Mitte Januar.

mattai Stock oder Knüppel aus Kokospalmenholz.

murukku Gebratene, scharf gewürzte, schneckenförmige Knabbereien aus Linsen und Reismehl.

Mysore pak Trockenes, bröseliges Gebäck aus Kichererbsenmehl.

nadesvaram Eine Art große Oboe, die bei glücklichen Anlässen gespielt wird.

naiyandi-Orchester Eine Truppe von jungen Harijan-Musikern, die sich auf Liebeslieder und komische oder satirische Lieder spezialisiert haben.

nalungu Die Zeremonie zur Abwendung des bösen Blicks, die am Vorabend der Hochzeit abgehalten wird.

namam Das Vishnu-Zeichen: ein roter Streifen über der Nasenwurzel, mit zwei weißen Schrägstrichen (V-förmig) auf beiden Seiten.

nattam Früher der erbliche Posten des Dorfvorstehers, der dem Dorfrat vorstand, dem *panchayat*; heute nicht mehr offiziell mit Machtbefugnissen ausgestattet, aber dennoch ein wichtiger Würdenträger, der häufig befragt wird.

ninuri *Phyllanthus ninuri*, ein Wolfsmilchgewächs, das unter anderem gegen Syphilis wirkt.

ottu Blasinstrument mit einem tiefen Grundton.

paddy Ungeschälter Reis; der Reis, der nach der Ernte beim Dreschen gewonnen wird.

padiyal Landarbeiter, der für einen Grundbesitzer vorübergehend arbeitet. Tagelöhner.

Paise Eine hundertstel Rupie.

pambai Doppelte Trommel, die an der Hüfte befestigt und von den *naiyandi*-Orchestern gespielt wird.

panchayat Gewählter Dorfrat.

pandal Eine überdachte Plattform, die aus Palmwedeln und einem Bambusgerüst vor dem Haus aufgerichtet wird, für Zeremonien, an denen zahlreiche Gäste teilnehmen.

pangali Ein komplexer Verwandtschaftsbegriff, der ursprünglich bedeutet: »die, die einen Anteil haben«; im wesentlichen sind es die Männer aus der Familie des Ehemanns und, in einem weiteren Sinn, deren Frauen.

panguni Zwölfter Monat das tamilischen Kalenders, Mitte März bis Mitte April.

pappar, pappan Tamilischer Name für Brahmane.

paraimelam Das rituelle Orchester der Paraiyar, das bei Beerdigungen für alle Kasten spielt, außer den Brahmanen, und bei den Festen im *ur*, wo es die Prozession anführt.

payasam Dessert aus Milch, grünen Linsen, Fadennudeln und Tapioka, mit Kardamom, Cashewnüssen und Rosinen gewürzt.

pey Böse Geister von Selbstmördern oder Opfern eines gewaltsamen Todes.

picacu Geister, von Kali erschaffen, um die *asuras* zu bekämpfen.

pongal 1. Gericht, das bei Festen zubereitet wird, aus Reis, in Milch gekocht, tierischem Fett, Linsen und Gewürzen; 2. Erntefest, bei dem am zweiten Tag den Ochsen und Kühen *pongal* vorgesetzt wird.

pottu Glück bringendes Mal auf der Stirn der Frauen (außer Witwen), schwarz für junge Mädchen und rot für verheiratete Frauen; es symbolisiert das »Auge von Shakti«, das Auge der Zerstörung, das Shakti, das weibliche göttliche Prinzip, Shiva geben wird.

puja Der Akt des Betens, mit Opfergaben für eine Gottheit verbunden, von einer mehr oder weniger elaborierten Zeremonie begleitet.

purattaci Sechster Monat des tamilischen Kalenders, Mitte September bis Mitte Oktober.

pusari Priester, der kein Brahmane ist.

puttu Gericht aus gedämpftem Reismehl mit Zucker und Kokosnuss, das verteilt wird, wenn ein junges Mädchen seine erste Regel hat.

ragi *Eleusine coracana*, eine in Südindien verbreitete Getreidesorte.

rasam Verdauungstrunk aus gepfeffertem Wasser und Tamarinde.

samba 1. wichtigste Reisanbau-Saison von Juni / Juli bis Dezember / Januar; 2. althergebrachte Reissorten, die in dieser Zeit angebaut werden.

sambar Linsen- und Gemüsesauce.

Sami Gattungsname für männliche Götter, in Anlehnung daran auch Herren.

samiar Ein heiliger Mann mit spirituellen Kräften.

sanyasi Eremit oder wandernder Bettelmönch.

selavu Pulver aus Ingwer und zerstoßenem Kümmel, Senf und *ammi*-Samen.

senai Glück bringendes Instrument – eine kleinere Version des *nadesvaram* –, das mit dem *shenai* der klassischen nordindischen Musik verwandt ist.

sikakai *acacia sinuata*, »Seifen«-Akazie; aus den Samenhülsen wird eine Seifenlauge gemacht.

Sinnamma bedeutet ursprünglich »kleine Mutter« oder »junge Dame«; mit dieser Anrede bringt Viramma zum Ausdruck, dass Josiane zwar jünger ist als sie, aber aus einer höheren Kaste stammt. Normalerweise wird die jüngste Tante so angeredet, oder eine junge verheiratete Frau von Kasten, die für ihre Familie arbeiten und sie gut kennen.

sitalam Eine Gruppe von Krankheiten, die mit Fieber und Schüttelfrost einhergehen.

soman Weißes Baumwolltuch, ungenäht, das von Männern getragenwird; es ist achtbarer, es bis auf die Knöchel herunterfallend zu tragen als über die Knie hochgeschürzt.

sunnambu Kalk; »*sunnambu*-Lieder« werden von Frauen gesungen, die an Kalköfen arbeiten.

tai Zehnter Monat des tamilischen Kalenders, Mitte Januar bis Mitte Februar.

talaiyari Harijan, der als Amtsgehilfe fungiert und die Steuern eintreibt.

tali Goldener Halsschmuck, den verheiratete Frauen ihr Leben lang tragen, bis zum Tod des Ehemanns.

Telugu Eine drawidische Sprache, die hauptsächlich im Staat Andra Pradesh gesprochen wird.

tinnai Offener Anbau vor dem Haus, mit Säulen eingefasst, auf einer leicht erhöhten Plattform, die die Haustür von der Straße trennt; Besucher oder Leute von niedrigerem Rang, die im Haus nicht erwünscht sind, können hier empfangen werden.

totti Sieben Mitglieder der Vettiyan, einer Paraiyar-Unterkaste, die jedes Jahr das *paraimelam*-Orchester stellt.

tundu Baumwollschal, den die Männer um die Schultern tragen, in den niedrigeren Kasten der Landarbeiter manchmal auch als Turban.

udukkai Eine Trommel, die wie ein Stundenglas geformt ist; wird von den *naiyandi*-Orchestern gespielt.

ujakku Das kleinste Kornmaß; im übertragenen Sinn eine kleine Person.

uppuma Knabberei aus geschrotetem Weizen, mit Gewürzen und Zwiebeln fritiert.

ur Das eigentliche Dorf, im Gegensatz zum *ceri*, dem abgetrennten Bezirk, in dem die Harijan leben; alle anderen Kasten, von den Brahmanen und Grundbesitzerkasten bis zu den dienenden Kasten (wie zum Beispiel die Barbiere), leben im *ur*, wo auch die Haupttempel des Dorfes stehen, die Isvaran (Shiva), Perumal (Vishnu) und Pillaiyar (Ganesha) geweiht sind und die kein Harijan betreten darf.

urtotti Der *totti*, der die Neuigkeiten des Dorfes verkünden und die Verbindung zwischen dem *ur* und dem *ceri* herstellen muss.

vadai Krapfen auf Linsen-, Kichererbsen- oder Schwarzer-Soja-Basis, manche rund, andere ringförmig; von letzteren rührt die vulgäre Bezeichnung für Frauen oder Mädchen her.

vaikundam Ruhestätte oder Himmel von Vishnu, entweder auf dem Berg Meru oder im nördlichen Ozean; »nach *vaikundam* gehen« bedeutet sterben.

Velpakkata Wörtlich: »Frau aus Velpakkam«, ein Name, der Viramma gegeben wurde.

yugam In der Vorstellung der Hindus eines der vier Zeitalter der Welt, die einander ständig ablösen: Kritayugam (das goldene Zeitalter), Tretayugam (das silberne Zeitalter), Dvaparayugam (das bronzene Zeitalter) und Kaliyugam (das eiserne Zeitalter). Die vier zusammen sind ein Mahayugam, ein Großes Zeitalter, das 4320000 Jahre umfasst. Für Viramma bedeutet es einfach ein Zeitalter oder eine Generation in ihrer Lebenszeit.

GÖTTER UND GEISTER

Aiyanar Alte drawidische Gottheit, die schon früh als Sohn von Shiva und Vishnu-Mohini ins brahmanische Pantheon eingereiht wurde; er ist der Wächter der Felder und der bewaffnete Beschützer des Dorfes, weshalb sein Tempel seit je am Ortsrand erbaut wurde.

Andava Einer der Namen von Shiva.

Anjaneyar Einer der Namen von Hanuman, dem Affengott und Verbündeten von Rama bei seinem Kampf gegen Ravana, den König von Sri Lanka im Ramayana.

Draupadi Frau der fünf Pandava-Brüder im Mahabharata, eine beim Volk sehr beliebte Göttin.

Ejeumalaiyan »Er von den sieben Bergen«, einer der Namen von Vishnu.

Ettiyan Wächter der Totenfelder und Helfer von Yama, dem Gott des Todes; die Paraiyar-Unterkaste der Vettiyan, zu der Viramma gehört, betrachtet sich als Abkömmlinge von Ettiyan – daher ihre mit dem Tod verbundenen rituellen Aufgaben.

Govinda »Der Kuhfinder«, einer der Namen von Krishna, das heißt Vishnu in seiner achten Wiederverkörperung.

Isvaran, Isan »Der Meister«, einer der Namen von Shiva, der gebräuchlichste im tamilischen Sprachraum.

Kali Eine der bedrohlichen Formen, die Shivas Frau angenommen hat; Kali oder Kali Ma (die schwarze Mutter) mit ihrer Halskette aus Totenschädeln ist die Zerstörerin der Menschen, die blutige Opfer verlangt.

Kamatchi Eine andere Form der Parvati; sie wurde von Shiva zu zwölf Jahren Exil auf der Erde verdammt, die sie meditierend vor einem Lehm-Lingam (Mannarsami) in einem Garten neben dem Kampa-Fluss verbrachte; ein zweites Mal verflucht, nahm sie den Namen Patchaiyamma an und schuf sieben Wächter, die Muni; sie sind häufig auf kleinen Kupfer- und Messinglampen abgebildet, die neben dem Hausaltar stehen.

Lakshmi Gefährtin von Vishnu, Göttin des Wohlstands und der Schönheit, die für zeitliche und spirituelle Segnungen angerufen wird.

Mannarsami Der Lehm-Lingam, das phallische Symbol von Shiva, vor dem Kamatchi in den zwölf Jahren ihres Exils auf der Erde meditierte.

Mariamman Göttin der Windpocken, eine der Formen von Shakti, deren Kopf versehentlich auf den Körper einer jungen Unberührbaren der Schusterkaste gesetzt worden war.

Muni Die sieben Wächter, die von Patchaiyamma geschaffen wurden, wie Kamatchi genannt wurde, nachdem Shiva sie ein zweites Mal verflucht hatte.

Murugan Zweiter Sohn von Shiva, Gott der männlichen Schönheit, der Jugend, des Krieges und der Berge; er reitet auf einem Pfau.

Parvati Shivas Frau.

Patchaissami Eine Verkörperung von Vishnu, der größte der sieben Muni, die Patchaiyamma bewachten.

Patrakali Furcht erregende, zornige Form der Göttin Kali.

Periyandavan »Der große Gott«, Shivas Double, der von seinem Schwiegervater Daksha geschaffen wurde; der Gott von Virammas Klan.

Perumal Der gebräuchlichste Name für Vishnu; sein Reittier ist der riesige Adler Garuda.

Pillaiyar Der elefantenköpfige Gott, der auch als Ganesan (Ganesha), als Ganapati und Vinayagar bekannt ist; er verleiht Reichtum und Erfolg für jede Unternehmung.

Poraiyatta Göttin der Grenzen und Wächterin des Dorfes.

Shakti Weibliches göttliches Prinzip, verkörpert die göttliche Energie oder Kraft. Kann verschiedene weibliche Formen annehmen, zum Beispiel Parvati, Shivas Gattin, Durga, die Kriegerin, Kali, die Zerstörerin; zweitrangige Göttinnen wie Mariamman werden auch als Formen der Shakti angesehen.

Shiva Zusammen mit Vishnu der höchste Gott im Hindu-Pantheon.

Viran Zweitrangiger Gott, Furcht erregend, isst Fleisch und trinkt Alkohol; einigen Mythen zufolge ist er der Sohn, der von Shiva erschaffen wurde, um seinen Schwiegervater, König Daksha, zu töten, der Shiva nicht zu einer großen Opferfeier eingeladen hatte, zu der alle anderen Götter geladen waren.

Yama Der Gott des Todes.

KASTEN UND GEMEINSCHAFTEN

Ambattar, Ambattan Kaste der Barbiere, die ein Orchester für Glück bringende Zeremonien stellen.

Brahmanen Traditionell die Priesterkaste, die höchste Kaste von allen; Brahmanen-Priester, die auf Tamil Pappan heißen, zelebrieren nur in den Tempeln, die den großen indischen Gottheiten geweiht sind.

Chettiar, Chetti Hohe Kaste tamilischer Händler; viele Kasten, die mit Handel und Geschäften zu tun haben, verwenden Chettiar als Titel.

Dalit Das Wort bedeutet »Unterdrückte« und bezeichnet die ehemals »Unberührbare« genannten Menschen.

Gounder Gebräuchlichster Name für die Mitglieder der Vanniyar-Kaste, einer Bauernkaste.

Harijan Wörtlich »Kinder Gottes« – eine Wortschöpfung von Mahatma Gandhi zur Bezeichnung der früher »Unberührbare« Genannten.

Iyer Titel der shivaitischen Brahmanen in Tamil Nadu; bezeichnenderweise schmücken sich die shivaitischen Priester im *ceri*, Harijan aus der Valluvar-Kaste, selber mit diesem hochrangigen Titel.

Kepmari Kaste der Diebe, von denen einige heute Bauern sind und sich Mudaliar nennen.

Komutti Händlerkaste, die Telugu spricht.

Koravar, Koravan Halbnomadischer Jägerstamm; Koratti ist der gebräuchliche Name für die Frauen des Stammes.

Kosavar, Kosavan Töpferkaste.

Kudiyanar Die ärmsten Mitglieder der Vanniyar-Kaste, die über mehrere Generationen Landarbeiter waren.

Marwari Händlergemeinschaft aus Marwar, in Rajasthan, deren Mitglieder überall in Indien zu finden sind; viele von ihnen sind Pfandleiher oder Geldverleiher.

Naicker Bauern, die höchste Vanniyar-Kaste.

Padaiyatchi Mitglieder der Vanniyar-Kaste.

Palli Mitglieder der Vanniyar-Kaste.

Pandaram Harijan-Priester, Shivaiten.

Paraiyar Die größte Kaste ehemaliger Unberührbarer in den Tamil sprechenden Gebieten; von ihrem Namen rührt die europäisierte Form »Paria« her.

Paratchi Umgangsprachlich auf Tamil für eine Frau aus der Paraiyar-Kaste.

Reddiar, Reddi Hohe Landbesitzerkaste mit Telugu-Herkunft.

Sakkiliyar, Sakkili Schusterkaste, gilt als eine der niedrigsten Harijan-Kasten.

Sanar Kaste der Kokosnuss- und Palmwein-Einsammler.

Udaiyar Bauernkaste.

Valluvar Harijan-Priester, vishnuitisch.

Vaniyar, Vaniyan Kaste der Ölpresser.

Vannar, Vannan Kaste der Wäscher.

Vanniyar Kaste von Bauern, die größte Kaste im tamilischen Sprachraum; je nach ihrem Status nennen sich die Kastenmitglieder (oder werden von anderen so genannt): Naicker, Gounder, Padaiyatchi, Palli oder Kudiyanar.

Vettiyar, Vettiyan Unterkaste der Paraiyar, deren rituelle Aufgaben vor allem mit Tod und Begräbnissen zu tun haben.

VERZEICHNIS DER ABBILDUNGEN

Quellen der Illustrationen:

– Zeichnungen von Viramma selbst, die bei dieser Gelegenheit zum ersten Mal einen Bleistift in der Hand hielt.

– Kopien von Patrick Mérienne von dekorativen Wandmalereien, die von Kapok, einem Harijan aus Karani, stammen.

– Kopien von Patrick Mérienne von Illustrationen, die mit dem Stilett auf eine Sammlung von *ole* geritzt sind, aus Palmblättern geschnittenen Rechtecken, deren Zusammenstellung die traditionellen Manuskripte bildeten.

– Kopien von *sakkaram*, Exorzismus- und Beschwörungs-Diagrammen, aufgenommen von Paramananda Mariadassou in der Sammlung: »Médecine traditionelle de l'Inde. La magie«, die 1937 in Pondicherry veröffentlicht wurde.

– Zeichnungen von Patrick Mérienne oder Jean-Luc Racine, nach Fotografien, die in Karani gemacht wurden.